Reinhard und Kathrin Meier
Sowjetrealität
in der Ära Breschnew

Reinhard und Kathrin Meier

Sowjetrealität in der Ära Breschnew

Seewald Verlag · Stuttgart

Lizenzausgabe des Seewald Verlags
Dr. Heinrich Seewald GmbH & Co.
Stuttgart-Degerloch 1981

Foto Schutzumschlag:
© by Vladimir Sichyor
Schutzumschlag von
Franz Wöllzenmüller
Gesamtherstellung:
Wilhelm Röck, Weinsberg
Printed in Germany
ISBN 3 512 00612 4

Inhalt

Regionen, Nationalitäten, Republiken

Kulturszene: Anpassung und Widerstände

Die mit einem * bezeichneten Aufsätze
sind von Kathrin Meier verfasst worden.

Vorwort

Nach der über 25jährigen Stalin-Herrschaft wird die Ära Breschnew als der bisher längste Machtabschnitt in die sowjetische Geschichte eingehen. Breschnew ist 1964 mit dem Sturz Chruschtschews an die Spitze des Kreml getreten, und es scheint nicht mehr ausgeschlossen, daß sein Regiment bis weit in die achtziger Jahre andauern wird. Vieles spricht indessen dafür, daß die siebziger Jahre die eigentlich prägende Phase seiner langen Herrschaft darstellen. In diesem Jahrzehnt haben sich die noch heute bestimmenden, in sich widersprüchlichen Grundtendenzen der Breschnew-Ära deutlich herauskristallisiert: Entspannung und Expansion nach aussen, Stabilität und Stagnation im Innern des Sowjetreiches.

In der zweiten Hälfte der siebziger Jahre sind die vorliegenden Analysen und Reportagen enstanden. Es handelt sich um Artikel, die ich als Moskauer Korrespondent für die Neue Zürcher Zeitung verfasst habe. Den größten Teil der Aufsätze zum Kapitel «Kulturszene» hat meine Frau, Kathrin Meier-Rust, für die gleiche Zeitung geschrieben (sie sind im Inhaltsverzeichnis mit einem * gekennzeichnet).

Die hier vereinigten Arbeiten sollen einen konzentrierten Überblick über diejenigen Erfahrungen und Einsichten unseres Aufenthaltes in der Sowjetunion vermitteln, die uns als besonders signifikant erscheinen. Obwohl manche Aufsätze zu einem spezifischen Tagesereignis geschrieben wurden, sind vor allem Themen und Erlebnisse berücksichtigt worden, die für die Sowjetrealität der Ära Breschnew möglichst allgemeine Gültigkeit haben. Vielfach wird dabei ein Akzent auf historische Bezüge gelegt; dies aus der immer wieder bestätigten Einsicht heraus, daß ohne diese Perspektiven die heutigen Gegebenheiten im sowjetischen Riesenreich mit seinem auf den ersten Blick fremdartigen Traditionshintergrund einer differenzierten Analyse verschlossen bleiben.

Im Zentrum der Aufsatzsammlung stehen Untersuchungen und Berichte über soziale, materielle und kulturelle Aspekte des sowjetischen Alltagslebens. Reisereportagen über verschiedene Regionen und Nationalitäten des Vielvölkerstaates ergänzen das Mosaik.

In diesem Buch kommt es uns darauf an, dem Leser anhand bestimmter Beispiele den spezifisch geprägten atmosphärischen Hintergrund näher zu bringen, vor dem sich die sowjetische Gegenwartsentwicklung abspielt. Dazu scheint uns der Hinweis nicht unwesentlich, daß bei aller äußeren Erstarrung des Regimes im Innern der Sowjetgesellschaft während der Breschnew-Ära auch einige behutsame neue Bewegungsansätze sichtbar geworden sind.

Vor allem durch den rücksichtslosen militärischen Zugriff des Kreml in Afghanistan sind die in den siebziger Jahren manchmal allzu hochfliegenden west-östlichen Entspannungshoffnungen stark ernüchtert worden. Am Anfang der achtziger Jahre scheint die Gefahr wieder akuter geworden, dass die immer schon schillernde und widersprüchlich interpretierte Detente-Philosophie in eine allgemeine Konfrontationsverschärfung umschlägt. Die unberechenbarer gewordenen Perspektiven sollten uns aber nicht davon abhalten, die keineswegs einheitlichen inneren Entwicklungen der Sowjetgesellschaft mit differenziertem Blick und möglichst unbeeinflußt von ideologischen Schablonen zu beobachten.

R. M.

Breschnew, Zar und Zukunft

Die Sowjetunion wird das Jahr 2000 erleben

Mit Vernunft ist Russland nicht zu begreifen,
Mit gewöhnlichem Mass nicht zu messen:
Es hat seine besondere Gestalt –
An Russland kann man nur glauben.

Fjodor Iwanowitsch Tjutschew (1803–73)

Versuch einer Bilanz nach fünf Jahren in Moskau

Vor genau zehn Jahren hat Andrei Amalrik in einem vielbeachteten Essay die Frage gestellt: «Kann die Sowjetunion das Jahr 1984 erleben?» Der inzwischen in den Westen emigrierte Autor hat damals eine grundsätzlich negative Antwort gegeben. Das Sowjetsystem, meinte er, werde wegen seiner inneren Widersprüche und Erstarrung auseinanderbrechen; dieser Prozess werde wahrscheinlich durch eine kriegerische Verwicklung mit dem chinesischen Bevölkerungskoloss entscheidend beschleunigt.

Spannungen und Stabilität

Nach längeren Moskau-Erfahrungen, verbunden mit Reisen in die verschiedensten Regionen dieses weitläufigen Reiches, halte ich die Prognose von einem baldigen Kollaps der Sowjetmacht für verfehlt. (Amalrik hat seine Voraussage, mindestens was die Datierung betrifft, inzwischen selber modifiziert.) Zwar sind die schweren inneren und äusseren Probleme dieses Regimes, wie sie Amalrik vor zehn Jahren diagnostiziert hat, inzwischen keineswegs gelöst, im Gegenteil. Der innere Führungskreis ist heute hoffnungslos vergreist, eine Machtablösung – für jede totalitäre Herrschaft stets ein heikler und unberechenbarer Vorgang – lässt sich nicht mehr lange hinauszögern. Hinter der Einheitskulisse der sowjetischen Völkergesellschaft schwelen mancherlei soziale Spannungen, teilweise explosiv vermischt mit nationalistischen Zuckungen. Der Streit mit den chinesischen Nachbarn hat sich unheilvoll zugespitzt; die Gefahr einer militärischen Konfrontation zwischen den beiden kommunistischen Giganten erscheint heute mindestens ebenso drohend wie noch vor einem Jahrzehnt.

Dennoch steht der Sowjetkoloss durchaus nicht auf tönernen Füssen. Er stützt sich vielmehr auf einige solide Grundpfeiler, die trotz aller drängenden Schwierigkeiten so schnell nicht zu erschüttern sein dürften. Nach meinen Beobachtungen (die selbstverständlich keinen Anspruch auf Unfehlbarkeit erheben) sind es vor allem drei Faktoren, die für die Ueberlebensfähigkeit dieses von Lenin begründeten und von Stalin entscheidend geprägten Staatswesens sprechen.

Erstens die immer sichtbarer werdende Einbettung der Sowjetmacht in die Kontinuität der russischen Geschichte. Das fängt an bei Aeusserlichkeiten der zeremoniellen Machtrituale und reicht über die weitgediehene Verschmelzung russischer und sowjetischer Gefühlswerte bis hin zu den angenäherten Herrschaftsstrukturen des zaristischen und des leninistischen Zentralismus. Im halbasiatischen Russland haben bisher demokratische Traditionen nie tiefere Wurzeln schlagen können. Die Russen besitzen manche bewundernswerten Qualitäten, aber echtes Verständnis für die demokratische Praxis, Geduld gegenüber dem Andersdenkenden habe ich in diesem Lande selbst unter den Regimekritikern nur in wenigen Ausnahmefällen angetroffen. Der — inzwischen ebenfalls emigrierte — Schriftsteller Sinowjew vertritt die nicht unbegründete Ansicht, dass sich das absolutistische Sowjetsystem gerade deshalb auf russischem Boden etablieren und verfestigen konnte, weil es den Traditionen und der Mentalität dieses Volkes in vieler Hinsicht entspricht. (Solschenizyn und andere Slawophile sind da freilich ganz anderer Meinung.)

Ein zweiter gewichtiger Stabilitätsfaktor ist die Eigenlegitimation des Systems. Mit westlichen Augen gesehen, muss sich zwar der sowjetische Durchschnittsbürger nach wie vor mit bescheidenen, um nicht zu sagen kümmerlichen Lebensverhältnissen zufriedengeben. Dennoch sind während der nunmehr über sechzigjährigen Sowjetherrschaft auch manche beachtlichen Leistungen zustande gekommen. Aus dem einstigen Agrarland ist ein, wenn auch mit schweren Qualitätsmängeln behafteter, Industrieriese geworden, der sich auf enorme Rohstoffreserven stützen kann. Das Analphabetentum, das vor der Revolution die breite Masse des Volkes umfasste, ist in erstaunlich kurzer Zeit beseitigt worden. Im ganzen Lande funktioniert ein solides Schulwesen und eine in bestimmten Vergleichen sogar vorbildliche Medizinalbetreuung. Vor zehn Jahren konnte ein gewöhnlich sterblicher Sowjetbürger von einem eigenen Auto höchstens träumen. Heute liegt ein Privatwagen auch für Leute ausserhalb der privilegierten Funktionärsschicht nicht mehr im Bereich des Unmöglichen. Und nicht zuletzt: die Sowjetunion ist inzwischen zur Supermacht aufgestiegen, deren weltpolitisches Gewicht als gleichrangig mit demjenigen Amerikas anerkannt wird. Die systemlegitimierende Wirkung dieser Entwicklung auf die Sowjetgesellschaft, in der patriotische Gefühle teilweise mit traditionellem russischem Messianismus diffus ineinanderfliessen, sollte nicht unterschätzt werden.

Begrenzter Wandel

Drittens scheint mir die Fähigkeit des Sowjetsystems zu begrenztem Wandel ein bedeutendes Ueberlebensmoment. Offenkundig für jedermann, der die Realitäten nicht verdrängt, herrscht zwar der Moskauer Machtapparat nach wie vor totalitär. Trotzdem hat sich seit Stalins Zeiten viel verändert. Der «linke» Regimekritiker Roy Medwedew hat das einmal so formuliert: Unter Stalin war das Sowjetreich wie ein riesiger See, der bis zum Grunde zugefroren ist. Seither ist von unten her ein gewisser Tauprozess in Gang gekommen. Der See ist zwar immer noch zugefroren, aber das Eis reicht längst nicht mehr bis in die letzte Tiefe; unter der Eisdecke haben allerhand Strömungen zu zirkulieren begonnen. Medwedew meint, noch in den sechziger Jahren sei die Repression härter und vor allem breiter gewesen als in den siebziger Jahren, man habe — gerade auch im Ausland — nur weniger davon gewusst oder gesprochen.

Lenin im Gespräch mit russischen Arbeitern und Soldaten.

Spaziergänger auf dem Roten Platz. Links die Kremlmauer.

Zu den konkretesten Lockerungsindizien gehören einerseits die erst seit Beginn dieses Jahrzehnts begrenzt erlaubte Emigrationsbewegung (an sich ist der anschwellende Auswanderungsdrang ein Armutszeichen für das System) sowie andererseits der inzwischen praktisch störungsfreie Zugang zu ausländischen Radioinformationen (von dem intensiv Gebrauch gemacht wird). Solche Oeffnungsfortschritte sind übrigens wesentlich mit der west-östlichen Entspannungspolitik verknüpft, und sie zeigen, dass die einst im Westen geprägte Formel vom «Wandel durch Annäherung» einer gewissen praktischen Substanz nicht entbehrt. Dass das Kreml-Regime aber ebensowenig davor zurückschreckt, innere Liberalisierungsregungen ohne Rücksicht auf die Détente-Interessen wieder abzuwürgen, wenn es seinen absoluten Kontrollanspruch gefährdet glaubt, belegt die brutale Zerschlagung der nonkonformen Helsinki-Gruppen der Jahre 1977 und 1978.

Die russische Gefahr

Nun kreist ja namentlich im Westen die Diskussion über die Sowjetunion weniger um die allgemeinen Ueberlebensperspektiven dieses Herrschaftsgebildes als vielmehr um die von ihm ausgehende tatsächliche oder vermutete Bedrohung. Niemand bezweifelt, dass die Sowjetmacht eine gewaltige Militärmaschinerie aufgebaut hat. Wo man hinkommt in diesem Lande, wimmelt es auf Schritt und Tritt von Uniformierten. Osteuropa ist zwar tatsächlich durch die Rote Armee vom Hitler-Faschismus befreit worden, aber ohne die perpetuierte Präsenz und den mitunter sehr massiven Einsatz sowjetischer Panzer und Bajonette hätten sich in den osteuropäischen Ländern keine gleichgeschalteten kommunistischen «Bruderparteien» an der Macht einrichten können. Das Schicksal Osteuropas bleibt ein untrüglicher Nachweis für den sowjetischen Hegemonismus. Angesichts der wachsenden Militärmacht des Kreml sind die Sorgen im Westen über ein mögliches weiteres Ausgreifen dieses expansiven Dranges denn auch durchaus berechtigt.

Immerhin tut man bei der Beurteilung dieses Problems gut daran, auch die tieferen Perspektiven zu berücksichtigen. Die «Russenfurcht», die Angst vor einer erdrückenden Uebermacht des Moskowiterreichs nämlich, hat Europa keineswegs erst seit dem Aufstieg der Sowjetherrschaft bedrängt. Schon der französische Literat Marquis de Custine schrieb in seinem berühmten Reisebericht «Russland im Jahre 1839», dieser ungeheure, aber rückständige Koloss werde letztlich von der geheimen Idee der Welteroberung bewegt, diesem Ziel gelte die «arrière-pensée» aller russischen Politik. «Die ewige Tyrannei des Ostens», schrieb Custine, «bedroht uns unaufhörlich; und wir werden uns vor ihr zu beugen haben, wenn unsere Extravaganzen und Frevel uns diese Strafe verdienen lassen.» Man sieht, düsteren Prophezeiungen über die «östliche Gefahr» fehlt es nicht an historischer Tradition.

Eine andere oft übersehene Konstante ist die Tatsache, dass Russland seit Peter dem Grossen (unter seiner Herrschaft verschlangen die Militärausgaben regelmässig 80—85 Prozent der Staatseinkünfte!) immer eine quantitativ überdimensionierte Armee besass. Gemäss einer Studie der «Radio Liberty»-Forschungsstelle in München besteht, ähnlich wie schon im 19. Jahrhundert, bei den in Ost- und Mitteleuropa stationierten konventionellen Einsatzmitteln der Sowjetunion seit dem Ende des Zweiten Weltkrieges konstant ein bedeutendes zahlenmässiges Uebergewicht gegenüber den entsprechenden westlichen Kräften. Der Bericht unterstreicht, dass diese starke militärische Massierung in den

Beisetzung der bei der Kerenski-Offensive gefallenen Soldaten im Juni 1917.

vorgeschobenen Gebieten massgeblich durch tiefsitzende Defensivinstinkte motiviert wird. Diese äussern sich in einem traditionellen Hang zur militärischen «Ueberversicherung» und einem echt russischen Vertrauen in grosse Zahlen. Dazu bleibt wenigstens zu bedenken, dass Russland mit seinen geographisch weit offenen Grenzen in der jüngeren Geschichte mehr als einmal von Westen her überfallen worden ist (1812, während des Bürgerkrieges nach 1917 und erneut 1941). Eine weitere Funktion dieser hochgradigen konventionellen Kräfteballung gilt zweifelsohne auch der Sicherung der prosowjetischen Ordnung in den osteuropäischen «Bruderländern».

Solche Erklärungen sollen zwar die überproportionierte sowjetische Militärmacht, von der in erster Linie der politische Druckwert beunruhigt, durchaus nicht verharmlosen. Aber es scheint angebracht, ab und zu an gewisse Relativierungen zu erinnern, zumal über dieses Thema — manchmal aus recht durchsichtigen Interessen — bei weitem nicht immer mit nüchterner Ausgewogenheit debattiert wird.

Sowjetische Rückschläge

Im übrigen ist es ja keineswegs so, dass der Kreml immer und überall nur im Vormarsch wäre. Auch die sowjetischen Machtinteressen haben verschiedentlich schwere Rückschläge erlitten. Man denke nur an die sowohl politisch wie militärisch schlechthin katastrophalen Folgen des chinesischen Abfalls. Wer hätte vor dreissig Jahren, als Stalin und Mao Tsetung ihren Freundschafts- und Bündnispakt unterschrieben, damit gerechnet, dass die beiden roten Riesen sich heute in giftigster Feindschaft gegenüberstehen würden? Diese Entwicklung hat die Sowjetunion in eine höchst ungemütliche Zangenposition manövriert. Von Moskau her gesehen erscheinen, namentlich seit Peking sich mit dem Westen anzubiedern begonnen hat, die sowjetischen Einkreisungskomplexe durchaus nicht völlig aus der Luft gegriffen. Zur Illustration stelle man sich einmal vor, wie für die USA die Lage aussähe, wenn der südliche Nachbar Mexiko dem Warschaupakt angehörte und Kanada im Norden ausserdem eine enge Interessengemeinschaft mit dem Kreml ansteuerte. Auch die Kehrtwendung Aegyptens bedeutete für die Sowjets einen schwerwiegenden Positionsverlust; in der Folge ist es dem Kreml bis heute nicht gelungen, seinen zeitweise überragenden Einfluss auf das Nahostgeschehen wieder zurückzugewinnen. Andere nicht geringe Schwierigkeiten betreffen die inneren Risssymptome im eigenen Lager wie etwa der rumänische Sonderkurs oder die ideologische Herausforderung des Eurokommunismus, die längerfristig kaum zu überkleistern sein werden.

Unbestreitbar haben andererseits die Sowjets ihren Einfluss in verschiedenen Richtungen — gelegentlich mit direkter militärischer Einsatzhilfe — auch wirksam ausdehnen können (Angola, Aethiopien, Afghanistan, Vietnam). Dennoch entspricht das simple Schema, dass jedesmal, wenn dem Westen der Wind irgendwo ins Gesicht bläst, die «Hand Moskaus» Oberregie führt, keineswegs in allen Fällen den komplexen Realitäten. Der folgenschwere Umsturz in Iran ist nicht zustande gekommen, weil das die Kreml-Agenten so inszeniert haben, sondern weil das korrupte Schah-Regime keine Basis mehr im eigenen Volk hatte und die Erdölmilliarden in grössenwahnsinnige Rüstungsaufträge verschleuderte, statt sich auf eine gerechte Verteilung und eine organische soziale Entfaltung zu konzentrieren. Aehnlich explosive Fehlentwicklungen, von ausländischen Profitinteressen nicht selten kurzsichtig begünstigt, glimmen ja auch in anderen neuralgischen Regionen (im südlichen Afrika, Lateinamerika, Saudiarabien). Dass die Sowjets jederzeit auf dem Sprung sind, bei solchen Schwachstellen ihre eigenen Vorteile herauszuholen, gehört nun einmal zum Abc des weltpolitischen Macht- und Konkurrenzkampfes.

Zwang zur Koexistenz

Geht man davon aus, dass einerseits das Sowjetsystem auch nach dem nächsten Jahrtausendwechsel eine entscheidende Grossmacht sein wird und andererseits im Zeitalter apokalyptischer Waffensysteme die Sicherung des Friedens die zentrale Aufgabe weltpolitischen Handelns bleibt, so gibt es in der Tat keine positive Alternative zur west-östlichen Koexistenz. Dieser Begriff ist seit Beginn der siebziger Jahre allgemein durch das Schlagwort «Entspannung» abgelöst worden. Diese neue, gewissermassen dynamischere Benennung ist zwar nicht falsch, verleitet aber, wie sich inzwischen gezeigt hat, leicht zu unrealistischen Illusionen von spannungsfreien Zuständen, die es übrigens in der gesamten Menschheitsgeschichte nie über längere Zeiträume hinweg gegeben hat. In Wirklichkeit wird das Verhältnis zwischen zwei antagonistischen Gesellschaftssystemen wie dem russisch-kommunistischen und dem westlich-pluralistischen immer durch ein widersprüchliches Muster aus Kooperation und Konfrontation geprägt sein. Auch die Entspannungspolitik kann dieses Muster nicht grundsätzlich auflösen, aber sie soll verhindern, dass die konfliktiven Elemente je zu einem vernichtenden militärischen Zusammenprall eskalieren; gleichzeitig sollen damit die möglichen Felder der Verständigung erweitert oder neu erschlossen werden.

Misst man die Ergebnisse der Entspannungspolitik während der letzten zehn Jahre an dieser Zielsetzung, so lassen sich trotz herber Enttäuschungen gerade in Europa einige sehr reale Fortschritte nicht bestreiten. Die im Rahmen des Détente-Konzepts zustande gekommenen Normalisierungsverträge zwischen Bonn und Moskau (sowie den übrigen osteuropäischen Ländern) haben das früher permanent gespannte Verhältnis zwischen der Bundesrepublik und der Sowjetunion spürbar entschärft und stabilisiert, ohne dass sie allerdings die Grundfragen gelöst hätten. Die Existenz Westberlins wird vom Kreml nicht mehr grundsätzlich in Frage gestellt. Die Berliner Mauer ist zwar nicht beseitigt, aber sie ist — vor allem für Westbesucher, die inzwischen jährlich in die Millionen gehen — ungleich durchlässiger geworden. Noch scheint zwar ein Ende des unseligen Wettrüstens zwischen Ost und West in weiter Ferne, doch wird heute über diese Probleme immerhin konkreter und breiter verhandelt als in früheren Jahrzehnten (Salt, MBFR). Und schliesslich wäre noch einmal daran zu erinnern, dass mit dem Entspannungswind auch im Innern des einstmals völlig vereisten Ostblocks etliche Lockerungsbewegungen in Fluss gekommen sind.

Mehr als nur ein militärischer Wettbewerb

George F. Kennan, einer der erfahrensten und fundiertesten Russland-Kenner, hat immer wieder eindringlich davor gewarnt, die Energien im west-östlichen Macht- und Rivalitätskampf einseitig auf den militärischen Bereich zu fixieren. Tatsächlich wird man, wenn man von Moskau aus diese Auseinandersetzung beobachtet, gelegentlich den Eindruck nicht los, die Diskussion im Westen kreise allzu eng um vergleichende Militärausgaben, um Panzer-, Raketen- und Flottenzahlen. Die Aufrechterhaltung einer zuverlässigen Abschreckungsbalance, die eine entscheidende Friedenssicherung darstellt, ist zweifellos ein kardinales Anliegen. Aber mindestens ebenso bedeutsam bleibt daneben die Tatsache, dass die eigentliche Dynamik der weltpolitischen Veränderungsprozesse durch geistige, soziale und wirtschaftliche Kräftefaktoren bestimmt werden. Sofern sich der Wahnsinn eines Atomkrieges vermeiden lässt, gehören die besseren Zukunftsaussichten nicht dem, der seine Raketen mit dem grössten Megatonnenpotential bestückt, sondern jener Seite, die — nicht zuletzt im Hinblick auf die jungen Entwicklungsländer — das attraktivere, glaubwürdigere, sinnvollere Beispiel setzt für die Bewältigung der zentralen Gegenwartsfragen. In diesem Wettbewerb dürfte das dogmatisch beengte Sowjetsystem mit schwereren Hypotheken belastet sein als die offenen Gesellschaften des Westens.

Dennoch scheint mir die nicht seltene Vorstellung utopisch, dass sich in Russland im Laufe der nächsten Generationen einmal ein politisches Demokratiemuster westlichen Zuschnitts durchsetzen könnte. Dieses grosse und starke Volk folgt seinen eigenen Entwicklungsgesetzen, die tief in seiner Geschichte und seiner geographischen Situation wurzeln. Russland gehört halb zu Europa und halb zu Asien. Mit beiden Kontinenten bestehen enge innere Verhaftungen, aber trotzdem ist dieses Land weder mit europäischen noch mit asiatischen Kriterien ganz zu verstehen. Russland hat, wie der Dichter Tjutschew formulierte, «seine besondere Gestalt». Dieses mächtige und rätselvolle Gebilde wird — mit oder ohne Sowjetkommunismus — die Welt noch lange beschäftigen.

Die Macht der russischen Tradition

Komplexe slawophil-nationale Strömungen in der Sowjetgesellschaft

Unmittelbar nach der Oktober-Revolution schrieb der frühere Marxist und spätere Religionsphilosoph Nikolai Berdjajew, einer der luzidesten russischen Denker: «Bei seinem Sturz ist das alte heilige Russland einem ebenfalls heiligen Reich gewichen, einer Theokratie im verkehrten Sinn. Obwohl der Marxismus weder russischer Herkunft ist noch russischen Charakter trägt, wird er diesen alten Stil aufgreifen und sich dem Slawophilismus annähern. Der rote Kommunismus wird den alten Traum der Slawophilen, die Hauptstadt von Petersburg nach Moskau, in den Kreml, zu verlegen, verwirklichen. Er wird sich das Motto der Slawophilen und Dostojewskis zu eigen machen: Ex Oriente Lux.»

Von Petersburg zurück nach Moskau

Zumindest ein Teil von Berdjajews Prognose ging überraschend schnell in Erfüllung. Schon ein Jahr nach der Machtergreifung verlegte Lenin den Sitz der bolschewistischen Regierung von Petrograd nach der Moskauer Zarenburg, dem Kreml. Die alte Hauptstadt, historischer Kern der «Sammlung russischer Erde», die zwei Jahrhunderte lang im Schatten der von Peter dem Grossen aus dem Sumpf gestampften Prachtmetropole an der Newa gestanden hatte, wurde wieder zum unbestrittenen Machtzentrum des eurasischen Landkolosses. Jene petrinische Wende nach Europa, für die Petersburg als Symbol stand, haben die slawophilen Geister von jeher als Verrat an der nationalen Kontinuität und der «heiligen russischen Sendung» empfunden. Der Dichter Aksakow, einer der Hauptsprecher der slawophilen Bewegung, schrieb 1863 in diesem Zusammenhang an Dostojewski: «Die erste Bedingung der Befreiung des russischen Volksgefühls ist: von ganzem Herzen und aus voller Seele Petersburg zu hassen.» Nun haben vor sechzig Jahren ausgerechnet die Bolschewisten, die Russland, ähnlich wie einst Peter I., mit Hilfe eines westlichen Konzepts (nämlich des Marxismus) neues Heil bringen wollten, das slawophile Postulat einer Rückkehr nach Moskau verwirklicht. War das tatsächlich der Anfang einer inneren Annäherung an die Konstanten der altrussisch-nationalen Tradition? Und wieweit ist die aktuelle Wirklichkeit von diesen historischen Strömungen her beeinflusst?

Paradoxerweise wird die nicht selten zitierte These, die Sowjetmacht habe das überlieferte Erbe der antiwestlich-slawophilen Ideen weitgehend übernommen, von zwei völlig konträren Positionen her energisch bestritten. Einerseits sind es die offiziellen Ideologen, die derartige Zusammenhänge entschieden in Abrede stellen. Kein Wunder, nimmt doch die marxistisch-leninistische Parteilehre für sich in Anspruch, mit den «bürgerlich-nationalistischen» oder religiös-orthodoxen Tendenzen der Vergangenheit endgültig gebrochen und diese

Der Moskauer Fernsehturm mit drehbarem Restaurant vor einem altrussischen Baudenkmal.

negativen Erscheinungen durch die weltumspannende Klassensolidarität des proletarischen Internationalismus ersetzt zu haben.

Ganz ähnlich, wenn auch mit umgekehrten Wertvorzeichen, argumentieren jene Kräfte, die offen für die Erneuerung der alten russischen Tradition, die Wiedergeburt des orthodoxen Glaubens und für die Abkehr von den «westlich» inspirierten Demokratie- und Fortschrittsmustern plädieren. Für diese am markantesten von Solschenizyn vertretene Denkrichtung steht das Sowjetsystem, das sie radikal ablehnt, tatsächlich in unvereinbarem Gegensatz zur traditionellen russischen Ideenwelt. Das Sowjetregime ist vielmehr der Feind dieser positiven nationalen Werte und wird gerade deshalb so unversöhnlich bekämpft. Auf die von liberalen Oppositionellen im Rahmen einer weit ausholenden «Samisdat»-Debatte geäusserte Behauptung, die russische Idee sei der Hauptinhalt des Bolschewismus und der proletarische Messianismus der offiziellen Ideologie trage einen deutlichen russophilen Charakter, reagierten Solschenizyn und seine Anhänger denn auch mit heftigem Widerspruch. Solche Thesen seien, schrieb der Autor des «Archipel Gulag» noch vor seiner Ausweisung aus der UdSSR, eine «arglistige Verdrehung unserer Geschichte». Die russische Idee könne schwerlich «Hauptinhalt einer internationalen Lehre sein, die wir vom Westen übernommen haben». Immerhin räumt Solschenizyn im gleichen Aufsatz ein, da die marxistische Revolution nun einmal auf russischem Boden gesiegt habe, sei es wohl unvermeidlich, dass sie auch «russische Kräfte mit sich reisse» und gewisse «russische Züge» annehme. Die Grundkräfte des Bolschewismus seien aber dennoch fremdländischer Natur (ausdrücklich wird an die zahlreichen nichtrussischen Akteure der Oktoberrevolution erinnert), und deshalb sei es leichtfertig, den Bolschewismus kurzerhand als «organisches Erzeugnis des russischen Lebens» zu charakterisieren.

Solche absoluten Urteile mögen tatsächlich übertrieben sein. Dennoch wird die Richtigkeit von Berdjajews differenzierterer Aussage, der rote Kommunismus werde in Russland «den alten Stil aufgreifen und sich dem Slawophilismus annähern», durch zahlreiche Erscheinungen der sechzigjährigen Sowjetrealität belegt. Aktuelle Signale solcher innerer Kontinuität sind beispielsweise die seit einigen Jahren stark intensivierte Pflege altrussischer Bau- und Kulturdenkmäler oder die zunehmenden Aeusserungen einer romantisierenden Vergangenheitsnostalgie in der sowjetischen Gegenwartsliteratur, in der Malerei, im Film und auf den Theaterbühnen. In solchen — im Grunde nur natürlichen und gegenwärtig auch in anderen Gesellschaften sichtbaren — Tendenzen schwingen offensichtlich spezifisch russisch-nationale Regungen mit. Sie stehen jedenfalls in markantem Gegensatz zu den (von Lenin freilich bekämpften) Postulaten führender bolschewistischer Revolutionäre, die ursprünglich den totalen Bruch mit der Vergangenheit gefordert hatten. Jene radikalen Bilderstürmer hätten sich wohl nicht träumen lassen, dass sechzig Jahre später der Kreml, das Wahrzeichen des vorpetrinischen Moskowiterreiches, in einer sowjetischen Zeitung emphatisch als «das grösste Denkmal der vaterländischen Geschichte ... das Kleinod der russischen Kultur, der Stolz des ganzen Volkes» gefeiert würde. Andächtiger hätten das auch die Slawophilen des 19. Jahrhunderts nicht formuliert.

Stalins Schwenkung

Der gezielteste Brückenschlag zur vorrevolutionären Vergangenheit ist zweifellos unter Stalin vollzogen worden. Nach dem Ueberfall der Hitler-Armeen, als das Land gegen eine tödliche Bedrohung ringen musste, warf der Sowjetherrscher alle ideologischen Vorbehalte gegen die national-traditionellen Parolen über Bord und appellierte zur Mobilisierung der Widerstandskräfte bewusst an die grosse russische Vergangenheit und die damit verbundenen patriotischen Emotionen des Volkes. Stalin proklamierte den «Grossen Vaterländischen Krieg», beschwor eindringlich die legendären Heerführer der zaristischen Vergangenheit als geistige Vorbilder zur Verteidigung von «Mütterchen Russland», liess die einst als Sinnbild der Konterrevolution und eines reaktionären Kastengeistes verpönten goldenen Schulterstücke für die Offiziere wieder einführen und stiftete neue traditionsbefrachtete Kriegsauszeichnungen wie den Suworow- und den Kutusow-Orden. Nach Kriegsausbruch söhnte er sich auch mit der orthodoxen Geistlichkeit aus, die sich aktiv für die Stärkung der Widerstandsmoral engagierte. Der Generalissimus im Kreml bekannte damals gegenüber dem Abgesandten Präsident Roosevelts, Harry Hopkins, freimütig, dass von diesen traditionellen Nationalismusappellen eine tiefere Wirkung ausgehe als vom abstrakteren Begriff des Sowjetpatriotismus.

In diesem Punkt ist sogar der schärfste und unerbittlichste Kritiker Stalins, Solschenizyn, der gleichen Meinung. «Erkennt», schrieb er 1973, kurz vor seiner Ausweisung, in dem umstrittenen «offenen Brief an die Sowjetführung», «wie Stalin dies im Zweiten Weltkrieg erkannte, dass die Nation um das Banner des russischen, nicht des sowjetischen Patriotismus und um die orthodoxe Kirche geschart werden muss. Und denkt daran, als Stalin im Krieg diese Aufrufe gegen Hitler erliess, haben wir gesiegt.»

Von Marx zum Chauvinismus

Indessen dürfte es heute kaum mehr möglich sein, den sowjetischen vom russischen Patriotismus klar abzugrenzen. Sie sind gerade durch das prägende Erlebnis des Zweiten Weltkrieges im Empfinden zumindest der russischen Sowjetbürger zu einer eng verwobenen Einheit geworden. Tatsache bleibt aber dennoch, dass das im ganzen durchaus kräftige sowjetische Nationalbewusstsein wesentlich von russischen Traditionsquellen gespeist wird. Neben anderen Faktoren scheinen solche in der geschichtlichen Tiefe verwurzelte Adhäsionskräfte wirksam jenes Vakuum aufzufüllen, das durch den weitherum spürbaren ideologischen Glaubensverlust geschaffen wird.

Ob bewusst oder unbewusst ist die sowjetische Staatspropaganda, die sich formell als «wissenschaftlicher» Marxismus-Leninismus drapiert, denn auch nach wie vor kräftig von Elementen des traditionellen geistigen Erbgutes eingefärbt. Unzweifelhaft besteht bei aller Unterschiedlichkeit des philosophischen Ansatzes zwischen dem von der Parteirhetorik beschworenen weltrevolutionären Heilsanspruch des Sowjetsystems und den messianischen Visionen der alten und neuen Slawophilen mehr als nur eine oberflächliche Parallelität. Wie prophezeite doch schon Dostojewski: «Für die ganze Welt bereitet sich eine Regeneration durch das russische Denken vor (und Sie haben recht, das in engem Zusammenhang mit der Orthodoxie zu sehen); und das wird in etwa einem Jahrhundert geschehen – dies ist mein leidenschaftlicher Glaube!»

Dostojewski war zwar keineswegs ein Freund des Sozialismus, den er als typisches Produkt des rational-seelenlosen Westens empfand. Das hindert aber auch auf der Parteiebene bestimmte Kreise nicht daran, zwischen solchen mythischen Verheissungen und der Entwicklung der Sowjetmacht eine in mancher Hinsicht folgerichtige Erfüllung zu sehen. Verschiedene aktuelle Symptome lassen darauf schliessen, dass im Bannkreis des sowjetischen Machtapparates einzelne besonders radikale Formen der Russophilie grassieren, deren vulgär-chauvinistische Stossrichtung allerdings mehr mit der stalinistischen Geisteshaltung zu tun hat als mit den moralisch-religiösen Erweckungsideen eines Dostojewski oder Solschenizyn. Man nennt sie, in gewisser Abgrenzung zu diesen grossen konservativen Gestalten, die «Russiten», und manche Vertreter der liberalen Moskauer Intelligenz befürchten oder behaupten, dass diese extrem nationalistische Strömung einen gefährlich wachsenden Einfluss in der ZK-, KGB- und Kulturhierarchie ausübe. Eindeutig lässt sich das nicht belegen. Ausserdem scheint es sehr zweifelhaft, dass diese reaktionär-chauvinistischen Elemente, deren ziemlich heterogene Ideologie im Kern auf einen aggressiven Expansionismus alles Russischen hinausläuft, überhaupt eine kompakte Fraktion bilden. Fest steht aber, dass einige Protagonisten dieser Tendenz wie der Kreml-Hofmaler Ilja Glasunow oder der rabiate Antisemit Jemeljanow, der in offiziellen Propaganda-Vorlesungen über die finstere zionistisch-freimaurerische Weltverschwörung «aufklärt», machtvolle Protektion geniessen. Als Strahlungszentren der extremen «Russiten», die den Marxismus lediglich aus Opportunitätsgründen nicht offen als «westliches Gift» und «jüdische Zersetzung» bekämpfen, gelten der Verlag «Junge Garde» und die Jugendzeitschrift «Ogonjok».

In der Regel können indessen die systemintern agierenden Nationalchauvinisten ihre reaktionären Botschaften nur in chiffrierter Form an die Oeffentlichkeit signalisieren. Denn obwohl die Machthaber im Kreml einerseits das Motivierungspotential traditionalistisch-russophiler Emotionen nicht verkennen, müssen sie anderseits bedacht sein, solche Regungen nicht allzu intensiv ins Kraut schiessen zu lassen. Dies mindestens aus dreierlei Gründen. Erstens würde eine unverblümt russisch-national etikettierte Politik die latenten Probleme mit den nichtrussischen Nationalitäten des sowjetischen Vielvölkerreiches rasant verschärfen. Zweitens würde durch ein offenes Einschwenken auf einen nationalistischen Kurs die Legimitationsfunktion der marxistisch-leninistischen Ideologie vollends ausgehöhlt, was vor allem im internationalen Bereich den Verlust eines zentralen Einflussinstruments bedeutete. Drittens würde die Partei durch die Uebernahme eines ungeschminkt nationalistischen Credos ihren exklusiven Machtanspruch selber in Frage stellen. Andere konservative Kräfte wie die Armee oder religiös-orthodoxe Bewegungen könnten zu einer ernsthaften Konkurrenz werden. Abgesehen davon bleibt zu berücksichtigen, dass ein radikal national-russischer Kurswechsel bei den gemässigteren Elementen im Führungsapparat — die vorläufig immer noch den Ton angeben — auf harte Widerstände stossen würde.

Ignorierte Parallelen

Es gehört zu den paradoxen Erscheinungen der sowjetischen Wirklichkeit, dass engagierte Anhänger slawophiler und nationalistischer Strömungen sich einerseits in der Staats- und Parteibürokratie breitmachen können, während andere Traditionalisten vom Regime scharf verfolgt werden. Die letzteren sind die ehrlichen Konservativen, die sich offen zu ihren Idealen bekennen und aus ihrer kompromisslosen Gegnerschaft zum «unrussischen» Marxismus und zum Sowjetstaat kein Hehl machen, während die «offiziellen» Chauvinisten sich äusserlich den Spielregeln des Systems anpassen. Solschenizyn wurde zum Staatsfeind erklärt, weil er es gewagt hatte, die Sowjetverhältnisse radikal zu

Moderne Architektur in Moskau: Das Hauptquartier des osteuropäischen Wirtschaftsverbundes Comecon. Links ein Wohnhaus im «Stalin-Barock».

kritisieren, obwohl manche seiner Vorstellungen nicht wenige Parallelen zu jenem Gedankengut aufweisen, wie man es in den nationalistischen Funktionärszirkeln pflegt. Wladimir Ossipow, einer der aktivsten Verkünder eines grossrussisch-orthodoxen Messianismus, der verschiedene Untergrundpublikationen herausgegeben hatte, wurde 1975 zum zweitenmal zu langjähriger verschärfter Lagerhaft verurteilt. Manche seiner Gesinnungsgenossen, die sich vorsichtiger benehmen oder — wie der Maler Glasunow, der Breschnew porträtiert hat und mit Suslow befreundet sein soll — über wirksameren höheren Schutz verfügen, bleiben ungeschoren. Anderseits gehört wiederum der dissidente Mathematiker Schafarjewitsch, ein gläubiger Russophiler und einer der engsten Gefolgsleute Solschenizyns, zu den Bewunderern sowohl Ossipows als auch Glasunows.

Damit sollen die systemkonformen und die dissidenten Traditionalisten durchaus nicht leichtfertig als identische Erscheinungen qualifiziert werden. Wer wollte schon, bei aller Umstrittenheit seiner politischen Ideen, die überragende moralische Grösse eines Solschenizyn mit der Mediokrität eines reaktionär-chauvinistischen Opportunisten vergleichen! Dennoch gibt es zwischen diesen beiden Ebenen, die sich ihrerseits in die verschiedensten Schattierungen aufgliedern, einige generelle Berührungspunkte. Dazu gehören insbesondere die Idealisierung der russischen Vergangenheit, die grundsätzliche Befürwortung einer autoritären Staatsform, der Anspruch einer seelisch-moralischen Ueberlegenheit des russischen Volkes gegenüber der dekadent-materialistischen Gesellschaft des Westens.

Liberale Kritiker Solschenizyns

Im Unterschied zur offziellen Sphäre, wo eine offene Diskussion über solche Probleme nicht stattfinden kann, läuft in den dissidenten Zirkeln seit einigen Jahren eine engagierte Auseinandersetzung um die slawophilen Ideen und deren aktuelle Renaissance. Die Kontroverse ist vor allem durch Solschenizyns 1973 — kurz vor seiner Ausweisung — publizierten «offenen Brief an die sowjetische Führung» entfacht worden. Sie wurde weiter geschürt durch die von ihm zusammen mit Schafarjewitsch und anderen gleichgesinnten Autoren herausgegebene Aufsatzsammlung «Unter dem Geröll hervor». Die darin vertretenen Urteile und Rezepte — Solschenizyn hat sie zuletzt 1978 in seiner bewusst herausfordernden Harvard-Rede wiederholt — haben bei den liberaldemokratisch orientierten Dissidenten ein vielfältiges und durchwegs kritisches Echo ausgelöst. Neben zahlreichen anderen sowjetischen Oppositionellen veröffentlichten Andrei Sacharow, Lew Kopelew und der «linke» Regimekritiker Roy Medwedew ausführliche Stellungnahmen zu den Thesen des traditionalistischen Dissidentenflügels. Bei allem Respekt für den Andersdenkenden werfen sie den slawophilen Konservativen — die sich mit Berufung auf Dostojewski gelegentlich als «Bodenständige» bezeichnen — vor, mehr mit diffusen Mythen denn mit unvoreingenommenen Analysen und konkreten Konzepten zu argumentieren. Sie weisen darauf hin, dass die vorrevolutionären Zustände alles andere als idyllisch oder «unverdorben» waren, und lehnen die Idee eines isolationistischen, orthodox-autoritären Kirchenstaates als «patriarchalischen Romantizismus» (Sacharow) ab. Und nicht zuletzt warnen die liberalen Kritiker die slawophilen Visionäre vor ihrer geistigen Nähe zum grossrussischen Chauvinismus, auf den sich zumindest teilweise auch das herrschende Regime stützt.

Mit Recht hat man in dieser intensiven Auseinandersetzung unter den sowjetischen Oppositionellen – die hinter den Kulissen oder in verschlüsselter Form auch im offiziellen Machtbereich bestimmte Entsprechungen findet – eine Neuauflage der berühmten historischen Kontroverse zwischen Slawophilen und Westlern gesehen. Der Gegensatz zwischen diesen beiden Tendenzen hat insbesondere die grossen geistigen und politischen Bewegungen Russlands im 19. Jahrhundert geprägt. Im Grund aber beeinflusst dieser Konflikt die russische Entwicklung mindestens seit dem abrupten und gewaltsamen westlichen Oeffnungsruck von Peter dem Grossen. Dass er auch in der Gegenwart – und trotz der angeblich «monolithischen» ideologischen Einheit des Sowjetvolkes – immer wieder in den verschiedensten Ausprägungen bis an die Oberfläche durchschlägt, spricht für die mächtige innere Kontinuität der russischen Tradition. Ebenso zeigt sich in dem perpetuierten Widerstreit zwischen den slawophil-mystischen und den westlich-aufklärerischen Grundströmungen die tiefe Ambivalenz des eurasischen Landkolosses zwischen Orient und Okzident.

Wieviel Druck erträgt das Sowjetregime?

George F. Kennan, ehemaliger US-Botschafter in Moskau und Altmeister unter den westlichen Sowjetologen, hat unlängst in einem Gespräch mit dem Publizisten James Reston über die Möglichkeiten äusserer Einflussnahme auf die Haltung des Sowjetregimes in der Dissidentenfrage erklärt, ein gewisser Druck des Westens sei durchaus nützlich, zuviel aber könne sich als selbstzerstörerisch erweisen. Dazwischen liege eine sehr feine Grenze. Es sei wie mit den Medikamenten: heilsam, wenn mit Mass verabreicht, gefährlich in Ueberdosen.

Reibungsfaktoren

Die Aussage ist angesichts der in den letzten Wochen 1977 dramatisch verschärften west-östlichen Auseinandersetzung um die Menschenrechtsfrage von brennender Aktualität. Drei verschiedene, in ihrer Dynamik sich wechselseitig beeinflussende Motoren haben diese Kampagne in Bewegung gebracht: Erstens die in verschiedenen osteuropäischen Ländern intensivierten Aktivitäten der Regimekritiker, denen — auch wenn sie von einer breiten Massenbasis noch weit entfernt scheinen — die Liberalisierungspostulate der Helsinki-Verträge wirksame Argumente in die Hand gaben. Zweitens das mächtige und im Rahmen des permanenten ideologischen Konkurrenzkampfes verständliche Echo, das diese ostblockinternen Gärungszeichen im Westen auslösten. Vor allem über die Aetherwellen strahlen diese westlichen Reaktionen und die ihnen zugrunde liegenden Ereignisse wieder in den Osten zurück, wodurch das einst fast lückenlose Informationsmonopol des Herrschaftsapparats empfindlich durchlöchert wird. Als dritter wesentlicher Faktor für die akute Erhitzung der Dissidentenfrage entpuppte sich schliesslich die nervöse Hysterie und Härte, mit der die kommunistische Obrigkeit nach anfänglichem Zögern auf die nonkonformen Zeichen reagierte. Damit freilich scheinen der Kreml und seine Trabanten nur noch mehr Oel ins Feuer zu giessen, und zwar sowohl im eigenen Machtbereich, wo das Dissidentenphänomen zu überdimensionierten Grössen aufgebauscht wird, als auch im Westen, dessen Interesse an den Vorgängen im gegnerischen Lager dadurch zwangsläufig stimuliert wird. Die Entwicklungen der letzten Wochen haben die Wirksamkeit dieses komplex gekoppelten Schaukelmechanismus deutlich vor Augen geführt. Aeusserliche Höhepunkte der vielschichtigen Kontroverse waren bisher das aufsehenerregende Solidaritätsschreiben von Präsident Carter an den prominenten Bürgerrechtsaktivisten Sacharow sowie der unmittelbar darauf folgende offizielle Protest des Moskauer Botschafters in Washington wegen angeblicher Einmischung der USA in die innersowjetischen Angelegenheiten.

Was die Reaktion des Sowjetregimes im Innern angeht, so ist hier — abgesehen von den direkten Schlägen gegen die Dissidenten — in den Massenmedien

Militärparade auf dem Roten Platz zum Revolutionsfeiertag, dem 7. November.

Offiziere der Roten Armee unter dem Plakat Lenins.

auf breitester Front eine massive Gegenkampagne ins Rollen gekommen, die dem Bürger mit allen Mitteln der Demagogie die Schrecken der angeblich durchwegs recht- und freiheitslosen Lebensverhältnisse in der «Welt des Kapitals» einhämmern soll. Dabei werden Faschismus und Kapitalismus in den gleichen Topf geworfen, die Verbrechen der chilenischen Junta oder die Terrorausschreitungen in Nordirland als Normalfälle westlichen Demokratieverständnisses ausgewalzt. Die Hemmungslosigkeit und Primitivität dieser Propagandawelle erinnert an die finstersten Gefrierperioden des Kalten Krieges.

Warnsignale des Kreml

Gewichtiger zu werten sind die vorerst zwar noch unbestimmten, aber nichtsdestoweniger beachtenswerten Warnsignale des Kreml an die westliche Adresse, die Konfrontation um die Menschenrechte nicht zu weit zu forcieren. Andernfalls könnte, so scheinen die verschlüsselten Zeichen zu lauten, Moskau sich gezwungen sehen, dem Entspannungsprozess und allem, was dazu gehört, gänzlich den Rücken zu kehren. Die bedeutsamste Andeutung in dieser Richtung hat vor wenigen Tagen der sowjetische Verteidigungsminister Ustinow aufsteigen lassen. In einem Aufsatz für das Parteijournal «Kommunist» — den die Nachrichtenagentur Tass, bestimmt nicht zufällig, bereits vor Erscheinen der Zeitschrift in Auszügen veröffentlicht hat — gibt der Sowjetmarschall nachdrücklich zu verstehen, dass die Sowjetunion nicht unbedingt auf eine Beschränkung des Wettrüstens angewiesen sei. Diejenigen Kreise im Westen, schreibt Ustinow, die glaubten, die Sowjetarmee durch die Entwicklung neuer Waffensysteme ins Hintertreffen versetzen zu können, sollten sich bewusst sein, dass die UdSSR heute wirtschaftlich und technisch vollauf in der Lage sei, jede erdenkliche militärische Neuerung der «Friedensfeinde» in «kürzester Zeit» einzuholen. Sein Land, fügt der sowjetische Verteidigungsminister hinzu, wünsche indessen nicht, diesen Weg weiter beschreiten zu müssen, und habe deshalb den USA Abmachungen zur Einschränkung des technologischen Rüstungsrennens vorgeschlagen.

Die Botschaft ist kaum missverständlich: Moskau könnte notfalls auch ohne Salt, das heisst ohne strategische Rüstungslimitenverträge mit den USA, leben. Salt aber ist der entscheidende Pfeiler des Entspannungsgebäudes. Werden die Salt-Pläne der beiden Supermächte nicht verwirklicht, dürfte auch an den übrigen Fronten der Détente nicht mehr viel zu bewegen sein. Es wäre wohl das vorläufige Ende des Entspannungskonzepts. In Moskau scheint man zurzeit solche Perspektiven immerhin in Betracht zu ziehen.

Wo ist die Reizschwelle?

Die Situation gemahnt stark an die Konstellation unmittelbar vor dem abrupten Rücktritt des Kreml vom sowjetisch-amerikanischen Handelsvertrag vor zwei Jahren. Damals hatte der Kongress die im Vertrag vorgesehene Einräumung der Meistbegünstigungsklausel an die Sowjets mit politischen Bedingungen («Ausreiseerleichterungen für dissidente Minderheiten») zu verknüpfen versucht. Moskau schien anfänglich sogar zu diskreten Zusicherungen bereit, doch als die Sache im Westen breitgeschlagen wurde und der Kongress obendrein die ursprünglich in Aussicht gestellten Wirtschaftskredite drastisch einschränkte, liess der Kreml das Projekt kurzerhand auffliegen. Damals war die Reizschwelle der Sowjets klar unterschätzt worden.

Breschnew (Mitte), Suslow (rechts), Kossygin (links) und Verteidigungsminister Ustinow (links von Kossygin) tragen ihren Politbürogenossen Kulakow zu Grabe.

Nun ist es zwar denkbar, dass Breschnew auch dann an der Verwirklichung der Salt-Pläne interessiert bleibt, wenn der Westen seine verstärkten Pressionen in der Menschenrechtsfrage aufrechterhält. Und da die Carter-Administration gleichzeitig hervorhebt, zwischen diesen beiden Problemkreisen bestehe kein direkter Zusammenhang, ist eine rechtzeitige Einigung über den Salt-2-Vertrag noch keineswegs abzuschreiben. Die Risiken einer plötzlichen negativen Wendung im Abrüstungsbereich dürften freilich in dem Masse ansteigen, in dem sich das politische Klima zwischen Ost und West verhärtet.

Eindeutiger messbar sind zum jetzigen Zeitpunkt die innenpolitischen Folgen des Menschenrechtsdisputs. Der Kreml hat in den letzten Wochen unzweideutig erkennen lassen, dass er sich durch den intensivierten Druck nicht zu Konzessionen bewegen lässt, im Gegenteil: Mit einer Härte wie seit Jahren nicht mehr schlägt jetzt der Repressionsapparat gegen das schwache Dissidentengrüppchen zu. Nach den jüngsten Verhaftungen, zahlreichen Hausdurchsuchungen und handfesten Drohungen macht man sich in diesen Kreisen auf die schlimmsten Entwicklungen gefasst. Die Stimmung ist weitherum pessimistisch. Manche, die früher diese Möglichkeit von sich gewiesen haben, wollen jetzt einen Antrag auf Auswanderung stellen, woran das Regime interessiert zu sein scheint, eröffnet sich doch auf diesem Weg die bequeme Möglichkeit, die Dissidentenbewegung immer weiter «auszutrocknen». Auf die Frage, was er von Carters Aktionen zur Menschenrechtsfrage in der Sowjetunion halte, meinte ein Dissidentenvertreter: Die Haltung des neuen Präsidenten gefalle ihm, weil sie moralisch richtig sei. Er musste freilich einräumen, dass sich parallel dazu ihre Lage ernsthaft verschlechtert habe.

Frage des Masses

Für dem Westen geht es indessen nicht darum, sich in seiner Politik gegenüber dem Kreml kategorisch zwischen freundlicher Leisetreterei oder offener Herausforderung zu entscheiden. Es geht um die Frage des Masses und des Fingerspitzengefühls für das tatsächlich Mögliche. Wenn Breschnew mit allem Zeremoniell den amerikanischen Kommunistenführer empfängt und die Sowjetpresse permanent über die «Verfolgung Andersdenkender» im Westen schreibt, so ist grundsätzlich nicht einzusehen, weshalb Präsident Carter nicht einen persönlichen Sympathiebrief an Sacharow richten darf. Aber was eine offene demokratische Gesellschaft, die ihre inneren Gegensätze und Probleme nicht verheimlicht, gelassen hinnehmen kann, ist für ein autoritäreres, angeblich auf «monolithischer Einheit» gründendes System bereits eine gefährliche Provokation, auf die es entsprechend nervös reagiert. Man braucht solche Realitäten zwar nicht fraglos zu akzeptieren, aber sie müssen beim politischen Kalkül in Rechnung gezogen werden. Die Vorstellung, dass man durch massiven äusseren Druck die Moskauer Obrigkeit zwingen kann, ihr tief eingewurzeltes Machtsystem kurzfristig zu liberalisieren, dürfte vorläufig eine Illusion bleiben. Derartige Versuche hat die extrem misstrauische Sowjetführung in ihrer notorischen Furcht vor irgendwelchen Sicherheitsrisiken immer mit harten Abkapselungsreflexen quittiert.

Aussichtsreicher scheinen dagegen langsame, von innen her sich entwikkelnde Entkrampfungen, wie sie sich in den letzten Jahren in Teilbereichen — zum Beispiel auf der kulturellen Szene — abzuzeichnen begannen. Vieles spricht dafür, dass sich solche Tendenzen in einem ruhigeren, stabilen internationalen Klima gedeihlicher entwickeln können als in Zeiten hektischer Gespanntheit und Konfrontation. In der kurzen Periode des west-östlichen Détente-Optimismus, die weitherum Hoffnungen auf langfristige Stabilität und Verständigung aufkeimen liess, schienen sich auch im Sowjetreich vermehrte Tauwetterzeichen anzubahnen.

Lautstärke und Wirksamkeit

Fazit: Für den Westen besteht kein Anlass, seine Solidarität mit den sowjetischen Oppositionellen und sein Engagement für die Menschenrechte — allerdings nicht nur im Ostblock — grundsätzlich zu reduzieren. Aber er muss sich bei diesem Engagement für jenes Mass und jene Mittel entscheiden, die in der gegebenen Realität die effektivste Wirkung erzielen können. Eine Politik also, die behutsam das Risiko der Dissidenten gegenüber repressiver Willkür wenigstens einschränken würde und anderseits die Sowjetführung nicht zu folgenschweren Trotzreaktionen provoziert. Mit einem Rückfall in den Kalten Krieg und einem schrankenlosen Wettrüsten wäre der Menschheit — im Westen wie im Osten — ein schlechter Dienst geleistet. Der prononcierte Einsatz der Carter-Administration in der Menschenrechtsfrage wirkt äusserlich zwar beeindruckend, aber der bisherige Effekt muss ernüchternd stimmen. Wahrscheinlich ist es noch zu früh, diese Politik jetzt schon zu saldieren. Dennoch könnte eine erste Ueberschlagsrechnung zu bedenken geben, dass eine in der Sache durchaus hartnäckige, aber in der Form diskrete Diplomatie in bestimmten Situationen näher ans Ziel führt als spektakuläre Proklamationen.

«Menschenrechtstag» in der Sowjetunion

Neues Wort in der Kreml-Rhetorik

Wenn Präsident Carters umstrittene Menschenrechtsoffensive eine konkret messbare Folge gehabt hat, dann die, dass die sowjetoffizielle Propaganda nach anfänglichem Zögern nun ebenfalls voll auf dieses Thema eingeschwenkt ist und damit eine breit angelegte Gegenkampagne lanciert hat — natürlich mit genau umgekehrten Vorzeichen. Der Begriff «Menschenrechte» war bis vor kurzem im Arsenal der Moskauer Standardterminologie kaum zu finden. Die Tatsache, dass er für das Kreml-Regime neuerdings zur Speerspitze sowohl der offiziellen Kapitalismuskritik als auch der permanenten Selbstbeweihräucherungsrhetorik geworden ist, bedeutet an sich den Einbruch einer eindeutig westlich geprägten Ideenkonzeption in die östliche Sprachregelung. Das allein scheint schon ein bemerkenswerter Vorgang, lief doch die Beeinflussung des politischen und propagandistischen Wortschatzes lange Zeit eher in umgekehrter Richtung. Es spricht für die Ausstrahlung und die Stosskraft des von Carter neu in den Vordergrund geschobenen Menschenrechtsbegriffs, dass ihn jetzt auch die sowjetischen Ideologen in ihre eigene Argumentation integriert haben. Freilich zeigt sich dabei gleichzeitig die beliebige Dehnbarkeit dieser schillernden Terminologie. Mit der Menschenrechtsrhetorik wird heute in West und Ost reichlich selektiv operiert. Ihre Ideale werden je nach Interessenlage höchst unterschiedlich interpretiert und vor allem immer dann nachdrücklich bemüht, wenn es darum geht, dem politischen Konkurrenten seine Sünden vorzurechnen.

Der Unterschied

In dieser Hinsicht sind die sowjetischen Herolde den westlichen Menschenrechtsanwälten, denen selbstkritische Urteile immerhin nicht ganz fremd sind, allerdings weit überlegen. Unbelastet von irgendwelchen Relativierungen nehmen sie für sich in Anspruch, dass in der sowjetischen Einparteiengesellschaft die Menschenrechtspostulate schlechthin ideal verwirklicht seien, während sie in den «Ländern des Kapitals» systematisch mit Füssen getreten würden. «Der prinzipielle Unterschied zwischen der sozialistischen Demokratie und der bourgeoisen Demokratie besteht darin», heisst es bündig im heutigen «Prawda»-Leitartikel zum Tag der Menschenrechte, «dass sie die politischen und sozialökonomischen Rechte der Bürger nicht nur verkündet, sondern auch zuverlässig garantiert.»

Den schlagenden Beweis für diese Behauptung sehen die Kreml-Sprachrohre, die in diesen Tagen ihre Leser mit einer wahren Sturzflut von Materialien über die sozialen und politischen Greuel im nichtkommunistischen Ausland überschwemmen, unter anderem darin, dass die UdSSR praktisch sämtliche

Am Puschkin-Denkmal im Moskauer Zentrum demonstrieren sowjetische Dissidenten alljährlich mit einer kurzen Schweigemanifestation für die Menschenrechte.

internationalen Menschenrechtskonventionen feierlich unterzeichnet hat, während in den USA eine Reihe dieser Dokumente nicht ratifiziert sind. Nicht weniger einfach hört sich die ideologische Argumentation des «Prawda»-Leitartikels an: Weil im Sozialismus die «Ausbeutung des Menschen durch den Menschen» kraft des gesellschaftlichen Eigentums ein für allemal abgeschafft ist, kann es per definitionem auch keine wie immer geartete Unterdrückung mehr geben. Ganz anders im «Kapitalismus», dem unterschiedslos alles angelastet wird, was sich ausserhalb der sowjetischen Einflusssphäre abspielt, seien das nun die Verhältnisse in Chile, Südafrika oder in den westlichen Demokratien. Da herrscht in sowjetischer Sicht allenthalben Terror, Rassismus, polizeiliche Unterdrückung, Meinungsdiktat, Arbeitslosigkeit und «moralischer Zerfall» – Erscheinungen also, die der Sowjetsozialismus (laut «Prawda» «der Bannerträger der Menschenrechte) restlos zugunsten einer von allen Bürgern begeistert getragenen Gerechtigkeitsordnung beseitigt hat.

Emigration aus der Sowjetunion – Hoffnungen und Verzweiflungen

Natascha arbeitet in Leningrad in einer Bibliothek. Ihr Gehalt ist kümmerlich: 80 Rubel im Monat (rund 200 Franken), trotz einem erfolgreich abgeschlossenen Literaturstudium. Zusammen mit ihrem dreijährigen unehelichen Kind wohnt sie bei ihrer Mutter in einer für sowjetische Verhältnisse recht komfortablen Zweizimmerwohnung. Natascha ist unzufrieden mit ihrer Situation, nicht allein wegen ihrer materiellen Verhältnisse, die ihr freilich keine grossen Sprünge erlauben, sondern ebensosehr wegen der beruflichen Perspektiven. Sie möchte mehr aus ihrer Ausbildung machen, Rezensionen und andere literarkritische Arbeiten publizieren. Nur sei das für sie beinahe aussichtslos. So alle halben Jahre, sagt sie, könne sie vielleicht in einer Zeitschrift einen kleinen Aufsatz unterbringen. Aber selbst das gelinge nur mit mühsamem Ach und Krach, zwinge zu einem wahren Marathonzickzack durch einen Dschungel bürokratischer und ideologischer Begrenzungen. Sie sei es, meint Natascha, einfach müde, gegen solche entnervenden Hindernisse anzukämpfen, sich im Beruf mit kleinlichen Bürokraten herumzuschlagen und beim Einkaufen die Zeit in Warteschlangen zu vergeuden. Die Hoffnung auf eine substantielle Wende ihrer Situation, die nicht verzweifelt ist, aber die sie als blockiert und ohne Zukunft empfindet, hat die junge Frau — sie ist Jüdin — aufgegeben.

Risikoreicher Entschluss

Seit einiger Zeit denkt Natascha deshalb intensiv daran, zusammen mit ihrem Kind und ihrer Mutter zu emigrieren. Dies vor allem, nachdem mehrere ihrer besten Freunde diesen schicksalsschweren Schritt bereits getan haben. Obwohl die Nachrichten, die sie von ihnen bekommt, nicht euphorisch klingen und von zahlreichen neuen Schwierigkeiten sprechen, hofft Natascha, mit Hilfe ihrer Bekannten irgendwo in Westeuropa vorerst als Kindermädchen unterzukommen. Da sie nur über begrenzte Fremdsprachenkenntnisse verfügt, macht sie sich keine Illusionen, im Ausland auf Anhieb einen Broterwerb im literarischen Bereich finden zu können. Trotz ihrer jüdischen Herkunft und obwohl sie praktisch nur eine Ausreisechance hat, wenn sie offiziell einen Visumantrag für Israel einreicht, möchte sich die junge Frau indessen nicht in diesem Lande niederlassen. Endgültig hat sie sich aber noch nicht für die Emigration entschieden. Die Risiken, die damit verbunden wären, glaubt sie zumindest zu erahnen. Sie weiss, dass sie nur auswandern kann, wenn sie auf die sowjetische Staatsbürgerschaft verzichtet, dass sie, falls sie nicht nach Israel geht, staatenlos sein wird und dass es kein Zurück in die Heimat mehr gibt. Die Möglichkeiten im Westen scheint sie freilich in allzu optimistischem Lichte zu sehen.

Nataschas Geschichte ist kein Einzelfall, für weite Kreise der Moskauer und Leningrader Intelligenzia ist sie in mancher Hinsicht sogar charakteristisch.

Wann immer sich in dieser spezifischen sozialen Schicht eine private Diskussionsrunde zusammenfindet: früher oder später kommt das Gespräch unweigerlich auf das Emigrationsthema. Und es dürfte bei solchen ausgedehnten intellektuellen Palavern, die sich meist in irgendeiner engen Küche oder verrauchten Hinterstube abspielen, kaum je einen Teilnehmer geben, der nicht von einem bereits ausgewanderten Freund oder Bekannten zu berichten wüsste. Manche, die noch vor einigen Jahren jeden derartigen Gedanken weit von sich gewiesen haben, sind nun, ähnlich wie Natascha, selber dabei, sich mit der Möglichkeit der Ausreise auseinanderzusetzen. Es scheint manchmal wie ein Sog: Wenn aus einem bestimmten Kreis einer den Schritt in die Emigration vollzogen hat, dann beginnt das auf die Zurückgebliebenen offenbar wie eine Ansteckung zu wirken, was allerdings nicht heisst, dass die Sache jedesmal bis zu einem konkreten Ausreiseantrag gedeiht. Nicht selten wird mit solchen Projekten auch ein wenig kokettiert, man begnügt sich mit der Faszination des Gedankenspiels einer radikalen existentiellen Alternative.

Dass solche Tendenzen namentlich im grossstädtischen Intelligenzia-Milieu, wo die Juden unbestritten ein sehr gewichtiges Element bilden, heute derart virulent geworden sind, scheint irgendwie bezeichnend für die gegenwärtige Stimmungslage in der Sowjetunion. Obwohl es den Leuten in materieller Hinsicht deutlich besser geht als vor zehn oder fünfzehn Jahren und sich selbst die individuelle Bewegungsfreiheit im Vergleich zur totalen Zwangsherrschaft der Stalin-Aera spürbar erweitert hat, machen sich weitherum Pessimismus und Resignation breit. Viele Gespräche und Beobachtungen bestätigen es: Einer offenbar wachsenden Zahl von Vertretern gerade der geistigen und kulturellen Elite ist der einst haltgebende Glaube an eine fortschreitende Liberalisierung, die Zuversicht, trotz allen aktuellen Misslichkeiten am Aufbau einer humaneren Zukunft beteiligt zu sein, irgendwie abhanden gekommen. Viele empfinden die früheren Hoffnungen als verbraucht, und eines Tages glaubt man plötzlich, den zermürbenden Druck der Verhältnisse nicht länger ertragen zu können — vor allem seit die Emigration zu einer zwar schwierigen, aber doch grundsätzlich möglichen Alternative geworden ist.

Jüdische und andere Auswanderer

Die gegenwärtige Welle der Auswanderung aus der Sowjetunion ist erst Anfang der siebziger Jahre in Gang gekommen. Sie hat inzwischen eine Eigendynamik erreicht, mit der der Kreml vielleicht nicht gerechnet hatte, als er vor einigen Jahren die hermetisch geschlossenen Grenzen erstmals wieder für grössere Auswanderungskontingente öffnete. Bis 1978 haben über 150000 Sowjetbürger mit einem Visum für Israel ihre Heimat verlassen. Hinzu kommen rund 50 000 Sowjetdeutsche sowie 12 000 Sowjetarmenier. Sowohl zahlenmässig als auch politisch betrachtet, kommt der Emigration nach Israel die gewichtigste Bedeutung zu. Politisch deshalb, weil sie aus mancherlei Gründen zu einem Schnittpunkt der west-östlichen Ideologie- und Menschrechtskontroversen geworden ist, während sich beispielsweise die Auswanderung der Sowjetdeutschen weit stärker im Schatten diskreter Diplomatie abwickelt. Den Höhepunkt erreichte die jüdische Emigrationsbewegung im Jahre 1973, als 35 000 Visumanträge bewilligt wurden. Nach einem scharfen Rückgang um mehr als 50 Prozent, bedingt in erster Linie durch die harte Reaktion des Kreml auf wenig subtile Forderungen des amerikanischen Kongresses (auf Initiative Senator Jacksons wurde damals von den Sowjets als Gegenleistung für bestimmte Handelskonzessionen eine schriftliche Zusage verlangt, jährlich mindestens 60 000 Auswanderungswillige freizugeben), ist die Zahl der jüdischen Emigranten in jüngster Zeit wieder bedeutsam angestiegen. Auf Grund der bisherigen Entwicklung erwartet man, dass für 1978 um die 25 000 Visa für Israel erteilt werden.

Wenig bekannt ist die Tatsache, dass heute auch zahlreiche nichtjüdische Sowjetbürger offiziell via Israel emigrieren. Dazu genügt in gewissen Fällen eine Pro-forma-Einladung aus Israel, die von den Behörden auch dann akzeptiert wird, wenn der Antragsteller nicht als Angehöriger der jüdischen Nationalität registriert ist. Wie viele Nichtjuden die Sowjetunion fiktiv im Rahmen der jüdischen Auswanderungsbewegung verlassen, lässt sich nicht genau feststellen. Das Regime scheint an dieser formalen Praxis aus verschiedenen Gründen interessiert. Erstens aus der Bestrebung heraus, die Auswandererfrage als ein Problem zu stilisieren, das sich, abgesehen von den Sowjetdeutschen, einseitig auf die jüdische Bevölkerungsgruppe beschränkt. Mit dieser Taktik soll offenbar der grundsätzlich nicht weniger gerechtfertigte Emigrationsanspruch anderer ethnischer Segmente in den Hintergrund gedrängt werden.

Dass die Sonderbehandlung für die jüdische Minderheit bei den übrigen Sowjetbürgern nicht selten latent vorhandene antisemitische Animositäten stimuliert, liegt auf der Hand und dürfte im obrigkeitlichen Kalkül durchaus einprogrammiert sein. Zudem muss jeder, der offiziell nach Israel auswandert, die sowjetische Staatsbürgerschaft niederlegen (wofür der Fiskus erst noch 500 Rubel kassiert). Diese willkürliche Bestimmung gilt konsequent nur für die als jüdisch deklarierten Emigranten, die damit jeden Rechtsanspruch verlieren, jemals wieder in die Heimat zurückzukehren. Die vermehrte Praxis, auch nichtjüdische Auswanderungswillige via den Israel-Kanal ausreisen zu lassen, scheint deshalb für die Moskauer Behörden nicht zuletzt auch ein probates Mittel, unbequeme Störelemente für immer loszuwerden. Nicht zufällig haben in letzter Zeit denn auch eine ganze Reihe nichtjüdischer Dissidenten ihre Heimat auf diesem Weg verlassen. (Gegenüber prominenten Nonkonformisten wie dem Exgeneral Grigorenko, dem Philosophen Sinowjew oder dem Maler Rabin, die nicht bereit waren, auf diese Fiktion einzugehen, hat sich übrigens eine neue Verfahrensvariante eingebürgert: Man liess sie — mit sowjetischem Pass — direkt in den Westen ausreisen, um ihnen dann im nachhinein die Staatsbürgerschaft per Dekret zu entziehen.)

Erleichterungen und Schikanen

Die Haltung der Moskauer Obrigkeit zur Auswandererfrage bleibt weiterhin extrem ambivalent. Einerseits sind wesentliche Lockerungen zu verzeichnen: die Emigrationsbewilligungen haben heute zahlenmässig einen Umfang erreicht, den man noch vor zehn Jahren kaum für möglich gehalten hätte. Anderseits scheint der Weg bis zur vollen Verwirklichung des völkerrechtlich verbrieften Grundrechts zum freien Verlassen des Heimatlandes (und zur freien Rückkehr) — das die Sowjetregierung feierlich ratifiziert hat — noch unendlich weit. Zwar behauptet die offizielle Propaganda, in den letzten Jahren seien 98,5 Prozent sämtlicher Visumanträge für Israel genehmigt worden. Diese Zahl dürfte sehr stark «frisiert» sein. Ausserdem verschleiert sie die Tatsache, dass ein Ausreisegesuch in der Regel mit handfesten Schikanen verbunden ist (sofortiger Verlust des Arbeitsplatzes, monate- und jahrelange Wartefristen, sehr hohe Kosten). Natürlich sind bei weitem nicht alle der über zwei Millionen offiziell registrierten Sowjetjuden an der Auswanderung interessiert. Der wohl grösste Teil bleibt durchaus solide ins System integriert; auch im offiziellen Bereich des intellektuell-kulturellen Lebens der Sowjetunion spielen jüdische Vertreter eine sehr bedeutende Rolle. Dennoch ist kaum zu bezweifeln, dass bei normal funktionierender Freizügigkeit und ohne die obrigkeitlich forcierte «jüdische» Kanalisierung der Emigrationsmöglichkeit die Ausreise aus der Sowjetunion im Vergleich zum jetzigen Rinnsal zu wesentlich breiteren Dimensionen anschwellen würde. Eine solche Entwicklung brächte freilich nicht nur das Kreml-Regime in einige Verlegenheit, sondern würde auch die potentiellen Gastländer im Westen vor heikle soziale und politische Probleme stellen.

Bezüglich der Ziele derjenigen Sowjetbürger, die formell nach Israel auswandern, zeichnet sich neuerdings ein markanter Wandel ab. Während vor einigen Jahren noch die beträchtliche Mehrheit tatsächlich nach Israel einreiste, lässt sich heute weniger als die Hälfte in diesem Land nieder. Dafür gibt es verschiedene Erklärungen. Erstens eine generelle Ernüchterung über den israelischen Mythos, verstärkte Zweifel an den Existenzmöglichkeiten in diesem Land angesichts der explosiven nahöstlichen Spannungen und wirtschaftlichen Schwierigkeiten sowie der mitunter kritischen Briefe bereits emigrierter Bekannter über soziale und berufliche Eingliederungsprobleme. Gewichtiger scheint aber — zweitens — der Umstand, dass im Gegensatz zur ersten Welle der Auswanderungsbewegung religiöse Motive oder Gefühle der Zugehörigkeit zum israelischen Staat offenbar zunehmend in den Hintergrund treten. Dazu bleibt zu berücksichtigen, dass sich eine erhöhte Zahl nichtjüdischer Sowjetbürger allein aus taktischer Notwendigkeit als Israel-Emigranten deklarieren.

Trotz Schwierigkeiten kein Rückkehrwille

Der Hauptharst der Auswanderer strebt heute in andere Richtungen: ein grosser Teil nach den USA und nach Kanada, einige auch nach Australien und Neuseeland. Viele möchten sich in Westeuropa niederlassen, was allerdings wegen der restriktiven Einreisebewilligungen dieser Länder meist auf nicht geringe Schwierigkeiten stösst. (Die Schweiz zeichnet sich da übrigens durchaus nicht als ein Muster grosszügiger Liberalität aus.) Alle Emigranten mit einem Israel-Visum müssen via Wien ausreisen, wo sie von jüdischen und anderen Hilfsorganisationen betreut und dann nach Möglichkeit in die anvisierten Gastländer kanalisiert werden. Wer sich nicht zur Weiterreise nach Israel entschliesst, hat in der Regel monatelange Wartefristen entweder in Rom oder in Oesterreich in Kauf zu nehmen, bis sich irgendwo eine konkrete Niederlassungsmöglichkeit abzeichnet.

Die Stimmung unter den Ankömmlingen aus dem Osten, die sich meist zu eng verwobenen Zirkeln zusammenschliessen, reicht von euphorischer Zuversicht und unermüdlicher Neugier über die schillernde Vielfalt einer kapitalistisch-pluralistischen Gesellschaft bis zu Angst und Verzweiflungsschocks über eine völlig fremde Welt, deren Bewegungsgesetze undurchsichtig sind und in der man sich schon sprachlich kaum verständigen kann. «Manche von uns», meinte ein russischer Literaturwissenschafter, dem wir unlängst im Westen begegneten, wo er vorläufig vom minimalen Taggeld einer amerikanischen Hilfsorganisation lebt und angestrengt nach einer geeigneten Beschäftigung sucht, «haben sich vielleicht allzu naive Vorstellungen über die Bedingungen und Möglichkeiten ausserhalb der Sowjetunion gemacht. Einige mögen übertrieben die Ansicht kultiviert haben, alle Schwierigkeiten seien ausschliesslich systembedingt, und wir waren uns wohl nicht durchwegs im klaren, was es bedeutet, für immer von den heimatlichen Bindungen abgeschnitten zu sein. Jetzt müssen wir erkennen, dass man auch im Westen keineswegs automatisch auf Rosen gebettet wird. Wer hier nicht verkümmern will und kein Geld hat, muss individuelle Initiative entfalten. Darauf sind wir Sowjetemigranten mit unseren dirigistischen Gesellschaftserfahrungen oft zu wenig vorbereitet.» Immerhin, meint der nachdenkliche Russe, habe er bisher im Westen persönlich noch keinen Schicksalsgenossen getroffen, der — selbst wenn er es könnte — wieder ins Sowjetreich zurückkehren würde.

Durchbrochenes Informationsmonopol des Sowjetregimes

Der unlängst im Westen erschienene phantastisch-satirische Monumentalroman «Klaffende Höhen» des russischen Philosophen Alexander Sinowjew gilt als beissende Parodie auf die sowjetischen Zustände. Der Roman spielt in einem Land mit dem fiktiven Namen Ibansk. Im Verlauf der wuchernden Handlung stellt sich unter anderem die Frage, wie man in diesem Land seine Angehörigen und Freunde möglichst schnell über bestimmte persönliche Ereignisse unterrichte. Antwort: Man wende sich an einen ausländischen Korrespondenten in der Hauptstadt. Spätestens am nächsten Tag wird via ausländische Radionachrichten ganz Ibansk über die gewünschte Sache Bescheid wissen.

Wie effektiv dieses System funktionieren kann, hat vor einigen Wochen der in Moskau lebende dissidente Schriftsteller Wladimir Woinowitsch erfahren. In einer westlichen Nachrichtenagenturen übergebenen Erklärung hatte er sich über die ständige enge Beschattung und Verfolgung durch KGB-Agenten beschwert. Die Klage wurde von den russischsprachigen Programmdiensten ausländischer Sender umgehend verbreitet. Offenbar hatte man diese «antisowjetische» Denunziation auch in KGB-Kreisen mitgehört. Die Reaktion liess nicht auf sich warten: Kurz darauf wurden sämtliche vier Reifen von Woinowitschs Auto von «Unbekannten» durchschnitten. (Mit ähnlichen Warnsignalen werden gelegentlich auch Sacharow und andere prominente Dissidenten bedacht.)

Intensive Aetherwellenpräsenz des Westens

Von einem noch verblüffenderen Beweis westlicher Aetherwellenpräsenz in der Sowjetunion erzählte ein einheimischer Bekannter. Als er eines Tages im Wartesaal des Leningrader Bahnhofs zu Moskau auf seinen Zug wartet, ertönt über die Lautsprecheranlage plötzlich die ihm wohlvertraute «Stimme Amerikas». Was war passiert? Es gab nur eine Erklärung: Offensichtlich hatte der Beamte am Schaltpult, während er sich die Zeit mit dem zwar nicht formell verbotenen, aber offiziell verpönten Abhören westlicher Radiosendungen vertrieb, vergessen, die Lautsprecher ausser Betrieb zu setzen. Der Schreibende sieht sich in seiner Neigung, diese Geschichte für durchaus glaubwürdig zu halten, auch dadurch bestärkt, als er vor einiger Zeit in einem Moskauer Devisenladen selber Zeuge eines ähnlichen Radioerlebnisses war.

Soviel steht fest: Ausländische Kurzwellensendungen, insbesondere die russischen Programme, erreichen in der Sowjetunion ein breites und offenbar ständig wachsendes Publikum. Obwohl von offizieller Seite dazu natürlich keinerlei Angaben — die intern durchaus vorhanden sein mögen — veröffentlicht werden, vermitteln statistische Teilerhebungen unter Sowjetbürgern im

Ausland sowie private Schätzungen doch ein ungefähres Bild über die Grössenverhältnisse. Nach einer englischen Berechnung erreichen gewichtige aktuelle Informationen, die nur via ausländische Sender zu erfahren sind, 50—75 Prozent der erwachsenen Bevölkerung. Allein die Programme der Münchner Station «Radio Liberty» — die in den sowjetischen Grossstädten gestört werden — sollen im Laufe eines Monats von 30—40 Millionen Menschen gehört werden. Hinzu kommen die Publikumsfrequenzen der übrigen Sender wie BBC, «Deutsche Welle» und «Voice of America», die vor allem in den Städten eine hohe Dichte erreichen. Griffiger erscheint das abgestufte Schema eines Moskauer Intellektuellen, der auf Grund seiner persönlichen Beobachtungen zu folgenden Schätzungen kommt: zumindest in urbanen Verhältnissen können 20—30 Prozent der erwachsenen Bevölkerung als tägliche Konsumenten westlicher Radiosendungen gelten; rechnet man dazu die gelegentlichen Hörer (einmal wöchentlich), so erweitert sich das Segment auf 50 Prozent; inklusive derjenigen, die nur in bestimmten Einzelfällen lauschen, dürften gegen 80 Prozent der erwachsenen Sowjetbürger ständig oder sporadisch mit ausländischer Aetherkost in Berührung gelangen.

Entschärftes Tabu

Gegenüber früheren Zeiten ist heute für den Sowjetbürger der Zugang zu den westlichen Sendungen sowohl in technischer als auch in politischer Hinsicht wesentlich einfacher geworden. Seit dem Siegeszug der Transistortechnik hat auch hier die Zahl der Kurzwellenempfänger sprunghaft zugenommen (zur Uebermittlung der offiziellen Programme innerhalb des riesigen sowjetischen Territoriums spielen Kurzwellen eine wichtige Rolle). Allerdings sind die dem Normalbürger angebotenen sowjetischen Apparate nur auf bestimmte Kurzwellenbereiche eingerichtet, was aber den Empfang westlicher Sender kaum behindert, da diese auf verschiedenen Bandbreiten zu hören sind. Im übrigen lassen sich genug geschickte Hände finden, die gegen ein kleines Entgelt bereit sind, ein sowjetisches Gerät durch einschlägige Manipulationen auf zusätzliche Frequenzen umzubauen.

Ebenso gewichtig wie die Zunahme der Empfänger ist die Tatsache, dass das Sowjetregime inzwischen die technische Störtätigkeit gegenüber einer Reihe von Sendern weitgehend eingestellt hat. Während «Radio Liberty» sowie die «Stimme Israels» wegen massiver Störmassnahmen nach wie vor nur in ländlichen Gegenden zu hören sind, kann man heute die russischen Programme von BBC, «Voice of America» und «Deutscher Welle» auch in den Städten verhältnismässig problemlos empfangen. Die Behinderung dieser Sender wurde Anfang der sechziger Jahre abgebaut, nach dem Einmarsch in die Tschechoslowakei aber für einige Jahre wieder stark intensiviert.

Ein dritter Faktor, der die Ausbreitung der ausländischen Kurzwelleninformation begünstigt, ist der spürbare Enttabuisierungsprozess, der unter der Sowjetbevölkerung in den letzten Jahren gegenüber diesem Phänomen in Gang gekommen ist. Obwohl die offizielle Propaganda gegen die sogenannten «Aetherverschmutzer» aus dem Ausland immer noch kräftig vom Leder zieht, ist für den Einzelnen heute — anders als zu Stalins Zeiten — das Abhören fremder Sender kaum mehr mit Risiken verbunden. (Verfolgt werden kann dagegen die direkte Verbreitung «antisowjetischer Berichte».) Insbesondere unter der jüngeren Generation, die die Aengste der Stalin-Periode nicht mehr am eigenen Leibe erfahren hat, wird die ausländische Programmkost ziemlich offen konsumiert und teilweise auch recht ungeniert diskutiert. Aeltere Semester neigen demgegenüber zu mehr Zurückhaltung und diskreteren Abhörgewohnheiten. Dennoch weiss man, dass auch stramme Kommunisten und Funktionäre westliche Radioinformationen als Ergänzung zum beschränkten «Prawda»-Menu durchaus zu schätzen wissen.

Beliebte «Stimme Amerikas»

Wie wird das Programmangebot der einzelnen Sender eingeschätzt? Wir haben uns darüber mit mehreren Sowjetbürgern unterhalten. Je nach Temperament und persönlichem Interesse werden zum Teil unterschiedliche Akzente gesetzt. Im folgenden seien zu den wichtigsten Programmdiensten in russischer Sprache einige zusammenfassende Bemerkungen festgehalten, die freilich wegen der Begrenztheit der Befragungen keinen Anspruch auf repräsentative Verbindlichkeit erheben.

Ziemliche Einigkeit scheint darüber zu bestehen, dass wenigstens hier in Moskau die «Stimme Amerikas» am meisten gehört wird. Das hat unter anderem auch technische Gründe: Die «Golos» (Stimme), wie man hier die Station bündig nennt, hat offenbar die stärksten Sender und kann deshalb am besten empfangen werden. Wegen ihrer völlig von Pop und Rock beherrschten Musikeinlagen wird die «Stimme» insbesondere in jugendlichen Kreisen bevorzugt. Ein nicht mehr ganz junger Künstler dagegen meinte, ihm gehe die «ständige Lärmerei» eher auf die Nerven. Was die politische Information betrifft, so schätzt man einerseits die Häufigkeit und Vielseitigkeit der Meldungen über das internationale Geschehen, vermisst aber oft eine vertiefte und sorgfältige Hintergrundkommentierung. Mehrere Befragte finden, es werde zu wenig Detailliertes und Selbstkritisches über die inneramerikanischen Verhältnisse gesendet.

Die britischen BBC-Programme gelten als um einige Grade seriöser und ausgewogener, aber — namentlich in den kulturellen Beiträgen — auch als anspruchsvoller, was bekanntlich für eine breite Publikumswirkung nicht immer förderlich ist. Star der russischen BBC-Abteilung ist der langjährige politische Kommentator Anatoli Maximowitsch Goldberg, dessen kluge und bestechende Analysen weitherum geschätzt werden. Er dürfte in der Sowjetunion zu den bekanntesten und populärsten Persönlichkeiten zählen.

Die «Deutsche Welle» wird im Vergleich zur «Stimme Amerikas» und zu BBC als der politisch militanteste Sender eingestuft, der es an scharfer und direkter Kritik am Sowjetregime nicht mangeln lässt. Wegen dieser Direktheit und wegen der vornehmlich auf die internen Vorgänge in der UdSSR konzentrierten Berichterstattung scheint die «Welle» namentlich in Dissidentenkreisen geschätzt zu sein. Populär sind auch die von diesem Sender ausgestrahlten Lesungen aus der in der Sowjetunion nicht zugänglichen Literatur.

Unbequeme Konkurrenz für die Einheitspresse

Obwohl in Moskau nicht zu empfangen, wissen hier — von Aufenthalten auf dem Lande — manche auch über die Programme von «Radio Liberty» Bescheid. Dieser politisch am stärksten umstrittene Sender scheint am umfassendsten und gezieltesten über russische und sowjetische Themen zu informieren. Ein regelmässiger einheimischer Hörer meinte, er halte die Tatsache, dass die «Liberty»-Programme vornehmlich von emigrierten Sowjetbürgern gemacht werden, für die eigentliche Stärke dieser Station, denn diese Leute hätten einen ausgeprägten Sinn dafür, welche spezifischen Fragen und Probleme die hiesige Bevölkerung interessieren, was man von den angelsächsischen Programmmachern nicht immer behaupten könne.

Neben diesen vier Hauptstationen gibt es eine ganze Reihe weiterer ausländischer Sender, die ebenfalls russische Programme ausstrahlen, zum Beispiel das schwedische Radio, Radio Kanada, Radio Vatikan, die «Stimme Israels», Radio Peking und Radio Albanien. Die drei letzteren Stationen werden regelmässig gestört, was namentlich für Radio Peking und Radio Albanien eher überflüssig scheint, da deren allzu durchsichtige antisowjetische Tiraden kaum interessieren.

Die Sowjetpropaganda führt einen hartnäckigen, aber, wie die zunehmende Hörerdichte zeigt, wenig erfolgreichen Kampf gegen die unbequemen Radiowelleneinbrüche aus dem Ausland. Zwar wird — da ja auch Moskau Programme in unzähligen Sprachen nach allen Weltgegenden ausstrahlt — nicht direkt gegen die Existenz fremder Sendungen polemisiert. Die Kritik richtet sich vielmehr gegen die inhaltliche Tendenz. Die «Prawda» bezeichnete jüngst einige westliche Radiostationen als reine «Desinformationszentren», denen es nur darum gehe, den Kalten Krieg zu perpetuieren. Was man in kapitalistischen Kreisen vornehm als «freien Informationsaustausch» zu etikettieren pflege, sei in Wirklichkeit ein verwerfliches Mittel der «psychologischen Kriegführung» gegen die UdSSR, das nichts zu tun habe mit dem legitimen «ideologischen Kampf», den die Sowjetdoktrinäre bekanntlich ausdrücklich befürworten. Welches freilich der genaue Unterschied zwischen dem von Moskau geführten «ideologischen Kampf» und dem angeblich von ausländischen Kurzwellensendern angefachten «psychologischen Krieg» sein soll, vermag auch die «Prawda» nicht zu erhellen.

Einleuchtend dagegen ist die hinter solchen propagandistischen Spiegelfechtereien zum Ausdruck kommende Beunruhigung über die ungebetene Aetherwellenpräsenz, die immerhin das angestrebte und lange Zeit weitgehend funktionierende Informationsmonopol des Machtapparates heute empfindlich durchlöchert. Der Sowjetbürger, der sich über das Geschehen in seinem Land und in der Welt ins Bild setzen will, braucht sich nicht mehr unbedingt mit der dünnen und streng gefilterten Einheitskost zu begnügen, wie sie die offiziellen Medien verbreiten. Ein Kurzwellenempfänger verschafft ihm relativ problemlos Zugang zu den vielfältigsten Alternativinformationen. Wie intensiv solche Möglichkeiten genutzt werden, zeigt der oft erstaunlich aktuelle und differenzierte weltpolitische Wissensstand, den man hier zumindest in Intellektuellenkreisen antrifft.

Medium der Dissidenz

Die konkrete Wirkung dieser informatorischen Invasion auf die Sowjetbevölkerung lässt sich allerdings nicht zuverlässig erfassen. Man müsse sich, meinte dazu ein kritischer Einheimischer, wohl hüten, den Einfluss dieses Phänomens auf die Denkgewohnheiten und Verhaltensweisen der breiten Masse zu überschätzen. Diese sei gerade in der Sowjetunion politisch ausgesprochen passiv und konformistisch. Ausserdem liessen sich natürlich die seit Jahrzehnten massiv indoktrinierten Welt- und Feindbildvorstellungen nicht so einfach beiseite räumen. Selbst wenn man die amtliche Propaganda weitherum mit Vorbehalten aufnehme, so bedeute das noch keineswegs, dass demgegenüber die westlichen Alternativinformationen automatisch für bare Münze akzeptiert würden.

Trotz solchen zweifellos berechtigten Relativierungen darf man aber doch davon ausgehen, dass der von den ausländischen Sendern ausgehende breitere Informationsfluss manche der während der letzten Jahre in Gang gekommenen innersowjetischen Entwicklungen zumindest begünstigt hat. Zum Beispiel scheint es fraglich, ob die Auswanderungsbewegung seit Beginn der siebziger Jahre je derartige Ausmasse angenommen hätte, wenn die sowjetische Bevölkerung darüber via Radio nicht ständig auf dem laufenden gehalten worden wäre. Ebenso dürfte zwischen der aus dem Westen zurückstrahlenden intensiven Publizität über die Menschenrechtsaktivisten in Osteuropa und dem Auftauchen von immer neuen dissidenten Ablegern ein sehr gewichtiger Zusammenhang bestehen. Und nicht zuletzt zwingt die breitgestreute Verfügbarkeit unzensurierter Alternativinformationen auch den sowjetoffiziellen Medien gewisse Rücksichtmassnahmen und Konzessionen auf. Gäbe es in der UdSSR keine ausländischen Sender, so wäre es beispielsweise höchst fraglich, ob die Presse je etwas über den jüngsten Absturz eines atomar bestückten Kosmos-Satelliten berichtet hätte. Da die Nachricht von diesem Ereignis sich jedoch über die Aetherwellen in Windeseile über das ganze Land verbreitete, durften es sich auch die offiziellen Medien kaum mehr leisten, den beunruhigenden Zwischenfall rundweg zu verschweigen.

Solange solche informatorischen Gegenmechanismen wirken können — und in der Sowjetunion scheinen sie sich heute eher zu verstärken —, wird «1984», Orwells beklemmende Vision einer total kontrollierten und manipulierten Gesellschaft, glücklicherweise eine nie ganz einholbare Utopie bleiben.

«Volksdiskussion» über die neue Sowjetverfassung

Allein während der ersten anderthalb Monate seit der Veröffentlichung des neuen Verfassungsentwurfs (Juni 1977), so berichtet die Sowjetpresse, hätten im ganzen Land über 650 000 Diskussionsversammlungen mit 57 Millionen Teilnehmern stattgefunden. Im gleichen Zeitraum seien von den Werktätigen nicht weniger als 67 000 schriftliche Vorschläge zu diesem Projekt eingereicht worden. Laut «Prawda» sind allein in Leningrad und Umgebung rund 200 000 Agitatoren auf den Beinen, um das Volk über die «gewaltigen Perspektiven» des Verfassungswerks aufzuklären. Die aussenpolitische Wochenzeitschrift «Nowoje Wremja» zieht folgende Zwischenbilanz: «Im Laufe dieser tatsächlich das ganze Volk erfassenden Diskussion, mit der sich keine jemals in bürgerlichen Staaten abgehaltene Volksbefragung messen kann, hat sich deutlich gezeigt, dass das sowjetische Volk den Verfassungsentwurf gutheisst und ihn als feste Grundlage für die weitere Entwicklung der Gesellschaft ansieht.»

Zwar wälzen sich die Rede- und Druckerschwärzefluten ungebrochen weiter durchs Land (die «Prawda» widmet dem Verfassungsthema täglich eine ganze Seite), aber am zitierten Fazit wird sich bis zum 4. Oktober schwerlich mehr etwas ändern. An diesem Tag nämlich soll der Oberste Sowjet zu einer ausserordentlichen Session zwecks formeller Inkraftsetzung des neuen Grundgesetzes zusammentreten. Man darf gespannt sein, welche Retouchen an dem Anfang Juni präsentierten Entwurftext vorgenommen werden: Immerhin ist versprochen worden, dass die von Parteichef Breschnew präsidierte Verfassungskommission die Zehntausende von Zusatzvorschlägen «sorgfältig prüfen und in Erwägung ziehen» werde. Keine Zweifel aber kann es darüber geben, dass die Deputierten im Obersten Sowjet dem neuen Grundgesetz schliesslich nach bewährter Tradition einstimmig ihren Segen erteilen werden. Statt der Stalin-Verfassung wird die Sowjetunion dann eine Breschnew-Konstitution haben, die sich freilich in der Grundstruktur nicht substantiell vom alten Text unterscheidet. Gleich geblieben ist auch das Akklamationsritual. Schon 1936 gab es eine im grossen Stil organisierte «Volksdiskussion», ehe die Verfassung — an der übrigens der wenig später wegen «Rechtsabweichung» erschossene Bucharin intensiv mitgearbeitet hatte — vom Parlament einmütig in Kraft gesetzt wurde.

Mammutkampagne mit Lob- und Ventilfunktion

Man kann die uferlose Masse der von den zentral gelenkten Medien ausgespuckten Beiträge zur Verfassungsdebatte grosso mode in drei Kategorien gliedern. Den erdrückenden Hauptharst bilden die rein propagandistisch-deklamatorischen Ergüsse. Unaufhörlich bringen da in den Zeitungen Legionen von Briefschreibern in überschwänglicher Prosa — gelegentlich auch in Versen —

Inschrift auf dem Lenin-Plakat rechts: «Der Kommunismus — lichte Zukunft für die Menschheit».

Eine russische Leidenschaft: das Schachspiel.

ihre Begeisterung und tiefe Dankbarkeit für die neue Verfassung zum Ausdruck. Es wogt von Superlativen, und fast jeder Autor scheint zu wissen oder versichert es jedenfalls, dass rundweg «das ganze Sowjetvolk» von freudiger Zustimmung bewegt ist. Typisch ist der Brief eines Maschinisten aus der Ukraine, der die Ansicht vertritt, die beste Unterstützung für den Verfassungsentwurf leiste man durch intensivierte Stossarbeit und vorfristige Erfüllung des Plansolls. Der Sekretär eines Betriebsparteikomitees schlägt vor, das sowjetische Staatswappen mit einem symbolischen Hinweis darauf zu ergänzen, «dass unser Land als erstes in den Kosmos vorstiess». Ein «Prawda»-Leser meint, der Staat müsse verfassungsmässig verpflichtet werden, mit allen Mitteln der Masseninformation gegen die bourgeoise Ideologie zu kämpfen und für die «Reinhaltung der marxistisch-leninistischen Lehre»; ausserdem sollte im Grundgesetz feierlich erklärt werden, dass der Sozialismus dem Kapitalismus überlegen sei. Ein Kapitän beteuert schlicht, er würde für die Verfassung ein entschiedenes Ja einlegen, wenn er darüber abzustimmen hätte. Indessen stellt weder er noch sonst irgendwer die Frage, weshalb eigentlich zu dieser wichtigen Angelegenheit keine Volksabstimmung stattfindet — eine Möglichkeit, die theoretisch sowohl von der alten als auch von der neuen Verfassung ausdrücklich vorgesehen ist. Nicht wenige Bürger geben sich in ihren Stellungnahmen ideologisch ausgesprochen kämpferisch: Die «reaktionären imperialistischen Kreise» und die Maoisten, behauptet ein «Prawda»-Beitrag, reagierten auf die neue Sowjetverfassung deshalb so «nervös», weil diese für alle demokratischen Kämpfer eine «mächtige Waffe gegen die antisozialistischen Verleumder» und ein «Lehrbuch der revolutionären Inspiration» darstelle.

Alltagssorgen

Mengenmässig ungleich bescheidener, aber inhaltlich relevanter ist jene Kategorie von Diskussionsbeiträgen, die praktische Sorgen zum Ausdruck bringen. Die damit verbundenen Vorschläge gehören zwar nicht unbedingt in eine grundsätzliche Verfassungsdiskussion; doch vermitteln sie trotz ihrer behutsamen Verpackung mancherlei Hinweise darauf, wo den Sowjetbürger im Alltag der Schuh drückt. Angeregt wird da beispielsweise, das Grundgesetz sollte den Bürgern nicht nur ein allgemeines Recht auf Wohnen, sondern jeder Sowjetfamilie eine separate Wohnung gewährleisten — angesichts der trotz eindrucksvollen Bauanstrengungen noch immer akuten Wohnungsnot ein höchst aktuelles Problem. Ein Jurist aus der Krim setzt sich für eine vollständige Veröffentlichung aller gesetzgebenden Erlasse der Sowjetregierung ein (was offenbar bis heute nicht der Fall war) mit dem einleuchtenden Argument, dass der Bürger die Gesetze nur einhalten könne, wenn er sie kenne. In der deutschsprachigen Wochenzeitung «Heimat» wünscht ein Leser vom Staat bessere kulturelle Betreuung der Sowjetdeutschen; insbesondere fehle es an brauchbaren Schulbüchern. Gelegentlich wird auf das sowjetische Nationalitätenproblem — das offiziell inexistent ist — auch im Zusammenhang mit der Passfrage angespielt. Ein Einsender aus Kasachstan meint, dass im Zuge der zunehmenden Vermischung der verschiedenen Sowjetvölker auch die Nationalitätenbezeichnung im Pass — die sich vor allem für Juden, aber auch für andere nichtrussische Völker diskriminierend auswirken kann — liberalisiert werden sollte, und zwar in dem Sinne, dass der Bürger weitgehend selber entscheiden könnte, welche Nationalität in seinen Pass eingetragen wird. Welchen Sinn dann dieser ohnehin schon zweifelhafte Vermerk noch haben soll, wird nicht erläutert.

Auf ein weit verbreitetes Sozialübel verweist ein Vorschlag, den Alkoholikern künftig die kostenlose medizinische Betreuung zu entziehen. Direkter spricht sich ein Buchhalter aus dem Ural aus: Die Verfassung müsse energischere Massnahmen gegen die leider immer noch weitverbreiteten Diebstähle und die Verschwendung von öffentlichem Eigentum treffen; dazu gehöre auch die Praxis vieler Betriebsleiter, ihr Plansoll rein quantitativ ohne irgendwelche Rücksichten auf die materiellen Kosten zu erfüllen.

Debatte um die Gleichstellung der Frau

Eine geradezu leidenschaftliche Debatte provozierte der Schlosser Kuzy aus Odessa. In einer Eingabe an die «Prawda» forderte er die Streichung von Artikel 35 aus dem Verfassungsentwurf, der die Gleichberechtigung der Sowjetfrau mit dem Mann deklariert und in dem von gewissen «speziellen Massnahmen» zugunsten der Frauen die Rede ist. Der wackere Schlosser argumentierte, dass ja die Gleichberechtigung in der UdSSR bereits verwirklicht sei, so dass deren ausdrückliche Betonung die Frauen «irgendwie in eine privilegierte Position» setze. Diese männerrechtliche Behauptung rief die Näherin Aldarowa aus Frunse auf den Plan. Sie sei, schrieb sie an die «Prawda», keineswegs mit der Behauptung einverstanden, dass in Sachen weiblicher Gleichberechtigung schon alles zum besten bestellt sei, und deshalb könne man auf den Artikel 35 nicht verzichten. Eine Kollegin aus Litauen pflichtete ihr bei: Der umstrittene Artikel müsse nicht nur beibehalten, sondern sogar erweitert werden, indem man zusätzlich eine Klausel aufnehme, die ausdrücklich die Verbesserung der Dienstleistungen in der Verfassung verankere. Dieser Vorschlag zielt ohne Zweifel auf den Kern der Sache, stellt doch die doppelte Belastung der meisten Sowjetfrauen durch Beruf und Hausfrauenpflichten einen echten Ungleichheitsfaktor dar, der um so schwerer wiegt, als das allgemeine Dienstleistungsniveau immer noch schwer im argen liegt.

Solche Themen, wie sie im Rahmen der Verfassungsdiskussion angeschnitten werden, sind für den sowjetischen Zeitungsleser nicht neu. Sie kommen in dieser oder jener Präsentation in den Massenmedien recht häufig zur Sprache, die ja neben ihrem ideologischen Indoktrinationsauftrag auch die Funktion haben, einerseits als sorgfältig gesteuerte Ventile für allerlei aufgestaute Bürgernöte zu wirken und anderseits als öffentliche Kontrollinstrumente bestimmten Mängeln und partiellen Unzulänglichkeiten abzuhelfen. In diesem von oben her abgesteckten Rahmen kann man in der sowjetischen Staatspresse mitunter recht massive Kritik an gewissen negativen Erscheinungen der sozialistischen Alltagswirklichkeit vernehmen, und es ist nur logisch, dass auch die gegenwärtige Verfassungsdiskussion teilweise in den Dienst dieses für die Systemeffizienz nützlichen Verfahrens gestellt wird.

Eine andere Sache indessen sind jene Aspekte, die unmittelbar die Fundamente des Machtapparates und die Tätigkeit des obersten Führungskreises tangieren. Dieser Bereich entzieht sich jeder öffentlichen Kritik. Bezeichnenderweise ist denn auch in der Verfassungsdebatte nichts ausser restloser Zustimmung über jenen Artikel des Verfassungsentwurfes zu hören, der die Kommunistische Partei der Sowjetunion als letztlich alles entscheidende Instanz der Sowjetgesellschaft definiert. Das gleiche gilt für die ebenfalls im Grundgesetz festgelegten Grundsätze der Aussenpolitik. Und wie mit jenen Sowjetbürgern verfahren wird, die den in Moskau praktizierten Sozialismus als

Staatssystem überhaupt zur Diskussion stellen möchten, ist hinlänglich bekannt.

Lockerungen des Zentralismus?

Immerhin sind, als dritte Kategorie, in der allgemeinen Verfassungserörterung auch vereinzelte Beiträge zu finden, die zwar nicht das System als Prinzip in Frage stellen, aber, falls sie ernsthaft realisiert würden, doch einiges an der rigorosen vertikalen Machtstruktur relativieren könnten. Es geht um jene — äusserst vorsichtig und vage formulierten — Vorschläge, die verstärkte Einflusskompetenzen für die örtlichen und regionalen Sowjets sowie eine konkretere Mitbestimmung der Werktätigen in den Betrieben postulieren. Hinzu kommen einige spärlich veröffentlichte Leserbriefe zum Verfassungsartikel 17, der den Sowjetbürgern neben der Bewirtschaftung privater Landparzellen grundsätzlich auch die Führung von familiären Kleinunternehmungen im Bereich des Handwerks und sonstiger Dienstleistungen erlaubt. Sollten solche dezentralistische Lockerungen über den gegenwärtigen eng begrenzten Rahmen hinaus tatsächlich wirksam werden, so könnte das zumindest theoretisch auf eine Entwicklung hinauslaufen, die gewisse Aehnlichkeiten beispielsweise mit dem jugoslawischen Sozialismusmodell aufwiese. Das sind freilich gewagte Spekulationen, und vorläufig deutet ausser ein paar frei schwebenden Leserbriefwünschen kein ernsthaftes Zeichen an, dass die Breschnew-Verfassung die Sowjetgesellschaft zu umwälzend neuen Wirtschafts- und Demokratisierungsexperimenten führen wird. Die wohlklingende Versicherung eines Moskauer Verfassungsexperten, man hätte grundsätzlich nichts dagegen, wenn jemand in der Sowjetunion eine weitere Partei, zum Beispiel eine Bauernpartei, gründen wollte, wird man vorderhand jedenfalls kaum anders denn als unverbindliche Imagekosmetik verwerten können — dies um so mehr, als solche Verheissungen lediglich gegenüber westlichen Korrespondenten abgegeben werden, in der Sowjetpresse indessen ausgespart bleiben.

Breschnew erinnert sich an Chruschtschew

«Zelina» — Neuland — heisst das neueste publizistische Opus von Partei- und Staatschef Leonid Breschnew, das in diesen Tagen fast sämtliche Sowjetzeitungen als Fortsetzungsgeschichte drucken, nachdem der volle, über fünfzigseitige Text zuerst in der Novembernummer des Literaturjournals «Nowi Mir» (1978) erschienen ist. Es handelt sich um die dritte Folge der zu Beginn dieses Jahres mit gewaltigem Papieraufwand — Millionenauflagen in allen möglichen Sprachen — lancierten Breschnew-Erinnerungen, bei denen kaum zweifelhaft einer oder mehrere tüchtige Ghostwriter die Feder mit in die Tinte getaucht haben (einige literarische Detektive tippen auf den renommierten Schriftsteller Konstantin Simonow). Die drei bisherigen Kapitel dieses punktuellen Memoirenwerkes sind je einer ausgewählten Etappe in der langen Parteikarriere des heutigen Kreml-Chefs gewidmet. «Malaja Semjla» (Kleine Erde) berichtete vom Einsatz des damaligen Politkommissars in der 18. Armee während des Grossen Vaterländischen Krieges, insbesondere von der Schlacht um einen kleinen Brückenkopf am Schwarzen Meer, bei der Breschnew beinahe ertrunken wäre und die neuerdings zu einer der grossen Entscheidungen des Zweiten Weltkrieges stilisiert wird. Im zweiten Teil, «Wiedergeburt», beschreibt Breschnew sein Wirken als Gebietsparteiboss in der Ukraine nach 1945, die Zeit des Wiederaufbaus der in dieser Region weitgehend zerstörten wirtschaftlichen Infrastruktur. Die dritte Folge nun ist dem spektakulären Neulandprogramm in den kasachischen Steppen gewidmet, bei dem Breschnew als Chruschtschew-Protegé in den ersten zwei Jahren an vorderster Front eine zentrale Rolle spielte.

Memoiren als Imagekosmetik

Von hoher Politik, vom Geschehen in den Kreml-Rängen, von Albtraum der letzten Stalin-Jahre und von den bewegten Machtkämpfen nach dem Tod des Diktators ist in diesen Erinnerungen allerdings nirgends die Rede. In gemessenem Erzählerton berichtet Memoirenschreiber Breschnew ausschliesslich von seinen nimmermüden Einsätzen als Organisator und loyaler Parteimann in den lokalen Produktionsschlachten. Mit diskreten Strichen wird dabei recht geschickt das Bild einer ebenso energischen wie kompetenten, selbstlosen, prinzipientreuen und volksverbundenen Führernatur entworfen — ein Mann, der auf jedem Posten sicheres Vertrauen ausstrahlt. Kurz, Leonid Breschnew erscheint in seinen Erinnerungen als eine Persönlichkeit, die in harter Bewährung schon früh die nötigen Qualitäten für die spätere Rolle eines überlegenen Landesvaters durchschimmern lässt. Als politisches oder historisches Quellenmaterial geben diese Aufzeichnungen keinerlei neuen Einsichten her, das Ganze ist unübersehbar als blosse Imagekosmetik für das amtierende Kreml-Oberhaupt konzipiert.

Die Anfang 1954 gestartete Neulandkampagne war in erster Linie Chruschtschews Kind. Mit einem ebenso gewaltigen wie riskanten Kraftakt wollte der sprunghafte damalige Parteichef seinen gefährlichsten Konkurrenten um die Vorherrschaft im Kreml, Ministerpräsident Malenkow, definitiv in den Schatten stellen. In den bisher unberührten Steppenböden des Ostens, namentlich in Kasachstan, sollte in kürzester Zeit eine riesige neue Kornkammer zur Ueberbrückung des notorischen Getreidedefizits eröffnet werden. Mit der ihm eigenen Ungeduld war Chruschtschew entschlossen, seine Idee gegen zähe Widerstände und berechtigte Warnungen von Fachleuten in wenigen Monaten durchzupeitschen. Dazu sah er sich nach einem dynamischen und loyalen Organisator um. Seine Wahl fiel auf Breschnew, der sich in ähnlich schwieriger Mission als Parteichef der jungen Moldauischen Sowjetrepublik bewährt hatte. Breschnew musste dieser gewichtige neue Auftrag schon deshalb willkommen sein, da er unmittelbar nach Stalins Tod einen empfindlichen Rückschlag in seiner Parteikarriere erlitten hatte: im Zuge der erbitterten Diadochenkämpfe um das Erbe des Diktators verlor er seinen Sitz sowohl im Politbüro als auch im ZK-Sekretariat und musste mit einem wesentlich glanzloseren Posten in der politischen Hauptverwaltung der Armee vorliebnehmen. Chruschtschews Ruf bedeutete demnach eine günstige Gelegenheit, von diesem Nebengeleise wieder wegzukommen und sich in die engere Gefolgschaft des expansiven Parteichefs einzureihen. Freilich waren mit diesem Auftrag nicht geringe Fehlschlagrisiken verbunden, die Breschnew wohl akuter bedrohten als seinen Mentor Chruschtschew, der über solideren Rückhalt verfügte.

Erfolgreiche «Neuland»-Karriere

Noch bevor das Neulandprojekt vom ZK-Plenum in Moskau gebilligt war, machte Chruschtschew im Februar 1954 Breschnew zum zweiten Mann der kasachischen Parteileitung. Die bisherige Führungsgarde in Alma Ata wurde wegen angeblicher Unfähigkeit kurzerhand abgesetzt. Mit Rücksicht auf seinen Konkurrenten Malenkow sah sich Chruschtschew aber vorerst zu einem Kompromiss gezwungen, indem er einen von dessen Anhängern, Ponomarenko, als Ersten Sekretär vor Breschnew stellte. Sobald das umstrittene Neulandprogramm dank einer unerwartet günstigen Ernte im Anfangsjahr die ersten Erfolge zeitigte und Malenkow als Ministerpräsident den Hut nehmen musste, schob Chruschtschew auch Ponomarenko zur Seite. Breschnew rückte formell zum ersten Präfekten in Kasachstan auf.

Diesen politischen Hintergrund spart Breschnew in seinem «Neuland»-Rückblick mit Ausnahme einiger vager Andeutungen — von denen diejenige über die höchst willkürlichen Methoden, mit denen die Moskauer Zentrale die lokalen Führungsorgane in den angeblich autonomen Republiken nach Belieben auswechselt, immerhin durch ihre Offenheit überrascht — völlig aus. In seiner Darstellung war es nicht sein Vorgänger Chruschtschew, der ihn an die Agrarfront in Kasachstan berief, sondern schlicht «die Partei». Mit langatmiger Ausführlichkeit versucht Breschnew dagegen nachzuweisen, dass das Neulandprojekt keineswegs der Idee und dem Willen eines Einzelnen entsprungen sei. Hartnäckig beharrt er darauf, dass es absolut abwegig sei, nach einem individuellen Urheber des gigantischen Unternehmens zu fragen. Das Ganze sei vielmehr eine «grosse Idee der Kommunistischen Partei», die sie gemeinsam mit dem Volk verwirklicht habe. Schon Lenin habe seinerzeit entsprechende Pläne entworfen. Der angestrengte Exkurs vermag freilich die Tatsache

Chruschtschews Sohn Sergei vor dem Grabmal seines Vaters auf dem Moskauer Nowodewitschi-Friedhof.

Als Chruschtschew noch Parteichef war. Hinter ihm Breschnew (rechts) und Suslow (links).

nicht aus der Welt zu schaffen, dass es Chruschtschew war, der das entscheidende Startsignal gegeben hat, und dass ohne Chruschtschew als zentralen Motor die Maschinerie für das ehrgeizige Mammutexperiment zumindest in jenen Jahren nicht ins Rollen gekommen wäre. Das indessen will Breschnew heute nicht mehr wahrhaben.

Einseitiges Vorgängerporträt

Dennoch wird Chruschtschew — und das ist entschieden das interessanteste Detail an diesem Memoirenbericht — nicht gänzlich totgeschwiegen. Seit seinem Sturz vor nunmehr vierzehn Jahren dürfte es überhaupt das erstemal sein, dass Chruschtschews Name in einem öffentlichen, von allerhöchster Stelle signierten Dokument auftaucht. Insofern wagt Breschnew sozusagen den Bruch eines Tabus. Freilich, wie sich bei näherem Zusehen zeigt, zu einem ziemlich durchsichtigen Zweck. Bei drei verschiedenen Anlässen ist von N. S. (Nikita Sergejewitsch) Chruschtschew — seine Funktion als Parteichef wird übrigens nie erwähnt — die Rede. Einmal inspiziert er persönlich einen Neuland-Sowchos. Er erfährt, dass die Steppe nicht bearbeitet werden kann, da die gelieferten Pflüge nicht geeignet sind, um die Erde in der vorgeschriebenen Tiefe aufzureissen. Chruschtschew explodiert augenblicklich und beschimpft die anwesenden Fachleute, die sich nicht rechtzeitig um dieses Problem gekümmert haben. Breschnew hingegen bleibt ruhig, spricht mit den Bauern und bringt dabei in Erfahrung, dass es der Sache nichts schadet, wenn etwas weniger tief gepflügt wird. Ohne Zeit zu verlieren, gibt er eine entsprechende Instruktion heraus.

Beim nächsten Mal geht es in einer Versammlung um die Lösung des Transportproblems. Die Mehrheit schlägt die Schaffung eines soliden Autostrassennetzes vor. Der ungeduldige Chruschtschew aber will schnelle Resultate sehen. Er befürwortet den Bau von Schmalspureisenbahnen, was er, alle Gegenargumente in den Wind schlagend, auch durchsetzt. «Das war ein Fehler», schreibt Breschnew, die beiden im Eiltempo errichteten Bahnen erwiesen sich als unzweckmässig und mussten bald wieder demontiert werden. Ein Staatsmann und Parteiführer, erläutert Breschnew diesen Vorfall, müsse zwar nicht überall ein Spezialist sein, aber er sollte die allgemeinen Entwicklungsgesetze beherrschen und sich vor allem nicht als unanfechtbare Autorität auf allen Gebieten betrachten.

Die dritte Episode ist die saftigste. Im Gegensatz zum Triumph im ersten Jahr fällt die Ernte im zweiten Herbst des Neulandprogramms (1955) wegen ausgedehnter Trockenheit weit unter den Erwartungen aus. Wieder werden Zweifel am Sinn des aufwendigen Unternehmens laut. Breschnew erklärt jedoch auf einer Sitzung in Moskau, die Sache werde sich in Zukunft bestimmt bewähren. Da fährt ihm Chruschtschew schroff übers Maul: «Mit Ihren Versprechungen kann man keine Kuchen backen.» Breschnew indessen, so erzählt er in seinen Erinnerungen, liess sich nicht einschüchtern. «Ich hatte», schreibt er, «allen Grund, ihm mit Festigkeit zu erwidern: „Wir glauben daran, bald wird es im Neuland eine gute Ernte geben.“»

Breschnews Prognose erwies sich als richtig. 1956 brachte Kasachstan wieder eine Rekordernte ein: 600 Millionen Pud Getreide (1 Pud = 16,38 kg). Noch bevor dieses stolze Ergebnis feststand, wurde Breschnew für seine Verdienste in der Neulandkampagne reich belohnt. Auf dem 20. Parteitag vom Februar 1956 beförderte ihn Chruschtschew — der damals seine denkwürdige Geheimrede über die Stalinschen Verbrechen hielt — wieder zum ZK-Sekretär in Moskau und zum Kandidaten des Politbüros. Die zweijährige Bewährung in der kasachischen Steppe wurde zum Sprungbrett für die Rückkehr ins Machtzentrum des Kreml.

Die drei kurzen Episoden, in denen der Memoirenschreiber Breschnew seinen Vorgänger in Erscheinung treten lässt, zeigen Chruschtschew konsequent im gleichen Licht: er ist aufbrausend, unüberlegt und anmassend, ihm fehlt der grosse Ueberblick. Das ist zwar nicht völlig falsch, aber völlig einseitig. Andere Qualitäten, über die Chruschtschew zweifellos auch verfügte, findet sein ehemaliger Protegé Breschnew nicht der Erwähnung würdig. Offensichtlich dient die Durchbrechung des Chruschtschew-Tabus allein dazu, den heutigen Kreml-Chef im Kontrast zu seinem Vorgänger als um so überlegenere Persönlichkeit zu porträtieren.

Eine Lanze für die private Hofwirtschaft

Ueber die immensen Schwierigkeiten, auf die die Realisierung des kühnen Neulandprojektes stiess, schreibt Breschnew etwas ausführlicher. Tatsächlich führte die überstürzte Organisation des Unternehmens anfänglich zu ungeheuren Material- und Energieverlusten. Vor allem bewirkte der menschliche Zugriff in den bisher unbearbeiteten Steppenzonen eine verheerende Bodenerosion. Heisse Winde lösten die von Pflug und Egge gelockerte Humusdecke in riesige Staubwolken auf. Die Saaten versanken und weite Gebiete verkarsteten. Lange Jahre schien das Neulandprogramm in eine ökologische Katastrophe umzuschlagen. Erst Ende der sechziger Jahre gelang es dank der Entwicklung ausgedehnter Bewässerungs- und Windschutzanlagen und der Bereitstellung neuer behutsamerer Bodenbearbeitungsmethoden, die Situation allmählich zu stabilisieren. Heute stammt, nach offiziellen Angaben, rund ein Viertel des sowjetischen Getreides aus den urbar gemachten östlichen Neulandgebieten, die eine Fläche von 42 Millionen Hektar umfassen (davon 25 Millionen in Kasachstan).

Breschnews selektive Erinnerungen an dieses lange umstrittene Pionierwerk treffen sich günstig mit der jüngsten Ankündigung einer Rekordernte mit dem Spitzenergebnis von rund 230 Millionen Tonnen Getreide, das frühere Schätzungen erheblich übertrifft. Sie verschafft der an der Agrarfront trotz partiellen Fortschritten nicht gerade erfolgsgewohnten Kreml-Führung willkommenen moralischen Rückwind. Zum diesjährigen Erfolg scheinen übrigens gerade die Neulandgebiete im Osten entscheidend beigetragen zu haben. Freilich ist Breschnew offensichtlich nicht davon überzeugt, dass es in absehbarer Zeit gelingen könnte, eine einigermassen ausreichende Nahrungsmittelversorgung des Sowjetvolkes allein mit den staatlichen Produktionsmitteln zu gewährleisten. In seinen «Neuland»-Memoiren holt er — was seit ungefähr zwei Jahren öfters vorkommt — zu einem engagierten Plädoyer für die lange ideologisch geächteten privaten Hofwirtschaften aus, die auf 1,5 Prozent der Gesamtanbaufläche noch heute gegen 30 Prozent der sowjetischen Agrarproduktion erzeugen.

Sechzig Jahre Rote Armee

Kaum sind die Feierlichkeiten zum sechzigsten Jahrestag der Oktoberrevolution verrauscht, steht in der Sowjetunion prompt das nächste Staatsjubiläum auf dem Programm. Seit Wochen bereits zelebriert man den sechzigsten Geburtstag der Roten Armee. Offizielles Jubeldatum ist — historisch nicht ganz durchsichtig — der 23. Februar (1978), der als Tag der Armee auf dem sowjetischen Kalender seit jeher einen festen Platz hat. Obwohl äusserlich nicht ganz so pompös und prominent angelegt wie die Revolutionsfeierlichkeiten, ist zu Ehren des Armee-Jubiläums mit rhetorischen Fleissleistungen wiederum nicht gespart worden. Die Zeitungen sind vollgestopft mit langatmigen Erinnerungen hochdekorierter Kriegsveteranen an die glorreichen Taten der roten Truppen; im Fernsehen und in den Kinos jagt ein Kriegsfilm den anderen.

Breschnew als Kriegsheld

Partei- und Staatschef Breschnew, vor zwei Jahren zum Marschall gekürt, steht erneut im Zentrum des offiziellen Ehrungsreigens. Für seinen «grossen Beitrag zum Sieg des Sowjetvolkes im grossen vaterländischen Krieg», für die «Verdienste um die Festigung der sowjetischen Verteidigungsmacht» und um die «internationale Friedenspolitik der UdSSR» ist ihm vor wenigen Tagen im Kreml die höchste Kriegsauszeichnung des Landes, der Siegesorden, überreicht worden. In der einst führenden Literaturzeitschrift «Nowy Mir» hat Breschnew im Zusammenhang mit dem Armee-Jubiläum einige persönliche Erinnerungen über seine Fronterlebnisse als Politkommissar der 18. Armee veröffentlichen lassen. Der Parteichef erklärt darin, er schätze sich glücklich, dass ihm die damalige Heeresleitung erlaubt habe, die Kriegsjahre vom ersten bis zum letzten Tag bei den kämpfenden Truppen zu verbringen. Kernstück seiner Erzählungen, deren bewusst schlichter Ton einen leisen literarischen Anspruch verrät, ist die Schlacht um den kleinen Brückenkopf «Malaja Semlja» bei Noworossisk am Schwarzen Meer. Beim Uebersetzen auf die hart umkämpfte Insel stiess ein sowjetisches Boot auf eine feindliche Mine, wobei Politkommissar Breschnew ins Wasser geschleudert wurde. Dank seiner Schwimmtüchtigkeit und der tatkräftigen Hilfe seiner Kameraden, so berichtet der Generalsekretär, habe er sich in ein anderes Schiff retten können. Der Kampf um «Malaja Semlja» — er soll 255 Tage gedauert haben — wird heute in den sowjetischen Medien derart intensiv beweihräuchert, dass unweigerlich der Eindruck entstehen muss, es habe sich dort eine der entscheidenden Wendungen des Zweiten Weltkrieges abgespielt. Diese Erkenntnis scheint sich indessen selbst in der hiesigen Forschung erst in allerjüngster Zeit durchgesetzt zu haben; denn seltsamerweise wird die jetzt so nachhaltig gefeierte Episode in der jüngsten Ausgabe der offiziellen Sowjetenzyklopädie noch mit keiner Silbe erwähnt.

Präsentation einer Interkontinentalrakete auf dem Roten Platz. Rechts die Basilius-Kathedrale.

Sowjetische Marineinfanteristen beim Defilee.

Historische Ungereimtheiten

Ueberhaupt trifft man bei näherer Prüfung der mächtigen Wortströme, die im Zusammenhang mit dem Armee-Jubiläum durch die Presse fluten, auf mancherlei historische Ungereimtheiten. Dass der Name des eigentlichen Gründers und genialen Organisators dieser traditionreichen Institution, Trotzki, konsequent ausgespart bleibt, versteht sich. Verteidigungsminister Ustinow überspringt diese Klippe in seinem von der Parteizeitschrift «Kommunist» publizierten Jubiläumsaufsatz mit einer weitmaschigen Sentenz: Die Sowjetarmee, schreibt er, sei «durch den Willen der Partei (es gab damals übrigens noch mehrere Parteien) und den Willen des grossen Revolutionsführers Lenin» geschaffen worden. Immerhin führt Ustinow unter den hervorragenden Führern der Roten Armee neben Stalin auch die Namen von Tuchatschewski und Bluecher an, wobei er aber geflissentlich verschweigt, dass die beiden letzteren einst aussergewöhnlich populären Generäle von Stalin im Zuge seiner blutigen Armeesäuberung kaltblütig umgebracht worden sind. Jenes düstere Kapitel, dem 1937/38 nicht weniger als drei Viertel des obersten Kriegsrates und insgesamt gegen 20 000 Offiziere zum Opfer fielen und das die anfänglichen verheerenden Niederlagen der Sowjetarmeen gegen die Hitler-Eindringlinge wesentlich beeinflusst haben dürfte, wird heute von der offiziellen Armeegeschichte völlig ausgespart. Kritische Besinnung auf frühere Vergehen darf offenbar trotz dem nun schon vierzigjährigen Abstand auch bei diesem Jubiläum nicht aufkommen.

Leistungen

Das alles ändert freilich nichts an der überragenden Rolle, die der Roten Armee in der nun sechzigjährigen Geschichte des Sowjetreiches zukommt. In fast allen entscheidenden Situationen hat sie sich sowohl nach innen als nach aussen als die mächtigste Säule des Kreml-Regimes bewährt. Ohne den Erfolg der roten Truppen im Bürgerkrieg — sie wurden übrigens auf Betreiben Trotzkis grösstenteils von ehemaligen Offizieren der zaristischen Armee angeführt — wäre wohl die Oktoberrevolution nur eine kurzlebige Episode geblieben. Es war in erster Linie die Macht der Waffen und nicht die Ueberzeugungskraft der Ideologie, die es der Parteiführung erlaubte, ihre Herrschaft im Lande zu konsolidieren und später weit über die ursprünglichen Grenzen hinaus zu erweitern. Neben dem erfolgreichen Grenzkrieg gegen China (1929), der Besetzung Polens, Bessarabiens und des Baltikums versetzten die Rückschläge im Winterkrieg gegen das kleine Finnland dem Vertrauen in die Stärke der sowjetischen Streitkräfte allerdings einen ersten Dämpfer.

Der eigentliche Mythos von der Roten Armee aber wurde zweifellos erst durch die im ganzen gesehen gewaltigen militärischen Leistungen während des Zweiten Weltkrieges geschaffen. Die ungeheuren Leiden, die in jenen Jahren über Russland hereinbrachen, und der berechtigte Stolz auf den durch gemeinsame Anstrengungen errungenen Sieg haben Armee und Volk damals eng zusammengeschweisst. Noch heute bildet das Erlebnis des «Grossen Vaterländischen Kriegs» eine der mächtigsten Nährquellen des hier breit verwurzelten Patriotismus, in dem sowohl russisch-nationale als auch sowjetisch-ideologische Gefühlselemente ineinanderfliessen. Das Regime scheut denn auch keinen Aufwand, um die Erinnerungen an die heroischen Kriegsjahre wachzuhalten und, namentlich für die jüngere Generation, ins Legendäre zu verklären.

Gedenkstätte für die Soldaten des Zweiten Weltkrieges bei Noworossisk am Schwarzen Meer.

Fraglos gehört die Armee zu den wirksamsten Integrations- und Indoktrinierungsinstitutionen der Sowjetherrschaft. Es gibt kaum eine Organisation in diesem Lande, die nicht in irgendeiner Form einen «militärpatriotischen Erziehungsauftrag» zu erfüllen hätte. Diese Erziehung beginnt schon in der Schule und in den paramilitärisch organisierten Pioniereinheiten. Jedes Schuljahr wird mit einer «Stunde der Tapferkeit» eröffnet, ausgefüllt mit patriotischen Berichten und Darbietungen. Häufig werden Treffen mit ehrwürdigen Kriegsveteranen veranstaltet; man unternimmt «Agitationsmärsche», und die Presse berichtet mitunter von grossangelegten «Kindermanövern». Neben der intensiven Förderung vormilitärischer Ertüchtigung dient das militärpatriotische Unterrichtswesen einem wichtigen ideologischen Ziel: Es soll begreiflich machen, weshalb ein «friedliebender sozialistischer Staat» trotzdem eine derart mächtige und kostspielige Armee braucht. Das Grundmuster lautet: Solange der «Imperialismus» existiert, kann der Sozialismus auf eine starke Streitmacht nicht verzichten. Ustinow hat es in seinem Jubiläumsaufsatz so formuliert: «Trotz den offensichtlichen Erfolgen (unserer) Friedenspolitik ist zwar die Kriegsgefahr weiter entfernt, aber noch nicht beseitigt worden. Der Imperialismus war und bleibt eine Quelle aggressiver Kriege.»

Attraktive Offizierslaufbahn

Der männliche Sowjetbürger wird mit 18 Jahren wehrdienstpflichtig. Mit dem neuen Wehrgesetz von 1967 ist die früher bis zu fünf Jahren dauernde Dienstzeit auf grundsätzlich zwei Jahre reduziert worden; in der Marine wird drei Jahre Dienst geleistet. Hochschüler haben während der ganzen Studiendauer obligatorische Wehrkundelektionen zu besuchen und entsprechende Theorieprüfungen abzulegen. Falls sie diese bestehen, werden sie automatisch zu Reserveoffizieren ernannt. In dieser Eigenschaft können sie zu einer einjährigen Dienstzeit einberufen werden.

Für eine professionelle Offizierslaufbahn bietet die Sowjetarmee attraktive Anreize. In den mehr als 130 Offiziersschulen und Militärakademien werden hochqualifizierte Spezialistenausbildungen vermittelt, die auch ein späteres Hinüberwechseln in einen zivilen Beruf erlauben. Ausserdem ist der Offiziersstatus — ähnlich wie bei den politischen Funktionärskadern — mit bedeutenden materiellen Sonderprivilegien verbunden (Zugang zu Spezialläden, Dienstwagen, Wohnungsvorteile usw.). Seit der Wiedereinführung der Dienstgrade in den dreissiger Jahren — sie waren im Namen revolutionärer Demokratisierung abgeschafft worden — herrscht in der Roten Armee ein straffes Hierarchiewesen.

Unter Führung der Partei

Denn trotz ihrer gewaltigen Grösse ist die Sowjetarmee weit davon entfernt, eine mehr oder weniger selbständige Institution zu sein. Die eigentliche Führung und Kontrolle des Militärs, das wird bei jeder Gelegenheit hervorgestrichen, bleibt bei der Partei. «Die weise Führung der Partei», so formulierte Verteidigungsminister Ustinow, sei die «unerschöpfliche Quelle für die Macht der sowjetischen Streitkräfte». Es gebe kein militärisches Gebiet, in dem nicht «der kollektive Genius, die lenkende und mobilisierende Kraft des Zentralkomitees» zum Ausdruck komme. Der direkte Arm der Partei in der Armee ist deren politischer Apparat, der unabhängig von der Kommandostruktur der Truppen über ein eigenes Melde- und Befehlswesen verfügt. Neben jedem militärischen Kommandanten steht, rangmässig gleichgestellt, ein «Stellvertreter für politische Angelegenheiten» (Sampolit). Seine Hauptaufgabe: «Den ununterbrochenen Einfluss der Partei auf das gesamte Leben und Wirken der Armee und Flotte sicherzustellen, die Streitkräfte um die Kommunistische Partei zu scharen, sie im Geiste des Marxismus-Leninismus . . . anzuspornen.» Der offizielle Unterrichtsplan sieht neben der militärischen Ausbildung 18 Wochenstunden für politisch-ideologische Lektionen vor. Eine zweite Sonderorganisation innerhalb der Streitkräfte bilden die Sicherheits- oder Abwehrbeauftragten, die, ebenso wie sämtliche Grenztruppen, nicht dem Verteidigungsministerium, sondern dem KGB unterstehen.

Der Umstand, dass die Armee in der Bevölkerung breite Popularität geniesst, spricht für die Wirksamkeit der umfassenden patriotischen und ideologischen Erziehungsarbeit des Regimes. Zwar lassen bestimmte Vorfälle wie die sensationelle Flucht eines Mig-25-Piloten nach Japan vor zwei Jahren sowie intensivierte Mahnungen hoher Armeeführer vermuten, dass auch in den sowjetischen Streitkräften disziplinarische Probleme nicht unbekannt sind. Dennoch dürfte der Normalbürger die Existenz der Armee und die damit verbundenen Pflichten und materiellen Opfer weitgehend als völlig selbstverständlich akzeptieren. Pazifistische Tendenzen, obwohl vom Kommunismus anderswo gern gefördert, werden in der UdSSR nicht geduldet, scheinen aber selbst in Dissidentenkreisen kaum nennenswerten Widerhall zu finden. Einzig die Zeugen Jehovas, hier «Pfingstler» genannt, verweigern als geschlossene Gruppe den Waffendienst und müssen dafür mehrjährige Freiheitsstrafen in Kauf nehmen.

Stalins schillernder Schatten

Am 5. März (1978) sind es 25 Jahre her, seit Josef Stalin gestorben ist. Wie sieht heute, nach einem Vierteljahrhundert, sein Bild aus, was denkt man in der Sowjetunion von dem Manne, der diesen Staat wie kein anderer fundamental geprägt und ihn während nahezu dreissig Jahren mit unerbittlicher Hand beherrscht hat? Die Antwort fällt nicht leicht. Das Urteil über den zu seinen Lebzeiten so gefürchteten und bewunderten Georgier hat sich nach wie vor nicht geklärt, im Gegenteil. Durch die zeitliche Entrückung ist sein schwerer Schatten zwar höchst widersprüchlich verwischt worden, aber noch ragt er als amorphe, unbewältigte Kraft tief in die sowjetische Gegenwart hinein.

Applaus mit Dämpfer

Wie zwiespältig man auf offizieller Ebene auf den Namen Stalin reagiert, illustriert eine kleine Episode, die sich kürzlich anlässlich einer grossen Feier zu Ehren des 60. Gründungstages der Roten Armee im Kongresspalast des Kreml abspielte. Die Festrede hielt Verteidigungsminister Marschall Ustinow. Ein einziges Mal nur im Laufe seiner langen Ausführungen erwähnte er den «Genossen Stalin». Das fünftausendköpfige Publikum, fast durchwegs hochdekorierte Offiziere und Kriegsveteranen, reagierte mit langanhaltendem Applaus. Zweimal musste Ustinow ansetzen, ehe er in seiner Rede fortfahren konnte. Tags darauf veröffentlichte die «Prawda» die Ansprache im Wortlaut. Allerdings hiess es im gedruckten Text an der kritischen Stelle nun nicht mehr «Genosse Stalin», sondern nur noch «J. W. Stalin». Man hielt es offenbar für ratsam, die kameradschaftliche Anrede, die beim Kreml-Publikum so viel warmen Applaus geerntet hatte, aus dem offiziellen Protokoll zu streichen.

Ein schärferes Licht auf die widersprüchliche Haltung der heutigen Machthaber gegenüber der stalinistischen Vergangenheit wirft das folgende Ereignis. Vor einigen Monaten ist hier durchgesickert, dass die in Moskau lebenden Nachkommen des ehemals einflussreichen Sowjetführers und Lenin-Vertrauten Bucharin den offiziellen Bescheid erhielten, eine postume Rehabilitierung des prominenten Opfers der berüchtigten stalinschen Schauprozesse komme nicht in Frage. Es war das erste Mal, dass die Parteileitung auf die zahlreichen Eingaben der Bucharin-Verwandten überhaupt eine Antwort erteilte. Der negative Bescheid ist indessen bezeichnend: Obwohl die Partei seit der — in der Sowjetunion übrigens nie veröffentlichten — Geheimrede Chruschtschews im Jahre 1956 die Stalin-Verbrechen, zu denen nicht zuletzt die manipulierten Schauprozesse gegen die alte Revolutionärsgarde zählen, formell verurteilt, scheut sie mehr denn je davor zurück, daraus die vollen Konsequenzen zu ziehen und gerade den bekanntesten Gegnern des Diktators Gerechtigkeit widerfahren zu lassen. Immerhin hatte Lenin, dessen Urteil sonst bei jeder Gelegenheit als sakrosankte Wahrheit stilisiert wird, Bucharin in seinem politischen Testament als den «Liebling der Partei» bezeichnet. Wie viele andere Persönlichkeiten aus der Gründerzeit des Sowjetstaats, die Stalin beseitigt hat, wird sein Name der Einfachheit halber totgeschwiegen.

Begrenzte Entstalinisierung

Die von Chruschtschew eingeleiteten Ansätze zu einer kritischen Auseinandersetzung mit der stalinistischen Vergangenheit sind schon während dessen Amtszeit zum Stillstand gekommen. Immerhin wurden nach 1956 — und das ist bis heute die bedeutendste Massnahme der sogenannten «Entstalinisierung» geblieben — Millionen von politischen Gefangenen aus dem berüchtigten Gulag-Archipel freigelassen. Die Funktionäre, Denunzianten, Richter und Agenten, die aktiv mitgeholfen hatten, dieses Kerkersystem zu füllen, bleiben freilich völlig ungeschoren. Von jenen Gulag-Opfern — man schätzt sie auf mindestens zwanzig Millionen —, die die begrenzte Oeffnung nach dem 20. Parteitag nicht mehr erlebten, wurde nur wenig gesprochen.

Das Breschnew-Regime hat zwar den stalinschen Massenterror nicht wieder restauriert. Abgesehen vom ideologischen Bereich ist die Sowjetgesellschaft seit dem Sturz Chruschtschews vor 14 Jahren sogar in mancher Hinsicht offener und damit — wie die verschiedenen Dissidentenregungen zeigen — weniger straff kontrollierbar geworden. Insofern scheint das Wort von einer Restalinisierung fehl am Platz. Aber in der Breschnew-Aera sind die noch vorhandenen Hoffnungen auf eine geistig-politische Bewältigung des Stalinismus definitiv eingefroren worden. Die Sowjetführung hat dieses Thema heute so weit als möglich tabuisiert; wenn sich irgendwo im offiziellen Bereich ein Vermerk auf die Stalin-Herrschaft nicht umgehen lässt, spricht man schamhaft von der «Epoche des Personenkults», deren Verfehlungen, so wird sofort beteuert, von der Partei längst verurteilt und ausgemerzt worden seien. Mit dieser stereotypen Sprachregelung pflegt man sämtliche Peinlichkeiten jener Jahre unter den Teppich zu kehren.

Fundament der Gegenwart

Die Unlust der Kreml-Herren, eine auch nur halbwegs ernsthafte Diskussion über die stalinistischen Phänomene zuzulassen, entbehrt nicht einer gewissen inneren Logik. Der heutige Sowjetstaat ist noch immer das grundsätzliche Produkt der von Stalin geschaffenen Strukturen. Lenin mag mit seinem rigorosen Zentralismus eine bestimmte Richtung gewiesen haben, aber es war Stalin, der später mit eiserner Hand und sehr spezifischen Methoden die entscheidenden Fundamente des sowjetischen Machtsystems errichtet hat. Könnte über dieses Werk und seine Bedingungen offen debattiert werden, so würden damit automatisch auch die heutigen Realitäten, die tief in der stalinistischen Vergangenheit wurzeln, in Frage gestellt. Grundsätzliche Systemkritik aber will und kann sich die Parteiführung, solange sie an ihrem absoluten Machtanspruch festhält, nicht leisten.

Man kann sich allerdings fragen, ob in der Sowjetgesellschaft überhaupt ein breites Bedürfnis danach besteht, Stalin und seine Epoche kritisch auszuleuchten. Auch wenn wohl niemand ernstlich eine Wiederkehr seiner Tyrannei wünscht: Stalins Bild imponiert den Massen. Für viele Bürger, sofern sie nicht zur liberalen Intelligenz oder den direkt betroffenen Opfern der grausamen Säuberungen gehören, ist der eiserne Georgier in erster Linie das Symbol des

Ein Stalin-Verehrer.

Sieges über die tödliche Bedrohung der Hitler-Invasion, der Retter des Vaterlandes. Allein schon dieser Umstand macht ihn zu einem schwer erschütterbaren Mythos, dessen verklärendes Licht die finsteren Seiten seiner Herrschaft mit wachsender zeitlicher Entfernung zunehmend verblassen lässt. «Unter Stalin gab es klare Ordnung und straffe Disziplin, man wusste, woran man war»: Solche nostalgischen Sätze bekommt man hier in Gesprächen gerade mit Leuten aus dem einfachen Volk nicht selten zu hören. Dahinter verbirgt sich die diffus legendäre Vorstellung vom starken Führer, der die intellektuellen «Schmarotzer» und revolutionären Träumer in die Schranken wies, die Gestalt von «Väterchen Stalin», der für das Volk sorgte und an seinem Geburtstag die Preise senken liess.

Held der Antiwestler

Einen politisch gezielteren Stalin-Mythos pflegt man unterschwellig in gewissen gebildeten Schichten. Es sind die heterogenen Reihen der militanten slawophilen und grossrussischen Chauvinisten, denen man einen wachsenden Einfluss sowohl im Parteiapparat als auch innerhalb der orthodoxen Künstlerelite zuschreibt. Für diese nationalistische Fronde ist Stalin der Mann, der Russland von den jüdisch-westlichen Zersetzungsideen gesäubert hat, der wieder an die alten russischen Herrschaftstraditionen anknüpfte und das Moskowiterreich zu nie dagewesener Machtentfaltung und Grösse führte. In diesen geistigen Zirkeln, deren Ideen meist nur in chiffrierter Form in der Oeffentlichkeit laut werden, dürfte man — wenn auch aus ganz andern Gründen — die offizielle Tabuisierung des Stalin-Themas als ebenso unaufrichtig und störend empfinden wie unter den Befürwortern einer liberalen Systementwicklung.

Breschnew als marxistischer Theoretiker

Der Kommunismus kommt später

In der vergangenen Woche ist Partei- und Staatschef Breschnew von der Sowjetischen Akademie der Wissenschaften die Karl Marx-Medaille für «hervorragende Resultate im Bereich der Gesellschaftswissenschaften» überreicht worden. Diese hohe Auszeichnung, erklärte der Präsident der Akademie anlässlich der vom Fernsehen ausgestrahlten Ehrungszeremonie, erfolge in Würdigung des vom Genossen Breschnew geleisteten «ausserordentlich grossen Beitrages zur Entwicklung der Theorie und Praxis des Marxismus-Leninismus unter den Bedingungen der Gegenwart». Zum Beweis offenbar für die Richtigkeit dieser wissenschaftlichen Fähigkeitsbescheinigung veröffentlicht die «Prawda» auf den beiden ersten Seiten ihrer Mittwochausgabe einen zumindest umfangmässig eindrucksvollen Theorieartikel aus der Feder des Parteichefs.

Etappe des «entwickelten Sozialismus»

Der nicht weniger als zwölf engbedruckte Spalten füllende Beitrag ist für die in verschiedenen Sprachen erscheinende, stramm orthodox ausgerichtete Monatsschrift «Probleme des Friedens und des Sozialismus» verfasst worden. Die Tatsache, dass er nun in voller Länge und in prominentester Aufmachung auch in der «Prawda» abgedruckt wird, kann nur bedeuten, dass Breschnew in den Augen des Sowjetvolkes neben seinen bisherigen umfassenden Machtfunktionen nun auch als führender ideologischer Denker profiliert werden soll. Wieweit diese ambitiöse Image-Erweiterung die Position des bisherigen Chefideologen Suslow – der soeben 75jährig geworden ist und offensichtlich mit gesundheitlichen Schwierigkeiten zu kämpfen hat – tangiert, wird man in den nächsten Wochen und Monaten aufmerksam beobachten müssen.

Der Breschnew-Aufsatz trägt den Titel «Ein historisches Stadium auf dem Weg zum Kommunismus». Gemeint ist damit das Stadium des «entwickelten Sozialismus», das die Sowjetgesellschaft laut offizieller Theorie jetzt, sechzig Jahre nach der Oktoberrevolution, erreicht hat (Herbst 1977). Die vor wenigen Wochen verabschiedete neue Verfassung, schreibt Breschnew, sei der tiefgreifende theoretische Ausdruck dieser bedeutsamen Zwischenetappe auf dem Weg zur kommunistischen Endverheissung. Welches sind die Merkmale des «entwickelten Sozialismus»? Der Parteichef verweist dazu auf die verschiedenen sozialen und wirtschaftlichen Errungenschaften, die dem Sowjetvolk heute zur Verfügung stünden. Ein weiteres bedeutsames Indiz des neuen gesellschaftlichen Stadiums sei die konkrete Erweiterung der «sozialistischen Demokratie», wie sie in der jetzigen Verfassung definiert werde und die gemäss dem sowjetoffiziellen Anspruch weit umfassendere und «realere» Freiheits- und

Mitbestimmungsrechte gewährleistet als die bürgerliche Demokratie. Im politischen Bereich sei die Phase des «entwickelten Sozialismus» identisch mit der Ablösung der Diktatur des Proletariats durch einen Staat, der von allen Gesellschaftsschichten gleichberechtigt getragen wird. All diese Dinge, die Breschnew in seinem Artikel spaltenlang auswalzt, sind indessen für den sowjetischen Zeitungsleser beileibe keine neuen Erkenntnisse. Sie sind im Rahmen der sogenannten «Volksdiskussion» über das neue Grundgesetz von ungezählten Rednern und Schreibern endlos wiederholt worden.

Vertagte Endverheissung

Interessant ist an dem Breschnew-Aufsatz eigentlich nur jener Abschnitt, der sich näher mit der Frage des Uebergangs vom Sozialismus zum Kommunismus befasst. Der «entwickelte Sozialismus», heisst es da, sei das letzte Stadium vor dem Eintritt in den kommunistischen Endzustand einer Gesellschaft. Der Wechsel zwischen diesen beiden Stufen vollziehe sich jedoch nicht sprunghaft. Vielmehr wachse der entwickelte sozialistische Staat allmählich in die kommunistischen Bedingungen hinein. «Es ist unmöglich, diese beiden Prozesse voneinander zu trennen, zwischen ihnen eine exakte Grenze zu ziehen», schreibt Breschnew. Immerhin scheint dem Autor daran gelegen, keine verfrühten Hoffnungen über die zeitliche Verwirklichung dieses Endziels aufkommen zu lassen. Zum erstenmal seit Jahren lässt er dazu eine konkretere Bemerkung fallen: Die Phase des «entwickelten Sozialismus» müsse als eine «relativ lange Entwicklungsperiode auf dem Weg vom Kapitalismus zum Kommunismus» eingeschätzt werden. Die Frage wäre nun: Was heisst eine «relativ lange Entwicklungsperiode»? Breschnew will sich da offensichtlich nicht eindeutig festlegen lassen. Geht man aber davon aus, dass die sowjetischen Ideologen im Zusammenhang mit dem jüngsten Revolutionsjubiläum nachdrücklich betont haben, sechzig Jahre seien historisch gesehen eine «verhältnismässig kurze Zeit», so kann man wohl annehmen, dass der Parteichef den jetzigen Zustand des «entwickelten Sozialismus» als eine Angelegenheit betrachtet, die mindestens Jahrzehnte andauern dürfte. Nach dieser Prognose könnte sich somit heute ein erwachsener Sowjetbürger kaum mehr reelle Chancen ausrechnen, auf seine alten Tage hin noch in den Genuss der kommunistischen Verheissungen zu gelangen. Als Trost bleibt ihm offenbar nur die von Breschnew bekräftigte Zuversicht, in einer Gesellschaft zu leben, die dem kommunistischen Ziel unaufhaltsam entgegenschreitet.

Unrealistische Chruschtschew-Prognosen

Verglichen mit früheren parteioffiziellen Voraussagen scheint das allerdings ein ziemlich dürftiger Trost. Im formell nach wie vor gültigen, vom 22. Parteitag 1961 einstimmig verabschiedeten Programm der KPdSU hatte es noch klipp und klar geheissen: «Die heutige Generation der Sowjetmenschen wird im Kommunismus leben!» Bis 1970, so hatte die Partei damals verbindlich verkündet, werde die UdSSR in der Pro-Kopf-Produktion die USA überflügelt haben, und zwischen 1970 und 1980 würden in der Sowjetunion die materiellen Güter nicht mehr nach der Leistung, sondern gemäss dem kommunistischen Prinzip nach den Bedürfnissen des Einzelnen verteilt werden.

Breschnew hat diesem von seinem Vorgänger Chruschtschew inspirierten Programm seinerzeit — er war von 1960 bis 1964 vorübergehend Staatspräsi-

Warten auf die Wachablösung vor dem Lenin-Mausoleum.

dent — voll zugestimmt; heute will er offensichtlich nichts mehr davon wissen. Das kommunistische Ziel ist ohne nähere Begründung um unbestimmte Jahrzehnte weiter in die Zukunft verlegt worden. Die jetzige, wesentlich vorsichtigere und genaue Zeitlimiten bewusst vermeidende Prognose dürfte zweifellos realistischer sein — und sei es auch nur deshalb, weil man später die Kreml-Führung damit kaum wieder auf eine eklatante Fehlrechnung wird festnageln können. Ob indessen diese stillschweigende Revision früherer Verheissungen das Vertrauen der Sowjetbürger in die angeblich «wissenschaftliche» Urteilsfähigkeit der Partei gestärkt hat, darf man bezweifeln.

Volkszählung im Vielvölkerreich

Markante demographische Strukturunterschiede

Vom Baltikum bis nach Wladiwostok und von den eisigen Einöden des hohen Nordens bis herunter zu den Gestaden des Kaspischen Meeres klopfen in diesen Tagen sechshundertausend Frager an die Türen der Sowjetbürger. Vom 17. bis zum 24. Januar (1979) ist im territorial grössten Land der Welt — einem Sechstel der Erdoberfläche — eine allgemeine Volkszählung im Gange. Es ist die sechste seit der Oktoberrevolution und die dritte seit dem Zweiten Weltkrieg; die letzte Volkszählung fand 1970 statt. Insgesamt sind an dem ambitiösen Projekt rund neunhunderttausend Mitarbeiter beteiligt. 115 000 Kontrolleure sollen Ende Januar durch Stichproben die Arbeit der Interviewer überprüfen. Ausgewertet werden die Fragebogen mit Hilfe von Computern. Die Experten hoffen, dass dadurch die ersten Ergebnisse schon im April und die vollständigen Tabellen bis zum Jahresende vorliegen werden — wesentlich schneller als bei der Volkszählung von 1970, deren Detailauswertung vier Jahre auf sich warten liess.

Elf Fragen

Elf Fragen werden den Bürgern gestellt: Alter, Geschlecht, Zivilstand, Zahl der Familienmitglieder, ethnische Zugehörigkeit (Nationalität), Muttersprache und andere Sprachen, die fliessend beherrscht werden, Bildungsgrad und Einkommensquellen. Fünf weitere Fragen über die Art des Arbeitsplatzes, die gesellschaftliche Schichtenzugehörigkeit und interne Migrationsbewegungen werden nach einem bestimmten Sample-Verfahren nur an einen Viertel der Bevölkerung gerichtet. Die Daten dieser Volksbefragung sollen ein möglichst präzises Bild über den gegenwärtigen demographischen Stand der Sowjetgesellschaft und die in den letzten zehn Jahren eingetretenen sozialen und ethnischen Veränderungen vermitteln. Insbesondere dienen sie den Politikern und Wirtschaftsfachleuten als zentrales Instrument für die langfristigen Planungsentscheide. Damit die neuesten Grundlagen bei der Ausarbeitung des 1981 anlaufenden elften Fünfjahrplanes noch gebührend berücksichtigt werden können, ist die Zählung um ein Jahr vorgezogen worden.

Langsameres Wachstum

Ein wesentlicher demographischer Trend hat sich schon seit längerem abzuzeichnen begonnen: Die Sowjetbevölkerung wächst merklich langsamer als ursprünglich von den Experten extrapoliert. Diese hatten 1961 für 1980 noch mit einer Gesamtzahl von 280 Millionen Einwohnern gerechnet. Nach den neuesten Prognosen werden es aber mindestens 13 Millionen weniger sein.

Auf dem freien Kolchosmarkt ist das Angebot an frischen Lebensmitteln reichhaltiger, aber teurer.

Mitte 1978 zählte man 261,2 Millionen Sowjetbürger. Grund für die nicht erfüllten Wachstumserwartungen sind vor allem die sinkenden Geburtenraten im europäischen Teil der UdSSR. Namentlich unter den Russen, Weissrussen, Ukrainern und Balten — mit Ausnahme Litauens — hat sich in den Nachkriegsjahren eine ausgeprägte Tendenz zur Ein- bis Zwei-Kinder-Familie durchgesetzt.

Ganz anders verläuft die Entwicklung in den mittelasiatischen Sowjetrepubliken und, wenn auch nicht ganz so dynamisch, im Kaukasus. Die dort ansässigen turksprachigen Völker, die von asiatischen und weitgehend auch von muslimischen Sozialtraditionen geprägt sind, wachsen heute rund fünfmal schneller als das russische Staatsvolk. Bereits zwischen den Volkszählungen von 1959 und 1970 haben sich die Mittelasiaten um 50 Prozent vermehrt, die europäischen Sowjetbürger dagegen nur um gut zehn Prozent. Vor neun Jahren hatten die Russen noch eine knappe Mehrheit von 53 Prozent. Wenn nicht alles täuscht, wird die jetzige Erhebung die russische Bevölkerung gegenüber den übrigen Nationalitäten erstmals als Minderheit ausweisen.

Kein Anlass zur Dramatisierung

Die Sowjetführer geben sich gegenüber dieser Entwicklung gelassen. Der Umstand, so erklärte Staatschef Breschnew vor einiger Zeit, dass die Bevölkerung in bestimmten Republiken besonders rasch ansteige, beunruhige ihn keineswegs, im Gegenteil, er freue ihn. Tatsächlich besteht vorderhand wenig Anlass, den Mehrheitsverlust der Russen innerhalb des sowjetischen Nationalitätenmosaiks übermässig zu dramatisieren. Zählt man zu den Russen nämlich noch die sowohl ethnisch als auch geschichtlich nahverwandten Weissrussen und Ukrainer hinzu, so ergibt sich nach wie vor ein solides Uebergewicht der ostslawischen Bevölkerungsgruppe von rund siebzig Prozent. Zweitens sind eine Reihe von Minderheiten innerhalb des russischen Kernlandes wie beispielsweise die Tataren oder die Mordwinen im Laufe der Jahrhunderte traditions- und mentalitätsmässig eng mit den Russen zusammengewachsen. Und drittens sind ja die nichtrussischen Nationalitäten weit davon entfernt, eine kompakte Grösse zu bilden, man denke nur an die räumliche und entwicklungsmässige Distanz, die die europäischen Balten von den mittelasiatischen Usbeken trennt. Angesichts all dieser Faktoren dürfte die tief verwurzelte kulturelle, sprachliche und vor allem politische Vorherrschaft der Russen im sowjetischen Staatsverband trotz dem sinkenden Prozentanteil in absehbarer Zeit schwerlich je erschüttert werden. Auf lange Frist könnte immerhin in bestimmten Massenorganisationen — zum Beispiel in der Armee — das Ueberhandnehmen der nichtrussischen Vertreter einiges Gewicht bekommen.

Wirtschaftliche Sorgen

Wirtschaftlich freilich bereitet das regional so markant unterschiedliche Bevölkerungswachstum den Sowjetlenkern schon heute akute Sorgen. Im Westen des Landes, wo der Grossteil der Industrien angesiedelt ist, wird von den Behörden in den letzten Jahren ein empfindlicher Arbeitskräftemangel beklagt, der sich wegen des schwachen Geburtenwachstums in Zukunft noch verschärfen dürfte. Noch stärker zugespitzt präsentiert sich diese Situation im entwicklungsträchtigen Sibirien, das sechzig Prozent des nationalen Territoriums umfasst, aber nur von zehn Prozent der Gesamtbevölkerung bewohnt wird. In den geburtenfreudigen mittelasiatischen Republiken herrscht dagegen jetzt schon ein latenter Arbeitskräfteüberschuss, der wegen der zunehmenden Mechanisierung der dortigen Landwirtschaft nur noch mit Mühe absorbiert werden kann.

Im Interesse eines rationellen wirtschaftlichen Ausgleichs dieser demographischen Strukturunterschiede plädieren namhafte Soziologen und Planungsfachleute erstens für eine gezielte Stimulierung der Geburtenraten namentlich im europäischen Teil des Landes — eine gleichzeitige Kampagne für die Eindämmung des Kindersegens in den übrigen Regionen bleibt umstritten — und zweitens für eine verstärkte Migrationsförderung aus Zentralasien nach den Industriezentren des Westens und dem sibirischen Norden.

Mit dem ersten Lösungsvorschlag wird vor allem der Ruf nach einer Stärkung des sozialen Prestiges für die Institution der Familie verbunden, bei der sich — ähnlich wie in den westlichen Industrieländern — zunehmende Destabilisierungstendenzen bemerkbar machen (die Scheidungsrate in der Sowjetunion liegt höher als in den USA; jede zweite 1977 in Moskau geschlossene Ehe ist inzwischen geschieden worden). Allerdings dürfte sich der vor allem unter den europäischen Sowjetbürgern ausgeprägte Trend zur Einkinderfamilie ohne weitere Verbesserungen der immer noch sehr engen Wohnverhältnisse und wesentliche Entlastungen für die mit Beruf und Haushaltgeschäften — 90 Prozent aller Sowjetfrauen sind berufstätig — überforderten Mütter schwerlich umkehren lassen. Selbst bei solchen Erleichterungen aber bleibt es, wie die Entwicklungen in Westeuropa oder in Amerika zeigen, fraglich, ob die zumindest materiell emanzipierter werdenden Russinnen dann bereit wären, wieder mehr Kinder zu gebären.

Hindernisse für Binnenwanderung

Was die Pläne für eine breite Binnenwanderung der kinderreichen Turkvölker aus Zentralasien nach Westen und dem Norden betrifft, so stossen diese vorläufig auf gewichtige Hindernisse. Die Usbeken, Turkmenier, Tadschiken ebenso wie die Kaukasier sind weit sesshafter geblieben als die mobileren Russen, Balten und Ukrainer. Während diesseits des Urals seit dem Zweiten Weltkrieg eine eigentliche Landflucht zu beobachten ist, zeigt die asiatische Bevölkerung wenig Neigung, ihre Dörfer zu verlassen; insgesamt leben zwei Drittel aller Sowjetbürger in städtischen Zentren. Die traditionellen dörflichen Gemeinschaften scheinen in den abgelegenen Randregionen wesentlich intakter und attraktiver geblieben zu sein als in den russischen Kernlanden, wo die Industrialisierung am stärksten vorangetrieben wurde und die brutale Zwangskollektivierung der Landwirtschaft den verheerendsten moralischen und materiellen Schaden angerichtet hat.

Weiter wird die von Moskau angestrebte Umsiedlung der asiatischen Völker nach Westen und Norden nach wie vor durch nicht geringe Sprachbarrieren erschwert. Trotz den gezielten Anstrengungen der Behörden um die Förderung der russischen Sprache wiesen sich bei der letzten Volkszählung von 1970 unter den meisten nichtrussischen Nationalitäten der UdSSR (es sind über hundert) nur Minderheiten über fliessende Kenntnisse der sowjetischen «lingua franca» aus. Bei den Usbeken waren es ganze 14,6 Prozent, bei den Turkmenen 15,4 Prozent, bei den weiter entwickelten Georgiern 21,3 Prozent und den Esten 29 Prozent, die angaben, des Russischen einigermassen problemlos mächtig zu sein. Ob und wie weit sich diese für den aussenstehenden Betrachter überraschenden Verhältnisse inzwischen verändert haben, werden die Ergebnisse der jetzigen Volksbefragung an den Tag bringen.

Sowjetalltag und sozialistische Errungenschaften

Das sowjetische Gesundheitswesen: Leistung und Mythos

Wohin, so fragte unlängst der Genosse Wladimirow in der Lokalzeitung «Wetschernaja Moskwa», muss man sich wenden, wenn sich zur Nachtzeit Schnupfen, Kopfweh oder andere Grippe-Symptome bemerkbar machen? Die redaktionelle Antwort: Der Bürger hat sich «unverzüglich und unbedingt» bei seiner Bezirkspoliklinik zu melden. Normale Sprechstunden von 8.00 bis 22.30 Uhr, Hausbesuche der Poliklinik-Aerzte können bis 21.30 angefordert werden. Tauchen die Grippe-Symptome zu noch späterer Stunde auf, soll man per Telefon 03 den Ambulanzwagen der «Schnellen Hilfe» verlangen.

Die kleine Anfrage verweist auf einige zentrale Eigenheiten des sowjetischen Gesundheitswesens, das laut offiziellem Anspruch die Menschen nicht nur besser und umfassender, sondern vor allem auch gerechter betreut als jedes «kapitalistische» Medizinalsystem. Für sowjetische Ohren klingt die Aufforderung, sich selbst bei harmlosem Schnupfen oder Husten sofort an den Arzt zu wenden, durchaus nicht übertrieben. Damit — zumindest in der Theorie — nichts dem Zufall überlassen bleibt, soll das staatliche Gesundheitswesen den Einzelnen auch bei trivialsten Beschwerden unter seine weitgespannten Fittiche nehmen. Die Obrigkeit kann übrigens den Bürgern die intensive Inanspruchnahme ärztlicher Hilfe ruhigen Gewissens ans Herz legen, denn der Patient — und das ist das Paradeargument der offiziellen Selbstdarstellung — braucht sich dabei keine materiellen Sorgen zu machen: In der Sowjetunion ist die medizinische Versorgung grundsätzlich kostenlos.

Bezirkspoliklinik und «Schnelle Hilfe»

Obwohl bei kritischen Vergleichen die konkrete Wirklichkeit in vielen Fällen längst nicht so rosig und problemlos aussieht, wie das die amtlichen Broschüren glauben machen wollen, hat das sowjetische Gesundheitswesen doch eindrucksvolle Leistungen vorzuweisen. Da ist zunächst die ausserordentlich hohe Zahl von Aerzten: Ueber 860 000 ausgebildete Mediziner sind heute in der UdSSR tätig, das sind rund 33 Aerzte pro zehntausend Einwohner, gegenüber 21 in den USA, 23 in der Bundesrepublik und 17,5 in Frankreich. Hinzu kommen um die 600 000 Paramediziner, «Feldscher» genannt, die namentlich in ländlichen Regionen oft dringliche ärztliche Funktionen übernehmen. Laut offizieller Statistik entfallen gegenwärtig auf zehntausend Einwohner 119 Spitalbetten, was wiederum einiges mehr ist als die entsprechende Norm in den USA, aber weniger als beispielsweise in der Schweiz oder in Skandinavien. Die Kindersterblichkeit ist seit Beginn der Sowjetherrschaft auf einen Zehntel verringert worden: von 268 auf 26 Sterbefälle pro tausend Lebendgeborene (in den USA sind es 16). Die durchschnittliche Lebenserwartung eines Sowjetmenschen liegt heute bei knapp 70 Jahren gegenüber rund 32 Jahren vor der Revolution.

Das zentrale Element des sowjetischen Gesundheitssystems ist die Bezirkspoliklinik für ein Einzugsgebiet von ungefähr 50 000 Einwohnern. Jede Poliklinik verfügt tagsüber über einen ärztlichen Hausdienst. Unabhängig davon besteht namentlich in den grossen Städten rund um die Uhr eine ambulante Eilversorgung, die sogenante «Schnelle Hilfe». In Moskau sind dafür 400 Ambulanzwagen im Dienst, manche sind mit Spezialeinrichtungen für die sofortige operative Behandlung ausgerüstet. Sowjetische Grossbetriebe verfügen über eigene Polikliniken oder Betreuungsstationen.

Prophylaxe-Ideologie

Eine erstrangige Bedeutung wird in der Sowjetmedizin der Prophylaxe eingeräumt. Im Mittelpunkt steht der Grundsatz, dass vorbeugen besser ist als heilen, und zwar nicht nur im Interesse des Einzelnen, sondern insbesondere auch des Staates, dem schon aus wirtschaftlichen Gründen viel daran liegt, möglichst wenig Arbeitskräfte durch Krankheitsausfälle zu verlieren. Kinder und Jugendliche bis zum 16. Altersjahr werden regelmässig untersucht. Das gleiche gilt grundsätzlich für alle Frauen sowie bestimmte Berufsgruppen. Als erklärtes Fernziel soll die laufende medizinische Ueberprüfung eines Tages die gesamte Bevölkerung erfassen. Vorläufig ist das indessen erst abstrakte Theorie, und selbst diese scheint heute im Hinblick auf die enormen Kosten und die noch unheilvollere Bürokratisierung des zentral gelenkten Gesundheitsapparates schon von verschiedenen Seiten angezweifelt. Kritische Kontrollen zeigen im übrigen, dass auch die jetzige Vorbeuge-Betreuung für ausgewählte Bevölkerungssektoren zum Teil nur auf dem Papier besteht, das heisst in Wirklichkeit überhaupt nicht oder nur höchst oberflächlich durchgeführt wird. Ausserdem fördert die forcierte Prophylaxe-Ideologie bei den Sowjetärzten die Neigung, jeden, der sich über irgendeine Unpässlichkeit beklagt, mechanisch krank zu schreiben. Da man hierzulande ohnehin ein ziemlich lockeres Verhältnis zur Arbeitsmoral hat, pflegt man oft und gern selbst bessere Husten oder Schnupfen als Anlass zu benützen, um sich vom Staatsmediziner ein paar angenehme freie Tage verschreiben zu lassen. Der ursprüngliche Zweck des Prophylaxe-Denkens, nämlich dem Staat möglichst viele Arbeitskräfteausfälle zu ersparen, wird durch diese weitverbreitete Praxis freilich gerade ins Gegenteil pervertiert.

Die medizinische Forschung der UdSSR hat in einzelnen Bereichen Spitzenleistungen hervorgebracht. Seit 1974 läuft ein sowjetisch-amerikanisches Kooperationsprogramm zur Entwicklung eines künstlichen Herzens. Nach Meinung eines amerikanischen Experten sind die sowjetischen Anstrengungen auf diesem Sektor weiter fortgeschritten als in den USA. In Moskau befindet sich das grösste Zentrum der Welt für Nierentransplantation. Wie alle anderen Zweige des sowjetischen Wissenschaftsbetriebes leidet allerdings auch das Medizinalwesen an dem Kernübel, dass die teilweise hervorragenden Einzelleistungen der Forschung nicht oder nur höchst langsam auf breiter Basis zur Anwendung gelangen. Das durchschnittliche technische Niveau des sowjetischen Gesundheitswesens ebenso wie der Ausbildungsstand des medizinischen Personals ist zweifellos sehr viel bescheidener als zumindest in den führenden westlichen Industriestaaten.

Wenig attraktive Aerztegehälter

In materieller Hinsicht haben die Sowjetärzte allen Grund, sich gegenüber ihren überaus lukrativ verdienenden westlichen Kollegen benachteiligt zu fühlen. Das mittlere Gehalt des staatlich besoldeten Sowjetmediziners beträgt monatlich nur zwischen 120 und 140 Rubel, was weniger ist als selbst das Durchschnittssalär für Arbeiter und Angestellte von 150 Rubel. Und weil selbst in einer sozialistischen Gesellschaft profane materielle Wertmassstäbe offensichtlich noch immer eine nachhaltige Rolle spielen, geniesst der gewöhnliche Sowjetmediziner im Vergleich zu seinen hochgestuften westlichen Berufsgenossen nur ein ziemlich mediokres Sozialprestige. Wahrscheinlich sind diese geringen äusseren Anreize mit ein Grund für den wohl einmalig hohen weiblichen Anteil unter der Aerzteschaft: Die Frauen stellen nicht weniger als siebzig Prozent aller Sowjetmediziner!

Die Ausbildungszeit inklusive Praktika dauert sieben Jahre, wobei die Fachspezialisierung teilweise schon im ersten Studienjahr beginnt. Die frühe Einengung der Wissensvermittlung entspricht der Organisationsstruktur des sozialistischen Gesundheitssystems, das auf ärztlicher Teamarbeit im Rahmen einer Poliklinik oder eines Krankenhauses beruht und in dem es grundsätzlich keinen Platz gibt für selbständige Praxisärzte. Nach dem Studienabschluss ist der Mediziner verpflichtet, für drei Jahre an einem von den Behörden zugewiesenen Einsatzplatz zu arbeiten. Diese Regelung dient nicht zuletzt dazu, das akute Problem der höchst unregelmässigen Aerztedichte zu entschärfen. Das drastische medizinische Versorgungsgefälle zwischen Stadt und Land wird selbst in offiziellen Publikationen nicht völlig verschwiegen. Ein vor kurzem ergangener Erlass des Ministerrates und des Partei-ZK verfügte deshalb erstmals «zusätzliche Vergünstigungen für Revier- und Dorfärzte» und dekretierte, den Bau von Polikliniken «in erster Linie in den neuen Siedlungen und auf dem Lande» zu forcieren. Nur wenige Aerzte sind offenbar bereit, die harten Arbeitsbedingungen in der Provinz — wo es nicht nur an dringlichen materiellen Hilfsmitteln mangelt, sondern auch an Fortbildungsmöglichkeiten und an kultureller Abwechslung — freiwillig auf sich zu nehmen. Deshalb ist ausserhalb der Städte der Anteil der «abkommandierten», unerfahrenen Jungmediziner sehr hoch, was, zusammen mit der intensiven Fluktuation, schwerlich zur Hebung des qualitativen Versorgungsniveaus beiträgt.

«Gleiche» und «gleichere» Sowjetpatienten

Wenn in der Sowjetpresse vom «kapitalistischen» Gesundheitswesen die Rede ist, so pflegt man in erster Linie dessen «Klassencharakter» hervorzuheben — ein Makel, den der Sozialismus dank vollständiger Gratisversorgung durch ein einheitliches staatliches System angeblich restlos ausgemerzt hat. Zwischen diesem stolzen Anspruch und der konkreten Praxis klaffen indessen die eklatantesten Widersprüche. Orwells berühmter Satz, dass selbst im Reich der «Gleichen» eben manche «gleicher» sind als andere, gilt sehr nachdrücklich auch für die Sowjetpatienten. Wer «gleicher» als die breite Masse behandelt werden will, muss entweder über einschlägige Beziehungen oder gewisse materielle Ressourcen verfügen. Am privilegiertesten sind die Spitzenfunktionäre der Partei-, Ministerial-, Armee- und Künstlerhierarchie, die automatisch in jenen sorgsam abgeschirmten Sonderkliniken betreut werden, die wohl in jeder Beziehung den Vergleich mit privaten Luxusinstituten des Westens nicht zu scheuen brauchen. Es sind dies die Einrichtungen der vierten Hauptverwaltung des Ministerrates, unter denen es übrigens — wie uns jemand, der es zumindest durch seine ehemaligen Freunde wissen muss, erzählte — je nach Rangebene wiederum diverse Qualitätsabstufungen geben soll.

Selbsthilfe durch die Hintertür

Wesentlich durchsichtiger, weil breiter gestreut, ist das sogenannte «Blat»-System. «Blat» kommt aus dem Vulgärjargon und ist im Sowjetalltag zu einem Schlüsselwort geworden. «Po blatu» heisst so viel wie etwas «durch die Hintertür» erreichen, sei das nun mittels Beziehungen oder durch materielle Schmierhilfe. Ein Patient, der nicht einfach in seiner Bezirksklinik stundenlang anstehen will, um dort womöglich von einem überlasteten, zufälligen Dienstarzt im Schnellverfahren abgespeist zu werden, muss die «Blat»-Mechanismen spielen lassen. Auf diesem die bürokratischen Regeln diskret überschreitenden Weg lassen sich mancherlei persönliche Vergünstigungen arrangieren: von der Spezialaudienz bei einem renommierten Facharzt bis zur Einweisung in ein Qualitätskrankenhaus. Das kann mitunter allein dank freundschaftlichen Verbindungen funktionieren, in der Regel aber braucht es dazu doch gewisse materielle Stimuli. Ein Moskauer Bekannter beispielsweise, der seine Frau von einem Vertrauensarzt entbinden lassen wollte, liess sich dieses Privileg 150 Rubel (was einem durchschnittlichen Monatslohn entspricht) kosten, für schwierigere Operationen bei ausgewählten Spezialisten werden bis zu 500 Rubel bezahlt. Sehr häufig sind solche individuellen Arrangements mit Naturalientransfers verbunden. Ein inzwischen emigrierter Sowjetarzt berichtete, er sei in Riga von einem staatlichen Fleischverkäufer, als Gegenleistung für medizinische Betreuung seiner Frau, stets kostenlos mit frischem Fleisch beliefert worden.

Auch bei der Medikamentenversorgung spielt das «Blat»-System eine gewichtige Rolle. Medikamente sind übrigens nur bei der Spitalbehandlung gratis, in den Apotheken muss bezahlt werden. Während die Versorgung mit den gängigsten Basispräparaten (Aspirin, einfache Antibiotika) wenigstens in Moskau einigermassen zu funktionieren scheint, herrscht an moderneren und komplexeren Pharmaka ein intensives Defizit. Hochwertige westliche Produkte werden nur in kleinen Mengen für ausgewählte Kreise — oder, wie es im Volksmund heisst, «für die Kreml-Apotheke» — importiert. Wie bei allen Mangelwaren floriert auch auf dem Medikamentensektor ein schwungvoller Schwarzmarkt.

Rollende Rubelchen . . .

Wesentlich bedingt durch die armselige Entlöhnung des Sanitätspersonals (eine Krankenschwester verdient nur zwischen 70 und 90 Rubel) grassiert die Schmierpraxis selbst auf der Ebene der gewöhnlichen Krankenversorgung. Die Regierungszeitung «Iswestija» veröffentlichte vor einigen Monaten den zweifellos charakteristischen Leserbrief eines Mannes aus Odessa, der sich darüber beklagt, dass er im Krankenhaus buchstäblich für jede Handreichung (inklusive Uebergabe des Thermometers) dem Pflegepersonal einen Rubelschein hinblättern musste. Wohl wissend um solche Usanzen, hatte sich der Mann vor dem Eintritt ins Krankenhaus ein ganzes Bündel dieser hilfreichen Scheine eingesteckt. Nachdem aber der Vorrat schon nach wenigen Tagen aufgebraucht

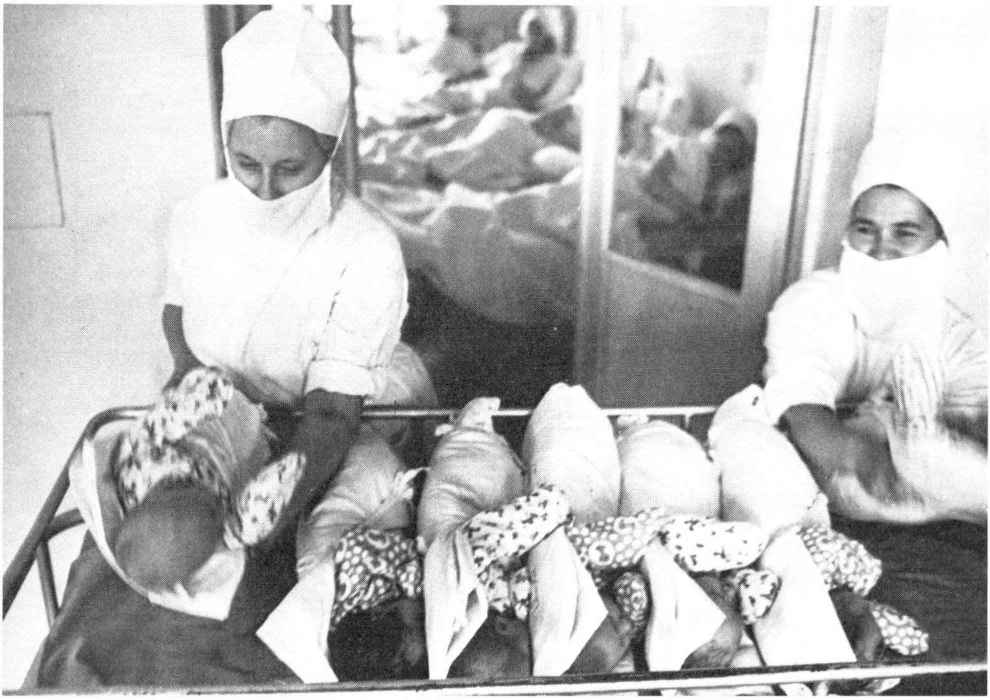

In der Säuglingsabteilung eines sowjetischen Krankenhauses.

war, geriet er in ernsthafte Schwierigkeiten, die erst überwunden werden konnten, als die treubesorgte Ehefrau mit neuem Rubel-Nachschub herbeieilte.

Neben den individuellen und unter der Hand betriebenen Machenschaften zur Effizienzerhöhung der Gesundheitsversorgung existieren übrigens in sehr begrenztem Ausmass auch gewisse legale Alternativmöglichkeiten zum kostenfreien Medizindienst. In Moskau kann sich ein Patient ausser an seine Bezirkspoliklinik auch an eine sogenannte «Platnaja Poliklinika» wenden, wo für die ärztliche Behandlung ein — recht bescheidener — offizieller Tarif erhoben wird. Kostspieliger ist die Behandlung in einer der wenigen privaten Zahnarztpraxen (an denen der Staat via Steuern beteiligt ist). Der Andrang zeigt immerhin, dass offenbar manche Sowjetbürger der bezahlten Leistung gegenüber der Gratisversorgung in der normalen Poliklinik den Vorzug geben.

Verfemte Psychoanalyse

Die sowjetische Psychiatrie hat einen wenig schmeichelhaften Ruf, vor allem deshalb, weil sie mit dem Makel behaftet ist, in bestimmten Fällen — prominente Zeugen dafür sind die beiden Dissidenten Pjotr Grigorenko und Leonid Pljutschtsch — als politisches Repressionsmittel missbraucht zu werden. Geisteskrankheiten werden offenbar ausschliesslich medikamentös oder durch Elektroschock-Therapien behandelt. Die Theorien von Freud, Jung, Adler und ihren Nachfolgern gelten aus doktrinären Gründen als unwissenschaftliche Irrlehren und werden weiterhin nicht für die Oeffentlichkeit publiziert. Zumindest im Bereich der offiziellen Psychiatrie sind daher psychoanalytische Therapien praktisch inexistent.

Nicht nur Nachteile

Beim Versuch einer allgemeinen Beurteilung des sowjetischen Gesundheitswesens wäre es ungerecht, einseitig vor allem dessen Nachteile und Widersprüche ins Licht zu rücken. Damit würde man sich auf die gleiche Ebene begeben wie die offizielle Sowjetpropaganda, die die Medizinalversorgung im Westen unbekümmert um Differenzierungen als erbarmungsloses Klassen- und Ausbeutungssystem zu denunzieren pflegt, die eigenen Verhältnisse dagegen als schlechthin ideale Verwirklichung egalitärer Menschenhilfe anpreist. Mit kruden Schwarz-Weiss-Klischees wird man aber den komplex vermischten Realitäten auf beiden Seiten nicht im entferntesten gerecht. Trotz vielen gravierenden Qualitätsmängeln und einer weitgehend nur theoretischen Chancengleichheit sichert der staatliche Gesundheitsapparat den 250 Millionen Sowjetleuten eine relativ solide medizinische Basisbetreuung. Die Gewissheit, einen grundsätzlich kostenfreien Anspruch auf ärztliche Hilfe zu haben, gibt gerade dem einfachen, ohnehin an bescheidene Komfortansprüche gewöhnten Bürger ein beruhigendes Sicherheitsgefühl. Angesichts der eindrucksvollen Fortschritte während der letzten Jahrzehnte scheint man denn auch weitherum bereit, den bestehenden Unzulänglichkeiten mildes Verständnis entgegenzubringen.

Ob freilich auch westliche Normalpatienten im Ernstfall bereit wären, das — allerdings kostspielige und daher nicht unumstrittene — Versorgungsniveau der «kapitalistischen» Medizin gegen die wesentlich dürftigeren Leistungen des sowjetischen Gratissystems einzutauschen, darf man mit gutem Grund bezweifeln. Löst man aber den Blick aus dem engen westöstlichen Konkurrenzrahmen und vergleicht statt dessen den Standard der Sowjetmedizin mit den globalen Durschnittsverhältnissen, so rückt die UdSSR immerhin auf die vorderen Plätze. Für die Möglichkeiten und Bedürfnisse eines Entwicklungslandes (und die Sowjetunion selbst weist, obwohl man das offiziell kaum wahrhaben will, noch immer wesentliche Merkmale eines Entwicklungslandes auf) können die Leistungen des sowjetischen Gesundheitswesens durchaus als beispielhaft gelten.

Was verdienen die Sowjetbürger?

Gemäss offizieller Theorie erfolgen der Arbeitseinsatz und die Verteilung des Sozialprodukts in der gegenwärtigen Phase des Sowjetsystems — das heisst in der Uebergangsperiode des Sozialismus — nach dem Grundsatz: «Jeder nach seinen Fähigkeiten, jedem nach seiner Leistung.» Im Kommunismus soll es anders werden. Dannzumal wird das Einsatz- und Entschädigungsprinzip lauten: «Jeder nach seinen Fähigkeiten, jedem nach seinen Bedürfnissen.» Dieses ideale Stadium ist, so die Theorie, bisher nicht erreicht, weil «die Produktionsverhältnisse der sozialistischen Gesellschaft noch nicht einen Ueberfluss an materiellen und geistigen Gütern gewährleisten, der es gestattet, zur (in letzter Konsequenz kostenlosen) Verteilung nach den Bedürfnissen überzugehen». Ausserdem ist, immer laut den Systeminterpreten, die Moral des «neuen Menschen» vorläufig noch nicht so weit entwickelt, dass jeder automatisch nach seinen Fähigkeiten arbeiten würde. Die vorkommunistische Gesellschaft muss deshalb das Mass der Arbeit und des Verbrauchs bestimmten Kontrollen unterwerfen, die Güter nach Qualität und Quantität der geleisteten Arbeit verteilen. Die dabei resultierenden materiellen Unterschiede zwischen den einzelnen Sowjetbürgern sollen schrittweise überwunden werden. Allerdings, heisst es in einer amtlichen Broschüre weiter, «darf dieser Prozess nicht forciert werden durch allgemeine Gleichmacherei, denn das würde die Entwicklung der gesellschaftlichen Produktion aufhalten».

Theorie und Praxis

Eine gewichtige Rolle spielen in der Argumentation der Sowjetideologen die sogenannten «gesellschaftlichen Konsumationsfonds». Diese aus Unternehmensgewinnen und Staatszuschüssen gespeisten Fonds dienen zur Finanzierung jener Leistungen, die der Bürger zusätzlich zum Direktlohn bezieht. Die Theoretiker rechnen dazu die freie Krankenversorgung, den Bau und Unterhalt staatlicher Wohnungen, Altersrenten, bezahlte Ferien, Stipendien, kostenlosen Unterricht usw. Die Fondsleistungen werden in sowjetischen Darstellungen oft direkt zum Individuallohn hinzugeschlagen, wodurch sich beispielsweise der Durchschnittsverdienst eines Industriearbeiters von 146 Rubel monatlich um rund 30 Prozent auf 198 Rubel erhöht. Für statistische Vergleiche taugt diese Berechnungsmethode indessen wenig, da in den sowjetischen Sozialleistungen manche Posten enthalten sind, die — wie der freie Unterricht, bezahlte Ferien, Stipendien usw. — auch in nichtsozialistischen Gesellschaften keine unbekannten Grössen darstellen. Die sowjetoffizielle Theorie sieht in den Konsumationsfonds ein praktisches Hilfsmittel zur Verwirklichung des kommunistischen Endzustandes: durch diese allgemeinen Leistungen würden, so die Argumentation, die noch bestehenden Differenzen zwischen den Lohnbezügern allmählich verringert. In der kommunistischen Phase schliesslich soll via Konsumationsfonds die volle und bargeldlose Befriedigung aller materiellen Bedürfnisse gewährleistet sein.

Soweit die Theorie. Wie sieht die heutige Praxis aus? Der Durchschnittslohn aller sowjetischen Arbeiter und Angestellten belief sich Ende 1975 auf 146 Rubel (1 Rubel = ca. 3 DM). Zwischen den einzelnen Branchen und Regionen bestehen beträchtliche Niveauunterschiede. Gesetzlich ist ein monatlicher Mindestlohn von 70 Rubeln festgelegt. Demgegenüber können es Spezialarbeiter in Sibirien durch Ortszuschläge bis zu tausend Rubel monatlich bringen. Die Lohnsummen der Betriebe fixiert der Staatsplan, die Aufteilung fällt in die Kompetenz der Unternehmensleitung in Zusammenarbeit mit den Gewerkschaften, wobei berücksichtigt werden muss, dass die beiden Instanzen letzten Endes wiederum als staatliche Vollzugsorgane operieren. Im allgemeinen werden in den Zweigen mit schwerer körperlicher Arbeit höhere Löhne bezahlt als im Dienstleistungssektor. Lehrer und vor allem Aerzte müssen mit vergleichsweise sehr niedrigen Gehältern vorliebnehmen, die um einiges unter dem statistischen Durchschnittslohn von 146 Rubeln liegen.

Privilegien der Führungsschicht

Ueber die Einkommensverhältnisse in der sowjetischen Oberschicht gibt es keine verbindlichen Statistiken. Eine offizielle Darstellung beschränkt sich auf den vagen Hinweis, das Verhältnis zwischen dem höchsten und dem niedrigsten Arbeitslohn betrage 1975 «im Durchschnitt etwa 4:1». Für detailliertere Aufschlüsse bleibt man auf mehr oder weniger zufällige Einzelinformationen angewiesen. Nach westlichen Ermittlungen ergeben sich folgende Anhaltspunkte. Spitzengehälter im Staats- und Parteiapparat scheinen sich zwischen 410 und 850 Rubeln monatlich zu bewegen. Die Mehrheit der Hochschullehrer und Wissenschafter dürfte unter 500 Rubel beziehen, das gleiche gilt für leitende Wirtschaftsfunktionäre, wobei allerdings markante Pendelausschläge nach oben durchaus mit ins Bild gehören.

Die entscheidenden materiellen Vorteile der sowjetischen Führungsschichten widerspiegeln sich indessen kaum in solchen Gehaltszahlen. Stärker als die blossen Lohntüten fallen die vom Staat beziehungsweise von der Partei an ihre Spitzenrepräsentanten verliehenen übrigen Privilegien ins Gewicht: der Zugang zu den einschlägigen Spezialgeschäften, Luxuskrankenhäusern und noblen Feriendatschas, Bezugsrechte für Devisenkontingente, Auslandsreisen usw. Allerdings sind im Vergleich zu kapitalistischen Gesellschaften der Akkumulierung persönlichen Eigentums verhältnismässig enge Grenzen gezogen. Die wirklichen sozialen Unterschiede zwischen «oben» und «unten» kommen daher weniger in den statistischen Besitz- und Einkommensverhältnissen zum Ausdruck als vielmehr im Grad des Zugangs zu den erwähnten staatlichen Sonderprivilegien, deren Verteilung in der Praxis des Sowjetsystems sich jeder demokratischen Kontrollmöglichkeit entzieht.

Minderbemittelte

Während über den prozentualen Anteil der Oberklasse, deren Lebensverhältnisse vor den Augen der Oeffentlichkeit sorgfältig abgeschirmt werden, nur Vermutungen kursieren, weiss man über die Grössenverhältnisse auf der anderen Seite des sozialen Spektrums, das heisst bei der Schicht der Mindestverdiener, neuerdings etwas näher Bescheid. Im November 1974 erliess die Sowjetre-

Käuferschlange vor einem Fischladen.

Nachschub für den Lebensmittelladen.

gierung ein Dekret über die Zahlung von Zulagen (12 Rubel monatlich) für Kinder unter neun Jahren an minderbemittelte Familien. Als solche gelten laut dem Erlass jene Familien, bei denen das monatliche Prokopfeinkommen – in sowjetischen Familien sind in der Regel mindestens zwei Mitglieder Lohnbezüger – unter 50 Rubeln liegt. Da die Regierung für diese Massnahme 1,8 Milliarden Rubel bereitstellte, sollen demnach etwa 40 Prozent aller Kinder der erwähnten Altersgruppe die Zulage erhalten. Nach westlichen Berechnungen dürften sie sich auf 10 bis 15 Millionen Familien verteilen. Demnach wäre ein Viertel bis ein Drittel aller sowjetischen Familien mit mehr als zwei Mitgliedern zur Kategorie der Minderbemittelten zu rechnen.

In dieser am Rande des offiziell festgesetzten Existenzminimums (50 Rubel pro Familienmitglied) lebenden Problemgruppe fällt zweifellos ein wesentlicher Anteil auf die Landbevölkerung, deren materielle und soziale Unterprivilegierung auch von offizieller Seite nicht grundsätzlich bestritten wird. Obschon die Löhne in den letzten fünf Jahren um 25 Prozent erhöht worden sind, liegt das monatliche Durchschnittsgehalt eines Kolchosbauern mit rund 90 Rubeln immer noch weit unter demjenigen der «Arbeiterklasse». Dazu kommen noch die Erträge aus dem privaten Hofland, dessen Produkte, sofern sie nicht dem Eigenverbrauch dienen, in den Städten auf dem freien Kolchosmarkt verkauft werden können, wo teilweise phantastische Preise bezahlt werden. Obschon es einzelne geschäftstüchtige Bauern auf diese Weise zu schwerem Vermögen bringen, ändert das für den Durchschnittsbürger wenig an den höchst kärglichen Verhältnissen in den ländlichen Regionen, deren soziale Infrastrukturen bei weitem hinter den städtischen Errungenschaften nachhinken.

Benachteiligte Kolchosbauern

Besonders krass zeigt sich die Benachteiligung der Kolchosbauern bei der Altersrentenzuteilung. Während für Arbeiter und Angestellte ein monatlicher Minimalsatz von 45 Rubeln gilt, beläuft sich die Mindestrente für Kollektivbauern lediglich auf 20 Rubel. Die Pensionsberechtigung beginnt in der Sowjetunion für Frauen ab 55 Jahren und für Männer ab 60 Jahren. Die Versicherungsprämien werden allein von den Betrieben bezahlt. Eine Altersrente erhält indessen nur, wer mindestens fünf Jahre lang Lohnbezüger war. Die Rentensumme liegt bei 65 Prozent des letzten Monatsverdienstes, der Maximalbetrag darf aber nicht über 120 Rubel hinausgehen. Die Pensionsbezüge werden ausserdem nach Anzahl der geleisteten Dienstjahre abgestuft. Ein ähnliches System gilt für die Invalidenrenten. Nichtgewerkschaftsmitglieder erhalten nur die Hälfte der normalen Invalidenentschädigung.

Der nähere Stellenwert dieser Einkommensbezüge ergibt sich aus der Gegenüberstellung mit den allgemeinen Lebenskosten. Die direkten Lohnsteuern, die grundsätzlich allmählich verschwinden sollen, machen heute noch 8 Prozent der staatlichen Gesamteinnahmen aus. Mindesteinkommen von 70 Rubeln monatlich sind steuerfrei. Danach steigt der Steuersatz je nach Einkommensstufe von einem Prozent der Lohnsumme bis zu 13 Prozent bei einem Monatsverdienst von 400 Rubeln. Seltsamerweise nimmt für darüber liegende Einkommen der Steuerfuss nicht mehr zu, was nicht eben sozialistisch anmutet.

Wohnungsmarkt

Zum Stolz des Systems gehören die niedrigen Wohnungsmieten. Der Mietaufwand in staatlich gebauten Wohnungen macht in der Regel nur 4 bis 5 Prozent eines Einkommens aus. Allerdings sind die Wohnbedingungen im Vergleich zu westlichen Verhältnissen sehr bescheiden. Trotz eindrucksvoller Bautätigkeit verfügt noch längst nicht jede Familie über eine eigene Wohnung. Laut Statistik belief sich 1973 die durchschnittliche Wohnfläche (inkl. Küche, Bad usw.) eines Sowjetbürgers auf 11,6 Quadratmeter: rund die Hälfte des westeuropäischen Mittels.

Zahlungskräftige Bürger können sich Eigentumswohnungen im Rahmen einer Baugenossenschaft erwerben. Dabei müssen zu Baubeginn 40 Prozent der Kosten auf den Tisch gelegt werden, für eine Dreizimmerwohnung sind das heute zwischen 6000 und 7000 Rubel. Die restlichen 60 Prozent finanziert der Staat durch langfristige Kredite, die von den Genossenschaftern schrittweise zurückbezahlt werden. Die monatliche Amortisationsbelastung beläuft sich für den Eigentümer einer Dreizimmerwohnung auf ungefähr 50 bis 70 Rubel.

Dank umfangreicher staatlicher Subventionierung sind die Preise für Grundnahrungsmittel und für den Transport niedrig und weitgehend stabil. Ein Kilo Weissbrot kostet 28 Kopeken, 1 Kilo Rindfleisch 2 Rubel und eine Fahrt mit der Untergrundbahn 5 Kopeken. Kleider müssen dagegen verhältnismässig hoch bezahlt werden: für einen Herrenanzug zwischen 60 und 170 Rubel, für ein Paar Damenschuhe zwischen 30 und 75 Rubel.

Vergleiche mit dem Westen

In einer amerikanischen Untersuchung sind kürzlich detaillierte Lebenskostenvergleiche zwischen Moskau und einigen westlichen Hauptstädten veröffentlicht worden. Gestützt auf die offiziellen Durchschnittslöhne (abzüglich sämtlicher Steuern) wurden die Preise für verschiedene Güter und Leistungen in den einzelnen Ländern in Relation zum entsprechenden Arbeitsaufwand gesetzt. Dabei ergibt sich beispielsweise, dass ein Empfänger eines Durchschnittslohns in Moskau für seine monatliche Wohnungsmiete nur 9,9 Stunden arbeitet, während sein Gegenüber in Washington 46,5, in München 32,0 und in London gar 48,5 Arbeitsstunden aufwenden muss. Ein statistischer Wochenkorb zur Ernährung einer vierköpfigen Familie kostet dagegen in Moskau 64,6 Arbeitsstunden, in Washington aber nur 17,2, in München 22,4 und in London 28,2 Lohnstunden. Für den Kauf eines sowjetischen Schiguli/Fiat-Personenwagens muss ein Moskauer Durchschnittsverdiener 37,5 Monatslöhne auf die Seite legen, ein amerikanischer Hauptstadtbewohner erarbeitet sich das gleiche Luxusgut in 6,9, ein deutscher in 7,7 und ein britischer in 11,1 Monaten.

Freilich bleibt die Aussagekraft derartiger Vergleiche gerade in bezug auf die sowjetische Situation ziemlich beschränkt. Anders als im kapitalistischen Westen — mit dem auch die offizielle Propaganda in Sachen Lebensstandard ständig Konkurrenzvergleiche anzustellen pflegt — konzentrieren sich für sehr viele Sowjetbürger Konsumsorgen weniger auf die Preis- als vielmehr auf die Bezugsfrage. Häufig fehlt es nicht am nötigen Geld, sondern am entsprechenden Angebot. Das auf Schritt und Tritt sichtbare (Käuferschlangen!) Missverhältnis zwischen Angebot und Nachfrage äussert sich einerseits in den in sämtlichen Konsum- und Dienstleistungsbereichen grassierenden Schmiergeld- und Schwarzmarktpraktiken, die groteske Preisverzerrungen zur Folge haben, und anderseits in den trotz mässigen Lohnerhöhungen (jährlich um die 4 Prozent) sprunghaft anwachsenden Spareinlagen. Allein im Jahre 1974 erhöhten sich die privaten Ersparnisse der Sowjetleute um nicht weniger als 30 Prozent oder 2,5 Milliarden Rubel. Dennoch gilt es zu berücksichtigen, dass in den letzten Jahren auf dem vielgeschmähten Konsumsektor — von der akuten Nahrungsmittelproblematik einmal abgesehen — auch beachtliche Fortschritte gemacht wurden. So steht heute in jeder vierten Sowjetfamilie ein Fernsehgerät (1965 in jeder siebten); zwei Drittel aller Familien verfügen über eigene Kühlschränke, was vor zehn Jahren erst in jeder zehnten Familie der Fall war.

Genosse Rentner

Tagsüber trifft man sie besonders häufig beim Schlangenstehen in den Geschäften oder in den für Moskau typischen Hinterhöfen. Diese beiden Bereiche sind gewissermassen die Spezialdomänen der Sowjetpensionäre, in denen sie gesellschaftlich gewichtige Funktionen erfüllen. Wer sonst ausser den Rentnern hätte in einer Gesellschaft, in der die meisten Ehefrauen berufstätig sind, die nötige Zeit, sich mitten am Tag den aufwendigen Einkaufsgeschäften zu widmen? Und wer würde die Kleinkinder spazierenführen und auf den Spielplätzen deren munteres Treiben überwachen, wenn nicht die treubesorgte «Babuschka», die berühmte russische Grossmutter, diese Aufgabe übernähme? Mit ins Bild sowjetischer Pensionäre gehören nicht zuletzt aber auch jene von der Alltagshetze entrückten Altherrenversammlungen in den öffentlichen Parkanlagen, wo sie sich, über Schach- und Dominobretter gebeugt oder Briefmarken tauschend, die Zeit vertreiben.

Fast ein Fünftel der Bevölkerung

Um die 45 Millionen Rentner, fast ein Fünftel der Gesamtbevölkerung, leben heute in der Sowjetunion. Davon sind rund dreissig Millionen Alterspensionäre, der Rest entfällt auf Bezüger von Kriegs-, Invaliden- oder Hinterbliebenenrenten. Wie in andern industriell entwickelten Ländern ist auch im Sowjetreich der prozentuale Anteil der im Rentenalter stehenden Bevölkerungsschicht stark angestiegen. Mit rund fünfzehn Prozent ist dieser Anteil heute fast doppelt so hoch als vor dem Zweiten Weltkrieg. Diese Entwicklung beruht auf verschiedenen Faktoren: Einerseits ist sie bedingt durch die einschneidende Verlängerung der durchschnittlichen Lebenserwartung (laut Sowjetstatistik beträgt sie für Frauen 74, für Männer 66 Jahre), anderseits durch den (vor allem im europäischen Teil der UdSSR) drastischen Rückgang der Geburtenraten, der mindestens teilweise mit der hohen Frauenbeschäftigung und den knappen Wohnverhältnissen zusammenhängt. Einen gewissen Einfluss auf den bedeutenden statistischen Anteil der Altersrentner bewirkte ferner die starke Dezimierung der heute mittleren Jahrgänge im Zweiten Weltkrieg. Dieser Umstand dürfte, zusammen mit der unterschiedlichen Lebenserwartung, übrigens auch den massiven Frauenüberschuss unter den Pensionären erklären. Bei den heute Sechzigjährigen gibt es doppelt so viele Frauen als Männer, und bei den Siebzigjährigen lautet das Geschlechterverhältnis gar drei zu eins zugunsten des weiblichen Anteils.

Nach der sowjetischen Regelung sind Männer mit sechzig Jahren, Frauen bereits mit 55 Jahren pensionsberechtigt. Im Gegensatz etwa zu den Verhältnissen in der Schweiz wird indessen nicht jeder, der das Pensionsalter erreicht, automatisch auch Rentenbezüger. Eine Altersrente empfängt nur, wer mindestens fünf Jahre lang in einem formellen Lohnverhältnis stand. Zum vollen

Bezug müssen Männer mindestens 25 Jahre, Frauen mindestens 20 Jahre ein Arbeitsverhältnis nachweisen können. Eine Frau beispielsweise, die nur zehn Jahre Lohnbezügerin war, bekommt die Hälfte der Normalpension. Die Rentenhöhe ist ausserdem abhängig vom Umfang des zuletzt bezogenen Monatssalärs. Nach nichtoffiziellen Berechnungen liegen die sowjetischen Renten bei durchschnittlich 60—70 Prozent des Lohneinkommens. Bei einem statistischen Durchschnittssalär von 150 Rubel (ein Rubel gleich ca. 3 DM) für Arbeiter und Angestellte wären das heute zwischen neunzig und hundert Rubel. Bedenkt man aber, dass die überwiegende Zahl der Pensionäre noch wesentlich weniger als 150 Rubel verdient hat und ausserdem nicht jedermann eine volle Altersrente bezieht, so muss man davon ausgehen, dass die gegenwärtig ausbezahlten Pensionsleistungen im Schnitt um einiges niedriger liegen.

Reicht es zum Leben?

Die Mindestrente beträgt seit 1971 45 Rubel monatlich für Arbeiter und Angestellte in städtischen Verhältnissen und 38.25 Rubel für Pensionäre, die auf dem Lande wohnen. Die materiell seit jeher krass benachteiligten Kolchosbauern, die erst seit 1965 ins sowjetische Rentensystem einbezogen sind, haben Anspruch auf eine Pension von mindestens 20 Rubel. In diesem Zusammenhang pflegt die offizielle Propaganda übrigens mit viel Nachdruck die These zu verbreiten, dass im Sowjetsystem allein «der Staat» die Finanzierung der Sozialleistungen bestreite und dem Bürger keine Lohnprozente abgezweigt würden. In Wirklichkeit handelt es sich da aber nur um einen durchsichtigen Buchhaltertrick. Schliesslich sind es ja auch in der Kollektivwirtschaft die Werktätigen, die mit ihrer Arbeit die staatlichen Fürsorgekassen füllen. Ob ihnen das nun direkt oder — wie im Sowjetsystem — via ein vergleichsweise sehr niedriges Lohnniveau indirekt verrechnet wird, dürfte wohl keinen prinzipiellen Unterschied ausmachen.

Reicht die durchschnittliche sowjetische Altersrente zum Leben aus? Die offizielle Literatur will das sogar bezüglich der Mindestrenten bejaht wissen. Letztere, so heisst es in einer Moskauer Schrift, garantiere dem Empfänger durchaus einen «ausreichenden materiellen Status». Zur Stützung dieser These verweist man auf die allgemein niedrigen Wohnungspreise sowie auf die kostenlose ärztliche Betreuung (nicht gratis sind indessen Medikamente). Dennoch dürfte selbst bei noch so bescheidenen Ansprüchen eine Mindestrente von 45 Rubel in städtischen Verhältnissen nicht mehr für eine unabhängige Existenz ausreichen. Aber auch ein Durchschnittsrentner, der mit sechzig oder siebzig Rubel auszukommen hat, wird sich damit ausser dem Allernötigsten keine Sprünge leisten können. Immerhin gilt es zu berücksichtigen, dass insbesondere auf dem Lande die Selbstversorgung via Privatgärten eine nicht geringe Rolle spielt und dass mancher Pensionär zusätzlich zur Rente auch auf einen gewissen Sparbatzen zurückgreifen kann. Trotz solchen Relativierungen und einem in den letzten Jahren langsam steigenden Lohnniveau sind es aber immer noch mehr als blosse Einzelfälle, in denen ältere Leute aus rein materiellen Gründen entweder auf weitere Verdienstquellen oder auf direkte Unterstützung durch die Angehörigen angewiesen bleiben. (Ende 1979 sind leichte Verbesserungen der Rentenbezüge in Aussicht gestellt worden.)

Russischer Grossvater auf Spaziergang mit dem Enkel.

Aushilfskräfte

Wegen des zumindest partiell akuten Arbeitskräftemangels ist der Sowjetstaat grundsätzlich daran interessiert, dass die Bürger auch nach Erreichen der Pensionsberechtigung weiterhin berufstätig bleiben. Laut Gesetz sind zwangsweise Versetzungen in den Ruhestand nicht erlaubt. Neben dem Hinweis auf das Arbeitskräfteproblem wird von offizieller Seite das Argument hervorgehoben, dass für ältere Leute die Fortsetzung der Berufsarbeit sowohl physisch als auch psychisch positive Auswirkungen zeitige. Die Senioren selbst scheinen indessen den Entscheid zur Weiterarbeit primär von materiellen Ueberlegungen abhängig zu machen. Als im Jahre 1956 die Altersrenten erhöht, gleichzeitig aber deren Auszahlung für den Fall fortgesetzter Arbeit stark reduziert wurde, ging die Zahl der berufstätigen Veteranen schlagartig zurück. Trotz dem frühen Ruhestandalter stehen heute nur rund 20 Prozent aller Pensionsberechtigten in einem festen Arbeitsverhältnis. Die volle Auszahlung der Rente bei Weiterarbeit wird nur in bestimmten, vom Arbeitskräftemangel besonders intensiv betroffenen Branchen (Baugewerbe, Dienstleistungssektor, Gesundheitsdienst) zugestanden. In der Presse sind im Zusammenhang mit der Rentnerarbeit gelegentlich allerhand Beschwerden zu vernehmen. Arbeitswillige Pensionäre beklagen sich über die anscheinend recht häufigen Widerstände der Betriebsleiter, ihnen den reduzierten Kräften entsprechende Arbeitsplätze zur Verfügung zu stellen. Die unter Zeitdruck stehenden Konsumenten wiederum bemängeln die langsame und oft mürrische Bedienung durch betagtes Dienstleistungspersonal.

Gewichtiger als die Leistungen der Pensionäre im Produktionsprozess dürfte indessen deren Einsatz im familiären Rahmen zu bewerten sein. Zweifellos sähen sich ungezählte kindergesegnete und berufstätige Sowjeteltern ohne die Unterstützung durch hilfreiche Grossmütter und Grossväter mit kaum zu lösenden Beschaffungs- und Betreuungsproblemen konfrontiert. Angesichts des weitgehend auch materiell bedingten Zwanges zur Berufstätigkeit der Ehefrauen stellt die frühe Pensionierung der älteren Generation geradezu eine gesellschaftspolitische Notwendigkeit dar, ohne die in vielen Fällen eine junge Familie schwerlich mehr funktionieren könnte. Für manche Grosseltern bedeutet somit der Eintritt in den offiziellen Ruhestand keineswegs den Beginn eines entspannten Mussedaseins, sondern vielmehr die Uebernahme neuer, vielfältiger Hüter- und Laufpflichten im engeren Familienkreis. Dass die als Kindernarren legendären «Babuschkas» sich diesen Betreuungsaufgaben oft mit atemraubender Intensität verschreiben, sei hier nur am Rande vermerkt. Aber nicht nur aus Gründen solcher Arbeitsteilung, sondern auch wegen der immer noch akuten Wohnungsnot sind in der Sowjetunion die Generationen häufig zum direkten Zusammenleben gezwungen. Nach einer vor wenigen Jahren in Leningrad durchgeführten Erhebung waren nicht weniger als 70 Prozent aller jungen Ehepaare im ersten Jahr nach der Verheiratung in einer elterlichen Wohnung untergebracht.

Familienkitt und Familienreibung

Die Abhängigkeit funktioniert freilich auch umgekehrt. Nicht wenige Rentner sind namentlich bei fortgeschrittenem Alter unausweichlich auf die Hilfe und Betreuung durch die Angehörigen angewiesen, sei es aus finanziellen oder aus gesundheitlichen Gründen. Zwar gibt es auch in der Sowjetunion Alters- und

Eine Dominopartie im Park unter Rentnern.

Sowjetpensionäre auf der Ruhebank.

Pflegeheime, doch herrscht in diesem Bereich offensichtlich eine dringliche Notlage. Das geht unzweideutig aus einer Leserdiskussion hervor, die vor einiger Zeit in der «Literaturnaja Gaseta» zum Thema Altersbetreuung geführt wurde. Es reiche einfach die Kraft nicht mehr, seufzt da eine Einsenderin, wenn man sich neben der Berufsarbeit und den Haushaltgeschäften noch um die Pflege der betagten Eltern kümmern müsse. Und wo sollen wir die Grossmutter unterbringen, wenn wir selbst schon keinen Platz in der viel zu kleinen Wohnung haben, fragt ein anderer Leser. Ein dritter behauptet in der gleichen Diskussion, seiner Ansicht nach seien mindestens die Hälfte aller sowjetischen Ehescheidungen auf die täglichen Reibereien zurückzuführen, die das gedrängte Zusammenleben mit den pensionierten Angehörigen provoziere. Die meisten Einsender fordern zur Entschärfung dieser Probleme vom Staat nicht nur wesentlich mehr, sondern nachdrücklich auch bessere Altersheime, als sie bisher bestehen. Tatsächlich scheint es abgesehen von gewissen Luxuspensionaten für privilegierte Gruppen (verdiente Künstler, Parteifunktionäre, pensionierte Offiziere) um die Qualität der durchschnittlichen Altershäuser in der Sowjetunion sehr bescheiden bestellt. Nach inoffiziellen Schätzungen (amtliche Angaben fehlen) entfällt gegenwärtig nur auf ein Prozent aller Rentner ein Platz in einem Altersheim.

Verglichen zumindest mit den Massstäben einer westlichen Wohlstandsgesellschaft, sind für einen sowjetischen Durchschnittspensionär die materiellen Möglichkeiten zur Gestaltung einer unabhängigen Altersexistenz zweifellos stark eingeschränkt. Die Vorstellung beispielsweise, dass sich ein gewöhnlicher Arbeiter im Ruhestand gelegentlich eine Ferienreise ins Ausland leisten könnte, wäre für sowjetische Verhältnisse schlechthin undenkbar, selbst wenn das System solchen Unternehmungen keine politischen Hindernisse entgegenstellte.

Weniger isoliert?

Aber Lebensqualität wird nicht allein durch materielle Kriterien bestimmt. Auch die in vielem glanzlos wirkende Sowjetrealität hat ihre positiven Seiten. So dürften sich hier die im Westen heutzutage vieldiskutierten Probleme der Altersisolation kaum mit der gleichen Dringlichkeit stellen. Das noch immer weitverbreitete enge Zusammenleben der Generationen und deren gegenseitige Abhängigkeit gewährleisten — bei allen praktischen Schwierigkeiten, die sich dabei ergeben — die soziale Integration der Pensionäre wahrscheinlich besser als finanzielle Bewegungsfreiheit und komfortable Alterssiedlungen. Harmonisierend im gleichen Sinne wirkt ferner der Umstand, dass ein sowjetischer Berufstätiger bei Erreichen des Rentenalters weniger unerbittlich mit einem abrupten oder gar unfreiwilligen Wechsel seines bisherigen Lebensrhythmus konfrontiert wird. Die von der Arbeitsmarktsituation her grundsätzlich geförderte Fortsetzung der Berufsarbeit oder die meist nicht weniger notwendige Uebernahme neuer, grosselterlicher Pflichten innerhalb der Familie begünstigen fliessende Uebergänge in den Ruhestand, was wiederum zur Erleichterung der heiklen psychischen Anpassungsprobleme während der Altersphase beiträgt. Ausserdem scheint man in Russland heute noch allgemein ein natürlicheres, entkrampfteres Verhältnis zum Alter und seinen Erscheinungen zu haben als in den modernen westlichen Industriegesellschaften mit ihrem kommerziell forcierten Jugendkult. Ob solche schwer zu gewichtende Faktoren indessen die konkreten materiellen Beschränkungen im Leben eines sowjetischen Durchschnittspensionärs einigermassen zu kompensieren vermögen, wird sich objektiv und allgemein verbindlich kaum entscheiden lassen.

Frauenemanzipation in der Sowjetunion

Hauptproblem: Mehrfachbelastung

Wie überall in der Welt wird auch in der Sowjetunion das von der Uno proklamierte «Jahr der Frau» gefeiert (1975). Der publizistische und organisatorische Aufwand, den das Regime um dieses Ereignis treibt, ist beträchtlich. Fast täglich erscheinen in der Presse langatmige Berichte über die Rolle der Frau und ihre Errungenschaften in der sozialistischen Gesellschaft. Zu diesem Thema sind in der Sowjetunion in den vergangenen Monaten eine Reihe internationaler Kongresse veranstaltet worden, bei denen — nach den offiziellen Mitteilungen zu schliessen — offenbar weniger spezifische Frauenfragen diskutiert als vielmehr unverbindliche Allerweltsschlagwörter reproduziert wurden. Für die Koordination sämtlicher Aktivitäten zum «Jahr der Frau» zeichnet in Moskau ein vom Obersten Sowjet ernanntes 72köpfiges Spezialkomitee verantwortlich. Vorsitzender dieses Gremiums ist Politbüromitglied Kirill Masurow, assistiert vom ZK-Sekretär Ponomarow sowie von der früheren Kosmonautin Valentina Tereschkowa.

Propaganda mit Zahlen

Alle ernsthaften Diskussionen um die sogenannte Frauenfrage kreisen bekanntlich um das Thema Emanzipation. Ist die heutige Sowjetfrau emanzipiert? Will man den «Prawda»-Leitartiklern und den Reden von Frau Tereschkowa Glauben schenken, so scheint darauf nur eine uneingeschränkt positive Antwort möglich. In den leuchtendsten Farben wird da das Bild einer unabhängigen, in allen Dingen gleichberechtigten und von den Zwängen der Vergangenheit restlos befreiten Frauenwirklichkeit ausgemalt. Nur der Sozialismus, meint die Tereschkowa, die seit dem Tode von J. Furzewa zur prominentesten Vertreterin des sowjetischen Establishment aufgerückt ist, ermögliche es den Frauen, eine so aktive und entscheidende Rolle in allen Bereichen des wirtschaftlichen und gesellschaftlichen Lebens zu spielen, wie sie in der Sowjetunion verwirklicht sei. Zum Beweis dieser These werden eindrucksvolle Zahlen ins Feld geführt: 90 Prozent aller Frauen im erwerbsfähigen Alter sind berufstätig oder widmen sich einem Studium. Die Sowjetfrauen stellen 51 Prozent aller Beschäftigten in der Industrie und im Dienstleistungssektor, 49 Prozent aller Kolchosbauern, 50 Prozent aller Studenten. Unter den Aerzten und Lehrern beträgt der weibliche Anteil gar 70 Prozent. Ein Drittel aller Sitze im Obersten Sowjet (Zentralparlament) werden von Frauen belegt. Dieser heilen und gerechten Welt der Sowjetfrau stellt die Tereschkowa das Los der Frauen im Kapitalismus entgegen, wo trotz steigender weiblicher Berufstätigkeit — in Westeuropa und in den USA sind es rund die Hälfte aller Frauen — gnadenlose wirtschaftliche Ausbeutung und soziale Diskriminierung durch die

Eine russische Dorfküche.

Modische Kleidung spielt bei der jüngeren Generation eine grosse Rolle.

«Monopole» herrsche. Für Millionen von Frauen «unter dem kapitalistischen Joch», behauptet die Tereschkowa, sei deshalb das Beispiel der Sowjetgesellschaft eines der überzeugendsten Argumente für den Sozialismus und eine «ständige Quelle der Inspiration».

Der sowjetoffizielle Beitrag zur internationalen Diskussion über die Frauenfrage erschöpft sich ausschliesslich in solchen und ähnlichen Propagandaphrasen. Nun weiss man natürlich auch in Moskau, dass die Wirklichkeit weit komplexer aussieht und dass allein mit intensiver Schönfärberei die tatsächlichen Probleme der Sowjetfrau nicht gelöst werden. Weil diese Probleme die Stabilität des Systems sehr wesentlich berühren und weil man offenbar eingesehen hat, dass deren Entschärfung einen gewissen gesellschaftlichen Bewusstwerdungsprozess voraussetzt, ist darüber abseits des Propagandagetöses in den letzten Jahren eine recht sachliche und streckenweise sogar überraschend kritische Diskussion in Gang gekommen. Die hauptsächlich in den intellektuell anspruchsvolleren Wochen- und Monatszeitschriften geführte Debatte dreht sich vor allem um das vielschichtige Spannungsfeld zwischen Familie und Beruf. Dabei zeigt sich, dass die grundsätzlich in jeder modernen Industriegesellschaft bestehende Problematik, Berufstätigkeit und Mutterrolle der Frau in Einklang zu bringen, sich in der Sowjetunion mit besonderer Schärfe stellt. Der Kommunismus hat zwar die Frau dem Manne rechtlich vollständig gleichgestellt und erfolgreich in den Produktionsprozess eingegliedert, sie aber keineswegs von der gleichzeitigen Belastung als Hausfrau und Mutter befreit. Das heutige System lässt ihr kaum eine Möglichkeit, sich in freier Wahl ausschliesslich der Mutterrolle zu widmen. Dank der staatlichen Monopolstellung auf dem Arbeitsmarkt sind in der Sowjetunion die Durchschnittslöhne im Vergleich zu den Lebenskosten sehr knapp bemessen, so dass die wenigsten Familienväter in der Lage sind, den Unterhalt ihrer Familien aus eigener Kraft zu bestreiten. In den meisten Fällen ist die Frau zum Mitverdienen gezwungen, was offenbar durchaus nicht alle als einen Segen betrachten.

Ansätze zur Kritik

Gemäss der Moskauer Monatsschrift «Nasch Sowremennik», die vor kurzem einen umfangreichen soziologischen Bericht über die Sowjetfamilie veröffentlichte, haben bei einer Umfrage in Leningrad 53,5 Prozent aller Frauen die Notwendigkeit zusätzlichen Familieneinkommens als Motiv für ihre Berufstätigkeit angegeben. (21,5 Prozent nannten als Grund den «Wunsch nach Zugehörigkeit zu einem Kollektiv», 13,4 Prozent allgemeines «Streben nach beruflicher Tätigkeit», und 11,4 Prozent der Befragten arbeiten, um materiell vom Manne unabhängig zu sein.) Im gleichen Artikel wird von den Fachleuten ferner die Meinung vertreten, dass im Sowjetvolk die Arbeit der Frau in der Produktion «am häufigsten negativ-kritisch» eingeschätzt werde. Der Grund dafür liegt nach Ansicht der Soziologen in der Doppelbelastung der Frau, die sich neben der Arbeit im Betrieb täglich mehrere Stunden mit der Haushaltsarbeit abmühen müsse. Wörtlich heisst es in dem Bericht: «Die Frauen haben keine Freizeit, schlafen zu wenig, sind der Haushaltsarbeit nicht gewachsen und haben keine Kraft für die Kinder. Das heisst nicht, dass die Frauen in die Küche zurückzuschicken sind. Es gibt nur eine Schlussfolgerung: man muss die Entwicklung unserer Dienstleistungen vorantreiben, die Probleme der Arbeitsteilung in der Familie besser lösen. Die Frau hält die übermässige Belastung mit Recht für die grösste soziale Ungerechtigkeit.»

Trotz Revolution und technischen Errungenschaften herrschen in den Dörfern teilweise noch immer archaische Lebensverhältnisse.

Tatsächlich lässt sich, was allgemein bekannt ist, mit den Leistungen der Sowjetwirtschaft zur Erleichterung der Haushaltsarbeit zumindest nach westlichen Vorstellungen wenig Staat machen. Die Konsequenzen des ineffizienten Produktions- und Verteilungssystems, das für den Einzelnen täglich unverhältnismässig zeitraubende Beschaffungsprobleme aufwirft, wiegen für die berufstätige Sowjetfrau besonders schwer. Soziologen und Demographen scheinen sich weitgehend darin einig, dass — zusammen mit den sehr engen Wohnverhältnissen — die Doppelbelastung der Frauen einen wesentlichen Faktor für den starken Geburtenrückgang in den industriellen Gebieten des Landes darstellt. In den urbanen Zentren herrscht ein eindeutiger Trend zur Einkinderehe, was den staatlichen Planern wachsende Sorgen bereitet. Das verbreitetste Mittel solcher Familienplanung ist in der Sowjetunion übrigens der operative Schwangerschaftsabbruch, der seit 1955 bis zu drei Monaten nach der Konzeption vollumfänglich legalisiert ist. Aeusserst gefragt sind westliche Verhütungsmittel, weil sowjetische Produkte entweder als untauglich gelten oder — wie im Fall der «Pille» — bisher überhaupt noch nicht auf den Markt gekommen sind, angeblich wegen medizinischer Bedenken.

Die gleichzeitige Belastung durch Lohnarbeit, Haushalt und Mutterrolle beeinträchtigt natürlich auch die beruflichen Aufstiegsmöglichkeiten zumindest der verheirateten Frauen. Zwar ist es richtig, dass die Sowjetfrauen gegenüber anderen Ländern auch in den höher qualifizierten Berufssparten (Aerzte, Ingenieure, Lehrer) ausserordentlich stark vertreten sind; der weibliche Anteil an leitenden Posten entspricht aber, abgesehen vom Erziehungswesen, noch keineswegs ihrer numerischen Präsenz. Obwohl die Frauen mehr als die Hälfte aller Beschäftigten in der Industrie stellen, gibt es laut offizieller Statistik lediglich 9 Prozent weibliche Fabrikdirektoren. Das Beispiel, dessen sich die Sowjetunion im internationalen Vergleich durchaus nicht zu schämen braucht, soll nur verdeutlichen, dass die von offizieller Seite behauptete völlige Gleichheit der Geschlechter im Berufsleben in der Praxis noch manches zu wünschen übriglässt.

Vielfalt der Bildungsmöglichkeiten

Dennoch hat die Frauenemanzipation in der Sowjetunion im Laufe der letzten Jahrzehnte zweifelsohne gewichtige Fortschritte gemacht. Der säkulare Wandel dieses heterogenen Landes von einem feudalen Agrarstaat in eine moderne Industriegesellschaft hat die Stellung und das Selbstverständnis der Frau grundlegend verändert. Dank einem gut ausgebauten Schulsystem stehen ihr heute vielfältige Bildungsmöglichkeiten offen. Die Industrialisierung brachte einen enormen Urbanisierungsprozess mit sich. Lebten 1918 erst 18 Prozent aller Sowjetbürger in den Städten, so sind es heute um die 60 Prozent. Diese demographische Umschichtung wiederum hat die Lebensgewohnheiten und familiären Traditionen der Bevölkerung stark beeinflusst. Insbesondere sind die in archaisch-ländlichen Verhältnissen enge Rollenprägung der Frau und ihre materielle Abhängigkeit vom Manne wesentlich gelockert worden. Obschon die intensive Verbreitung der weiblichen Berufstätigkeit häufig keineswegs einer freien Entscheidung entspringt, so lässt sich doch der emanzipatorische Charakter dieses Phänomens nicht übersehen. Verglichen mit der Grossmüttergeneration, sind die Möglichkeiten der modernen Sowjetfrau zur Selbständigkeit ungleich viel besser. Die Mädchen, insbesondere in den Städten, heiraten durchschnittlich später als noch vor zwanzig Jahren, und dies nicht nur wegen der längeren Ausbildungszeit, sondern auch deshalb, weil durch das eigene Lohneinkommen ein materieller Zwang zur Ehe kaum mehr besteht. Ebenso ist die hohe Zahl der Scheidungen in der Sowjetunion (auf 100 neu geschlossene Ehen werden jährlich 27 geschieden, etwas mehr als in Grossbritannien) nicht allein Ausdruck unstabiler Eheverhältnisse, sie ist zum Teil auch ein Indiz erhöhter Mobilität und sozialer Statusfreiheit, von der heute manche Frauen, begünstigt durch ein seit den sechziger Jahren relativ einfaches Scheidungsverfahren, Gebrauch machen.

Entsprechend ihrer aktiveren Rolle ist die Sowjetfrau selbstbewusster geworden. Vor allem die jüngeren unter ihnen sind immer weniger bereit, ihr Leben fraglos als in dunkle Kopftücher und graue Mäntel gehüllte Arbeitstiere zu fristen. Die Generation der Zwanzig- und Dreissigjährigen weiss heute einigermassen — zumindest lässt sich das in den grossen Städten feststellen —, was im Westen Mode ist, und versucht sich, oft mit beachtlichem Erfolg, darauf einzustellen. Es wird längst nicht mehr alles gekauft, was die unzulängliche sowjetische Bekleidungsindustrie feilbietet. Manche modebewusste Sowjetfrau näht sich ihr Maxikleid selber oder deckt sich auf dem Schwarzmarkt mit den nötigen Accessoires ein. Vom dringlichen Anspruch der Sowjetfrauen auf verbesserte Konsum- und Dienstleistungsbedingungen dürfte heute ein nicht unwesentlicher — unterschwelliger — Druck zur qualitativen Veränderung der sowjetischen Alltagswirklichkeit ausgehen.

Systembedingte Grenzen

Dort aber, wo solche Emanzipationstendenzen durch effektive politische Mitbestimmung gestützt und erweitert werden könnten, stösst die Sowjetbürgerin auf scharfe systembedingte Grenzen. Ueber alle politischen und sozialen Grundsatzfragen entscheidet bekanntlich allein die Partei, in der die Frauen kaum etwas zu sagen haben. Obschon der weibliche Anteil unter den 15 Millionen Parteimitgliedern fast einen Viertel ausmacht und manche Frauen in der Regierungs- und Parteihierarchie höhere Posten bekleiden, sind sie in dem alles beherrschenden Machtzentrum des Staates, dem Politbüro, nicht und in dem gegen 400 Mitglieder umfassenden Zentralkomitee nur mit rund fünf Prozent vertreten. Die relativ starke weibliche Vertretung im Parlament und in den lokalen Sowjets ändert an dieser Bilanz wenig, weil diese Gremien in Wirklichkeit über keine echten Entscheidungskompetenzen verfügen. Wie fast überall in der Welt bleibt das politische Feld auch in der Sowjetunion den Männern vorbehalten. Der wesentliche Unterschied zu demokratisch-pluralistischen Verhältnissen besteht aber darin, dass die Sowjetbürgerin nirgends die Möglichkeit hat, die bestehenden Strukturen durch politische Artikulation in Frage zu stellen. Unter den gegenwärtigen Bedingungen des Sowjetsystems sind deshalb radikal-kämpferische Feminismus-Bewegungen, wie sie in den letzten Jahren in den USA und anderswo entstanden sind, völlig undenkbar.

Ehekrise im «reifen Sozialismus»

Hohe Scheidungsraten

In der Moskauer Wochenzeitung «Literaturnaja Gaseta» — die sich sowohl inhaltlich als auch punkto graphischer Aufmachung vorteilhaft vom grauen Durchschnitt der Sowjetpresse abhebt — machte ein Leserbriefschreiber kürzlich folgenden Vorschlag: Für heiratswillige Paare sollte von der Heiratsmeldung bis zur formellen Eheregistrierung obligatorisch eine einjährige Wartefrist — eine «sogenannte Verlobungsfrist» — eingeführt werden. Am Tage der Verlobung wäre den jungen Leuten ausserdem ein Buch über die «Pflichten von Mann und Frau in der Familie» zu überreichen. «Ich glaube», schreibt der Briefeinsender, «dass eine solche Regelung die Zahl der Scheidungen und unglücklichen Ehen vermindern würde.» Die Partner könnten sich in der Zwischenzeit besser kennenlernen und so nach Ablauf der Verlobungsfrist kompetenter entscheiden, ob sie tatsächlich den Bund fürs Leben eingehen wollten. Die Nützlichkeit seines Vorschlages, meint der Einsender weiter, könnte man durch ein limitiertes Experiment, beispielsweise in einer kleineren Stadt, erproben. Auf dem Dorfe sei eine solche Verlobungszeit weniger dringlich, da man sich dort gegenseitig ohnehin zuverlässiger kenne als in urbanen Verhältnissen.

Der Staat will stabile Familien

Die Besorgnis um die Stabilität der sowjetischen Ehen, die in der Leserbriefanregung zum Ausdruck kommt, ist nicht unbegründet. Die Sowjetunion zählt zu den Ländern mit den höchsten Scheidungsraten der Welt. Laut Statistik wurden im Jahre 1970 pro 1000 Einwohner durchschnittlich 9,7 Ehen geschlossen, gleichzeitig aber 2,6 Eheverhältnisse geschieden. Gegenüber 1960 bedeutet diese Scheidungsquote — bei gleichzeitig rückläufigen Eheschliessungen — nicht weniger als eine Verdoppelung. Allerdings dürfte die sprunghafte Entwicklung vor allem auf die 1968 durch ein neues Rahmengesetz über Ehe- und Familienrecht eingeleitete Liberalisierung der Scheidungsprozeduren zurückzuführen sein. Noch unter Stalin hatte man in den vierziger Jahren die nach der Oktoberrevolution sehr freie Eheauflösung stark erschwert, insbesondere durch die Einführung eines obligatorischen Gerichtsverfahrens, das mit hohen Kosten verbunden war. Indessen erwiesen sich jene administrativen Barrieren als nur von statistischer Bedeutung; in der Praxis wurden sie durch die steigende Zahl von nichtregistrierten Trennungen und nichtregistrierten Ehen umgangen. Die neuen liberaleren Bestimmungen von 1968 bedeuten deshalb eine realistischere Grundlage für die in Wirklichkeit bestehenden Verhältnisse.

Eine wesentliche Erleichterung bestand in der Einführung der standesamtlichen Scheidung, sofern beide Partner damit einverstanden und keine Kinder vorhanden sind. Die Einleitung eines komplizierten Gerichtsverfahrens zur Eheauflösung ist somit nicht in allen Fällen notwendig. Dies bedeutet aber keineswegs, dass der Sowjetstaat gegenüber dem Scheidungsproblem gleichgültiger geworden ist. Ganz im Gegensatz zum kulturpolitischen Radikalismus der ersten Revolutionsjahre, in dem die Ehe als bourgeoises Relikt verpönt war, misst die heutige Sowjetführung intakten und stabilen Familienverhältnissen zentrale Bedeutung bei. Entsprechend heisst es denn auch im neuen Rahmengesetz zum Familienrecht, dass «die Sorge um die sowjetische Familie, in der sich die gesellschaftlichen und persönlichen Interessen der Bürger harmonisch vereinen, eine der wichtigsten Aufgaben des Sowjetstaates ist». Konkreter noch definiert ein juristischer Kommentar zu diesem Gesetz die kardinale Funktion von Ehe und Familie in der — gegenwärtig gültigen — Sozialtheorie: «In der sozialistischen Gesellschaft ist die Hauptaufgabe der Familie die Erziehung der Kinder, der zukünftigen Erbauer und Mitglieder der kommunistischen Gesellschaft... In der Periode des Ueberganges vom Sozialismus zum Kommunismus wächst die Bedeutung der Familie. Das Programm der KPdSU verweist darauf, dass unter dem Kommunismus die Familienbeziehungen letztlich von materiellen Erwägungen gesäubert und sich auf den Gefühlen der gegenseitigen Liebe, der Hochachtung und der Freundschaft gründen werden.»

Noch weit vom Idealziel

Von diesem Idealziel scheint man, wie die hohen Scheidungsraten und die dahinter stehenden Ehekonflikte beweisen, auch in der Sowjetunion noch beträchtlich entfernt. Offenbar beginnt man sich hier in den gesellschaftspolitisch interessierten Kreisen bewusst zu werden, dass die Lösung dieser Probleme nicht einfach dem erst in unbestimmter Zukunft wirksam werdenden Automatismus der noch zu schaffenden kommunistischen Gesellschaft überlassen werden kann. Vorschläge, wie sie der erwähnte Leserbrief in der «Literaturnaja Gaseta» zur Diskussion stellt, sind Indizien dafür, dass eine pragmatische, auf die bestehende Wirklichkeit bezogene Erörterung dieses Komplexes im Gange ist.

Die Redaktion der genannten Zeitschrift lässt es übrigens nicht bei der blossen Publikation der Anregung bewenden. Auf der gleichen Seite druckt sie zwei ausführliche Beiträge, die die vom Briefeinsender angeschnittene Frage durch statistisches Material vertiefen und weitere Hilfsmassnahmen zur Sprache bringen. Im ersten Artikel äussert sich der Verfasser, N. Solowjew, direkt zum Vorschlag der Einführung einer einjährigen Verlobungszeit bis zur endgültigen Eheschliessung. Er erklärt sich damit grundsätzlich einverstanden, meint aber, dass wohl auch eine halbjährige Frist genüge. Sollten die Partner während dieser Zeit ihre Heiratsabsichten aufgeben, so sei eine gescheiterte Verlobung immer noch besser als später eine unglückliche Ehe. Gegenwärtig betrage die Spanne zwischen Anmeldung und Eheregistrierung ein bis drei Monate, und schon diese kurze Zeit habe offenbar eine gewisse selektive Wirkung: nach Untersuchungen in grösseren Städten erscheinen zwischen zehn und fünfzehn Prozent der angemeldeten Paare nicht zur definitiven Eheschliessungszeremonie.

In Wilna, der litauischen Hauptstadt, führt der Autor weiter aus, sei man den Gründen, die zur Auflösung der Verlobung geführt haben, nachgegangen. Von 146 Fällen sei jeder zweite analysiert worden, was folgende Fakten ergeben habe: bei 30 Prozent der Befragten verhielten sich die Eltern gegenüber den Heiratsplänen ihrer Kinder negativ; 20 Prozent der Eltern zeigten Gleichgültigkeit. Dieses Verhalten der Eltern, streicht der Artikelschreiber heraus, könne vor allem deshalb das Schicksal des jungen Verhältnisses entscheidend beeinflussen, weil «die neuen Ehepaare öfter zusammen mit den Eltern wohnen und von ihnen materiell unterstützt werden».

Zu wenig Wohnungen für Jungvermählte

Tatsächlich steckt hinter dieser vorsichtigen Formulierung eine harte Realität. Wegen der noch immer gravierenden Wohnungsnot in der Sowjetunion müssen gerade jung Verheiratete nicht selten jahrelang warten, bis sie eine eigene Wohnung zugewiesen bekommen. Nach einer Erhebung in Leningrad lebten siebzig Prozent aller jungen Ehepaare im ersten Ehejahr in einer elterlichen Wohnung. Die — unfreiwillige — Wohngemeinschaft mit den Eltern und der mit den engen räumlichen Verhältnissen verbundene Mangel an Privatsphäre dürften auf die sowjetische Scheidungsrate einen gewichtigen Einfluss haben. Eine ablehnende Haltung der Eltern gegenüber dem jungen Eheverhältnis wirkt um so belastender, solange für das neue Paar keine Alternative besteht, einen unabhängigen Hausstand zu gründen. Bei der erwähnten Untersuchung in Wilna gaben 17 Prozent der vorübergehend Verlobten «Schwierigkeiten mit den Wohnverhältnissen» und 14 Prozent «negatives Verhalten der Eltern» als Grund für die nicht zustande gekommene Ehe an.

Umfassender und zugleich didaktischer setzt sich der zweite Artikel in der «Literaturnaja Gaseta» mit dem Stabilitätsproblem in der Sowjetehe auseinander. Der Verfasser geht zuerst der Frage nach, welches denn die beste Grundlage für eine dauerhafte und glückliche Partnerschaft sei. Viele meinten, schreibt er, dass vor allem der Stadtmensch durch die Hektik des modernen Lebens an Liebesfähigkeit eingebüsst habe und dass dies der Grund für die hohe Zahl der Scheidungen sei. Diese These müsse indessen mit Vorsicht aufgenommen werden. Im Gegensatz zur Populärmeinung sei es nämlich keineswegs erwiesen, dass die Liebe tatsächlich die primäre Basis einer gesunden Ehe darstelle. Ein sowjetischer Soziologe, heisst es in dem Artikel weiter, habe festgestellt, dass von 15 000 Befragten 70 bis 80 Prozent «aus Liebe», 15 bis 20 Prozent aus «Konvention» und 3 bis 10 Prozent aus «Berechnung» heirateten. Gleichzeitig habe die Untersuchung ergeben, dass der Prozentsatz der unglücklichen Ehen bei den Liebesheiraten rund doppelt so hoch liege als bei den aus Konvention oder Berechnung eingegangenen «Kopfehen». Dies spreche zwar, meint der Autor, durchaus nicht gegen die Liebe, reine «Kopfmenschen» lebten zwar ruhiger und ausgeglichener, aber auch langweiliger, weil sie nicht die Höhen und Tiefen der Leidenschaften erfahren. Immerhin könne in bezug auf die Ehe festgestellt werden, dass die Liebe nur eine Seite der Partnerschaft zwischen Mann und Frau darstelle, entscheidend sei eine breite, individuelle Uebereinstimmung, die sich nicht allein auf emotionelle Einflüsse stützen sollte.

Materielle Erwägungen als mögliches Heiratsmotiv dürfte der Autor bei seinen Empfehlungen an die Ratio allerdings kaum im Auge haben; zumindest nach sowjetoffizieller Theorie sind derartig profane Ambitionen in der sozialistischen Gesellschaft bereits inexistent geworden, heisst es doch in einer Informationsbroschüre: «Mit den auf Privateigentum beruhenden Beziehungen zwischen den Menschen beseitige der Sozialismus auch den sozialökonomischen Boden für Vernunftehen.»

Russische Hochzeitsfeier.

Oeffentlicher Beratungsdienst?

Nach diesen grundsätzlichen Ueberlegungen zur Ehetheorie kommt der Verfasser auf seine praktischen Vorschläge zu sprechen. Wäre es nicht nützlich, so fragt er, vermehrt nach den Gesetzen zu forschen, nach denen eine glückliche Partnerwahl erfolgen sollte? Sollte man nicht versuchen, die Zufälligkeiten und damit das Risiko der heutigen Eheschliessungen durch fundierte Beratung zu reduzieren? Leider würden diese Probleme von den zuständigen Sozialwissenschaften viel zu wenig studiert. Es sei an der Zeit, auch in der Sowjetunion einen öffentlichen Dienst für Eheberatung und Ehevermittlung einzuführen. Neben fachkundigem Beistand bei der Lösung von Ehekrisen könnte dieser Dienst insbesondere auch denjenigen helfen, die keine Partner finden. Besorgt weist der Autor in diesem Zusammenhang auf die Tatsache hin, dass nach der letzten Volkszählung von 1970 ein Viertel aller Männer zwischen 25 und 30 Jahren unverheiratet sind. Das sei, meint er, nicht nur ein menschliches, sondern auch ein demographisches Problem.

Ueber mangelnde Auswahlmöglichkeiten können sich die Sowjetmänner freilich nicht beklagen, gibt es doch im ganzen Lande — als Folge des Zweiten Weltkrieges — rund zehn Prozent mehr Frauen als Männer, die meisten der Millionen von alleinstehenden Frauen sind allerdings bereits über 40 Jahre alt. Nach Ansicht des Artikelschreibers in der «Literaturnaja Gaseta» fehlt es aber auch in der sowjetischen Industriegesellschaft an den nötigen zwischenmenschlichen Kontaktmöglichkeiten. In städtischen Verhältnissen kommen nur ein Drittel aller Ehebekanntschaften durch Begegnungen am Arbeitsplatz oder durch nachbarliche Kontakte zustande, was bedauerlich sei, weil sich die Partner auf diese Weise intensiver kennenlernen könnten als durch kurzfristig geschlossene Freizeitbekanntschaften.

Tatsächlich scheint das Kontaktproblem viele Sowjetbürger zu beschäftigen. Nach einer bereits früher von der «Literaturnaja Gaseta» veröffentlichten Leserbriefanalyse zu diesem Thema machten 30 Prozent aller Einsender «die Anspannung des modernen Lebensrhythmus» für die unbefriedigenden zwischenmenschlichen Beziehungen verantwortlich. 18 Prozent klagten, dass die Arbeitskollektive nur aus Männern oder nur aus Frauen bestehen. 75 Prozent aller Briefschreiber plädierten übrigens für die von der Zeitung schon damals zur Diskussion gestellte Einführung elektronischer Ehevermittlungen.

Konservative Revolutionäre

Obwohl diese vielschichtigen Probleme um Ehe und Partnerwahl schon seit einigen Jahren immer wieder in der Oeffentlichkeit aufgegriffen werden, ist bisher kaum Konkretes unternommen worden. In der Sowjetunion gibt es, im Gegensatz zur DDR und zur CSSR, weder allgemein zugängliche Eheberatungsstellen noch offizielle Ehevermittlungsdienste. Das mag sich — die erwähnten Diskussionen weisen darauf hin — in absehbarer Zeit ändern. Immerhin dürfte ein wesentlicher Grund für diesen Rückstand im nach wie vor recht verkrampften Verhältnis zwischen postrevolutionärer Sowjetideologie und menschlichem Individualbereich zu suchen sein. Fragen des persönlichen oder intimen Bereiches, denen mit Parteidoktrin nicht ohne weiteres beizukommen ist, sind dem zu prüder Zucht erzogenen Durchschnittsfunktionär irgendwie suspekt.

Das zeigt sich insbesondere bei der für die Ehevorbereitung nicht unwesentlichen Sexualaufklärung, die in der Sowjetunion gegenüber den in bürgerlichen Gesellschaften angelaufenen Entwicklungen noch völlig in den Kinderschuhen steckt. Einheimische Publikationen, die sich ernsthaft mit diesem Thema befassen, sind seit den in jeder Beziehung revolutionären zwanziger Jahren nicht mehr erschienen. Ein 1967 in der DDR erschienenes «Buch über die Ehe» wurde zwar übersetzt, aber trotz enormer Nachfrage nur in so geringer Auflage gedruckt; es ist praktisch nur in den öffentlichen Bibliotheken erhältlich. In der Schule kommt die Sexualaufklärung noch kaum zur Sprache, obwohl von pädagogischer Seite gelegentlich die Einführung eines fakultativen Faches «Ehe und Familie» gefordert wird. Ansätze zur Enttabuisierung des Sexualbereichs sind immerhin zu verzeichnen, so beispielsweise die 1966 erfolgte Gründung eines «Problemlabors für Sexologie und Sexualpathologie», das dem Psychiatrischen Institut in Moskau angeschlossen ist. Auch könnte der immer sichtbarer werdende Trend unter der Jugend, sich vermehrt nach westlichen Mode- und Verhaltensmustern auszurichten, langfristig eine nicht unwesentliche Auflockerung der gegenwärtig noch sehr konservativen (offiziellen) Sowjetmoral zur Folge haben.

Wie kommt der Sowjetbürger zu einer Wohnung?

Nach jahrelangem Suchen schien für Olga Petrowna endlich eine Lösung ihres Wohnungsproblems in Sicht: ein älteres Ehepaar erklärte sich bereit, ihre Einzimmerwohnung gegen Olgas beide Zimmer, die sie zusammen mit ihrer Tochter in einer Moskauer Kommunalwohnung bewohnte, zu tauschen. Das war ein ausgesprochener Glücksfall, denn höchst selten kommt es im Sowjetsystem vor, dass jemand eine begehrte Separatwohnung aufgibt, um sich freiwillig mit fremden Nachbarn in ein Gemeinschaftslogis zu teilen. Doch der Handel, der beide Seiten befriedigt hätte, scheiterte: die zuständige Lokalbehörde verweigerte die Umtauschgenehmigung mit der Begründung, zwei ältere und kränkliche Leute könnten nicht von einer Einzel- in eine Kommunalwohnung wechseln, wo sie möglicherweise den Nachbarn zur Last fallen würden.

Variation von Beispielen

In der Erzählung «Der Tausch» des zurzeit wohl interessantesten Sowjetautors Juri Trifonow geht es um folgenden Fall: Viktor Dimitrijew bewohnt mit seiner Frau Lena und einer schulpflichtigen Tochter ein einziges Zimmer in einer Moskauer Kommunalwohnung. Sie versuchen, aus dieser drückenden Enge hinauszukommen, eine Separatwohnung zu finden. Ebenfalls ein Einzelzimmer, aber in einem andern Stadtteil besitzt Viktors an Krebs tödlich erkrankte Mutter. Wenn sie stirbt, fällt ihr Zimmer automatisch wieder dem Staat zu. Lena schlägt ihrem Mann deshalb folgenden Plan vor: er soll seine Mutter überreden, ihr Zimmer zu einer grösseren Tauschaktion zur Verfügung zu stellen. Auf diese Weise könnten die Dimitrijews dann zwei Einzelzimmer gegen eine Separatwohnung oder wenigstens zwei zusammenliegende Zimmer eintauschen. Die Mutter (mit der Lena sehr schlecht auskommt) würde bei ihnen leben, aber nach deren Tode hätten sie dann endlich die ersehnte grössere Wohnung für sich. Viktor sträubt sich zuerst gegen diese makabre Spekulation, doch unter dem zermürbenden Druck der Verhältnisse akzeptiert er schliesslich Lenas Projekt. Unter Einschaltung eines — illegalen — Maklers und nach schwierigen bürokratischen Prozeduren kommt die Wohnungstransaktion zustande. Lenas Rechnung geht auf. Bald stirbt Viktors Mutter. Von Viktor selber heisst es zum Schluss in der Erzählung: «Er war irgendwie schlagartig gealtert, war grau geworden.» Trifonow hat die Geschichte später dramatisiert. «Der Tausch» ist zurzeit eines der grossen Erfolgsstücke der Moskauer «Taganka»-Bühne.

Ein drittes Beispiel: Marina und Igor, ein junges Paar, leben zusammen mit Marinas Eltern in deren Staatswohnung. Obwohl sie ihr erstes Kind erwarten, wollen sie ihre Ehe vorläufig nicht amtlich besiegeln lassen. Weshalb? Weil Igor, der offiziell immer noch bei seiner ersten Frau logiert, dann formell als

Bewohner der schwiegerelterlichen Wohnung registriert würde. Nun haben er und Marina aber in absehbarer Zeit Aussicht auf eine genossenschaftliche Einzimmerwohnung. Wenn das junge Paar dann in sein neues Heim wechselt, bestände Gefahr, dass bei der amtlichen Notierung des Umzugs die Behörden auf die beiden frei werdenden Plätze in der elterlichen Dreizimmerwohnung aufmerksam werden könnten. In diesem Falle hätte die Obrigkeit grundsätzlich das Recht, zusätzliche Mieter in die Wohnung von Marinas Eltern einzuquartieren. Angesichts der heutigen offiziellen Politik, jeder Familie nach Möglichkeit eine separate Wohnung zu beschaffen, ist es zwar nicht sicher, ob der Staat von diesem Recht tatsächlich Gebrauch machen würde. Trotzdem halten Igor, Marina und deren Eltern das Risiko offenbar für ernst genug, um gewisse Vorsichtsmassnahmen zu treffen und die junge Ehe vorläufig nicht zu legalisieren.

Allvater Staat

Die drei Beispiele, die sich in den verwirrendsten Variationen vermehren liessen, mögen eine Ahnung von der Kompliziertheit der sowjetischen Wohnungsbeschaffungsprobleme vermitteln. Diese Schwierigkeiten sind in vielerlei Hinsicht ganz anders gelagert als in einem «kapitalistischen» Wohnungsmarkt, der ja bekanntlich auch seine Tücken hat, welche sich aber heute in erster Linie auf die Frage des Preises konzentrieren. Dieser finanzielle Aspekt ist zwar auch für den Sowjetbürger bei der Konfrontation mit der Wohnungsfrage durchaus keine Quantité négligeable. Primär im Vordergrund aber steht für ihn die herkulische Auseinandersetzung mit einem hochkomplexen bürokratischen Normen- und Zuteilungssystem, mit dem der Staat im Namen einer kollektivistischen Gesellschaftsideologie sein monopolistisches Entscheidungsrecht auf dem gesamten Wohnungssektor geltend macht. Dieses zumindest in der Theorie egalitäre Kontingentierungsverfahren beeinflusst die Optionsmöglichkeiten des Einzelnen um so restriktiver, solange — wie in der Sowjetunion — ein akuter Mangel an Wohnraum besteht.

Gemäss einem bereits 1922 erlassenen Gesetz hat jeder Sowjetbürger Anspruch auf neun Quadratmeter Wohnfläche (Küche, Bad, Korridor nicht mitgerechnet). Dieses Ziel ist indessen bis heute noch nicht verwirklicht. In städtischen Verhältnissen — in denen gegenwärtig rund sechzig Prozent der Gesamtbevölkerung lebt — belief sich Anfang 1974 die durchschnittliche Pro-Kopf-Wohnfläche auf 7,7 m^2, die gesamte Nutzfläche (also inklusive Bad, Küche usw.) auf 11,6 m^2. Das ist ungefähr die Hälfte des westeuropäischen und rund ein Drittel des amerikanischen Wohnraummittels. Solche Quadratmeterrechnungen spielen hierzulande übrigens eine überragende Rolle in jeder Wohnfrage-Auseinandersetzung. Als Ausländer wundert man sich anfänglich, wie präzis die Sowjetbürger über ihre persönliche Quadratmetersituation Bescheid wissen. Mit sicherem Blick, der auf intensive Uebung schliessen lässt, wird auch in fremden Wohnungen sofort und fast schon automatisch die Quadratmeterzahl überschlagen. Diese Fixierung kommt nicht von ungefähr, ist doch der Flächenfaktor gewissermassen der Grundstein des sowjetischen Zuteilungssystems.

In raschem Tempo schiessen an den Stadträndern immer neue Wohnbausiedlungen aus der Erde.

Typischer sowjetischer Wohnblock aus Fertigelementen.

Warteschlangen und krumme Wege

Der «klassische» und lange Zeit sogar einzige Weg zur Wohnungsbeschaffung beginnt mit einer Bewerbung beim Exekutivkomitee des Bezirkssowjets oder beim Betrieb, sofern dieser über eigene Wohnungen verfügt (die ja letzten Endes auch wieder dem Staat gehören). Angesichts der unendlich langen Wartelisten sind die Chancen für diejenigen, die bereits über die Norm von 9 m^2 verfügen, auf diesem Weg die Wohnsituation zu verbessern, äusserst vage. Wartezeiten von zehn oder mehr Jahren gehören durchaus zur Regel. Eine raschere Zuteilung können dagegen jene Antragsteller erhoffen, die in unterdurchschnittlich schlechten Verhältnissen wohnen oder eine entsprechende Empfehlung des Vorgesetzten vorweisen können. Bevorzugt behandelt werden auch die Angestellten städtischer Kommunaldienste sowie Bauarbeiter, an denen in der Sowjetunion Mangel herrscht. Freilich geht es bei diesem in der Praxis undurchsichtigen Wartesystem nicht immer mit rechten Dingen zu. Beziehungen und Bestechungen können da eine ausschlaggebende Rolle spielen. Ein «Prawda»-Leser stellte die bekümmerte Frage: «Wer kann bei uns die Geheimnisse der Wohnungswarteschlange enträtseln?» Er berichtete von einem Mann, der vom Lokalsowjet sofort eine grosse Wohnung bekommen hatte, obwohl er bereits über ein separates Zweizimmerlogis verfügte und obwohl vor ihm 1130 Antragsteller auf der Warteliste standen. Es stellte sich heraus, dass der Mann einen einflussreichen Posten hatte und diesen zur Umgehung der Vorschriften ausnützte. Er erhielt deswegen einen leichten Verweis. Kurze Zeit später zog der Mann trotzdem in eine neue Wohnung ein. Die «Prawda» schliesst den Bericht mit der bezeichnenden Folgerung, es komme bei der Wohnungszuteilung leider mancherorts in erster Linie darauf an, wie laut man klagen könne oder welche Freunde man habe.

Im Labyrinth der Tauschgeschäfte

Weil das staatliche oder betriebliche Zuteilungssystem sich bei der Lösung der drängenden Wohnungsprobleme als völlig überfordert erwies, ist 1937 ein zusätzliches Verfahren eingeführt worden, das ein gewisses Marktelement enthält und vor allem denjenigen Mietern eine Chance bietet, die bereits über die gesetzliche Normfläche verfügen, ihre Situation aber doch verändern möchten: der Wohnungstausch. Wer in Moskau tauschen will, kann sein Angebot in einem wöchentlich erscheinenden Bulletin publizieren oder sich bei einem staatlichen Tauschbüro melden. Besonders eifrige Interessenten malen ihr Angebot auf Plakate und postieren sich auf der Strasse vor den Tauschbüros, in der Hoffnung, durch solche «Reklame» schneller einen Partner finden zu können. Denn das Tauschgeschäft ist, wie Trifonows oben erwähnte Erzählung zeigt, eine höchst komplexe und heikle Sache. Damit eine allseits befriedigende Kombination zustande kommen kann, müssen oft geradezu schwindelerregende Transaktionen über mehrere Teilnehmer hinweg organisiert werden. In Estland sollen einmal bei einem derartigen Unternehmen nicht weniger als 28 Tauschpartner beteiligt gewesen sein.

Aber selbst wenn die Tauschwilligen handelseinig geworden sind, so ist das Geschäft noch lange nicht im reinen. Jetzt beginnt ein noch aufreibenderer Papierkrieg mit der Staatsbürokratie, ohne deren Einwilligung kein Wohnungswechsel stattfinden darf. Sehr viele Vereinbarungen scheitern, weil ein kleinlicher Beamter zuletzt doch noch herausfindet, dass irgend etwas mit der Flächennorm nicht stimmt oder auf einer der ungezählten Bescheinigungen eine Unterschrift fehlt. Kein Wunder, dass sich angesichts all dieser vielfältigen Hindernisse gewiegten Maklern ein weites Betätigungsfeld auftut. Diese zwielichtigen Mittelsmänner lassen sich ihre — vom Gesetz streng verbotenen — Lotsendienste durch den bürokratischen Wohnungsdschungel denn auch kräftig bezahlen. Dass dabei nicht selten auch skrupellose Schwindler am Werk sind, wüsste manch ein betrogener Kunde zu erzählen.

Eines der wichtigsten Motive zum Wohnungswechsel ist der Wunsch, von einer Gemeinschaftswohnung in ein separates Appartement zu gelangen. Kommunalwohnungen, in die sich mehrere Familien teilen, sind in der Sowjetunion — im Gegensatz zur modischen Kommune-Idee in bestimmten Kreisen des Westens — wenig beliebt. Das überrascht kaum angesichts der Tatsache, dass man sich in einer sowjetischen Gemeinschaftswohnung erstens die Mitbewohner nicht selber aussuchen kann und zweitens die räumlichen Verhältnisse meist bedrückend eng sind, was wiederum häufige Reibereien und entnervendes Alltagsgezänk provoziert. Ungefähr ein Viertel aller Stadtbewohner leben zurzeit in derartigen Kommunalwohnungen — 1960 waren es noch sechzig Prozent.

Rege Bautätigkeit

Tatsächlich sind in den letzten zwanzig Jahren vom Sowjetstaat eindrucksvolle Anstrengungen zur Entschärfung der Wohnungsnot unternommen worden. Während der beiden letzten Fünfjahrpläne wurden jedes Jahr über hundert Millionen Quadratmeter Wohnraum gebaut, und jährlich ziehen mehr als zehn Millionen Menschen in ein neues Logis ein. Pro Kopf der Bevölkerung wurden in den letzten Jahren ungefähr gleich viele — wenn auch im Durchschnitt wesentlich kleinere — Neuwohnungen erstellt wie in den westlichen Industriestaaten. Dass in der Sowjetunion aber trotzdem immer noch ein gewaltiger Nachholbedarf besteht, geht vor allem auf die folgenden Gründe zurück: auf die fast totale Vernachlässigung des Wohnungsbaus während der Stalin-Aera, die schweren Verwüstungen des Zweiten Weltkrieges sowie die massive Abwanderung der Landbevölkerung in die Städte. Laut einem sowjetischen Experten vergrössert sich beim gegenwärtigen Bautempo die pro Kopf der Bevölkerung zur Verfügung stehende Wohnfläche alle fünf Jahre um einen Quadratmeter. Wenn diese Rechnung stimmt, dürfte die vom Gesetz vorgesehene Durchschnittsnorm von 9 m^2 ungefähr im Jahre 1983 erreicht sein.

Trotz dieser allmählichen Verbesserung lässt der sowjetische Wohnkomfort — verglichen jedenfalls mit westlichen Verhältnissen — noch sehr viel zu wünschen übrig. Nach offiziellen Angaben verfügten 1975 erst 82 Prozent aller städtischen Wohnhäuser über fliessendes Wasser und 62 Prozent über eine Bade- oder Duschgelegenheit. Ueber die endemischen qualitativen Baumängel der in ihrer Monotonie wenig einladenden Wohnblocks wird auch in der hiesigen Presse ständige Klage geführt.

Billige Mieten

Mit berechtigtem Stolz verweisen dagegen die Systemverfechter auf die billigen Mieten, die zu den niedrigsten der Welt zählen dürften. Die Wohnungsmieten waren 1921 überhaupt abgeschafft worden, wurden indessen fünf Jahre später wieder eingeführt. Die Ansätze sind seit 1928 unverändert geblieben und belaufen sich heute auf ungefähr vier Prozent eines durchschnittlichen Familieneinkommens (zu dem in der Regel mindestens zwei Verdiener beitragen). Diese ausserordentlich günstigen Preise gelten aber nur für Staats- und Betriebswohnungen.

Seit 1962 existiert in der Sowjetunion noch eine weitere Variante der Wohnungsbeschaffung: der Genossenschaftsbau. Mitglieder eines Betriebes oder Instituts können gemeinsam eine Baugenossenschaft gründen (ausserbetriebliche, «private» Genossenschaftsinitiativen sind nicht erlaubt). Ist die Gründung von den Behörden genehmigt — auch da müssen wieder hochkomplizierte Zulassungsnormen und Warteprioritäten berücksichtigt werden —, stellt der Staat kostenlos ein Grundstück zur Verfügung. Die Genossenschaftsmitglieder müssen vor Baubeginn vierzig Prozent der Baukosten auf den Tisch legen. Für eine Einzimmerwohnung sind das heute in Moskau zwischen 2500 und 3500 Rubel, für eine Dreizimmerwohnung um die 6000 Rubel. Die restlichen sechzig Prozent gibt der Staat auf Kredit, der innerhalb von fünfzehn Jahren mit einem halben Prozent Zins zurückerstattet werden muss. Die monatliche Amortisation für eine Zweizimmerwohnung dürfte zwischen 40 und 50 Rubel ausmachen — rund ein Drittel eines monatlichen Durchschnittslohns. Wegen dieses für sowjetische Verhältnisse sehr bedeutenden finanziellen Aufwandes kommen für Kooperativwohnungen hauptsächlich Vertreter der oberen Gesellschaftsschichten in Frage: Wissenschafter, Regierungsbeamte, mittlere Parteikader, Künstler usw. (führende Funktionäre wohnen in der Regel in angemessenen Staatswohnungen). Genossenschaftswohnungen können — zum ursprünglichen Preis — wieder verkauft werden. Wegen des enormen Nachfrageüberhangs zahlt der Käufer sehr oft unter der Hand noch einen beträchtlichen Zuschlag.

Apropos Schwarzpreise: dazu gehören nicht zuletzt auch die gerade in Moskau häufigen — nicht registrierten — Untervermietungen von Einzelzimmern. Hier gilt uneingeschränkt das rauhe Marktgesetz von Angebot und Nachfrage. So zahlt beispielsweise ein Moskauer Bekannter für ein Zimmer in einer Kommunalwohnung seiner Untervermieterin nicht weniger als 40 Rubel im Monat — genau ein Drittel seines Gehalts.

Genossenschaftswohnung und Datscha

Rund 70 Prozent des sowjetischen Wohnungsbaus wird vom Staat oder von den Betrieben bestritten. Der Rest entfällt auf den Genossenschafts- und privaten Wohnungsbau. Der prozentuale Anteil der Genossenschaftswohnungen (heute sechs bis sieben Prozent) entwickelt sich — nach einer sprunghaften Entfaltung in den sechziger Jahren — neuerdings eher rückläufig. In Moskau sollen wegen der für die Olympischen Spiele benötigten Baukapazität zurzeit überhaupt keine Bewilligungen für Genossenschaftsobjekte mehr erteilt werden.

Nur auf dem Lande und in Kleinstädten erlaubt ist der Bau von privaten Eigenheimen. Es handelt sich vor allem um kleine Einfamilienhäuschen, die die Kolchos- oder Sowchosbauern meist mit eigenen Händen errichten. Auch bei diesem Wohnungsbeschaffungsverfahren sind offizielle Flächennormen zu beobachten. Der Staat stellt wiederum den Boden zur Verfügung und gewährt Baudarlehen, deren Höchstgrenze kürzlich auf 1500 Rubel (ca. 5000 Franken) erweitert wurde. Schon dieser Kreditrahmen deutet an, dass es sich bei diesen Eigenheimen um höchst bescheidene Behausungen handelt. Fliessendes Wasser oder Gaszufuhr ist auf dem Lande immer noch ein Luxus. Dennoch schätzen offenbar die sowjetischen Dorfbewohner ein noch so einfaches Hüttchen weit höher ein als die sanitären Bequemlichkeiten einer modernen Blockwohnung. Bei einer entsprechenden Umfrage eines wissenschaftlichen Instituts gaben über 70 Prozent der befragten Landbewohner der einfachen «Datscha»-Variante gegenüber der angebotenen «komfortablen Wohnung in einem Mehrfamilienhaus» den Vorzug.

«Das Trinken ist Russlands Freude»

Zu den Merkwürdigkeiten, die dem Schreibenden zu Beginn seiner Moskauer Tätigkeit ins Auge stachen, zählte die sowjetische Flaschenverschlusstechnik. Wodka-, Wein- oder Cognacflaschen sind hier meist nur mit einfachen Blech- oder Plasticdeckeln versehen, und zwar dergestalt, dass sie sich, einmal geöffnet, kaum mehr zuverlässig verschliessen lassen. Als ich einen Einheimischen auf die vermeintliche Problematik dieser Einrichtung aufmerksam machte, meinte er lakonisch und wohl ein wenig verwundert über die naiven Sorgen des Fremdlings: «In Russland werden offene Flaschen nie mehr verschlossen!»

«Spitzenleistung»

Die Erfahrungen mit den hiesigen Trinksitten haben diesen ehernen Grundsatz durchaus bestätigt. Beim Durstlöschen wird Mässigkeit – ohnehin kein hervorstechender Zug des russischen Charakters – im Lande des Wodkas selten geübt. In bezug auf geistige Flüssigkeiten ist man weniger auf feinschmeckerische Qualität erpicht, sondern vor allem auf hochgradige Quantität. Absolut gesehen mögen Franzosen und Italiener zwar nicht weniger Alkoholika konsumieren, bei den «harten» Wassern indessen halten die Sowjetbürger, wie die «Literaturnaja Gaseta» bedauernd konstatierte, unangefochten die Spitze. Ein amerikanischer Experte hat auf Grund sowjetischer Statistikhinweise ausgerechnet, dass in der UdSSR pro Kopf doppelt so viele scharfe Spirituosen (Getränke mit 40 und mehr Prozent Alkoholgehalt) in die Kehle rinnen als in den USA oder in der Bundesrepublik. Insbesondere die Russen, Weissrussen, Ukrainer und Balten zeichnen sich im moskowitischen Vielvölkerstaat durch intensive Durstigkeit aus.

Die Beliebtheit des Wodkas und anderer konzentrierter Flüssigkeiten dürfte nicht zuletzt auf die sehr spezifischen Ziele zurückzuführen sein, die viele Russen mit dem Alkoholgenuss verbinden. Die Vorstellung, dass man zur Flasche greift, bloss um sich bescheiden ein Gläschen oder zwei zu genehmigen, würde hier weitherum auf kopfschüttelndes Unverständnis stossen. Die schon zu Beginn der Prozedur feststehende Absicht ist es vielmehr, sich schlicht und möglichst ohne Umschweife zu besaufen. Mehr als anderswo scheint unter den Sowjetleuten der Rausch ein Wert an sich zu sein. Das geht auch aus einer vor etlichen Jahren durchgeführten Umfrage über die Motive des Trinkens hervor. Unter dreizehn möglichen Antworten kreuzten die Befragten am häufigsten (38 Prozent) den folgenden Punkt an: «Wollte mich betrinken und habe es geschafft.» Ein seit längerer Zeit in Moskau ansässiger Ausländer erzählte uns, seine russischen Freunde wüssten es aus diesem Grunde ganz besonders zu schätzen, wenn er sie mit reinem (Import-)Alkohol bediene. Bezeichnenderweise ist reiner Sprit in der Sowjetunion nur gegen Rezept erhältlich.

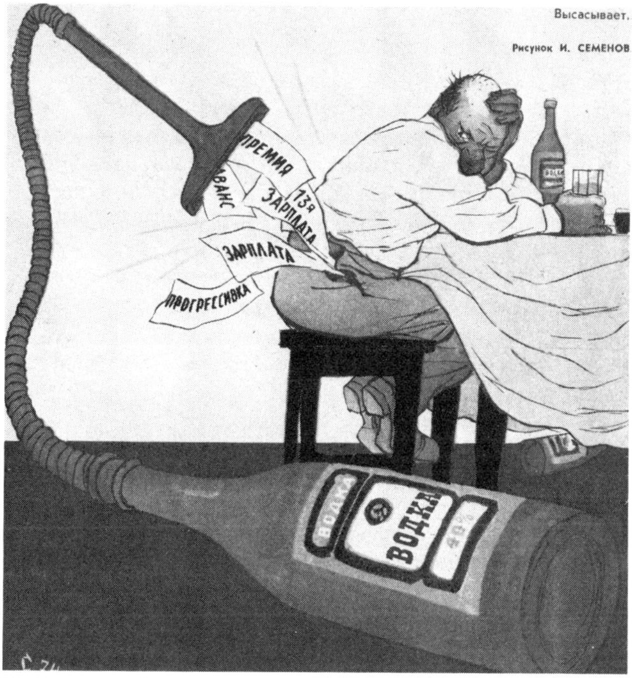

Karikatur aus der satirischen Zeitschrift «Krokodol». Der Wodka zieht dem Trinkfreudigen das Geld aus der Tasche.

Ein Sowjetsoldat mit Flaschen hochprozentigen Inhalts.

Schmiermittel

Weil Wodka für den hiesigen Durchschnittsverdiener mittlerweile teuer geworden und ausserdem nicht immer leicht zu bekommen ist, gilt er als eines der populärsten und wirksamsten Schmiermittel. Wer genügend Flaschen im Schrank hat, kann sich damit auf dem sonst ausgesprochen steinigen Dienstleistungsacker mühelos viele nützliche Verbindungen schaffen. Ist der Rubel rar, aber der Durst gross und drängend, so hilft das berühmte russische Troika-System: Der Trinklustige tut sich zwecks Kostenteilung mit zwei gleichgesinnten Genossen zusammen, die sich in der Nähe eines Spirituosenladens in der Regel unschwer finden lassen. Die mit vereinten Finanzen erstandene vierzigprozentige Halbliterflasche (die billigste Wodka-Sorte kostet heute 3.62 Rubel — der Durchschnittslohn liegt bei 145 Rubeln monatlich) wird dann in irgendeiner stillen Ecke brüderlich geteilt.

Das Ausmass des sowjetischen Alkoholismus und dessen Folgen lassen die offiziellen Auskünfte einigermassen erahnen. Nach Angaben der Zeitschrift «Molodoi Kommunist» werden 55 bis 60 Prozent aller Unfälle mit tödlichem Ausgang durch Trunkenheit verursacht, ebenso werden mehr als die Hälfte aller Morde unter Alkoholeinfluss begangen (über die absoluten Zahlen schweigt die offizielle Statistik). Eine Untersuchung im Orlowsker Oblast ergab, dass 71,4 Prozent aller von Frauen eingereichten Scheidungsanträge durch Trunkenheit des Mannes motiviert waren. Immer wieder weist die Sowjetpresse auf die ungeheuren volkswirtschaftlichen Schäden des Alkoholismus hin. Laut der erwähnten Zeitschrift könnte durch die Beseitigung dieses Lasters die Arbeitsproduktivität im ganzen Lande um zehn Prozent gesteigert werden. Allein in Georgien gingen 1972 1,6 Millionen Arbeitstage wegen Trunkenheit verloren. Aber auch unter der nachrückenden Generation stehen geistige Getränke offensichtlich hoch im Kurs: Nach «Molodoi Kommunist» konsumieren 70 bis 95 Prozent aller sowjetischen Schüler und Schülerinnen Alkoholika. Auf dem Lande machen Kinder durchschnittlich bereits im Alter von 11,5 Jahren mit Spirituosen Bekanntschaft.

Fruchtlose Antialkohol-Kampagne

Dass die Behörden diese Zustände nicht auf die leichte Schulter nehmen, zeigen die ständigen Antialkohol-Kampagnen in den Massenmedien. Weil die beschwörenden Worte indessen wenig fruchteten, verordnete der sowjetische Ministerrat 1972 in einem speziellen Erlass eine Reihe energisch klingender Massnahmen: Bis 1975, hiess es da, müsse die Produktion von Wodka und anderen «harten» Getränken eingeschränkt werden. Reduziert wurde weiter die Zahl der Alkoholverkaufsstellen; in der Nähe von Schulen und Betrieben wurde der Verkauf hochprozentiger Getränke überhaupt untersagt. Im Einzelhandel dürfen Wodka und Cognac nur noch zwischen elf Uhr vormittags und sieben Uhr abends abgegeben werden. Die Produktion von Wodka-Sorten mit 50- und 56prozentigem Alkoholgehalt ist eingestellt worden. Besonders hart erscheint die folgende Bestimmung des Regierungsdekrets: Wer künftig an den Folgen von Trunksucht erkrankt, erhält keine Krankenscheine mehr für die kostenlose medizinische Behandlung; auch durch Alkohol verursachte Arbeitsausfälle werden nicht mehr entschädigt. Bereits zwei Jahre zuvor waren ausserdem die Preise für schwere Spirituosen teilweise massiv erhöht worden. Schon seit längerer Zeit sieht das sowjetische Gesetz die Zwangsbehandlung von chronischen Trinkern während ein bis zwei Jahren vor. Betrunkene, von den Hütern der Ordnung auf frischer Tat ertappt, werden in spezielle Ausnüchterungszellen abgeschleppt, die in Moskau in jedem Bezirk existieren. Preis pro Nacht inklusive Ernüchterungsdusche: zehn Rubel.

Der Erfolg all dieser Massnahmen hat sich bisher als höchst bescheiden erwiesen. Zwar ist die Zahl der Alkoholverkaufsstellen nach offiziellen Angaben um rund 15 Prozent reduziert worden, und da und dort mögen besonders krasse Auswüchse des Lasters eingedämmt worden sein. Aber die Sowjetmenschen trinken im allgemeinen keineswegs weniger. Die «Literaturnaja Gaseta» hat auf Grund amtlicher Verkaufszahlen nachgerechnet, dass der Alkoholkonsum zwischen 1940 und 1973 in absoluten Mengen um nicht weniger als 534 Prozent angestiegen ist. Nicht berücksichtigt ist dabei die Produktion der trotz rigorosen Strafandrohungen — Freiheitsentzug bis zu drei Jahren und Einziehung des Vermögens — weit verbreiteten Eigenbrennerei (Samogon), mit der das staatliche Alkoholmonopol erfolgreich unterlaufen wird. Hauptsächlich auf dem Lande, aber selbst in den engen Stadtwohnungen scheint das freie Unternehmertum in Sachen Alkoholversorgung bestens zu funktionieren. Nach privaten Schätzungen — die freilich auf recht vagen Grundlagen fussen — fliesst rund die Hälfte des sowjetischen Wodka-Konsums aus den verbotenen Schwarzbrennereien. Ueber die durchschnittlichen Alkoholausgaben der Sowjetleute weisen selbst die offiziellen Statistiken eindrucksvolle Zahlen aus: Rund 14,5 Prozent oder 40.6 Rubel werden monatlich von einem mittleren Familienbudget (zu dem in der Regel mindestens zwei Lohnverdiener beitragen) für geistige Getränke abgezweigt. Ein bekenntnisfreudiger Bürger gestand vor einiger Zeit in einem Leserbrief, dass in seiner Familie mit insgesamt vier Werktätigen von den monatlich zur Verfügung stehenden 510 Rubeln nicht weniger als ein Drittel in Wodka umgesetzt werde.

Verschleierte Zusammenhänge

Diese Hemmungslosigkeit verträgt sich schlecht mit der Theorie vom tugendhaften «neuen Menschen», wie er in der kommunistischen Gesellschaft auf Grund des kollektiven Eigentums gesetzmässig heranwachsen soll. Die Verlegenheit der Ideologen ob dieses Widerspruchs zwischen Prognose und Wirklichkeit beeinträchtigt immer noch bis zu einem gewissen Grad die öffentliche Debatte über das Alkoholismusproblem. Im Rahmen der fast permanenten Pressekampagne wider die Trunksucht wird über die alarmierende Aktualität dieses Lasters und dessen schwerwiegende Folgen zwar meist recht ungeschminkt berichtet, aber eine offene Diskussion über die tieferen Ursachen findet kaum statt. Es bleibt bei der Erörterung von Vorschlägen zur Symptombekämpfung. Immerhin lässt sich daraus zumindest indirekt der Schluss ziehen, dass zwischen dem übermässigen Alkoholgenuss und den sozialen Lebensbedingungen ein gewisser Zusammenhang bestehen muss. Und wenn ein hoher Vertreter des sowjetischen Gesundheitsministeriums den Alkoholismus als «psychologisches Doping» charakterisiert, dessen man sich bediene, um aus dem «gewöhnlichen Zustand auszusteigen und in eine vorübergehende Fröhlichkeit zu flüchten», so drängt sich angesichts der Massenhaftigkeit dieses Vorganges die logische Erkenntnis auf, dass offensichtlich auch in der dem Kommunismus entgegenschreitenden Gesellschaft die menschlichen Frustrationen vorläufig nicht geringer geworden sind.

Die in der Presse vorgebrachten Ratschläge zur Bekämpfung der «grünen Schlange», wie der Alkoholismus im russischen Volksmund heisst, reichen von subtilen pädagogischen Rezepten bis zur drakonischen Rosskur. Häufig wird die Unfähigkeit beklagt, die wachsende Freizeit sinnvoll zu gestalten. Zwar fehlt es nicht an Bibliotheken, Klubs, Sport- und Bildungseinrichtungen, aber das Angebot ist oft reichlich fade und zu wenig differenziert, um gerade die Jugend von feuchtfröhlichen Vergnügungen abzuhalten. Ins gleiche Kapitel gehören die immer wieder laut werdenden Beschwerden über den fast totalen Mangel an gemütlichen Cafés oder Kneipen, die sich nach Meinung verschiedener Experten mässigend auf den Alkoholkonsum auswirken würden, weil sich da Missbräuche eher verhindern liessen als bei den hastigen Saufereien in den Hinterhöfen, bei denen es nur darum geht, den vorhandenen Sprit möglichst schnell in die Kehle zu schütten. Gelegentlich wird in den Leserbriefen auch die Einführung eines umfassenden Alkoholverbots, das sogenannte «Trockengesetz», angeregt. Offizielle Sprecher lehnen indessen diese Idee ab und verweisen auf die unbefriedigenden Erfahrungen, die namentlich in den USA mit der Prohibitions-Therapie gemacht worden sind. Kritische Gemüter freilich meinen, die Obrigkeit habe letzten Endes nur ein halbes Interesse daran, ihre Bürger zur Nüchternheit zu erziehen, da deren Durstigkeit für den Fiskus eine höchst lukrative Einnahmequelle darstelle. Tatsächlich dürfte die Staatskasse an jeder Wodka-Flasche einige hundert Prozent des Herstellungspreises verdienen. Dabei kann man sich aber fragen, ob die vom Alkoholismus verursachten wirtschaftlichen und sozialen Schäden diese horrenden Gewinne nicht illusorisch machen.

Schon unter den Zaren

Die Lust an geistigen Säften ist indessen keine spezifisch sowjetische Erscheinung. Schon in den feudalen Zeiten berichteten die Chronisten von der Macht des alkoholischen «Wassers» (Wodka, in liebevoller Verkleinerung auch «Wodotschka» — Wässerchen — genannt) in diesem Land. Ein slawophiler Kroate, Juri Kishanitsch, der im 17. Jahrhundert das russische Volk in idealistischer Begeisterung zu welthistorischen Missionen erwecken wollte, schrieb nach seinem ersten Besuch in Moskau enttäuscht, nirgends sei eine so gemeine und schreckliche Trunksucht zu finden wie im Zarenreich. Und der französische Edelmann Marquis de Custine stiess bei seinen russischen Reisen häufig auf die von Wladimir dem Heiligen vor 1000 Jahren geprägte Weisheit: «Das Trinken ist Russlands Freude, wir können es nicht lassen!» Im Jahre 1865 flossen der zaristischen Staatskasse aus dem traditionellen Schnapsverkaufsmonopol nicht weniger als 38 Prozent der gesamten Einnahmen zu! Trotz der offiziellen Nüchternheitsmoral dürfte seither die allgemeine Volksmeinung in ihrer heiter-verständnisvollen Toleranz gegenüber diesem alkoholischen Erzübel kaum ernsthaft erschüttert worden sein. Sogar manch strammer Funktionär ist nach einigen hochprozentigen Runden durchaus bereit, in metaphysisch angehauchte Schwärmereien über die einheimischen Trinksitten zu verfallen und sie als ein besonderes Gütezeichen der legendären russischen Seele zu lobpreisen. Resigniert seufzte denn auch ein Arzt in der «Literaturzeitung», es sei schwer, sich von Traditionen zu befreien, die sich während Jahrhunderten im Volke eingenistet hätten.

Immerhin bereitet es da einen gewissen Trost, dass die Sowjetgesellschaft mit einer verwandten sozialen Seuche besser zu Rande kommt als die kapitalistischen Konkurrenten: dem Drogenproblem. «Wir haben nur ganz wenige Narkomane», wird in der hiesigen Presse beteuert, und obwohl diese Behauptung nicht über jeden Zweifel erhaben ist, dürfte sie zumindest im relativen Vergleich richtig sein. Dem autoritär-zentralistischen Sowjetregime fällt es grundsätzlich zweifellos leichter, die Drogenverbreitung im Griff zu halten als den permissiven Gesellschaften des Westens. Dennoch ist das Problem nicht inexistent, und wer sich in Moskau etwas näher auskennt, weiss, dass es auch da eine Art Drogenuntergrund gibt. Das lange Zeit in der Presse weitgehend tabuisierte Thema wird neuerdings mit vermehrter Offenheit diskutiert. Vor kurzem hiess es dazu in einem wiederum von der «Literaturnaja Gaseta» veröffentlichten Artikel, es sei angesichts der gefährlichen Neugierde, die vor allem junge Leute der westlichen Drogenmode entgegenbrächten, dringend notwendig, auch in der Sowjetunion «Alarm zu schlagen» und durch intensive Aufklärung sowie noch schärfere Kontrollen der Ausbreitung dieses Lasters einen eisernen Riegel vorzuschieben.

Schwitzfreuden in der russischen «Banja»

Was dem Finnen seine Sauna, ist dem Russen seine Banja. Bei beiden Einrichtungen ist das Prinzip das gleiche: Es geht zwecks Körperpflege ums Schwitzen durch hochgradige Hitzerzeugung, wobei die Liebhaber des finnischen Systems mehr auf trockene Wärme spezialisiert sind, während in den russischen Banjas eher feuchte Dämpfe bevorzugt werden. Die russische Banja hat indessen nichts mit modernen Importmoden zu tun, sie ist eine durchaus autochtone und — wie die «Grosse Sowjetenzyklopädie» betont — aus «uralten Zeiten» überlieferte Erscheinung.

Um sich eine Vorstellung von der Popularität des Banja-Prinzips machen zu können, muss man an einem Wintermorgen eines der grossen Moskauer Bäder besuchen. Auf Vorschlag eines Bekannten, der sich selbst als erfahrener Banja-Spezialist bezeichnet, entschieden wir uns für das im Zentrum gelegene Sundonowski-Etablissement. Der Name dieser eindrucksvollen Anlage geht auf dessen Erbauer zurück, der im 19. Jahrhundert lebte und offenbar einen gewissen Luxus liebte. Sein Werk zeichnet sich aber auch durch solide Dauerhaftigkeit aus, denn trotz seinem ehrwürdigen Alter erfüllt es praktisch unverändert — wenn auch an einigen Stellen schon etwas angeschlagen — seinen Zweck. Wie zu Sundonowskis Zeiten gibt es in dem langgestreckten klassizistischen Bäderhaus drei separate Bereiche: eine erste und zweite Klasse für Männer sowie eine Frauenabteilung.

Schwieriger Umgang zum Luxusabteil

Die Banja öffnet ihre Pforten morgens um acht Uhr. Wer indessen einen sicheren Platz in der «Morgenschicht» ergattern will, muss schon um einiges früher aus den Federn. Als wir um halb acht Uhr ankommen, stauen sich auf der Strasse vor den beiden Männerabteilungen bereits beachtliche Schlangen. Es ist noch dunkel und bitter kalt. In einer Ecke werden Birken- und Eichenlaubreisige feilgeboten. Das Gespräch unter den unruhig stampfenden Wartenden dreht sich in erster Linie um die Aussichten, noch mit dem ersten Schub ins Bad zu gelangen. In beiden Abteilungen ist nämlich nur für ungefähr 100 Personen Platz. Sobald das Kontingent ausverkauft ist, werden an der Kasse resolut die Gardinen zugezogen, was für die Zukurzgekommenen bedeutet, dass sie sich auf ein neues Warteabenteuer von höchst ungewisser Dauer einzurichten haben.

Endlich öffnen sich die Türen. Drängend und stossend wälzt sich die Menge der Schwitzlustigen ins Innere. Wir haben Glück: Mit knapper Not reicht es noch zu einem Billett für die erste Schicht in der Luxus-Abteilung. Ueber eine marmorne Rundtreppe gelangen wir in den ersten Stock, wo sich die eigentlichen Bäder befinden. Dort türmen sich indessen neue Probleme. Unten an der

Kasse hatte man offenbar zu viele Karten ausgegeben, was die beleibte Wächterin in der oberen Etage zu einer geharnischten Schimpftirade animiert. Die schüchterne Bitte der unglücklichen Ueberzähligen, für einmal ein Auge zuzudrücken und uns doch noch einzulassen, stösst bei dem gestrengen Cerberus zunächst auf schroffe Ablehnung. Das komme überhaupt nicht in Frage, bevor drinnen neue Plätze frei würden. Wir sollten uns eben ein oder zwei Stunden gedulden. Auf diesen deprimierenden Bescheid reagieren die wartenden Männer nur mit verhaltenem Murren, jedem scheint bewusst, dass angesichts der Machtverhältnisse kräftigere Proteste die missliche Lage nur noch verschlimmern würden. Es bleibt vorerst nichts anderes übrig, als sich einer näheren Betrachtung der üppigen Wand- und Deckenstukkaturen dieses aristokratischen Hauses hinzugeben, das zur Zeit des Ancien régime ein beliebter Treffpunkt der feinen Moskauer Gesellschaft gewesen sein soll.

Mittlerweile aber hat mein Begleiter doch noch ein Schlupfloch organisiert. Nach einem flüsternden Gespräch mit der vermeintlich so unerbittlichen Kontrolleurin, die sich darauf kurz mit einem der im Hintergrund tätigen Aufseher berät, werden wir beide plötzlich eingelassen. Die im Flüsterton vorgebrachte Erläuterung, dass man einen Ausländer unmöglich so lange warten lassen könne, hat Wunder gewirkt. Im Umkleideraum weist uns der Aufseher im weissen Kittel sogar eine der exklusiven, mit gelben Samtvorhängen versehenen Seitenkabinen zu. In dem grossen Raum, über dem sich eine prachtvolle Zierdecke aus dunklem Holz wölbt, ruhen auf den Polsterbänken in weisse Leintücher gehüllte Gestalten, die sich rauchend und biertrinkend von den Strapazen der Schwitzprozedur erholen.

Im «Fegefeuer»

Diese Prozedur beginnt im anschliessenden Wasch- und Massageabteil, einer weitläufigen Halle, in der sich aus zahlreichen Wasserhahnen und Duschvorrichtungen unaufhörliche Ströme kalten und warmen Wassers auf die steinernen Fliesen ergiessen. Ein Heer nackter Gestalten jeglichen Kalibers tummelt sich auf oder neben den nierenförmigen Marmortischchen. Hier werden unter Zuhilfenahme von Seife, Bürsten und Bastfasern die Körper gegenseitig oder im Alleingang geschrubbt, geknetet, massiert und gespült.

Der eigentliche Schwitzraum ist wesentlich kleiner und erinnert beim ersten Anblick irgendwie an kindliche Vorstellungen vom Fegefeuer. Keuchend, stöhnend oder stumm vor sich hinleidend drängt sich da bei hochgradiger Hitze, die nur mühsam atmen lässt, eine schwitzende Versammlung. Obschon der Kreislauf durch die drückende Hitze schon arg belastet wird, schlagen die meisten mit den mitgebrachten Birkenruten wild auf sich ein, um den Schwitzprozess noch zu intensivieren. Erfahrene Banja-Besucher tragen zum Schutz des besonders hitzeempfindlichen Kopfes eine Filzkappe und schützen die Hände mit Handschuhen. Die Hitze produziert ein mächtiger Ofen, in dessen Gasflamme Ziegelsteine glühen. Von Zeit zu Zeit wird Wasser auf die Steine geschüttet, das sich sofort in Dampf verwandelt und die Temperatur spürbar nach oben treibt. Ueber die richtige Wärme und deren Feuchtigkeitsgehalt streiten sich die Experten unter den Schwitzenden ständig; was dem einen richtig erscheint, ist dem anderen zuviel oder zuwenig. Dem Neuling sind solche Details indessen ziemlich gleichgültig, nach wenigen Minuten schon beginnt für ihn die Sache ohnehin unerträglich zu werden, sein Ehrgeiz schwindet, und eilends verlässt er das mörderische Purgatorium. Nach einem neuen ausführlichen Duschprozess und einem kühlenden Bad im grossen Säulenbassin — eine Exklusivität des Sundonowski-Etablissements — ist die nächste Schwitzrunde fällig.

Gespräche bei Dünnbier

Den angenehmsten Teil des Banja-Rituals bilden ohne Zweifel die langen Erholungspausen im Umkleideraum. Den nach den Strapazen wohlig kribbelnden Körper in ein weisses Laken gehüllt, räkelt man sich auf den Bänken und bestellt beim Aufseher ein Bierchen, das dieser in eigener Regie und mit einer Gewinnmarge von mindestens hundert Prozent vertreibt. Da er uns einen Extraplatz verschafft hat, erhöht er natürlich auch seinen Bierpreis. Dafür bringt der Aufseher eigenhändig Aschenbecher herbei, und man darf ungestört rauchen, obwohl an den Wänden grosse Schilder angebracht sind, die das ausdrücklich untersagen. Da und dort werden auch geräucherter Fisch und Brot ausgepackt. Entspannt sitzt man nach dem verbindenden Schwitzerlebnis zusammen, trinkt oder raucht geniesserisch und plaudert angeregt über Gott und die Welt.

Auch in unserer Kabine, in der sich zwei gesprächige Banja-Veteranen niedergelassen haben, kommt die Unterhaltung rasch in Schwung. Zuerst wird über die Vorteile der kleinen Banjas in den Dörfern diskutiert. Dort würden die Oefen noch mit Holz geheizt, und entsprechend angenehmer sei das Schwitzen, schwärmt der eine, ausserdem sei man in den Dorf-Banjas ganz unter sich und könne daher auch einen «anständigen Tropfen» — gemeint sind offenbar härtere Wasser als das hier allein erhältlich Dünnbier — genehmigen. Diese letztere Bemerkung veranlasst meinen Nachbarn zu einem ausführlichen Exkurs über die Qualität der sowjetischen Weine. Insbesondere will er von einer speziellen Sorte aus der Moldauischen Republik wissen, die ausschliesslich für die Kreml-Kellereien bestimmt sei. Demgegenüber trumpft ein anderer mit der Behauptung auf, ein Freund aus der Krim habe ihm unlängst einen Muskatwein serviert, zu dessen Abnehmern sogar das englische Königshaus zähle. Nach Abhandlung zahlreicher weiterer Themen wendet sich das Gespräch später unvermeidlicherweise der mysteriösen Bombenexplosion in der Moskauer Metro zu, wobei es kaum noch überrascht, dass auch in dieser Runde die nach wie vor undurchsichtige Geschichte durch neue Gerüchtedetails und Kombinationsvarianten angereichert wird.

Mit einem angenehmen Gefühl unter der Haut verlassen wir gegen Mittag die Banja. Beim Eingang stauen sich wieder neue Wartende. Einmal mehr kann man sich darüber wundern, wie viele Leute in Moskau an einem gewöhnlichen Werktag Zeit für private Vergnügungen übrig haben.

Erlebnisse im Kaufhaus «Gum»

Soweit es auf die äusserlichen Merkmale ankommt, weihnachtet es zurzeit in Moskau sehr. «Väterchen Frost», die weissbärtige Symbolgestalt des russischen Winters, hat jetzt mit starker Hand das Regiment übernommen. Eine weiche trockene Schneedecke hat sich auf die Hauptstadt des Sowjetreiches gelegt, das Thermometer bewegt sich bereits gegen minus zwanzig Grad zu, und den tiefvermummten Passanten wehen eisige Winde in die geröteten Gesichter. Es ist auch hier die hohe Zeit des Tannenbaums. Auf den öffentlichen Plätzen prangen mächtige, buntgeschmückte Exemplare dieses festtäglichen Nadelträgers, und es dürfte sich kaum eine Behausung finden lassen, in der in diesen Tagen nicht ein Tannenbäumchen mit elektrisch gespeisten Kerzen leuchtet.

Freilich ist es nicht das christliche Weihnachtsfest, dem der dekorative Aufwand gilt — das russisch-orthodoxe Weihnachtsfest findet erst im Januar statt —, sondern das in unmittelbare Sichtweite gerückte Neujahr. Neben dem 7. November (Revolutionstag) und dem 1. Mai gilt die Neujahrsnacht als die gewichtigste Feier im sowjetischen Kalender. Entsprechend hoch sind denn auch die quantitativen und qualitativen Anforderungen, die der Bürger an das traditionelle Silvestergelage stellt. Bis allerdings die verschiedenen «Sakusskis» (kalte Platten) oder der Entenbraten, die geistige Tranksame und insbesondere der «Schampanskoje» für die Mitternachtsstunde auf dem Tisch stehen, muss ein hiesiger Gastgeber, sofern er nicht zu den Spezialprivilegierten gehört, geradezu herkulische Beschaffungsleistungen erbringen, wobei solche ebenso zeit- wie nervenaufreibende Anstrengungen durchaus nicht immer mit einem Erfolgserlebnis belohnt werden.

Festtäglicher Konsumrummel

Anschauliche Einblicke in die Tücken und Eigenheiten des sowjetischen Konsumsystems vermittelt ein längerer Bummel durch das staatliche Warenhaus «Gum» am Roten Platz. Schon am frühen Nachmittag ist der festtägliche Einkaufsrummel in vollem Gang. Dichtgedrängte Menschenmengen wälzen sich durch die langen Gangschluchten dieses um die Jahrhundertwende entstandenen Gebäudes, das mit seinem hohen Glasdach und den offenen Querbrücken, die die oberen Galerien verbinden, eine pittoreske Kreuzung zwischen Jugendstilbahnhof und Barockkirche darstellt. Der intensivste Käuferansturm herrscht in der Lebensmittelabteilung, deren Angebot ein Westeuropäer — dem laut Sowjetpresse die Wirtschaftskrise bereits über den Hals hinaufreicht — beim besten Willen nicht anders als bescheiden einschätzen kann. Selbst in der Brotabteilung und bei den Milchprodukten haben sich dreissig- bis fünfzigköpfige Schlangen gebildet. Noch langwieriger gestaltet sich der Zugang zu den in Anbetracht der bevorstehenden Festtage besonders begehrten

Spirituosen. Allerdings winkt da eine exquisite Rarität: es wird Wodka mit dem Export-Gütezeichen angeboten.

Immerhin trifft man im «Gum» ausserhalb der kulinarischen Zone auch auf vergleichsweise ruhigere Ecken, wo sich die Auslagen einigermassen beschaulich überprüfen lassen. Dabei entdeckt man gelegentlich sogar Dinge, die man hier nicht unbedingt vermuten würde oder die bisher zu den chronischen Defizitposten zählten, nun aber offenbar problemlos und ohne langes Warten zu bekommen sind. Das Manko an Damenstrümpfen oder an Reissverschlüssen scheint gegenwärtig weitgehend behoben. Selbst importierte Perücken aus der Bundesrepublik sind zu haben, wenn auch nicht in überwältigender Auswahl und zu recht gesalzenen Preisen (hundert Rubel, was ungefähr dem Monatslohn einer Verkäuferin entspricht). Des weiteren fallen moderne elektrische Lockenwickler-Garnituren ins Auge sowie ein vielfältiges Angebot an ebenso bequemen wie modischen Sport- und Reisetaschen.

Wählerische Kundschaft

Bei andern Artikeln, deren Bedarf angesichts der Jahreszeit besonders dringlich erscheint, wiederum hinkt der staatliche Nachschub bei weitem hinter der Nachfrage her: Vor der Abteilung für Damenmäntel und hohe Lederstiefel stauen sich erneut endlose Warteschlangen, die sich zudem derart langsam bewegen, dass es zweifelhaft erscheint, ob die hinteren Glieder überhaupt eine reelle Chance haben, bis zum Ladenschluss noch bedient zu werden.

Obschon die sowjetischen Konsumenten sich bei diesen komplizierten Einkaufsprozeduren im allgemeinen durch bewundernswerte Geduld auszeichnen, sind sie, jedenfalls in Moskau, recht wählerisch geworden. Man gibt sich längst nicht mehr mit allem zufrieden, was der Produktionssektor feilzubieten beliebt. Das beweist ein Augenschein in der Hutabteilung, wo sich vor den Pelzmützen — den berühmten russischen «Schapkas» — weit über hundert Interessenten angesammelt haben. Unmittelbar daneben werden die gleichen Modelle angeboten, aber in Kunstpelz-Ausführung.

Für diese billigere und weniger feine Variante vermag sich indessen kein einziger Käufer zu erwärmen. Der qualitäts- und statusbewusste Sowjetbürger hält es heutzutage offenbar für unter seiner Würde, ohne echten Pelz auf den winterlichen Strassen zu promenieren. Aehnlich liegen die Dinge bei den Regenschirmen. Oft ist in der Sowjetpresse über den Mangel an diesen nützlichen Attributen lamentiert worden, im «Gum» aber stehen sie — zurzeit wenigstens — massenhaft und weitgehend ungefragt herum. Grund: Der Konsument will jetzt keinen gewöhnlichen Regenschirm mehr haben, er strebt nach Höherem, nämlich nach dem zusammenklappbaren, handlichen Knirps-Modell japanischer Herkunft — das sich nur in Glücksfällen auftreiben lässt.

Das Geheimnis der Schlange

Importartikel verbreiten hierzulande übrigens eine geradezu mythische Anziehungskraft. Vor einem bisher nur wenig frequentierten Ladentisch im Parterre des Warenhauses bildet sich plötzlich ein Auflauf, der sich in wenigen Minuten zu einer gewaltigen Schlange ausweitet. Neugierig geworden, schliesse ich mich an. Eine alte Frau fragt, was es denn da vorne zu kaufen gebe. «Herrenhemden», gibt man ihr zur Auskunft. «Sowjetische?», fragt die Frau sofort zurück. Man zuckt unbestimmt die Schultern. Nur ein Jüngling sagt, er habe gehört, es

Blick ins Moskauer Kaufhaus «Gum».

seien deutsche Hemden angekommen. Genau scheint aber auch er nicht im Bilde zu sein. Um die Sache endlich aufzuklären, zwänge ich mich neben der Schlange nach vorn. Es stellt sich heraus, dass nicht deutsche, sondern bulgarische Hemden eingetroffen sind. Einige Wartende, die das ebenfalls realisiert haben, machen sich nun enttäuscht davon. Sie hatten auf «westliche» Ware aus der Bundesrepublik gehofft. Andere trösten sich: die Bulgaren machten «ganz anständige» Hemden, sie seien jedenfalls besser als «die unseren», die offensichtlich nicht sehr hoch im Kurs stehen.

Viele Sowjetmenschen scheinen überzeugt vom Prinzip, dass es sich grundsätzlich immer lohnt, sich einer Käuferschlange anzuschliessen. Dabei könnte ja, so wird kalkuliert, ein unverhoffter Fang ins stets präsente Einkaufsnetz geraten. Diese Mentalität kann sogar zu höchst merkwürdigen Konstellationen führen: beim Verlassen des «Gum»-Kaufhauses stossen wir auf die eindeutig längste Schlange unseres gesamten Rundganges, sie zieht sich von der Eingangstüre über mehrere Treppen hinweg bis zur Galerie im ersten Stock. Offenbar ist da ein ungewöhnlich exklusiver Handel im Gange. Aber unsere diesbezüglichen Nachforschungen an der Spitze der langen Menschenreihe bleiben erfolglos: hier wird überhaupt nichts verkauft, und keiner der Wartenden ist in der Lage, Auskunft zu geben, was denn eigentlich vor sich gehe. Jeder der stumm ausharrenden potentiellen Einkäufer aber scheint allein schon auf Grund der eindrucksvollen Schlangenlänge fraglos überzeugt, dass sich bestimmt noch ein lohnendes Konsumwunder abspielen werde. Kafka hätte die Szene nicht besser ausdenken können. Ein Moskauer Bekannter meinte später zu dieser seltsamen Geschichte, das seien natürlich naive Provinzler gewesen, die wir im «Gum» beobachtet hätten. Ein erfahrener Hauptstädter würde sich schwerlich in derart ungewisse Abenteuer hineintreiben lassen.

Russische Ostern

Wenn das Osterfest neben dem religiösen Sinn auch das Ende der strengen Winterszeit und das Wiederaufleben von Mensch und Natur markieren soll, so ist diese Zäsur hier in Moskau diesmal (1977) sehr eindrucksvoll ausgefallen. Nach endlosen dunklen Wintermonaten und wochenlangem feucht-grauem Tauwetter ist in der vergangenen Woche plötzlich der Frühling ausgebrochen. Auch wenn an den Bäumen noch kein einziges grünes Blatt zu entdecken ist und an einigen Ecken sich immer noch hartnäckig kleine schmutzige Schneereste behaupten — am Osterweekend (das die Ost- und Westkirchen in diesem Jahr ausnahmsweise am gleichen Datum feierten) liefen die meisten Moskauer wohl zum erstenmal wieder ohne Pelzmütze herum. Es wurde so mild und warm, dass jüngere Leute gar im blossen Hemd auf den Strassen flanierten und sich in den Parks bereits die ersten Liebespärchen auf den noch leblos-braunen Wiesen niederliessen. Aeltern Bürgern und insbesondere den stets um die allgemeine Gesundheit besorgten «Babuschkas» wollte so rasanter Fortschritt freilich nicht geheuer vorkommen. Durch ihr eigenes Beispiel und entsprechend missbilligende Blicke gaben sie der stürmischen Jugend zu verstehen, dass das bisschen Sonnenschein ihrer Meinung nach keineswegs einen plötzlichen Verzicht auf Mantel und Kopfbedeckung rechtfertige.

Kirchenbesuch unweit des Kreml

Die Mitternachtsmesse in der Nacht zum Ostersonntag gehört zu den höchsten Feiern der russisch-orthodoxen Kirche. Als wir um halb zwölf Uhr vor der nicht weit vom Kreml gelegenen Kirche mit dem schönen Namen «Freude aller Leidenden» ankamen, staute sich darum herum bereits eine dichte Menschenmenge. Unter den Wartenden bemerkte man auffallend viele Jugendliche. Es liess sich aber nicht genau ausmachen, ob sie sich in erster Linie aus religiösem Interesse, blosser Neugier oder gar in provokativer Absicht eingefunden hatten. Erfahrene Kenner der Szene meinen, bei so viel Publikum gebe es natürlich auch die verschiedenartigsten Motivierungen. Um die Eingangstüre hatten uniformierte Polizisten und freiwillige Parteihelfer eine Kette gebildet. Korrekt, aber konsequent liessen sie nur durch, wer seinen Zutrittsanspruch glaubwürdig belegen konnte oder von den dahinter stehenden Kirchendienern als Gemeindeglied erkannt wurde. Unser Korrespondentenausweis erwies sich als wirksamer Durchlassschlüssel. Das Innere war schon gerammelt voll. Die Ordnungshüter am Eingang dienten demnach offensichtlich einem vernünftigen Zweck: Ohne ihre Kontrolle wäre die Kirche dem massiven Publikumsansturm unmöglich gewachsen gewesen und das feierliche Messeritual wohl stark gestört worden.

Die orthodoxe mitternächtliche Zeremonie war durchaus geeignet, auch nüchterne westliche Gemüter in Bann zu schlagen. Das hohe klassizistische

Gläubige und Neugierige drängen sich in dichten Scharen zur orthodoxen Osterfeier in einer russischen Kirche.

Gotteshaus glich einer Stätte märchenhafter Verzauberung. Kopf an Kopf gedrängt lauschte die Menge — hier drinnen waren ältere Frauen in der Mehrheit — den berauschend-melancholischen Gesängen des unsichtbaren Chors. Die Kirche erstrahlte im Licht ganzer Kerzenwälder, und viele Gläubige hielten, während sie demütig das Kreuz schlugen, selber ein dünnes rotes Kerzlein in der Hand. In regelmässigen Abständen traten bärtige Priester in leuchtenden Ornaten hinter der mit Gold und Silber belegten Ikonostase (Bilderwand) hervor. Funkensprühende Weihrauchgefässe schwingend, ergänzten sie den Chorgesang mit tiefer, kräftiger Simme durch monotone Litaneien, zu denen die alten Mütterchen in ihren weissen Kopftüchern leise mitsummten. Welcher Gegensatz zwischen diesem traumhaft-betörenden Mysterienritual und dem nüchtern-individualistischen Gewissensappell einer protestantischen Osterpredigt.

Kurz vor Mitternacht verliessen die Priester und ihre Helfer in feierlicher Prozession die Kirche. Ikonentafeln, Kerzen und Kreuze mit sich führend, umschritten sie dreimal das Gotteshaus, auf diese Weise nach orthodoxer Tradition die Suche nach dem Leichnam Christi symbolisierend. Punkt Mitternacht ruft der graubärtige Erzbischof vor der Eingangstüre der in der Dunkelheit harrenden Menge zu: «Christos woskrjesje — Christus ist auferstanden!» «Wo istinje woskrjes! — in Wahrheit auferstanden», antworten die Gläubigen in vielhundertstimmigem Chor. Von brausendem Gesang empfangen, kehrten die Priester alsdann wieder in die Kirche zurück. Bis gegen drei Uhr morgens dauert das epische Osterritual weiter, und immer wieder ertönt dazwischen der Wechselruf: «Christos woskrjesje — wo istinje woskrjes!»

Atheistisches Kontrastprogramm

Dass die Obrigkeit, die sich auf eine atheistische Gesellschaftsphilosophie beruft, an der offensichtlich zunehmenden Faszination der kirchlichen Traditionen im Volk — wobei sich schwer feststellen lässt, wieweit dieses verstärkte Interesse blosser Modetendenz entspricht — wenig Freude hat, versteht sich. Um namentlich die neugierige Jugend von den Kirchen abzulenken, wurden in der Samstagnacht in den Moskauer Kinos erstmals besondere Nachtvorstellungen mit vorwiegend westlichen Filmen offeriert. Das Fernsehen verlängerte sein Programm ausnahmsweise bis um ein Uhr morgens. Es zeigte einen spannenden Kriminalfilm und anschliessend eine für hiesige Verhältnisse ziemlich aufwendige Starshow. Wie der in den Moskauer Kirchen (es sind gegen vierzig «in Betrieb») beobachtete Besucheransturm zeigte, war dem atheistischen Konkurrenzprogramm indessen wenig Erfolg beschieden.

Das strahlende Frühlingswetter hielt auch am Sonntag an. Das begünstigte einen anderen religiösen Brauch, der in den letzten Jahren auch bei Nichtgläubigen wieder weite Verbreitung findet: den Osterbesuch auf den Friedhöfen. Tausende und aber Tausende pilgerten gestern beispielsweise zwischen den Gräbern des ehrwürdigen Waganskoje-Friedhofes herum. Von den vielen Füssen aufgeweicht, verwandelten sich die feuchten Erdwege bald in schlüpfrige Moraste. Die meisten Besucher brachten Papier- und Stoffblumen mit, und bei manchem Grab — die hier meist durch ein eisernes Gittergehege umgrenzt sind — wurden zum Andenken des Toten ganze Familienpicknicks inklusive Wurst und Wodka abgehalten. In einer Ecke hatte sich eine grössere Menge angesammelt. Es ist die letzte Ruhestätte des russischen Lyrikers Sergei Jessenin, der 1925, erst dreissigjährig, freiwillig aus dem Leben geschieden war. Der romantisch-genialische Poet, Sänger und Verklärer des russischen Dorfes, zählt heute zu den populärsten Dichtern seines Landes. Ein Mann in abgeschabtem Mantel tritt vor und deklamiert spontan einige Gedichte des Verstorbenen. Unter den Zuhörern erblickt man auch drei Milizionäre, die sich aber diskret im Hintergrund halten. Man fragt sich, ob sie hier sind, weil hier grundsätzlich für Ordnung gesorgt werden muss oder weil sie sich zufällig für Jessenin interessieren.

Gespräch im Moskauer Taxi

Vom Wetter zu den Schweizer Banken

Trotz der frühen Morgenstunde – es herrscht noch tiefe Dunkelheit, und auf den verschneiten Strassen bewegt sich erst sporadischer Verkehr – ist der Moskauer Taxifahrer, der mich zum Flughafen Scheremetjewo hinausfährt, ausgesprochen redefreudig aufgelegt. Man spricht zuerst, wie sich das gehört, vom Wetter. Wir stimmen darin überein, dass der diesjährige Winter sich bisher ganz ordentlich angelassen habe: kalt, trocken und eine tüchtige Portion Schnee. Nur werde auf den Strassen in letzter Zeit zuviel gesalzen, kritisiert der Chauffeur; dieses scharfe Zeug sei äusserst schädlich für die Natur, denn irgendwie gelange es später in die Flüsse, die von dem vielen Industrieabfall ohnehin schon genug verseucht seien. Ich sage, solche Sorgen kenne man nicht nur in Moskau. Wie der Mann erfährt, dass er es mit einem Schweizer zu tun hat, springt er vom Umweltschutz sofort auf das Thema Banken über. Ob es stimme, fragt er interessiert, dass viele ausländische Regierungen Geld in der Schweiz angelegt hätten. Da sei wohl schon etwas Wahres dran, entgegne ich, jedenfalls sei unser Land ein wichtiger internationaler Finanzplatz, es gebe in Zürich übrigens auch eine sowjetische Bank. Soso, sagt der Taxifahrer, ohne sich indessen anmerken zu lassen, ob diese Mitteilung für ihn eine Neuigkeit darstellt.

Luft rein für Tempoüberschreitung

Wir fahren mit Tempo 60 auf der breiten Leningradskoje-Chaussee zur Stadt hinaus. Aus der Gegenrichtung blitzt einige Male kurz hintereinander ein Scheinwerfer auf, darauf erhöhen wir die Geschwindigkeit. Ob er denn keine Schwierigkeiten mit der Miliz bekomme, das Tempo sei doch neuerdings bis zum Flughafen hinaus auf 60 begrenzt worden, erkundige ich mich beim Chauffeur. Im Prinzip schon, meint er lachend, aber jetzt sei die Luft rein, ein Kollege habe ihm eben signalisiert, dass im Moment auf dieser Strecke keine Kontrollstreifen zu befürchten seien. Schon seit 15 Jahren arbeite er nun im Taxigewerbe, da wisse man natürlich über die einschlägigen Schliche allmählich Bescheid.

Hitler und Iwan

Nach einigen Erläuterungen über die Kostspieligkeit der Tempoüberschreitung im Falle des Erwischtwerdens wendet der Mann am Steuer unser Gespräch politischen Bereichen zu. Ob es eigentlich stimme, fragt er unvermittelt, dass Hitler die Juden deshalb so grausam verfolgt habe, weil er selber Jude gewesen sei? Meine Antwort, es handle sich bei solchen Versionen um wenig seriöse, aber wohlfeile Mythen, scheint zu befriedigen. Aber ein scheusslicher Barbar sei er doch gewesen, dieser Hitler, selbst die eigenen Leute habe er noch gnadenlos in den Tod gehetzt, als der Krieg längst verloren war. «Und das alles konnte im zwanzigsten Jahrhundert geschehen», meint kopfschüttelnd der Taxifahrer, und die Empörung über soviel Gemeinheit, die in seiner Stimme mitschwingt, ist nicht zu überhören. Ich verzichte darauf, ihn explizit zu erinnern, dass neben Hitler leider auch noch andere Barbaren in diesem Jahrhundert gewütet hätten, und begnüge mich mit der Bemerkung, offenbar sei das periodische Auftauchen gewissenloser Bösewichter eine traurige Konstante in der bisherigen Menschheitsgeschichte. Richtig, bemerkt mein Gesprächspartner, man brauche beispielsweise nur an Iwan den Schrecklichen zu denken. Dieser Wüterich habe sogar dem Erbauer der berühmten Basilius-Kathedrale auf dem Roten Platz kaltblütig die Augen ausstechen lassen, nur weil dieser dem Zaren gestanden habe, dass er, wenn es sein müsse, die gleiche Prachtkirche auch ein zweites Mal erbauen könnte.

Uebrigens, spinnt der Taxifahrer den Faden weiter, gehe es bei den Chinesen ja noch heute so zu. Ob ich denn die grässliche Geschichte vom chinesischen Pianisten nicht kenne? Also da sei folgendes passiert: Vor einigen Jahren habe man in Moskau einen jungen begabten Chinesen zum hervorragenden Pianisten ausgebildet. Bei der Rückkehr in seine Heimat seien dann dem unschuldigen Mann von den kulturrevolutionären Fanatikern absichtlich die Hände kaputt geschlagen worden. Ein gefährliches Volk, diese Chinesen, philosophiert der Mann am Steuer weiter. Noch könnten sie es zwar an Macht und Einfluss nicht mit der Sowjetunion und den USA aufnehmen. Aber wie stark wird China in 20 Jahren sein? Das sei, meint mein Chauffeur, heute wahrscheinlich die wichtigste politische Frage.

Missmut über Carter

Inzwischen sind wir von der Leningradskoje-Chaussee auf die Zufahrtsstrasse zum Flughafen Scheremetjewo eingebogen. Unser Gespräch bleibt weiterhin bei der Politik. Seiner Meinung nach, erklärt der Fahrer mit Nachdruck, werde Präsident Carter kein zweites Mal gewählt werden. Was ihn zu dieser Prognose veranlasse? Auf den Mann sei einfach kein Verlass, bekomme ich zu hören. Ob es denn seriös sei, wenn ein Präsident die Abmachungen seiner Vorgänger mit der Sowjetunion einfach über den Haufen werfen wolle und plötzlich völlig neue Bedingungen stelle? (Die Rede ist offensichtlich von den Salt-II-Verhandlungen, bei denen die Administration Carter tatsächlich etliche Veränderungen des 1974 zwischen Ford und Breschnew in Wladiwostok vereinbarten Rahmenabkommens anstrebt, was vor einem Jahr in Moskau einen dröhnenden diplomatischen Eklat provozierte.)

Dann sei da die Sache mit der Neutronenbombe, erläutert der Taxifahrer weiter. Daran könne er nun schon gar nichts Positives entdecken. Ob denn Carter im Ernst glaube, dass damit ein Vorteil herauszuschlagen sei? Wenn sich die Amerikaner entschliessen sollten, die neue Waffe zu produzieren, werde man auf der Gegenseite bestimmt nicht ruhen, bis dieser Vorsprung wieder eingeholt sei. Auf diese Weise wäre ja nie ein Ende des unseligen Wettrüstens abzusehen. Allerdings, wende ich ein, spreche man hier beim Thema Wettrüsten immer nur von dem, was die andern tun, wer wisse denn genau, ob die unsympathische Neutronenbombe in der Sowjetunion nicht bereits existiere? Mein Gesprächspartner zuckt die Schultern. Da wäre er überfragt, über solche Dinge sei von «den Unseren» tatsächlich nicht viel zu erfahren.

Wir sind am Flughafen angekommen. Ein Kreuz sei es schon mit dieser Welt, seufzt der gesprächige Chauffeur, während ich noch das Fahrgeld zusammenklaube. Alle redeten vom Frieden und meinten es wohl auch ehrlich, und doch gehe das irrsinnige Kriegsrüsten ständig weiter. Der Teufel wisse, was da für ein Fluch in der Menschheit stecke und wie das in Zukunft noch weitergehen solle. Diesmal ist es an mir, ratlos die Schultern zu heben. Zum Abschied wünschen wir uns gegenseitig viel Glück.

Die Macht der «Babuschkas» in Russland

«Ach, du mein Pfötchen, du mein Süsses, was hast du nur für ein junges Mütterchen, du Armes, das nichts versteht und dich frieren lässt» — mitleidig beugt sich eine alte Frau im Kopftuch und Wintermantel über meine Tochter, die an einem sonnigen Septembertag bei 20 Grad Wärme nicht nur — wie sich's doch gehört — keine dicke Wollmütze anhat und keinen Schal, sondern auch noch kurzärmelig auf dem Rasen herumläuft.

Autoritäten der Kinderpflege

Ein Vorfall, wie er sich so oder ähnlich alltäglich wieder abspielt, wenn man in Moskau ein Kleinkind für unsere Begriffe «normal» anzieht und spielen lässt. Denn die unzähligen «Babuschkas», die berühmten russischen Grossmütter, die tagsüber die Hinterhöfe bevölkern, auf den Parkbänken sitzen und Schlange stehen in den Läden, erweisen sich ausnahmslos als dezidierte Autoritäten in Sachen Kleinkinder und halten mit ihrer Weisheit keineswegs hinter dem Berg. Diese verbreitete und für den Ausländer anfangs befremdliche Einmischungspolitik der Babuschkas muss man allerdings im Zusammenhang sehen mit der grossen Kinderliebe der Russen und mit der allgemeinen Ungeniertheit, mit der sich hierzulande die Leute auf offener Strasse ansprechen.

Zudem sind die sowjetischen Grossmütter eine beachtliche Macht. Einmal rein zahlenmässig: In der Sowjetunion gibt es als Folge des letzten Krieges und des Stalinismus beinahe doppelt so viele Frauen über 45 als Männer derselben Altersgruppe (42 Millionen Frauen gegen 23 Millionen Männer). Dann hat diese ältere Frauengeneration wegen der verbreiteten Berufstätigkeit der Mütter in unzähligen sowjetischen Familien eine unentbehrliche Funktion. Ein Drittel aller Kinder im Vorschulalter besuchen in der Sowjetunion die Vorschulerziehung (Krippe oder Kindergarten) — in den übrigen Fällen dürfte in erster Linie die Babuschka die arbeitende Mutter teilweise oder ganz vertreten.

Nun haben Babuschkas im allgemeinen sehr prononcierte Ansichten über die einzig richtige Kleinkinderpflege. Vor allem scheinen ihnen Personen unter 40 Jahren generell verdächtig für diese wichtige Aufgabe. Dann — so gehört von einer besonders fanatischen Spezialistin — sollten sich Kinder bis zu zwei Jahren ausschliesslich in ihrem Bettchen, im Kinderwagen oder aber auf den Armen der Grossmutter aufhalten! Selbständiges Herumlaufen im Freien, Treppensteigen, sich in den Rasen setzen — ne dai boch! Gott behüte! —, gar durch Pfützen schlurfen oder umfallen sind alles Handlungen, die in ihren Augen an Wahnsinnstaten grenzen und für Kinder unter zwei Jahren als aberwitzig gefährlich gelten. Es fehlt denn auch, wo immer wachsame Babuschkas Verstösse gegen die alten heiligen Regeln russischer Kindererziehung in flagranti entdecken, nicht an entrüsteten Kommentaren und bösen Blicken für die fehlbare Mutter. Es kann da so weit kommen, dass man sich aus Angst vor den hagelnden Vorwürfen kaum mehr auf die Strasse wagt, wenn das eigene Kind eine Schramme im Gesicht aufweist.

Traditioneller Kälteschutz

Noch häufiger gilt die Kritik der Kleidung des Kindes. Nun ist ja beim Moskauer Klima in der Tat eine gewisse Vorsicht geboten — aber die von alters her eingefleischte Angst russischer Grossmütter vor Kälte grenzt an Hysterie. Russische Kleinkinder tragen im Freien prinzipiell immer Mützen, bis im Juni sind Strümpfe und Mäntel obligatorisch, und spätestens im September sieht man sie wieder wie Puppen im Kinderwagen sitzen, bewegungslos durch den dicken Mantel, mit dem unvermeidlichen, im Nacken geknüpften Wollschal um den hochgestellten Kragen. Nichts weist aber, wenigstens in meinem Bekanntenkreis, darauf hin, dass die russischen Kinder bei einer derartigen Verpackung weniger an Schnupfen und Erkältungen litten als bei unserer, mehr auf Bewegungsfreiheit und vernünftige Abhärtung gerichteten Bekleidung.

Säuglinge werden zum Ausfahren kunstvoll in mehrere Tücher eingewickelt, bis sie, bewegungsunfähig und steif wie ein Brett, im Kinderwagen auf den Rücken gelegt werden können. Stolze Mütter binden dem Bündel eine farbige Schleife auf die Brust, am liebsten hellblau oder rosa. Nun wird auch verständlich, warum man mit einem «westlichen» Säugling, der im Kinderwagen auf dem Bauch liegt, buchstäblich auf Schritt und Tritt aufgeregt darauf aufmerksam gemacht wird, das Kind habe sich gedreht und werde gleich ersticken.

In Publikationen über Kinderpflege wird in der Sowjetunion eine sehr konventionelle Kinderstube propagiert, mit Schwergewicht auf kompromissloser Hygiene, exaktem Stundenplan und viel Essen (je dicker ein Baby — desto gesünder, lautet immer noch die landläufige Faustregel) und sozusagen unbelastet von psychologischen Erkenntnissen über die frühe Kindheit. Angesichts der kinderreichen und unterentwickelten Regionen des Landes ist dies gerechtfertigt. In den modernen Grossstädten wirkt sich dagegen die Dominanz starrer und traditioneller Ansichten oft zum Nachteil von Kindern und Müttern aus, und man wünschte sich von offizieller Seite die Propagierung einer flexibleren, weniger ängstlichen und mehr auf psychische denn auf physische Wärme gerichteten Behandlung von Kleinkindern.

Gebügelte Windeln

Denn die Säuglingspflege ist in der Sowjetunion noch ungleich viel arbeitsintensiver als in westlichen Ländern. Kleider- und Essensbeschaffung ist zeitraubend, Fertignahrung für Kleinkinder nur sehr spärlich vorhanden. Sogenannte «Kinderküchen» in jedem Stadtbezirk sorgen dafür, dass für Kleinkinder zumindest frische Milchprodukte jederzeit vorhanden sind; doch auch dort steht man Schlange. Dazu sind die Wohnverhältnisse eng, Waschmittel rar, Waschmaschinen selten, Papierwindeln nur sporadisch aufzutreiben. Und trotz alledem gibt es hier noch junge Mütter, die in ihrer so knapp bemessenen Zeit zwischen Beruf, Haushalt und Kind sogar die Windeln für ihren Sprössling bügeln — weil es die Tradition, oder die Babuschka, so verlangt. Dieselben fürsorglichen Mütter sehen sich aus finanzieller Notwendigkeit gezwungen,

Russische Grossmütterversammlung bei einer religiösen Prozession.

ihre Kinder jahrelang einer Tageskrippe zu überlassen, weil der Verdienst des Mannes für eine dreiköpfige Familie nicht ausreicht.

Eben auf dem Gebiet der Krippen- und Heimerziehung scheint sich aber nun doch eine gewisse Gesinnungsänderung anzubahnen. Während in der Sowjetunion gemäss dem Erziehungsziel einer frühen Sozialisation die kollektive Kleinkindererziehung von Anfang an in grossem Massstab gefördert und propagiert wurde, wird in den letzten Jahren zumindest der sogenannte «Jasle» – die Tages- oder Wochenkinderkrippe für Kinder bis zu drei Jahren – etwas mehr in Frage gestellt. So werden etwa die mangelnde individuelle Betreuung durch überfordertes Krippenpersonal (meist zwei erwachsene Personen auf etwa dreissig Kleinkinder) und die trotz rigiden hygienischen Vorschriften häufigeren Erkrankungen von Krippenkindern bereits in offiziellen Publikationen als Argument gegen die Jasle-Institution angeführt.

Vorzüge der Familie

Nach einer soziologischen Umfrage in Leningrad hielten nur 20 Prozent der Eltern von Kindern in Vorschulerziehung diese für besser als die Familienerziehung, die übrigen 80 Prozent geben ihre Kinder nur aus wirtschaftlichem Zwang in diesem frühen Alter von zu Hause fort. Trotzdem übersteigt die Nachfrage nach Krippenplätzen bei weitem das Angebot, und der Mangel an Jasles ist ein ständiges Diskussionsthema. Denn bei der gegenwärtigen gesetzlichen Regelung erhält die Mutter zwar je zwei Monate vor und nach der Geburt des Kindes das volle Salär, danach wird ihr aber während eines Jahres nur der Arbeitsplatz offen gehalten, ohne weitere finanzielle Unterstützung. Mit einer längerdauernden Unterstützung, während eines oder gar zweier Jahre, wie es in einigen osteuropäischen Staaten bereits der Fall sein soll, könnte die Lage für Mütter, Kinder und für die überfüllten Krippen wesentlich verbessert werden.

Bis auf weiteres wird aber der grösste Teil der russischen Kleinkinder wie eh und je von ihren Grossmüttern umsorgt. Mag man auch über die Grundsätze der Babuschka-Erziehung geteilter Meinung sein — dem Kleinkind bietet sie ein Mass an persönlicher Beziehung und Wärme, wie es in der Krippenbetreuung nie erreicht werden kann.

«Dschinsi»-Diskussion im Lande Lenins

Noch im Vorjahr hatte sich die Wochenzeitung «Nedelja» — und dies nicht zum erstenmal — bitter über die Leistungen der einheimischen Jeans-Produktion beklagt. Zwar, räumt das Blatt ein, sei jetzt die Fabrikation dieses begehrten Modeartikels endlich in grösserem Stil in Gang gekommen. Aber um die Qualität der Sowjet-«Dschinsi» sei es nach wie vor traurig bestellt. «Nedelja» zitiert aus dem Brief eines verzweifelten Studenten aus Saratow: Was man hier in den Läden als «Dschinsi» anbiete, entspreche bei weitem nicht den Wünschen der Kunden. «Der Stoff ist trübe und schlaff, die Dinger sitzen überhaupt nicht. In solchem Aufzug kann man mit einem Mädchen weder ins Café noch auf den Tanz gehen.» Der Direktor einer Moskauer Kleiderfabrik, von der Zeitung um Erklärungen gebeten, machte die Stoffproduktion für die Misere verantwortlich. Sein Werk sei für die Herstellung modischer «Dschinsi» bestens gerüstet, aber mit den gelieferten Materialien könne man eben beim besten Willen nichts Anständiges zustande bringen. Dennoch, in naher Zukunft werde es wohl aufwärts gehen. «Nedelja» war mit solchen und ähnlichen Ausreden nicht zufrieden. «Bei allem Verständnis für die Schwierigkeiten», kommentierte das Blatt, «brauchen wir Qualitäts-„Dschinsi" nicht erst für die Zukunft. Wir brauchen sie heute. Man hätte sie schon gestern wie frische Semmeln absetzen können. Deshalb sind wir berechtigt, in kürzester Frist eine Wendung zum Besseren zu erwarten.»

Durchbruch

Höheren Orts scheint man sich diese dringliche Konsumentenforderung hinter die Ohren geschrieben zu haben. Jedenfalls meldete dieser Tage das Lokalblatt «Wetschernaja Moskwa» triumphierend, im hauptstädtischen Warenhaus «Zum» beim Bolschoi-Theater (nicht zu verwechseln mit dem berühmten «Gum» am Roten Platz) seien jetzt wahre Prachtsexemplare einheimischer «Dschinsi» aufgetaucht. «Wir könnten davon eine Million absetzen, sogar noch mehr», erklärte eine «Zum»-Abteilungsleiterin gegenüber dem Reporter. Die Jugend sei hell begeistert, man reisse sich die begehrten Hosen buchstäblich aus den Händen — diskrete Hinweise dafür, dass der Nachschub vorläufig noch ziemlich begrenzt ist. Nichtsdestoweniger herrscht laut «Wetschernaja Moskwa» allseits grosse Befriedigung. Der Anschluss an die Front der internationalen Jeans-Mode scheint geschafft. «Endlich gibt es hier „Dschinsi", die diesen Namen verdienen», soll ein jugendlicher Käufer im «Zum» ausgerufen haben.

Die Grundlage des Erfolges, so erfährt man weiter aus dem Bericht, war die Entwicklung eines neuen Baumwollstoffes mt dem klingenden Namen «Orbita» durch ein Textilkombinat bei Iwanow. Da die bekannten ausländischen Jeans-Produzenten ihre diesbezüglichen Firmenrezepte streng geheim hielten, habe es äusserst langwierige, von mannigfaltigen Rückschlägen begleitete Anstrengungen gekostet, bis «Orbita» schliesslich auf dem Mark lanciert werden konnten. Dafür brauchten die besten «Orbita»-Muster den Vergleich mit den prestigeträchtigen westlichen Vorbildern in keiner Weise mehr zu scheuen. Zu hoffen sei nur, meint die «Wetschernaja Moskwa», dass die jetzt angelaufene «Orbita»-Massenproduktion sich qualitätsmässig stets auf der Höhe der gerühmten Muster halten werde. Einen nicht weniger wichtigen Beitrag zum grossen Durchbruch an der sowjetischen «Dschinsi»-Front leisteten ferner die Designer eines Moskauer Modehauses, die für den «Orbita»-Stoff im Auftrag des Ministeriums für Leichtindustrie Schnittmuster kreierten, deren Fasson laut erwähntem Zeitungsbericht dem allerletzten Stand der internationalen Jeans-Welle entspricht.

Diese nun auf dem einheimischen Markt erschienene Wunderhose kostet lediglich 23 bis 25 Rubel (ein Rubel gleich rund drei Franken). Ein Pappenstiel im Vergleich zu den astronomischen Preisen, die bisher für — exklusiv am Schwarzmarkt erhältliche — «Dschinsi» westliche Provenienz bezahlt wurden. Für diese nämlich blättern noch heute die Jeans-Liebhaber zwischen Murmansk und Wladiwostok gut und gern 200 Rubel (rund 50 Rubel mehr als ein monatlicher Durchschnittslohn) auf den Tisch. Jetzt aber, müsste man meinen, sollte durch das Erscheinen gleichwertiger einheimischer Ware dem blühenden Schwarzmarktwucher, der der Obrigkeit soviel Sorgen bereitet, bald einmal der Boden entzogen sein.

Marken-Verrücktheit

Solchen Hoffnungen kann sich indessen die Regierungszeitung «Iswestija», die sich diese Woche ebenfalls zum hochaktuellen «Dschinsi»-Thema zu Wort gemeldet hat, nicht anschliessen. «Es nützt nicht viel», erklärt das Blatt, «wenn wir unseren anspruchsvollen Konsumenten noch so modische Cowboy-Hosen sowjetischer, polnischer, ungarischer oder sogar indischer Fabrikation anbieten. Selbst wenn sich die einheimische Bekleidungsindustrie entschliessen würde, die besten kapitalistischen Jeans-Stoffe zur Verarbeitung zu importieren, wäre der kostspieligen Jagdleidenschaft nach westlicher Markentracht nicht beizukommen. Denn in allererster Linie geht es», meint der «Iswestija»-Fachmann, «den hiesigen „Dschinsi"-Fanatikern um das einschlägige Markenzeichen.»

Wer nicht in der Lage ist, auf seinem modischen Beinkleid an prominenter Stelle ein berühmtes Markenschild wie «Levis», «Lee Cooper» oder «Super Rifle» vorzuweisen, wird unter Kennern — und dazu gehört zweifellos die Mehrheit der heutigen Sowjetjugend — nicht für voll genommen. Die «Iswestija» erzählt in diesem Zusammenhang die Geschichte eines jungen Mannes, der sich von einem Modeschneider zur Hochzeit für teures Geld ein paar tadellos sitzende «Dschinsi» anfertigen liess. Weil indessen daran kein prestigeträchtiges Etikett zu entdecken war, liess die kritische Braut ihren verdutzten Liebhaber schnöde abblitzen.

Um böse Ueberraschungen dieser Art zu vermeiden, empfiehlt das Regierungsblatt den modisch interessierten Lesern, sich standesgerechte ausländische Markenzeichen zu verschaffen und diese den einheimischen «Dschinsi» aufzunähen. Dieses Verfahren sei bei weitem billiger als der Kauf einer kompletten Schwarzmarkthose, garantiere aber im Kreise der Freunde und Freundinnen trotzdem vollwertigen «Dschinsi»-Status. Laut dem Tip des gut informierten «Iswestija»-Schreibers wird heutzutage in den einschlägigen Kreisen ein «Levis» oder «Lee»-Emblem ungefähr zum Preis von einem Paar Sommerschuhen gehandelt.

Plädoyers für den Privatsektor in der Sowjetlandwirtschaft

Trendwende in der offiziellen Politik

Das grüne Licht gab Breschnew persönlich, als er im vergangenen Oktober (1976) vor dem ZK-Plenum erklärte: «Es muss gesagt werden, dass die Einschränkung der Produktion landwirtschaftlicher Erzeugnisse in individuellen Hauswirtschaften von Kolchosbauern, Arbeitern und Angestellten verfrüht war. Den individuellen Wirtschaften muss man mehr Aufmerksamkeit und Fürsorge entgegenbringen.» Seither tauchen in der Sowjetpresse immer wieder Beiträge auf, die nachdrücklich die positive Bedeutung der privaten landwirtschaftlichen Nebenwirtschaften hervorheben und gleichzeitig energische Massnahmen zu deren Förderung verlangen. Zum Teil ist diese Kampagne direkt mit der sogenannten «Volksdiskussion» um das neue sowjetische Verfassungsprojekt verknüpft. Tatsächlich sieht die kürzlich veröffentlichte Breschnewsche Verfassungsvorlage, ähnlich wie das Stalinsche Grundgesetz aus dem Jahr 1936, wiederum in bescheidenem Rahmen die Möglichkeit privater Bodenbewirtschaftung vor. Wörtlich heisst es in Artikel 12 des Verfassungstextes: «Die Bürger können Grundstücke bewirtschaften, die ihnen Staat und Kollektivwirtschaften in gesetzlich festgelegter Weise für den Unterhalt einer Nebenwirtschaft (einschliesslich der Vieh- und Geflügelhaltung), für Obst- und Gemüsebau sowie für den Bau von Eigenheimen überlassen.» Artikel 17 räumt ausserdem das Recht auf private Einkünfte aus dieser Eigenproduktion (oder aus kleinen Dienstleistungsunternehmen) ein, sofern solcher Gewinn «ausschliesslich auf persönlicher Arbeit von Bürgern und ihren Familienangehörigen beruht».

Keine Selbstverständlichkeit

Die Fortschreibung des privaten Agrarsektors in der neuen Verfassung und insbesondere die neuerdings wohlwollende offizielle Propagierung dieses Bereiches stellen durchaus keine Selbstverständlichkeit dar. Nach der brutalen Zwangskollektivierung der sowjetischen Landwirtschaft zu Beginn der dreissiger Jahre hatte man den Bauern zwar noch winzige Parzellen zur persönlichen Bearbeitung überlassen, jedoch liess die Zentralmacht kaum Zweifel darüber offen, dass es sich da nur um eine provisorische Konzession handeln könne. Den orthodoxen Dogmatikern war das privatwirtschaftliche Relikt stets ein Dorn im Auge, der nur geduldet wurde, weil sonst aus der ohnehin schon chronischen Nahrungsmittelkrise eine offene Katastrophe geworden wäre. Trotzdem gab es, was jetzt unumwunden zugegeben wird, in der Vergangenheit immer wieder harte Kampagnen zur Einschränkung der missliebigen Nebenwirtschaften. In den letzten Jahren liess man es zwar bei stiller Duldung bewenden, liess aber in kritischen Berichten über Spekulationsexzesse privater Produ-

Bauerndatschen mit Fernsehantenne.

Feldarbeit eines Kolchosbauern.

zenten doch gelegentlich durchblicken, dass das grundsätzliche Misstrauen gegenüber dieser Einrichtung noch durchaus lebendig sei. Vor diesem Hintergrund scheint jetzt die von allerhöchster Stelle lancierte Förderungsinitiative zugunsten der privaten Viehhalter und Kartoffelpflanzer eine eigentliche Trendumkehr in der offiziellen Politik darzustellen.

Kleine Fläche — grosse Leistung

Welches sind die Grössenordnungen des individuellen Landwirtschaftssektors? In der Sowjetunion existieren heute noch rund 30 Millionen Nebenwirtschaften von Kolchosbauern, deren durchschnittliche Nutzfläche auf ungefähr 0,3 Hektaren berechnet wird. Hinzu kommen 10 bis 20 Millionen Eigengärten von Stadt- oder Landbewohnern in der Grösse von 0,03 bis 0,08 Hektaren. Von der gesamten landwirtschaftlichen Nutzfläche des Sowjetreiches machen die privat bearbeiteten Grundstücke nur 1,5% aus. Um so phänomenaler nimmt sich dagegen die Produktionsleistung dieses Minisektors aus. Gemäss einer Aufstellung in der «Literaturnaja Gaseta» werden in den Nebenwirtschaften nicht weniger als 22% aller sowjetischen Kühe, 18% aller Schafe und Schweine und 79% aller Ziegen gehalten. Die Bauern produzieren mit diesem privaten Potential 31% des nationalen Fleisch- und Milchverbrauches, 34% des Gemüses, 39% aller Eier und 59% des Kartoffelkonsums. Angelegentlich weist die «Literaturnaja Gaseta» aber darauf hin, dass die Individualwirtschaften die nötigen Futtermittel weitgehend von den Kolchosen oder den Sowchosen bezögen, so dass es letztlich eben doch der Staat sei, der Entscheidendes für die private Vieh- und Geflügelhaltung leiste. Das ist grundsätzlich zweifellos richtig. Immerhin scheint man auch auf offizieller Seite sehr daran zu zweifeln, dass der staatliche Sektor in der Lage wäre, die Leistungen der Nebenwirtschaften adäquat zu kompensieren. Gäbe es diese Zweifel nicht, so hätte man das private Hofland — schon aus doktrinärer Konsequenz — längst kollektiviert.

Stagnation

Nun macht man sich aber neuerdings im Gegenteil ernsthafte Sorgen um die Erhaltung des nichtstaatlichen Bereiches, und zwar vor allem deshalb, weil dieser Sektor von einer gewissen Stagnation bedroht ist. Lieferten die privaten Nebenwirtschaften 1965 noch 32% der gesamten sowjetischen Landwirtschaftsproduktion, so sank dieser Anteil 1974 auf 25%. Dafür gibt es eine Reihe von Gründen. Dazu gehört die trotz allen bekannten Nöten und dank jahrelangen enormen Investitionsanstrengungen allmähliche Steigerung des Totalertrages in den Staats- und Genossenschaftsbetrieben sowie die langsame Verbesserung der bäuerlichen Reallöhne auf Kosten der früher weitgehend üblichen Naturalleistungen durch den Kolchos. Auf Grund dieser Entwicklung ist die Landbevölkerung materiell etwas unabhängiger geworden und offenbar nicht mehr durchwegs auf Gedeih und Verderb auf die Erträge der Eigenproduktion angewiesen. Ausserdem werden in den letzten Jahren zunehmend kleine Kolchosdörfer zu riesigen agroindustriellen Komplexen vereinigt. In diesen modernisierten Betrieben wohnen die Bauern nicht mehr unbedingt in den traditionellen Datscha-Häuschen, wo sie direkt vor der Haustür ihr privates Hofland bearbeiten können. Ein anderer Grund für den Rückgang der Privatproduktion ist in der anhaltenden starken Abwanderung namentlich jugendlicher

Mechanisierte Getreideernte in Kasachstan.

Landbewohner in die Städte zu suchen, wo sie sich abwechslungsreichere und komfortablere Lebensbedingungen versprechen, als sie das im ganzen noch äusserst rückständige Dorf zu bieten vermag. Dieser Abwanderungsverlust fällt für die sehr arbeitsintensiven Nebenwirtschaften zweifellos stärker ins Gewicht als für die staatlichen Grossbetriebe mit ihren technischen Hilfsmitteln. Und nicht zuletzt dürften die verschiedenen Getreidemissernten der letzten Jahre und der damit regelmässig auftretende Futtermangel die private Tierhaltung besonders hart getroffen haben.

Winke an die Funktionäre

Im Zuge der neuen Förderungskampagne werden jetzt die Funktionäre zu einer grundsätzlich positiveren Einstellung gegenüber der individuellen Parzellenhaltung ermahnt. Es genüge nicht, heisst es in einer Zeitung, wenn der Kolchosvorsitzende einfach ausrufe: «Genossen, jede Familie soll unbedingt eine Kuh, ein Schwein und Geflügel halten!» Die Betriebsleiter hätten vielmehr aktiv dafür zu sorgen, dass die Bauern mit den nötigen Futtermitteln beliefert würden und dass ihnen im Bedarfsfall überdies technische Hilfsmittel aus den Kollektivbeständen zur Verfügung gestellt werden. Das gleiche gelte, ergänzt die «Prawda», auch in bezug auf die privaten Gemüsegärten in den Städten. Es würden sich zweifellos mehr Werktätige oder Pensionäre um die Bearbeitung eines brachliegenden Fleckens kümmern, wenn sie dazu bei den Behörden auf Ermunterung und Unterstützung statt auf Gleichgültigkeit oder gar Ablehnung stiessen.

Des weitern wirbt die Sowjetpresse auch um ein neues Image für jene privaten Produzenten, die Ueberprodukte auf den freien Kolchosmärkten in den Städten feilbieten. Es sei völlig falsch, heisst es jetzt, hinter jedem privaten

Verkäufer einen finsteren Spekulanten zu sehen. Ein Moskauer Konsument, der im Winter einem georgischen Händler für ein Kilo Tomaten — die dieser im Handgepäck in die Hauptstadt einfliegt — ganze 10 Rubel (rund 35 Fr.) auf den Tisch blättern muss, dürfte freilich Mühe haben, sich von solchen negativen Einschätzungen zu befreien. Demgegenüber argumentiert nun aber die «Prawda», es sei dringend zu wünschen, dass sich mehr individuelle Produzenten an den Kolchosmärkten beteiligten, denn bei einem grösseren Angebot werde den unverantwortlichen Preistreibern automatisch das Handwerk gelegt. Zumindest in diesem speziellen Bereich scheint somit die Idee von der nützlichen regulierenden Wirkung breiter Marktkonkurrenz wieder neu zu Ehren zu kommen.

Indessen ist man in Moskau bestrebt, trotz der Ermunterungskampagne für die landwirtschaftlichen Nebenbetriebe — deren bisherige Parzellengrösse offenbar unverändert bleiben soll — nicht den Eindruck aufkommen zu lassen, als ob nun in der Sowjetunion eine entscheidende Renaissance des privaten Unternehmertums im Gange sei. Obschon die Breschnew-Verfassung neben dem privaten Hofland ausdrücklich auch die Führung familiärer Minibetriebe im Handwerks- und Dienstleistungsbereich erlaubt und solche Einrichtungen, namentlich in den nichtrussischen Landesteilen, auch längst funktionieren, ist von einer amtlichen Stimulierung dieses letzteren Sektors bisher nichts zu vernehmen. Als eine westliche Pressestimme im Zusammenhang mit dem neuen Verfassungstext die Vermutung äusserte, in der Sowjetunion werde wieder «ein Stück Kapitalismus» etabliert, reagierte die «Literaturzeitung» mit einer bissigen Replik. Solche Behauptungen, hiess es da, seien nichts anderes als billige Kolportagen «chinesischer Propagandaverleumdungen», denen gewisse Leute im Westen nur zu gern ihr Ohr schenkten.

Lockere Arbeitsmoral im «Werktätigenparadies»

Was, so wollte die Moskauer Wochenzeitung «Nedelja» wissen, treiben eigentlich die Sowjetbürger während der Arbeitszeit? Ein Leser, seines Zeichens Abteilungleiter einer statistischen Verwaltung, nannte in seiner witzigen Antwort eine breite Palette von Problemen, von denen man als sowjetischer Angestellter während der Bürostunden in Anspruch genommen werde. Sehr häufig seien beispielsweise «experimentelle Untersuchungen» über die Frage, wie oft man eine Büroklammer verbiegen müsse, bis sie schliesslich kaputt gehe. Grosser Beliebtheit erfreuten sich in sowjetischen Kontoren ferner Uebungen in der hohen Kunst, mit offenen Augen bequem zu schlafen. Als weitere populäre Beschäftigungen während der Arbeitszeit seien die Lektüre von Kriminalromanen und die Lösung von Kreuzworträtseln zu nennen. Die letztere Tätigkeit wiederum führe zu ausgedehnten kollektiven Erörterungen über wichtige Fragen wie: Gegen welchen Klub schoss der Fussballstar Wsewolod Bobrow sein 49. Meisterschaftstor? Oder: Welche Stadt in Brasilien hat zwölf Buchstaben, von denen der dritte ein «g» ist?

Stress höchstens im Privatleben

Der Genosse Statistiker, kommentiert die Zeitschrift «Nedelja» anerkennend, habe mit seiner Antwort das Problem der Arbeitszeitverbringung sehr lebensnah dargestellt. Sowjetische Bekannte, auf dieses Thema angesprochen, eigene Beobachtungen des Schreibenden sowie endemische Klagen in der hiesigen Presse bestätigen den Befund. In der Sowjetwirtschaft herrscht sehr weit herum eine ausgesprochen lockere Arbeitsmoral. Stress ist natürlich auch für die Sowjetbürger keine unbekannte Grösse, aber diese Plage behelligt ihn in der Regel weniger am eigenen Arbeitsplatz als vielmehr im Privatleben mit seinen engen Wohnverhältnissen und den aufreibenden Beschaffungsproblemen (dass diese letzteren Nöte wiederum durch den allgemeinen Schlendrian bedingt sind, liegt auf der Hand). Willkürliche Absenzen vom Arbeitsplatz werden zwar in der öffentlichen Diskussion immer wieder als «unmoralisch» und «unkommunistisch» gerügt, was indessen nicht verhindert, dass unter den sowjetischen Werktätigen die variantenreiche Fähigkeit, dem Berufsalltag möglichst viel persönliche Bummelzeit abzuzwacken, weitherum als eine sportliche Heldentat gilt. Zu solchen Leistungen bieten insbesondere die Verhältnisse in den aufgeblähten Ministerialbürokratien vielfältige Möglichkeiten. Wichtig sei an ihrer Arbeit nur, erklärte uns einmal eine Sekretärin, die in einem Moskauer Institut für Verkehrsforschung eine stille Ecke betreut, dass man morgens pünktlich erscheine. Das werde genau kontrolliert. Für den Rest des Tages könne man dann tun und lassen, was man wolle. In ihrer Abteilung widme sich während der Arbeitszeit jedermann ungeniert seinen privaten Geschäften: man geht zum Friseur, erledigt zeitraubende Einkäufe und — dies unbedingt täglich

— führt mit der gesamten Verwandtschaft uferlose Telefonunterhaltungen (Ortsgespräche sind in der Sowjetunion kostenlos).

Enorme Arbeitsausfälle

Die Folgen dieser saloppen Arbeitsdisziplin sind gewaltige wirtschaftliche Einbussen. Am konkretesten messbar ist das am Faktor Arbeitsproduktivität, das heisst an der wertmässigen Produktionsleistung pro Arbeitskraft. Diese beläuft sich nach der neuesten Sowjetstatistik (deren Berechnungsgrundlage nicht über jeden Zweifel erhaben ist) im Industriesektor auf 55 Prozent des amerikanischen Wertes, in der Landwirtschaft macht die sowjetische Arbeitsproduktivität nur etwas mehr als ein Fünftel der amerikanischen Vergleichsgrösse aus. Die Sowjetführung hat in den letzten Jahren eine Verbesserung der niedrigen Arbeitsproduktivität mit zunehmender Dringlichkeit als zentrale Aufgabe ihrer wirtschaftlichen Intensivierungspläne propagiert. In der seither zu diesem Thema auf breiter Front angekurbelten Medienkampagne wird immer wieder auf die massiven Verluste hingewiesen, die durch die sehr hohe Arbeiterfluktuation entstehen. Nach offiziellen Angaben gehen allein in der Industrie durch Arbeitsplatzwechsel jährlich hundert Millionen Arbeitstage verloren, was einer täglichen Absenz von rund 400 000 Beschäftigten gleichkommt. Rechnet man nach den gleichen Quellen noch diejenigen hinzu, die wegen Krankheit, «Bummelei» oder anderer Gründe ausfallen, so erscheinen täglich eine Million sowjetischer Industriebeschäftigter nicht an ihrem Arbeitsplatz.

Folgen des Arbeitskräftemangels

Nun sind die hohen Fluktuationsraten ebenso wie die unbefriedigende Arbeitsdisziplin zweifellos sehr wesentlich verknüpft mit einer dritten Konstante der sowjetischen Wirtschaftssituation: dem in der öffentlichen Debatte gern beschworenen und sich angeblich ständig verschärfenden Arbeitskräftemangel. Unbestreitbar ist, dass dieser letztere Faktor, so paradox das auf den ersten Blick erscheint, die laxe Arbeitsmoral der Sowjetbürger und die Neigung zu unbedenklichem Stellenwechsel begünstigt. Der weit verbreitete Nachfrageüberhang für Arbeitskräfte bietet ihm vor rigorosen Disziplinierungsabsichten seitens der Betriebsleitung einen nicht geringen Schutz. Ein Fabrikdirektor, der seinerseits unter dem harten Druck der Planerfüllung steht, wird sich mehr als einmal überlegen, ob er einen noch so faulen Arbeiter entlassen soll, wenn er weiss, dass er nur vage Aussichten hat, dafür einen geeigneten Ersatz zu finden. Selbst weniger drastische, vom sowjetischen Arbeitsgesetz vorgesehene Massnahmen wie Lohnkürzungen oder Versetzung auf einen niedrigeren Posten sind für ihn ein zweischneidiges Schwert, weil er damit gewärtigen muss, dass der betreffende Mitarbeiter den Betrieb von sich aus verlässt mit der Gewissheit, dank dem herrschenden Arbeitskräftemangel an einem anderen Ort mühelos wieder einen Posten zu finden. Diese Konstellation verschafft letztlich auch den sowjetischen Werktätigen, die ansonsten den Bedingungen des allmächtigen staatlichen Arbeitgebers weitgehend machtlos ausgeliefert sind — ein Streikrecht gibt es nicht —, gewisse Druckmöglichkeiten. Diese beziehen sich freilich allein auf die Wahl des Arbeitsplatzes und auf die Leistungsintensität. Für progressive Lohnverbesserungen lässt sich diese für den Arbeitnehmer grundsätzlich günstige «Marktlage», abgesehen von regionalen Ausnahmefällen (zum Beispiel in Sibirien), nicht ausnützen, denn auf diesem Feld

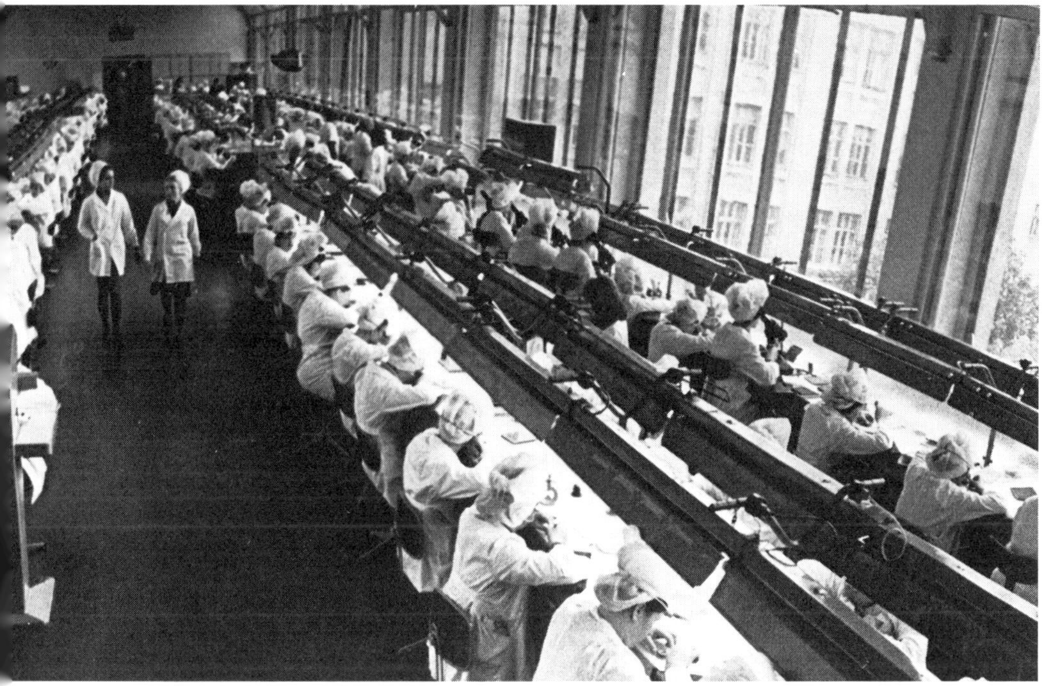

Blick in eine sowjetische Montagehalle.

Sowjetische Fabrikarbeiterinnen.

setzt die monopolistische Zentralmacht den Betriebsleitungen enge Grenzen. (Der Durchschnittslohn für Arbeiter und Angestellte liegt heute — 1979 — bei rund 160 Rubel monatlich. Ein Rubel gleich etwa Fr. 2.50. Die jährliche Lohnsteigerung belief sich in den letzten Jahren auf etwa zwei Prozent.)

Wie motivieren?

Wie soll nun der Teufelskreis von niedriger Arbeitsproduktivität, hoher Fluktuation und akutem Arbeitskräftemangel, der der Sowjetwirtschaft wie ein Mühlstein am Halse hängt, durchbrochen werden? Die «Literaturnaja Gaseta», auf solche Dinge spezialisiert, hat zu diesem Fragenkomplex eine weitschweifige Leserdiskussion veranstaltet. In das schwer zu überblickende Dikkicht der wirr ausgebreiteten Fakten und Ansichten schlug zuletzt ein Soziologe eine souveräne Bresche. Solange nicht eine optimale Arbeitsproduktivität erreicht sei, entschied er, sei das ewige Lamentieren über den angeblichen Arbeitskräftemangel gegenstandslos. Mit dieser Einsicht wird die vielzitierte Frage des Arbeitskräftedefizits richtigerweise als blosse Folgeerscheinung der unzureichenden Arbeitsproduktivität von der Diskussion ausgeschaltet. Mit welchen Mitteln freilich das Kernproblem der effizienteren Leistungen zu lösen wäre, darüber gehen die Lesermeinungen weit auseinander. Im Prinzip lassen sich zwei Haupttendenzen auseinanderhalten. Eine Minderheit tritt grundsätzlich für härtere Sanktionen gegen alle Arten von Disziplinarverstössen und schlechter Pflichterfüllung ein. Einige Einsender fordern rundheraus die Wiederherstellung der drakonischen Zustände unter Stalin, als die Werktätigen kein Kündigungsrecht hatten und Verspätungen von mehr als zwanzig Minuten als Kriminaldelikt mit Zwangsarbeit bestraft wurden. Die Mehrheit der Leser indessen plädiert für subtilere Besserungsmethoden. Man müsse, erklären sie, die Werktätigen stärker am Produktionsprozess und an seinen Ergebnissen interessieren, die Prämien nicht wie bisher automatisch auszahlen, sondern entsprechend den individuellen Leistungen; es gelte, ein besseres Betriebsklima zu schaffen und unfähige Vorgesetzte schonungslos abzusetzen. Ebenso wie eine Frau einem guten Ehemann nicht davonlaufe, meint treuherzig ein Einsender, werde auch ein Arbeiter seinen vorbildlichen Chef nicht im Stich lassen.

Ein Patentrezept zur Behebung der mangelhaften Arbeitsmoral vermag freilich auch die «Literaturnaja Gaseta» aus diesem widersprüchlichen Meinungsspektrum nicht herauszudestillieren. Statt dessen vertröstet sie die Leser mit der Botschaft, sämtliche Diskussionsvorschläge seien den «kompetenten Organen» übergeben worden und diese seien bereits mit der Vorbereitung eines der Arbeitseffizienz förderlichen «Komplexprogramms» beschäftigt. Bleibt nur zu hoffen, dass bei diesem Komplexprogramm mehr herauskommt als bei den Klagen über fehlende Konsumgüter, die die «Literaturnaja Gaseta» im vorigen Jahr dem Ministerium für Leichtindustrie vorgelegt hatte. Als sich nach einigen Monaten trotz den Versprechungen der zuständigen Stellen die Lage nicht gebessert hatte, kommentierte das Moskauer Intelligenziablatt erbittert: «Man arbeitet systematisch an der Liquidierung des Defizits, aber es wächst systematisch.»

Regionen, Nationalitäten, Republiken

Eine Winterreise nach Rjasan

Szenen aus der russischen Provinz

Es ist lang, grün und riecht nach Wurst. Was ist das? — Ein Zug, der von Moskau in die Provinz fährt.

Die Anekdote ist nicht ganz taufrisch, was indessen hierzulande ihrer Aktualität und damit der stets erheiternden Wirkung keinen Abbruch tut. Denn gerade in diesen Wintermonaten geht es den Sowjetbürgern wieder einmal nachhaltig um die Wurst. Eine gute Wurst gehört zu jenen Dingen, die man im Russischen als «defizitnij» bezeichnet. Die Intensität des Wurstdefizits ist indessen regional recht unterschiedlich gelagert. Es ist kein Geheimnis, dass draussen auf dem Lande ungleich akutere Versorgungslücken herrschen als in der privilegiert belieferten Hauptstadt, diesem Schaufenster des «reifen Sozialismus». Das zeigen allein schon die gewaltigen Menschenströme, die aus überfüllten Nah- und Fernzügen tagtäglich zur Beschaffungstour nach Moskau fluten. Wenn diese schwer bepackten Einkäufermassen wieder in ihre Dörfer und Provinzstädte zurückreisen, werden die langen Eisenbahnzüge dann tatsächlich zu wahren Wursttransporten.

Völkergemisch am Kasaner Bahnhof

Unsere Reise geht nach Rjasan, einer alten Provinzkapitale, nur zweihundert Kilometer südöstlich von Moskau, aber bereits tief im Herzen Russlands, von ausländischen Journalisten kaum je besucht. Das Unternehmen beginnt im Kasaner Bahnhof, dem mächtigsten der drei zentralen Zugstationen am Moskauer Komsomolplatz. Schon am frühen Nachmittag glaubt man sich in dem weitläufigen Bau — er wurde noch vor der Revolution begonnen und ist von altrussischen Architekturmustern inspiriert — in eine Art orientalische Karawanserei versetzt. Winterlich vermummte Bürgerscharen lagern dicht gedrängt in den riesigen Wartesälen. Die feuchte, rauchige Luft ist erfüllt vom Summen eines babylonischen Stimmengewirrs. Man bahnt sich durch einen wahren Völkerschmelztiegel: Russen, Tataren, Mordwinen, Tschuwaschen, Kasachen, Usbeken, Burjäten, Soldaten, Bauern, Babuschkas, schreiende Säuglinge und wendige Halbwüchsige warten da auf die Züge, die sie nach Osten bringen sollen. In einer Ecke kauert eine Gruppe farbig gekleideter Zigeunerinnen. Daneben schnarcht, auf seiner schmuddligen Wattejacke am Boden ausgestreckt, ein graubärtiger Alter in hohen Filzstiefeln. Er ist nicht der einzige, der die Bahnhofhalle als Schlafplatz nutzt. Andere lesen, spielen Karten, lutschen an einer Eiscrème (in Moskau selbst im tiefsten Winter an jeder Ecke zu haben) oder widmen sich herzhaft einem Butterbrotgelage. Um die Wartenden herum türmen sich Taschen, Koffer, pralle Rucksäcke, überquellende Tragnetze und kompliziert geschnürte Kartonschachteln. Was Moskau an Defizitdingen zu bieten hat und Menschenhände tragen können, wird in die Provinz abgeschleppt. Nach rein quantitativen Kriterien zu urteilen, scheinen übrigens die Orangen den traditionellen Spitzenreiter Wurst klar überholt zu haben.

Die Fahrkarte für die «Elektritschka» (einfacher Bummelzug) nach Rjasan kostet 2 Rubel und 30 Kopeken (etwa Fr. 5.50). Bei jedem Billettschalter in grossen Lettern die Aufschrift: «Invalide des Grossen Vaterländischen Krieges werden ohne Anstehen bedient.» Was sich auf einer vierstündigen russischen Eisenbahnfahrt alles abspielen kann, wird noch zu erzählen sein.

Was gibt's im Laden?

Wie lebt man 200 Kilometer östlich von Moskau? Ein Rundgang durch verschiedene Rjasaner Geschäfte führt zum Eindruck: offenbar besser, als das die in Moskau zirkulierenden Krisenberichte erwarten liessen. Das Angebot ist zwar deutlich dürftiger als in der Hauptstadt, aber Hunger leiden muss wohl niemand. An den Grundnahrungsmitteln wie Brot, Kartoffeln und Milchprodukten fehlt es nicht (statt frischer Butter allerdings überall nur Margarine). Es gibt ziemlich viel Fisch und nicht wenig Hühner (letzteres, wie wir hören, nur phasenweise). Anderes Fleich ist nur auf dem — gewissermassen privatwirtschaftlichen — Kolchosmarkt zu hohen Preisen (mindestens 5 Rubel pro Kilo) aufzutreiben. Früchte fehlen in den staatlichen Läden völlig. Immerhin erblikken wir überraschend grosse Vorräte einer fettigen Wurstsorte. Diese scheint freilich von wenig anziehender Qualität zu sein; jedenfalls wird sie von sämtlichen Käufern, die wir beobachten, souverän ignoriert. In einem Geschäft ist eine begehrtere Sorte angekommen. Alsogleich bildet sich eine lange Käuferschlange. Obwohl von Defizitwurst höchstens ein Kilo pro Kunde abgegeben wird, kommt es zu einem hektischen Gerangel. Die Verkäuferin ist völlig überfordert. Nervös schreit man sich über den Ladentisch hinweg gegenseitig an.

Ruhiger geht es in der Spirituosenabteilung zu. Der Nachschub scheint hier zuverlässig gesichert. Sogar der 45prozentige Qualitätswodka «Sibirskaja» — in Moskau eine Rarität — ist reichlich vorhanden. Für den Mann draussen auf dem Gehsteig, der uns inständig um 30 Kopeken bittet, gestaltet sich der Alkoholkonsum aber zu einem finanziellen Problem. Eben sei er, erzählt er leidgeprüft, aus der Bezirksausnüchterungsstelle entlassen worden. Kostenpunkt: 10 Rubel für eine Nacht. Jetzt habe er erstens kein Geld mehr und zweitens einen höllischen Durst. Ohne ein Bierchen zum Nachspülen (die Russen haben für diesen Vorgang ein eigenes Verb: «pochmelitsja», wörtlich etwa «nachhopfen») könne er unmöglich über die Runden kommen. Andrei, mein Reisegefährte, greift in die Tasche; er hat Verständnis für den Fall.

Vier Generationen in einer Dreizimmerwohnung

Andrei will in Rjasan eine Cousine besuchen, die er schon jahrelang nicht mehr gesehen hat. Natascha lädt uns sofort zum Nachtessen ein. Sie lebt mit ihrer Familie in einem typischen sowjetischen Einheitswohnblock aus Fertigelementen, die schon nach wenigen Jahren einen ziemlich hässlichen und heruntergekommenen Eindruck machen. In Nataschas einfacher, aber sehr gepflegter Dreizimmerwohnung fühlen wir uns indessen schnell behaglich. Es sind sehr russische Verhältnisse: Sieben Personen aus vier Generationen wohnen hier zusammen. Da ist Natascha, ihr Mann Wolodja und ihr Sohn Jura, der vor kurzem sein Medizinstudium begonnen hat. Dann sind da gleich drei

Winterfreuden im Moskauer Gorki-Park.

Grossmütter: Babuschka Lena und Babuschka Anna, beides pensionierte Lehrerinnen. Sie kümmern sich vornehmlich um die Haushaltgeschäfte und betreuen auch die Aelteste im Familienkreis: Babuschka Sofia, die Mutter von Babuschka Lena, 91jährig, schneeweiss und tiefgebeugt, aber geistig immer noch präsent. Die Jüngste im Hause ist die 17jährige Tatjana, eine Nichte von Natascha, die in Rjasan das Technikum besucht, da ihre Eltern zurzeit in einer sowjetischen Garnison in der DDR stationiert sind. Trotz den gedrängten Platzverhältnissen hat man keineswegs das Gefühl, dass sich die vier Generationen in den drei Zimmern ständig auf die Füsse treten. Die Atmosphäre ist herzlich und entspannt.

Zusammensetzung eines Familieneinkommens

Wolodja, der Hausherr, bittet zu Tisch, die Wodkagläser füllt er bis zum Rande. Babuschka Lena bringt den dampfenden Schtschi, die berühmte russische Kohlsuppe; in jeden Teller gibt sie einen kräftigen Schlag Smetana (Sauerrahm). Ja, meint Wolodja, im Winter ist es in der Provinz schlecht bestellt mit dem Fleisch; dafür fehlt's ja nicht an Panzern und Raketen in unserem Lande. Der Spruch ist nicht bitter gemeint. Es lasse sich hier in Rjasan durchaus anständig leben. Wolodja und Natascha schätzen sich glücklich, eine sogenannte Genossenschaftswohnung — die sowjetische Variante der Eigentumswohnung — zu besitzen. Sie hat vor acht Jahren 5000 Rubel gekostet, heute käme sie wesentlich teurer zu stehen. Vierzig Prozent des Preises mussten bei Baubeginn bezahlt werden, die restlichen sechzig Prozent hat der Staat vorgestreckt, rückzahlbar innerhalb von fünfzehn Jahren mit einem halben Prozent Zins.

Wolodja arbeitet als Techniker in einer Werkzeugmaschinenfabrik. Er verdient 200 Rubel monatlich, seine Frau Natascha, ebenfalls Technikerin, 160 Rubel. Jura, der Medizinstudent, bekommt ein Monatsstipendium von 40 Rubeln. Babuschka Lena und Babuschka Anna, die beiden ehemaligen Lehrerinnen, beziehen eine Pension von rund 75 Rubeln. Die Rente von Urgrossmutter Sofia beträgt 40 Rubel. Alles zusammengenommen, ergibt das für sowjetische Verhältnisse ein recht anständiges Familienbudget. In der Wohnung stehen zwei Fernsehapparate, einer für das Babuschka-Zimmer, der andere für die jüngere Generation. Wolodja ist in den Ferien schon verschiedentlich im Ausland herumgereist; er war in der DDR, in Prag und in Bulgarien. Die Unterhaltung zieht sich bis tief in die Nacht hinein. Unermüdlich wird Tee in die mächtigen Tassen nachgeschüttet. Wolodja beteuert, dass er Zeit habe. In der Fabrik nehme man es jetzt gemütlich. Der Monatsplan für den Januar sei dank einem hektischen Schlussspurt mit Ueberstunden glücklich erfüllt worden. Sein Chef habe deshalb durchaus nichts dagegen, wenn er morgen etwas später zur Arbeit antrete. Schliesslich bekomme man nicht jeden Tag Besuch aus Moskau.

Ueber das, was draussen in der Welt so alles vor sich geht, weiss man nicht nur aus den sowjetischen Zeitungen Bescheid. Auch in der russischen Provinz hören manche Leute BBC oder die «Stimme Amerikas». Jemand aus Wolodjas Bekanntenkreis ist vor einiger Zeit nach dem Westen ausgewandert. Er und Natascha können sich aber nicht vorstellen, dass sie sich in einer völlig fremden Welt, fern von der heimatlichen Vertrautheit, jemals zurechtfinden würden.

Essgelage in einem russischen Eisenbahnabteil.

Mit dem Zug zum in Russland volkstümlichen Skilanglauf.

Am nächsten Morgen bummeln Andrei und ich wieder durch die Stadt. Rjasan ist schnell gewachsen. Die Oblast-Kapitale zählt heute rund eine halbe Million Einwohner; noch vor zwanzig Jahren waren es weniger als die Hälfte. Es gibt viel Industrie. Unweit des Zentrums befindet sich ein ausgedehntes Kasernenareal; hier werden Fallschirmtruppen ausgebildet. Ueber Nacht ist der glucksende Schneematsch auf den Strassen zu Eis gefroren. Zwischen den grauen, eintönigen Häuserblocks entdeckt man in winkligen Hinterhöfen zahlreiche altrussische Holzhäuschen, teilweise mit verwaschenem Schnitzwerk verziert. Das Prunkstück der Stadt aber ist der Kreml, imposantes Machtzentrum der ehemaligen Rjasaner Fürstengeschlechter. Wie aus dem Märchenbuch wirkt der Anblick der dicht aneinandergedrängten goldenen und tiefblauen Zwiebelkuppeln, die über dem steil abfallenden Burgenwall in den milchigen Winterhimmel emporstreben. Unweit vom exotischen Kreml-Komplex reckt die bronzene Gestalt des Dichters Jessenin die Hände zu dramatischer Gebärde. Jessenin, dieser mystische Sänger des russischen Bauerntums, der seinem wilden Leben freiwillig ein abruptes Ende setzte, ist in der näheren Umgebung von Rjasan, in Konstantinow, geboren. Sein bäuerliches Vaterhaus ist zu einem wahren Wallfahrtsort geworden. Zu den Verehrern Jessenins gehört auch Solschenizyn, der selber lange Jahre in Rjasan gewohnt hat. Vielleicht wird man einmal auch ihm hier ein Denkmal errichten.

Ein Platz im Zug

Für den Zug zurück nach Moskau sind alle Plätze bereits ausverkauft. Andrei bleibt zuversichtlich, das sei schon zu schaukeln. Wie der Zug einfährt, wird mit dem Schaffner auf dem Perron ein kleiner Handel vereinbart, und wir können auch ohne Fahrkarte einsteigen. Im Wagen geht es lebhaft zu. Aehnlich wie im Bahnhofwartesaal ist hier wiederum ein buntes Gemisch aus dem sowjetischen Völkerreich versammelt. Von einem Kassettengerät erklingen gedämpft die neuesten «Boney-M»-Hits, inklusive der Geschichte von «Ra-Ra-Rasputin, Russia's greatest love machine». Diejenigen, die sich in ihren Mänteln oder Wattejacken schon am Nachmittag auf den einfachen Holzpritschen über den Sitzplätzen zum Dösen ausgestreckt haben, lassen sich von den stampfenden Rhythmen nicht stören. Manche Reisende haben sich zum Kartenspiel zusammengetan. Auf dem Mitteltischchen unseres offenen Abteils stauen sich abgenagte Hühnerknochen, Brotreste und mehrere Flaschen; aus der Redefreudigkeit unseres Banknachbarn zu schliessen, scheint die eine oder andere alkoholischen Inhalts gewesen zu sein.

Der Mann mit dem bleichen Gesicht, aus dem dunkle Bartstoppeln spriessen, will uns zuerst unbedingt in ein Gespräch über den neuen Roman «Pobeda» (Sieg) des «Literaturnaja Gaseta»-Chefredaktors Tschakowski verwickeln. Der halb fiktive, halb historische Politschinken über den Zweiten Weltkrieg und die ersten Nachkriegsjahre ist erst kürzlich in der populären Armeezeitschrift «Snamja» erschienen. Das Kapitel über Stalin, lobt unser Reisenachbar, sei einfach hervorragend. Präzis so sei Stalin gewesen: hart, zielbewusst und mit einem phänomenalen Gedächtnis begnadet. Wir kämen wohl aus dem Baltikum, deutet der Mann unsere etwas skeptischen Reaktionen auf seine begeisterten Lektüreschilderungen. Gutmütig wechselt er das Thema. Im Baltikum kenne er sich aus, habe dort selber ein paar Jahre verbracht. Aufgewachsen sei er in Leningrad, von Beruf Geologe. Später habe es ihn nach Zentralasien verschlagen, Tadschikistan. Jetzt wohne er mit seiner Familie im Rjasaner Oblast. Heute morgen sei das Telegramm gekommen: Ein Onkel in Leningrad ist gestorben. Er fährt jetzt zur Beerdigung. Bestimmt werde er dort seinen Bruder treffen, den er schon sechzehn Jahre nicht mehr gesehen habe.

Ein Wodka-Opfer

Mittlerweile sind zwei andere Reisebekannte des leutseligen Geologen aus dem Speisewagen in unser Abteil zurückgekehrt. Sie haben eine Flasche billigen Wodkas mitgebracht. Der Geologe wird von den beiden Gesellen, die einen etwas dubiosen Eindruck machen, hart bedrängt, einen anständigen Schluck auf das Andenken des verstorbenen Onkels zu nehmen. Kritisch beobachten die insistenten Spender, die sich selber zurückhalten, ob der Mann das bauchige Glas auch ja in einem Zug zur Neige bringe. Die erste Probe hat er bestanden. Aber aller guten Dinge sind drei, da gibt's kein Ausweichen, der Geologe sieht das ein und tut seine hochprozentige Pflicht. Befriedigt klopfen ihm die zwei Kumpane, die nun noch ein Stück Speck zum Vorschein bringen, auf die Schultern. So sei es recht, jetzt könne er dem Begräbnis gefasst ins Auge blicken. Der Geologe erzählt nun zunächst noch ausschweifender. Dann aber wird er zusehends schweigsamer, beginnt verdächtig die Augen zu verdrehen, und schliesslich lässt er sich der Länge nach auf die Bank fallen. Die beiden Wodkaspender kommentieren nicht ohne Herablassung, wer einen tüchtigen Schluck nicht vertrage, sollte es besser bleiben lassen. Wie der Zug in den Kasaner Bahnhof zu Moskau einfährt, gelingt es nur mit grosser Mühe, den armen Geologen wieder auf die Beine zu bringen. Er schwankt bedenklich. Seine Zechgenossen erklären sich grosszügig bereit, ihn auf den nahen Leningrader Zug zu bringen.

Leningrad — 60 Jahre nach dem Schuss der «Aurora»

Der legendäre Schuss, den der Kreuzer «Aurora» von der Newa her auf das Petersburger Winterpalais abfeuerte und der im Oktober 1917 den endgültigen Zusammenbruch der schwachen Kerenski-Regierung besiegelte, war eigentlich nur eine Blindladung. Allerdings, so berichtet Trotzki in seiner «Geschichte der russischen Revolution», seien das Krachen und die Feuergarbe beim Blindschuss viel stärker als beim Scharfschuss. Angesichts dieser zumindest optisch und akustisch machtvollen Demonstration der bolschewistischen «Morgenröte» scheint es einigermassen begreiflich, dass die ohnehin schon zermürbten und durch laufende Desertion stark verdünnten Verteidiger des Winterpalais nur noch geringen Widerstand leisteten, als die roten Truppen auf der Gegenseite schliesslich zum Sturm ansetzten. Die hilflosen Minister der provisorischen Regierung — freilich ohne Kerenski, der die Hauptstadt am Morgen in einem Auto der amerikanischen Botschaft verlassen hatte, um Verstärkungen zu organisieren — wurden verhaftet. Die Bolschewiki hatten die Herrschaft an sich gerissen. «Der Uebergang von der Illegalität und dem Umhergetriebenwerden zur Macht ist zu schroff. Es schwindelt einem», soll Lenin nach dem überraschend schnellen und unblutigen Gelingen des Petrograder Staatsstreichs zu Trotzki gesagt haben.

Trotzki, einst und jetzt

Die «Aurora» hatte übrigens ihre denkwürdige Blindladung auf ein verabredetes Zeichen aus der gegenüberliegenden Peter-und-Paul-Festung abgefeuert. Hätte die Festung ihr Signal früher gegeben, so wäre das Winterpalais vielleicht schon am Tag des 25. Oktober (nach dem neuen Kalender der 7. November) gefallen und nicht erst nach Mitternacht. Indessen gab es auch auf seiten der Revolutionäre kleinere Pannen: Als Signal zum Schreckschuss für die «Aurora» war vereinbart worden, in der Peter-und-Paul-Festung eine rote Lampe am Mast hochzuziehen. Aber, schreibt Trotzki, die Lampe war zuerst nicht zur Hand, dann gab es Schwierigkeiten, sie so zu befestigen, dass sie von allen Seiten her gesehen werden konnte. Es verrinnt kostbare Zeit. Nach vielem Hin und Her wird schliesslich beschlossen, den Einsatz der «Aurora» durch einen Schuss aus einer der rostigen Festungskanonen auszulösen.

Die zentralen Fäden des revolutionären Geschehens liefen im Smolny zusammen, einem nach den Plänen Rastrellis (des Winterpalais-Architekten) erbauten Kloster, das später durch ein Institut für adlige Töchter erweitert worden war. Trotzki, der Vorsitzende des Petrograder Sowjets, war der entscheidende Planer und Leiter der bewaffneten Operationen, Lenin (der erst wenige Tage zuvor aus seinem finnischen Versteck in die Hauptstadt zurückgekehrt war) der unbestrittene geistige Führer des Umsturzes. Die beiden prominenten Revolutionäre sollen am Abend des 7. November in einem Nebenzimmer des Smolny erschöpft auf dem Fussboden eingeschlafen sein.

Das alles geschah vor genau sechs Jahrzehnten. Inzwischen ist die Revolution in die Jahre gekommen, die Stätten ihres Triumphes sind zu musealen Touristenattraktionen geworden, und die offizielle Darstellung jener folgenreichen Ereignisse hat manche willkürliche Beugung erfahren. Vor dem Haupteingang des Smolny-Instituts steht heute eine eherne Lenin-Statue in energischer Rednerpose. Die Touristenführerin hält einen Vortrag über die militärisch glänzende Abwicklung der bolschewistischen Machtergreifung. Trotzki, der organisatorische Kopf dieses Unternehmens, wird nicht erwähnt. Er gilt, obwohl ihn einer, der selbst nach offizieller Lesart gröblich gegen die «Leninschen Normen» verstossen hat, im Exil ermorden liess, noch immer als Unperson, deren Name höchstens als ideologisches Schimpfwort verwendet werden darf.

Rückblick auf die Zaren

Vor der Hauptfassade des prachtvoll-majestätischen Winterpalais werden die Tribünen für die grosse Jubiläumsparade aufgebaut, die allerdings im Schatten der Moskauer Konkurrenzveranstaltung auf dem Roten Platz stehen wird. Auf der anderen Newa-Seite, etwas oberhalb des Schauplatzes ihres historischen Einsatzes ist die »Aurora» auf ihrem «ewigen Ankerplatz» vertäut. Trotz dem «ewigen» Anspruch und der sorgfältigen Pflege hat der Zahn der Zeit doch schon etliche Rostflecken in das Revolutionssymbol geschlagen. Die mächtige Peter-und-Paul-Festung dagegen, das älteste Wahrzeichen Leningrads, scheint von solchen Spuren der Vergänglichkeit weitgehend gefeit. Die berüchtigten zaristischen Kerkerzellen im Südwestflügel, in denen so mancher Revolutionär geschmachtet hat und die man auch als Tourist nur mit ungemütlichen Gefühlen betritt, wirken weit eher für die Ewigkeit gemacht als die schwimmende «Morgenröte». Auch die Kathedrale im Zentrum der Festung steht so solide da, als ob kein Zeitenumbruch ihr je etwas anhaben könnte. Den goldenen Engel auf der steilen, 122 Meter hohen Turmspitze hat 1830 ein bärenstarker Handwerker ohne Gerüsthilfe wieder aufgerichtet. Die Legende will wissen, der wagemutige Mann habe dafür vom Zaren einen besonderen Becher bekommen, der in jeder Schenke des Landes gratis und à discrétion mit Wodka gefüllt werden musste, was den durstigen Inhaber vorschnell ins Jenseits gebracht haben soll. Si non è vero, è ben trovato ... und auf jeden Fall eine sehr russische Geschichte.

Im Innern der Peter-und-Paul-Kathedrale befinden sich die Grabstätten der Zaren von Peter I. bis zu Alexander III. Am stärksten ist das Besuchergedränge vor den marmornen Sarkophagen der beiden Grossen des Romanow-Hauses, Peter und Katharina, die — wie später die Oktoberrevolutionäre — Russland mit eiserner Hand zu neuen Machtaufbrüchen geführt haben. Die sorgfältige Pflege ihrer Gedenkstätten durch das Sowjetregime lässt — bei aller Verschiedenheit des weltanschaulichen Credos — die starke innere Kontinuität der russischen Herrschertradition erahnen.

Petersburg als geistiges Programm

Krönen liessen sich übrigens die Zaren immer im Moskauer Kreml. Die Dualität zwischen der alten Reichsmetropole mit ihrem unübersehbar orientalisch beeinflussten Gepräge und der von Peter dem Grossen in einem ungeheuren Kraftakt aus dem Sumpf gestampften, als prunkvolles «Tor zum Westen» konzipierten neuen Hauptstadt an der Newa symbolisiert eindringlich die geistige und kulturelle Ambivalenz dieses eurasischen Landkolosses. Mit der ihm eigenen ungestümen Energie (und oft sehr asiatisch-despotischen Methoden) versuchte Peter I., die januskopfige innere Verhaftung Russlands zwischen West und Ost nachhaltig zugunsten einer europäischen Orientierung zu verändern. Sein Petersburg war weit mehr als eine atemberaubende städtebauliche Leistung, es bedeutete ein geistiges Programm. Indessen hat die neue Hauptstadt, dieses gewaltige Monument westlicher Kunst und Lebensart, selbst in ihrer höchsten Blüte die Autorität Moskaus als historisches Zentrum des Landes, als Kern der «Sammlung russischer Erde» nach der langen Tatarenherrschaft, nie ernsthaft überspielen können. Immerhin hatte Petersburg eine Zeitlang den Rang einer ebenbürtigen Rivalin, aber seit die Bolschewiki nach dem Sieg der Oktoberrevolution das Machtzentrum des Landes wieder zurück in den Kreml verlegt haben, steht die Stadt an der Newa ganz im Schatten Moskaus. Ihr nach wie vor faszinierender äusserer Glanz lebt hauptsächlich von der Vergangenheit, was freilich nicht heissen will, dass der inhärente russische Zwiespalt zwischen Orient und Okzident in der Gegenwart weniger virulent wäre.

Petersburg, dessen Name bei Ausbruch des Ersten Weltkrieges zu Petrograd russifiziert und später in Leningrad umgetauft worden ist, hat dennoch in entscheidenden Etappen der nunmehr sechzigjährigen Sowjetgeschichte eine bedeutsame Rolle gespielt. Hier hat die bolschewistische Revolution ihren ersten grossen Sieg errungen. In Leningrad geschah der (aller Wahrscheinlichkeit nach von Stalin selbst inszenierte) Mord am einflussreichen örtlichen Parteisekretär Kirow, den der Diktator als Vorwand zur Entfesselung seines blutigen Säuberungsterrors ausnützte. Wenige Jahre später wurde Leningrad zum Schauplatz einer der furchtbarsten Tragödien des Zweiten Weltkrieges. Ueber eine Million Menschen sind während der neunhundert Tage dauernden Blokkade durch die Hitler-Truppen in dieser Stadt verhungert, erfroren oder tödlich verwundet worden.

Pracht und Enge

Man nennt Leningrad gelegentlich ein «Venedig des Nordens». Nicht nur der verschwenderische Stil ihrer Prachtbauten, auch die ganze Anlage dieser Stadt mit ihren offenen Kanälen, Inseln und unzähligen Brücken legen diesen Vergleich nahe. Aber man kann zwischen Leningrad und Venedig darüber hinaus eine Art innerer Verwandtschaft sehen. Leningrad droht zwar keineswegs zu versinken, und trotzdem scheint die Stadt in ihrer geschichtlich entrückten Schönheit und Macht von einer nostalgischen Stimmung eingehüllt. Bei nächtlichen Diskussionen mit Vertretern der einheimischen Intelligenzia kommt — schärfer als in Moskau — ein offenbar in diesen Kreisen weit verbreitetes Gefühl des Abgeschnittenseins zum Ausdruck. Leningrad sei wie ein schöner Friedhof, sagt resigniert eine Frau, die sich mit ausländischer Literatur befasst. Neben Moskau gehöre eben selbst Leningrad zur Provinz. In der Hauptstadt sei es in vielerlei Hinsicht besser bestellt: es gebe bessere Forschungsmöglichkeiten, einflussreichere Institute, vielfältigere Kontaktmöglichkeiten. Auch in bezug auf die materielle Versorgungslage seien die Moskauer deutlich privilegiert, in den Läden werde mehr und Besseres angeboten, es werde intensiver

Die Isaaks-Kathedrale in Leningrad.

Historische Aufnahme des Kriegsschiffes «Aurora».

gebaut, die Leute wohnten weniger gedrängt. Tatsächlich scheint in Leningrad die Wohnungsnot akuter als in der Kapitale: Dass ein Ehepaar mit einem einzigen Zimmer einer von mehreren Partien bewohnten Gemeinschaftswohnung vorliebnehmen muss, ist zumindest für jene Leute, mit denen wir gesprochen haben, der Normalfall. Wo da noch Platz für Kinder sein soll, bleibt unerfindlich.

Mehrere unserer Bekannten würden sofort nach Moskau umziehen, wenn sie dazu die Möglichkeit hätten. Aber das ist ein äusserst schwieriges Unterfangen. Eine Niederlassungsbewilligung für Moskau wird nur demjenigen gewährt, der entweder ein formelles Anstellungsverhältnis in der Hauptstadt nachweisen kann (gerade für Geisteswissenschafter sind indessen wegen des intensiven Andranges geeignete Posten besonders dünn gesät) oder sich ein Wohnrecht mittels «Einheirat» erwirbt (weshalb denn auch der Abschluss fiktiver Ehen mit Auswärtigen von gewissen Moskauern als lukratives Geschäft betrieben wird). Früher oder später kommt bei diesen Gesprächen die Rede auch auf das Thema Emigration. Auswandern oder nicht auswandern — in den Zirkeln der kritischen Intelligenz (dazu gehören keineswegs nur Dissidenten im engeren Sinn) scheint heute fast jedermann in irgendeiner Hinsicht von dieser Frage bewegt. Der seit Beginn der siebziger Jahre laufenden «dritten russischen Emigrationswelle» haben sich auch manche Leningrader angeschlossen. Keiner seiner ausgewanderten Bekannten, meint ein Einheimischer, sei wohl richtig glücklich im Ausland, aber ebenso habe er noch von keinem gehört, der wieder in die Sowjetunion zurückkehren möchte.

Isolierte Intelligenz

Je weiter unsere nächtliche Unterhaltung voranschreitet, desto leidenschaftlicher erhitzen sich die Gemüter. Der Wodka ist bereits ausgegangen, es wird Tee serviert. Das Gespräch dreht sich mittlerweile um das west-östliche Verhältnis, genauer um die Haltung des Westens gegenüber der russischen Intelligenz. Ein junger Mann kritisiert die seiner Meinung nach ungenügende westliche Anteilnahme an den Problemen des russischen Geisteslebens. Die schmale Schicht der echten Intelligenz dieses Landes habe sich seit jeher in einer doppelten Isolation befunden: sie sei isoliert sowohl gegenüber der breiten Masse der eigenen Gesellschaft als auch gegenüber der ausländischen Oeffentlichkeit, auf deren unbeständig schwankendes Engagement zu wenig Verlass sei. Dass es im Westen auch andere Fragen ähnlicher Art gibt, die die Gemüter bewegen — Südafrika, Chile zum Beispiel —, will dem jungen Leningrader Intellektuellen nicht so recht in den Kopf. Seiner Ansicht nach verkennt man in Europa die wahren Prioritäten der geistigen und politischen Auseinandersetzung.

Auf dem Weg zurück ins Hotel stossen wir auf eine endlos lange Kolonne von Militärfahrzeugen. Hinter den Mannschaftswagen folgen jeepartige Vehikel mit fahrbaren Kanonen im Schlepptau, dann dröhnen minutenlang mächtige Ungeheuer vorbei. Auf den Ladeflächen erkennt man die Umrisse langgestreckter, von dunklen Planen umhüllter Apparate. Raketenfahrzeuge? Der nächtliche Anblick dieses waffenstarrenden Konvois ruft unheimlich-beklemmende Gefühle hervor. Wie immer man sonst die Errungenschaften des sechzigjährigen Sowjetregimes beurteilen mag — im militärischen Bereich kann es an dessen moderner Macht und Stärke keinerlei Zweifel geben.

Man bekommt in Leningrad freilich auch sympathischere Spektakel zu sehen. In einem Kulturpalast wird schon seit drei Jahren die von einem Einheimischen komponierte Rock-Oper «Orpheus und Eurydike» gespielt. Die bisher über siebenhundert Vorstellungen waren jedesmal ausverkauft. Die Show, nachhaltig von einschlägigen westlichen Erfolgsmustern inspiriert, dreht sich um junge Liebe und frühes Leid, Politik und Ideologie spielen keine Rolle. Es gibt zündende Rhythmen, elektronisch verstärkt streckenweise zu ohrenbetäubendem Getöse anschwellend. Weniger überwältigend sind die choreographischen Arrangements und die unbeholfenen tänzerischen Leistungen. Das ausnahmslos sehr jugendliche Publikum reagiert mit bravem Applaus. In den ersten Vorstellungen soll es indessen zu Szenen frenetischer Begeisterung gekommen sein, behauptet der Komponist.

Ein vornehmer herausgeputztes Publikum trifft man im Grossen Dramatischen Theater, der renommiertesten Sprechbühne Leningrads. Auf dem Programm steht Arthur Millers «The Prize». Die Aufführung ist von tadelloser Perfektion.

Am stärksten indessen fasziniert uns eine eben erst angelaufene Inszenierung von Majakowskis Satirenstück «Banja» (Das Schwitzbad). Es entpuppt sich als beissende Persiflage auf die selbstgerechte Anmassung subalterner Parteibürokraten. Sogar die Zensurbehörde tritt im Theater auf und wird dabei schonungsloser Lächerlichkeit preisgegeben. Majakowski hat das Stück erst kurz vor seinem Selbstmord (1930) vollendet. Er hat sich damit offensichtlich seine tiefe Enttäuschung über die stumpfsinnige Bürokratisierung der Revolution, die er begeistert begrüsst hatte, von der Seele geschrieben. Wir wundern uns, dass diese so ungewöhnlich direkte Satire, deren Kritik nicht im geringsten an Aktualität eingebüsst hat, überhaupt in einem offiziellen Theater aufgeführt wird. Unsere Bekannten finden das nicht weiter erstaunlich. Majakowski sei eben längst zum sowjetischen Klassiker entrückt, und daher geniesse alles, was mit seinem Schaffen zusammenhänge, automatisch eine offizielle Weihe. Kritik an bestimmten Zuständen könne man ja auch regelmässig in der Tagespresse nachlesen, solche Ventile brauche selbst ein autoritäres Regime. Aber wenn man sich im Theater auch einmal über die Zensurbehörde lustig machen könne, so bedeute das ja keineswegs, dass sich an der praktischen Realität dieser Institution irgend etwas verändere.

Immerhin: zu Majakowskis Lebzeiten hatte die Zensur das (von Meyerhold inszenierte) Stück absetzen lassen, was wahrscheinlich mit zu den Gründen gehörte, die den Dichter kurz darauf in den Freitod trieben. Verglichen mit der finsteren Zeit der Stalin-Herrschaft, ist heute der Spielraum — nicht nur im Theater — doch merklich breiter geworden.

Auf den Spuren von Raskolnikow und Rasputin

«Es war», heisst es in Dostojewskis «Schuld und Sühne» über den jungen Raskolnikow, «etwa neun Uhr, als er über den Heumarkt kam. Die Verkäufer in den Buden, an den Verkaufsständen und Tischen schlossen zu oder räumten ihre Ware weg... um die Garküchen in den niedrigen Anbauten und in den schmutzigen und übelriechenden Höfen des Heumarktes und noch mehr vor den Schenken drängten sich Gewerbetreibende und Handwerker aller Art neben zerlumptem Gesindel. Raskolnikow hatte eine Vorliebe für diese Gegend und die Gässchen in der Nachbarschaft und wanderte gern hierher, wenn er ziellos durch die Strassen schlenderte.» Der frühere Petersburger Heumarkt, einst emsig wimmelnder Marktplatz und anrüchiges Zentrum der hauptstädtischen Halbwelt, heisst heute «Platz des Friedens», und Dostojewski würde ihn wohl kaum wieder erkennen. Das Gewirr der unzähligen Buden und Kneipen ist verschwunden, die Holzhäuser sind mächtigen Wohnblöcken gewichen. Kühle Planer haben den eng verwinkelten Platz in ein weites, aber langweiliges Asphaltgeviert verwandelt. An der Stelle der ehemaligen Erlöserkirche steht jetzt eine riesige Glas-Beton-Konstruktion: die Metro-Station.

Schlupfwinkel im Dachgeschoss

Aber nicht alles aus der alten Zeit des Heumarktviertels, dessen schmuddliges Kunterbunt aufs schärfste mit dem vornehmen Prunk des nahen Newski-Prospekts kontrastierte, ist den gefrässigen Bulldozern zum Opfer gefallen. In einer düsteren Seitengasse, unweit des Gribojedow-Kanals, steht noch das Eckhaus, in dem Dostojewski 1866, ständig von gierigen Gläubigern bedrängt, in fieberhafter Eile seinen bereits im voraus verpfändeten Roman «Schuld und Sühne» zu Papier gebracht hat. Ein paar Ecken weiter eine alte, hohe Mietskaserne. Ueber einige im aufgeweichten Torweg liegende Bretter gelangen wir in den von Bauutensilien verstellten Innenhof. In diesem Haus befand sich nach der Vorstellung des Dichters das Schlupfloch des heruntergekommenen Studenten Rodion Raskolnikow, hier liess er ihn seinen krankhaften Mordplan ausbrüten.

«Seine Kammer lag unmittelbar unter dem Dach des fünfstöckigen Hauses und glich eher einem Schrank als einem Wohnraum», schrieb Dostojewski. Wir steigen die abgewetzten Treppen hinauf. Die Wände sind frisch gestrichen, das alte Haus wird renoviert. Das schmale Dachzimmer Raskolnikows ist jetzt ebenfalls neu geweisselt und völlig leer. Dostojewski hat es so beschrieben: «Es war ein winziger Käfig, sechs Schritte lang, sah erbärmlich aus mit seinen gelblichen, verstaubten und stellenweise abgerissenen Tapeten und war so niedrig, dass ein hochgewachsener Mensch kaum aufrecht stehen konnte... die Möbel passten zu dem Raum selbst: Er enthielt drei nicht mehr ganz heile Stühle, einen gestrichenen Tisch in der Ecke, auf dem einige Hefte und Bücher lagen — schon an dem Staub, mit dem sie bedeckt waren, konnte man sehen, dass sie seit langem nicht mehr angerührt waren, und endlich ein plumpes, grosses Sofa, das fast die ganze Länge und die halbe Breite des Zimmers einnahm und früher einmal mit Kattun überzogen gewesen war, der jetzt in Fetzen herunterhing. Er diente Raskolnikow als Bett.» Durch das Kammerfensterchen erkennt man in der Ferne die goldene Riesenkuppel der Isaaks-Kathedrale. Hat Raskolnikow, der sich «von allen Menschen gänzlich zurückgezogen hatte wie eine Schildkröte unter ihrer Schale», in seinem dumpfen Brüten dieses religiöse Wahrzeichen nicht mehr bemerkt? Dostojewski gibt darüber keine Auskunft.

«Laus oder Mensch»

Unten im Hof, unmittelbar neben dem Hauseingang, gibt es eine kleine Holztür. Das muss der Verschlag des Hausknechts gewesen sein, aus dem Raskolnikow das Mordbeil entwendete, mit dem er die alte Wucherin Iwanowna und — was nicht zu seinem Plan gehörte — deren Schwester Lisaweta erschlug. Raskolnikow hat übrigens seine blutige Tat nicht in erster Linie wegen des Geldes verübt, sondern vor allem um einer wahnhaften Idee willen. «Ich wollte», sagt er später zu dem demütig sich aufopfernden Mädchen Sonja, «ein für allemal und schnell herausfinden, ob ich wie jeder andere eine Laus war oder ein Mensch. Ob ich die Schranken überschreiten könnte oder nicht, ob ich eine zitternde Kreatur war oder ob ich das Recht hätte . . .» Er wollte sich mit seiner Tat zu jener exklusiven Gattung von Auserwählten von der Art des Napoleon aufschwingen, denen alles erlaubt ist, weil sie die Kraft haben, sich von den Fesseln kleinlicher Skrupel zu befreien. «Der wahre Meister», argumentiert Raskolnikow, «dem alles erlaubt ist, stürmt Toulon, veranstaltet ein Massaker in Paris, vergisst seine Armeen in Aegypten, vergeudet eine halbe Million Menschen auf seinem Zug nach Moskau und macht sich in Wilna mit einem witzigen Aperçu davon. Und ihm werden nach seinem Tode Altäre errichtet, also ist alles erlaubt.» Dostojewskis Seelenporträt eines entwurzelten, von allen Bindungen entfremdeten nihilistischen Schwärmers scheint heute so aktuell wie vor hundert Jahren.

Vom Haus des finsteren Romanhelden ist es zu Fuss nicht weit bis zum Moika-Flüsschen. Die graue Glanzlosigkeit des Heumarktviertels liegt jetzt hinter uns, dem Moika-Ufer entlang trifft man wieder die Prachtfassaden des höfischen Petersburg. Da ist der weite hellgelbe, von weissen Säulen gestützte ehemalige Stadtpalast des Fürsten Jussupow. In dessen Mauern hat sich kurz vor dem Ende des Ancien régime eine Verschwörung abgespielt, dessen blutige Wirklichkeit den düsteren Fiktionen eines Dostojewski durchaus ebenbürtig scheint.

Der Mord am Hofgünstling

Hier ist in der Nacht vom 16. zum 17. Dezember des Jahres 1916 der geheimnisumwitterte Wundermönch Grigori Jefimowitsch Rasputin ermordet worden. Der ehrgeizige Fürst Felix Jussupow hatte ihm mit dem Versprechen, eine Begegnung mit seiner schönen jungen Frau zu arrangieren, zu einem Zechgelage in ein Kellergewölbe seines Palastes gelockt. Jussupow und seine drei Mitverschwörer waren überzeugt, dass die Zarenfamilie um jeden Preis vom übermächtigen Einfluss des dämonischen Bauern aus Kasan befreit werden müsse. Der zwielichtige, wegen seiner Wundertaten teils als Heiliger verehrte und wegen seiner Ausschweifungen und Machtgier gleichzeitig als Teufel verketzerte Mönch, so glaubten die fanatischen Nationalisten, sei der Hauptverantwortliche für die fatale Neigung von Nikolai II., für Russland einen Separatfrieden im Krieg gegen die deutsch-österreichische Allianz anzustreben.

Während die anderen Mitbeteiligten am Mordplan in den oberen Stockwerken warteten, bewirtete Fürst Jussupow seinen Gast im Keller des Palastes mit Schokoladetörtchen und Wein. Beides war mit Zyankali vergiftet. Rasputin ass drei Törtchen und leerte drei Gläser, aber das starke Gift zeigte keine Wirkung. Jussupow berichtet in seinen Memoiren, wie ihn Rasputin nur durchdringend anblickte und ihn aufforderte, ein Lied zu singen. Der Fürst stürzte aus dem Keller und holte bei seinen Freunden einen Revolver. Kurz darauf hörte man oben einen Schuss und den dumpfen Aufschlag eines schweren Körpers. Rasputin war offenbar tot. Die vier Verschwörer waren überzeugt, Russland von einem gefährlichen Dämon befreit zu haben. Erleichtert beratschlagten sie im Studierzimmer Jussupows über die Beseitigung der Leiche. Aber sie hatten zu früh frohlockt. Als der Fürst wieder in den Keller herunterstieg, richtete sich der bärenstarke Wundermönch noch einmal auf, packte ihn an der Uniform, kroch keuchend die Treppe empor und versuchte, über den schneebedeckten Innenhof des Palastes zu entfliehen. Seine Verfolger kamen ihm zuvor. Der Duma-Abgeordnete Purischkewitsch gesteht in seinen später veröffentlichten Aufzeichnungen, dass es ihm kurz vor dem Hofausgang schliesslich gelang, Rasputin mit vier Schüssen niederzustrecken. Die mit Stricken zusammengebundene Leiche wurde von einer Brücke herab in ein Eisloch der Newa geworfen. Ein paar Tage später wurde sie von der Polizei entdeckt. Die Zarengattin Alexandra Feodorowna, die Rasputin blind vertraut hatte, liess ihn an einem unbekannten Ort begraben. «Wenn Ihr mich verlässt, so werdet Ihr binnen eines Jahres Euren Thron und Euer Leben verlieren», soll der rätselvolle Mönche das Zarenpaar einst gewarnt haben. Zwei Monate nach Rasputins Tod musste Nikolai II. abdanken, und bald darauf wurde er zusammen mit seiner Familie erschossen.

Der Jussupow-Palast am Moika-Ufer dient heute der Leningrader Lehrergewerkschaft als «Kulturhaus». In der Eingangshalle steht eine riesige, schneeweisse Lenin-Büste. Unsere Bitte, das Innere des geschichtsträchtigen Gebäudes näher zu besichtigen, stösst bei der beleibten Türhüterin auf ein unerbittliches Njet.

Von Bessarabien zur Moldauischen Sowjetrepublik

Wechselvolle Herrschaften im Grenzland zwischen Russen und Rumänen

Wäre die schwedische Kollegin nicht dabeigewesen, so wären wir kaum auf die Idee gekommen, von Kischinjow, der Hauptstadt der Moldauischen Sowjetrepublik, einen Ausflug ausgerechnet nach dem verträumten Provinzstädtchen Benderi zu unternehmen. Die Kollegin aber forschte nach einer Fährte ihrer vaterländischen Geschichte: In Benderi nämlich hatte der heissspornige Schwedenkönig Karl XII. (der «letzte Wikinger») über drei Jahre lang als Flüchtling unter türkischer Herrschaft verbracht, nachdem ihn sein berühmter russischer Gegenspieler Peter der Grosse in der Schlacht bei Poltawa in der nahen Ukraine vernichtend geschlagen hatte. Eine sehr glückliche Zeit scheint Karl in Benderi nicht erlebt zu haben. Er wartete vergeblich auf das Eintreffen neuer Truppen, und am Ende musste er sich eilends aus dem Staube machen, da seine türkischen Gastgeber und Bundesgenossen, die sich mit dem Zaren zu arrangieren begannen, ihm sehr handfest auf den Leib rücken wollten.

Auf den Spuren Karls XII.

Die sechzig Kilometer lange Fahrt von Kischinjow nach Benderi am Dnejstr lohnt sich. Unter milder Herbstsonne gleiten wir im Intourist-Auto an endlosen Traubenhainen und gepflegten Obstkulturen vorbei. Ueberall ist die Weinlese in vollem Gange. In den Dörfern, wo üppige Privatgärtchen die schmucken Bauernkaten umgeben, begrüssen uns schnatternde Gänsescharen. Beim kleinen Ortsmuseum in Benderi freilich stossen wir auf geschlossene Türen. Auf unsere Frage nach irgendwelchen Spuren vom legendären Schwedenkönig will eine freundliche Einheimische etwas von einem Denkmal im nahen Flecken Warniza läuten gehört haben. Dort machen wir zu guter Letzt einen redseligen Alten ausfindig, der genauer Bescheid weiss. Durch holprige Dorfpfade dirigiert er uns in den verwilderten Garten seines uralten Geburtshauses, nur wenige Schritte vom Dnjestr-Ufer entfernt. Halb verdeckt von knorrigem Geäst und ungestüm wucherndem Unkraut steht da vereinsamt ein gedrungener, vielleicht zwei Meter hoher Obelisk. Davor ein von Fliegen heftig umsummter Kaninchenkadaver. Jawohl, das sei das Monument für den Schwedenkönig, erklärt der Alte gewichtig.

Etwas perplex ob dem heruntergekommenen Denkmalplatz suchen wir vergeblich nach einer Inschrift: die vierkantige, oben zugespitzte Säule ist irgendwann einmal offensichtlich mit Zement überpflastert worden. Ob sich denn niemand mehr um die Gedenkstätte kümmere? Der Alte zuckt die Schultern. Vor Jahren habe er deswegen einen Brief an die lokale Behörde geschrieben. Er solle mit dem Stein machen, was er wolle, sei ihm beschieden worden. Zur Zeit der Rumänen sei das allerdings anders gewesen. Damals, in den zwanziger und dreissiger Jahren, habe es um den Obelisken eine hübsche Gartenanlage gegeben, zu deren Pflege ihm ein regelmässiges Honorar überwiesen worden sei. Sogar eine schmetternde Blasmusik habe man hier gelegentlich aufmarschieren lassen — sehr zum Missvergnügen der Sowjets, die damals noch am jenseitigen Ufer des Dnjestr auf Grenzwacht standen.

Jetzt beginnen uns die Zusammenhänge langsam aufzudämmern. Den rumänischen Herren diente die angelegentliche Denkmalpflege für den längst verflossenen Schwedenkönig am Dnjestr-Fluss offensichtlich nicht zuletzt als herausfordernde Präsenzdemonstration gegenüber den kaum einen Büchsenschuss entfernten russischen Nachbarn, mit denen sie sich zu jener Zeit sehr schlecht verstanden und denen während der Bürgerkriegswirren die seit jeher umstrittene Provinz Bessarabien zwischen Pruth und Dnjestr amputiert worden war. Kein Wunder deshalb, wenn die Sowjets, als sie im Verlauf des Zweiten Weltkrieges das Gebiet jenseits des Dnjestr wieder in Besitz nahmen, die zum Aerger gewordene Schwedensäule verkommen liessen und deren Inschrift kurzerhand überkleisterten.

Inspiration für Puschkin

Es waren indessen nicht die rumänischen Machtwalter, die das kleine Monument zur Erinnerung an die bessarabische Exilzeit Karls XII. errichtet hatten, sondern deren Vorgänger, die zaristischen Oberherren, die schon zur Beleuchtung des glorreichen Sieges bei Poltawa ein Interesse daran haben mussten, die Spuren des grossen schwedischen Widersachers nicht zu verwischen. Puschkin liess es sich während seiner dreijährigen Verbannung in Kischinjow denn auch nicht nehmen, zweimal (1821 und 1824) nach Benderi zu reisen und von dort im Dörfchen Warniza den heute überwucherten Gedenkstein zu besichtigen, auf dem einstmals — wie man aus einer literarischen Broschüre erfährt — geschrieben stand: «Karl XII., schwedischer König. Errichtet zum Gedenken an seinen Aufenthalt.» Der historische Ort scheint Puschkin übrigens für sein späteres «Poltawa»-Versepos inspiriert zu haben, in dem er am Schluss die Exilstätte des Schwedenkönigs bei Benderi beschreibt. Offenbar war damals auch noch die Ruine von Karls einstigem Quartier zu sehen, denn Puschkin schildert die Szenerie wie folgt:

Im Lande, wo um sanfte Hügel
In langer Reihe Mühlenflügel
Als friedliche Umzäunung stehn,
Wo Büffel um die Gräber gehn,
In denen Krieger liegen, rufen
Ein Hausgemäuer ohne Dach,
Davor drei moosbedeckte Stufen
An Karl Erinnerungen wach.

Wie in einem Brennglas bündeln sich an diesem verträumten Flecken am Dnjestr-Ufer die wechselvollen Strömungen im oft sturmbewegten Schicksal Bessarabiens. In dem fruchtbaren Hügelland zwischen Pruth, Dnjestr und der Donaumündung am Schwarzen Meer — ein Gebiet von der Grösse der Schweiz — sind russische und rumänische Expansionsambitionen während der letzten 150 Jahre immer wieder hart zusammengeprallt, und selbst heute haben sich trotz der soliden Zementierung des Status quo die explosiven früheren Reibungsflächen noch nicht restlos abgeschliffen.

Umstrittene Randprovinz

Die Gegend gehörte einst, bis zu dessen Zerfall nach dem Mongolensturm, zum Kiewer Reich. Im 14. Jahrhundert erorberte es der walachische Fürst Matei Basarab, auf den der Name «Bessarabien» zurückgeht und der es dem rumänischen Fürstentum Moldau integrierte. Ende des 15. Jahrhunderts wurde Bessarabien von den Türken erobert, die das Grenzland indessen 1812 der nach allen Richtungen ausgreifenden Grossmacht Russland abtreten mussten. Nach der Niederlage im Krimkrieg wurde der südliche Teil Bessarabiens vom Zarenreich abgetrennt und erneut dem Fürstentum Moldau zugeschlagen, doch schon auf dem Berliner Kongress (1878) erreichte Moskau die Rückgängigmachung dieses Schrittes. Als Gegenleistung anerkannte Russland die Unabhängigkeit des neu gegründten rumänischen Staates.

Der Ausbruch der Oktoberrevolution und der russische Bürgerkrieg stimulierten in den Randprovinzen des Vielvölkerreiches starke autonomistische Tendenzen. 1917 beschloss ein mehr oder weniger repräsentativer «Landesrat» in Kischinjow die Ausrufung einer unabhängigen «Moldauischen Demokratischen Republik». Kurz darauf marschierten sowohl bolschewistische als auch rumänische Truppen ins Land. 1918 votierte der «Landesrat» für die Vereinigung Bessarabiens mit dem autoritär regierten Königreich Rumänien. Nach sowjetischer Version handelt es sich bei diesem Schritt um eine «räuberische Annexion». Die rumänische Geschichtsscheibung dagegen beruft sich auf das legitime Selbstbestimmungsrecht der Rumänen Bessarabiens, die damals wie heute eine klare Bevölkerungsmehrheit stellen. Moskau hat den Abfall von 1918 nie anerkannt. Der Pakt mit Hitler im Jahre 1939, dessen geheime Zusatzprotokolle Bessarabien grosszügig der sowjetischen Interessensphäre zuschlugen, gab Stalin Gelegenheit, die alte Scharte wieder auszuwetzen. Nach einem auf 24 Stunden befristeten Ultimatum besetzte die Rote Armee die einstige zaristische Provinz westlich des Dnjestr. Obwohl Hitler dabei für die rumänischen Interessen keinen Finger gerührt hatte, trat das rechtsradikale Regime in Bukarest ein Jahr später an der Seite Deutschlands in den Krieg gegen die Sowjetunion ein. Die rumänischen Truppen begnügten sich nicht nur mit der Rückeroberung der verlorenen Gebiete, sondern drangen darüber hinaus bis nach Odessa vor. Obwohl Bukarest 1944, praktisch in letzter Minute, noch die Front wechselte und sich den Alliierten anschloss, musste es nach Kriegsende die «endgültige Vereinigung» Bessarabiens mit der Sowjetunion anerkennen. Allein zwischen 1918 und 1944 hatte die idyllische Agrarprovinz somit nicht weniger als viermal die Hand zwischen Russen und Rumänen gewechselt.

Ceausescu als Nationalist

Die rumänischen Kommunisten, die 1945 nur dank der massiven sowjetischen Truppenpräsenz in Bukarest die Macht an sich reissen konnten, haben in dieser heiklen bilateralen Frage seit einigen Jahren einen bemerkenswerten Gesinnungswandel signalisiert, der für Ostblockverhältnisse geradezu eine Sensation bedeutete. Schon 1918 hatte die rumänische KP den Anschluss Bessarabiens an Bukarest verurteilt und während Jahrzehnten getreulich die Zugehörigkeit dieses Gebietes zur Sowjetunion propagiert. Im Zuge der von KP-Chef Gheorghiu-Dej eingeleiteten und später von dessen Nachfolger Ceausescu weiter profilierten Distanznahme von der totalen Identifikation mit den Kreml-Positionen begann die Parteiführung auch den Standpunkt zum Bessarabienproblem zu revidieren. 1964 beispielsweise publizierten angesehene rumänische Historiker bisher unveröffentlichte Manuskripte von Karl Marx, in denen der kommunistische Erzvater die russische Politik gegenüber den rumänischen Fürstentümern und insbesondere den «Raub Bessarabiens» heftig verurteilte — eine Demonstration, deren aktuelle Spitze niemand übersehen konnte. Acht Jahre später erklärte Ceausescu in einer grossen öffentlichen Rede, seine Partei habe «in der Zeit zwischen den beiden Weltkriegen» neben ihrer richtigen Haltung gegen die Unterdrückung einzelner Nationalitäten «auch falsche Losungen betreffend die Abtrennung rumänischer Staatsgebiete erlassen». Obwohl der Parteichef die Dinge nicht direkt beim Namen nannte, gab es keinen Zweifel darüber, dass er dabei in erster Linie die Bessarabienfrage im Auge hatte.

Bedeutete diese spektakuläre Volte in der offiziellen Haltung der rumänischen Kommunisten auch die Annullierung des früheren endgültigen Verzichts auf das verlorene Grenzgebiet? Spekulationen in dieser Richtung haben sich als übertrieben erwiesen. Im Sommer 1976 sorgte Ceausescu selbst für eine gewisse Klärung, indem er auf dem Weg zu einem Treffen mit Breschnew auf dem Kreml der Hauptstadt der Moldauischen Sowjetrepublik einen formellen Höflichkeitsbesuch abstattete und damit den Kombinationen über eine direkte Infragestellung des Status quo sichtbar die Spitze brach. Immerhin hat die rumänische KP kaum weniger unmissverständlich zu verstehen gegeben, dass sie trotz der formellen Anerkennung zumindest die historische Grundlage dieses Status quo nicht für glücklich hält, was denn auch die sowjetischen Funktionäre jenseits des Pruth verschiedentlich zu gereizten geschichtlichen Belehrungen gegen die «westlich unseres Landes» verbreitete «Verwirrungspropaganda» provoziert hat.

Bemerkenswerte Blüte

Die Moldauische Sowjetrepublik ist neben Armenien die kleinste der 15 Sowjetrepubliken. Mit knapp drei Millionen Einwohnern und rund 38 000 km^2 umfasst sie ganze 0,15 Prozent des sowjetischen Staatsgebietes (ein kleiner Teil des historischen Bessarabiens ist der Ukraine angeschlossen worden). In mancher Hinsicht scheint die sanfte Hügelprovinz inzwischen zu einer Art «Musterländle» im Sowjetverband avanciert zu sein. Das gilt insbesondere für die Landwirtschaft, die freilich durch die Fruchtbarkeit des Bodens und das milde südliche Klima begünstigt wird. Dennoch wird in der Sowjetpresse häufig auf das positive Beispiel der Moldaurepublik verwiesen, in der die vielbeschworene Industrialisierung und Spezialisierung der Agrarproduktion offenbar sehr ermutigende Erfolge erzielt hat. Tatsächlich lässt ein Augenschein zwischen Pruth und Dnjestr eindrucksvolle Entwicklungsfortschritte erkennen. Eine Mischung aus dörflicher Balkanidylle, bäuerlicher Behäbigkeit und westlich angehauchter Effizienz scheint über dem Lande zu liegen, wenn man durch die kilometerweiten, auffallend gepflegten Weinspaliere, Tabakfelder und Obstgärten fährt oder sich in der zwar kleinen, aber bequemen und liebevoll eingerichteten Behausung eines Sowchosbauern umsieht.

In der Halbmillionenstadt Kischinjow, wo von der historischen Altstadt ausser einigen malerischen Häuserzeilen leider nicht mehr viel übriggeblieben ist, schiessen die riesigen Wohnblöcke förmlich aus dem Boden. Die allerjüngsten Exemplare zeigen sogar eine merklich originellere und sympathischere Architektur als die lieblosen Einheitsmuster in anderen Sowjetstädten. Die

Moldau ist indessen längst kein reines Agrarland mehr. Laut offiziellen Angaben stammen heute 60 Prozent des Volkseinkommens aus der hauptsächlich in den letzten Jahrzehnten entwickelten Industrie. Neuestens werden in einer Fabrik bei Kischinjow sogar einheimische Tabake zu «Marlboro»-Zigaretten verarbeitet. Für die prestigeträchtige Kapitalistenmarke «Made in USSR» muss der Sowjetraucher indessen einen runden Rubel pro Päckchen springen lassen — dreimal mehr als für sowjetische Sorten. Mit besonderem Stolz streichen die offiziellen Gesprächspartner weiter die umfassenden Erfolge auf dem Sektor Bildungswesen hervor. Vor dem Zweiten Weltkrieg, so wird man belehrt, hätten 80 Prozent der Bevölkerung nicht schreiben und lesen können, heute dagegen gebe es praktisch kein Analphabetentum mehr. Diese Auskunft bestätigt später bei einer privaten Unterhaltung auch eine ältere Moldauerin, die indessen die über zwanzigjährige Rumänenherrschaft zwischen den beiden Weltkriegen keineswegs nur als jene finstere Vorhölle in Erinnerung hat, als die sie heute in den sowjetischen Broschüren geschildert wird. Immerhin bestreiten selbst kritische Gemüter nicht, dass die Entwicklung Bessarabiens damals entschieden stagnierte und von Bukarest ziemlich vernachlässigt wurde.

Prokonsul Breschnew

Die Sowjetisierung dieses Gebiets nach 1945 verlief durchaus nicht reibungslos, aber die Moskauer Funktionäre griffen mit harter Hand durch. Zu denen, die sich bei dieser Aufgabe auf vorderstem Posten auszeichneten, gehört der heutige Staats- und Parteichef Leonid Breschnew. Breschnew wurde von Stalin im Jahre 1950 vom Provinzpräfekten in der Ukraine zum Ersten Parteisekretär der jungen Moldauischen Sowjetrepublik befördert, was einen markanten Sprung in seiner Karriere bedeutete. Drei Jahre lang schaltete der damals 45jährige in Kischinjow mit zäher Energie. Er liquidierte das «Kulakentum als Klasse», vollendete in kürzester Zeit die Kollektivisierung der Landwirtschaft, ging gegen einzelne noch verbliebene Partisanengruppen vor und forcierte energisch den wirtschaftlichen und administrativen Aufbau des Landes. Es gab in jenen Jahren auch grossangelegte «freiwillige» Umsiedlungen von einheimischen Moldauern nach dem Innern Russlands und nach Zentralasien. Wer unter Stalin Karriere machte, konnte sich keine Zimperlichkeiten leisten. Dass sehr ernsthafte Widerstände gebrochen werden mussten, geht unter anderem aus den Reden hervor, die Breschnew damals vor dem moldauischen ZK hielt.

Im Vergleich zu jenen stürmischen Jahren haben sich mittlerweile die Verhältnisse im ehemaligen Bessarabien offensichtlich solide konsolidiert. Anders als etwa in den kaukasischen Republiken, im Baltikum oder in der Ukraine hat man hier von offenen nonkonformen Nationalregungen seit langem nichts mehr vernommen, was freilich nicht heisst, dass jedermann zufrieden wäre. Auch aus der Moldau schliessen sich manche Enttäuschte der jüdischen Emigrationsbewegung ins Ausland an. Von einer akuten Virulenz der bessarabischen Nationalitätenfrage kann aber heute angesichts der realen Machtverhältnisse und der im ganzen recht geschickten sowjetischen Entwicklungspolitik in diesem Grenzland nicht die Rede sein.

Immerhin legen gerade die offiziellen Repräsentanten in Kischinjow eine ausgeprägte Sensibilität zu diesem Thema an den Tag. Mit angestrengter Bemühtheit verbreitet man sich über die angeblichen ethnischen Unterschiede zwischen den einheimischen «Moldawiern» (sie machen zwei Drittel der

Gesamtbevölkerung aus) gegenüber den Rumänen jenseits der Grenze. Bei einem Gespräch in der lokalen Akademie der Wissenschaften überfahren uns zwei würdige Amtslinguistiker mit einem gewaltigen Schwall komplizierter Erklärungen und gutachtlicher Zitate, die beweisen sollen, dass es sich bei der rumänischen Sprache einerseits und beim Moldauischen anderseits um zwei wesentlich verschiedene Dinge handle. Wohl gebe es gemeinsame Wurzeln, aber inzwischen hätten sich die beiden Idiome in gänzlich verschiedener Richtung entwickelt. Aus dem einstigen rumänischen Dialekt sei das Moldauische heute zur selbständigen Nationalsprache der Moldauischen Sowjetrepublik geworden. Dieser Differenzierungsprozess vertiefe sich zunehmend: während das lateinisch geschriebene Rumänische stark vom westeuropäischen Sprachraum her beeinflusst wurde, strebe das kyrillisch geschriebene Moldauische in seiner Struktur- und Terminologieentwicklung entschieden dem russischen Pol entgegen. Das alles mag nicht ganz ohne Richtigkeit sein. Dennoch verstehen sich Moldauer und Rumänen mühelos, und distanziertere Fachleute beurteilen die krampfhafte Trennung zwischen einer angeblich selbständigen moldauischen Nationalsprache und dem Rumänischen als übertrieben spitzfindig und wissenschaftlich nicht haltbar.

So viel liegt jedenfalls auf der Hand: Wäre das Ganze nur eine akademische und nicht in erster Linie eine politische Frage, so würde sich darüber auch niemand ereifern. Den Sowjets aber ist offensichtlich viel daran gelegen, die engen ethnischen Bindungen von zwei Dritteln der bessarabischen Bevölkerung zugunsten eines neuen «moldawischen» Volksbewusstseins möglichst in den Hintergrund zu drängen, um so irgendwelchen Vereinigungsansprüchen — von welcher Seite auch immer — selbst die theoretische Grundlage zu entziehen.

Gestalten und Geschichten um «Mütterchen Wolga»

Vom Platz des kolossalen Lenin-Gedenkzentrums in Uljanowsk fällt das Ufer steil zur Wolga hinab. Breit und träge dehnt sich der mächtige Strom durch die unendliche Tiefebene. Von hier oben wirken die schweren Lastkähne auf den graubraunen Fluten wie artige Kinderspielzeuge. «Mütterchen Wolga» — Russlands Lebensader, pflegt man hierzulande zu sagen. Die Bezeichnungen deuten das sentimentale Verhältnis an, das die Russen mit diesem gewaltigen, in vielen Liedern und Epen besungenen Gewässer verbindet.

Ein Netz von Wasserstrassen

Allein schon seine geographischen Dimensionen sind von echt russischem Gepräge. Zwischen dem Quellgebiet im Norden Moskaus und der Mündung bei Astrachan durchmisst die Wolga eine Strecke von 3700 Kilometern; sie ist der längste Strom Europas. Von fünf Meeren her kann die Wolga heute per Schiff erreicht werden: über die natürliche Mündung vom Kaspischen Meer, über den Wolga-Don-Kanal vom Asowschen und vom Schwarzen Meer, über den Moskwa-Wolga-, den Weissmeerkanal und die baltischen Kanäle vom Finnischen Meerbusen und von den Nordmeeren. Durch dieses vielseitige Anschlusssystem ist die Wolga zur Hauptader eines bequemen Wasserstrassennetzes geworden, das die riesigen Weiten des europäischen Russland bruchlos verbindet. Das Wolgabecken allein erstreckt sich über eine Fläche, in der Deutschland, Frankreich, Italien und England zusammengenommen spielend Platz fänden. Im Winter freilich bringt das Eis die Schiffahrt während rund vier Monaten zum Erliegen. Durch mächtige Dämme sind in den letzten Jahrzehnten am Mittel- und Unterlauf der Wolga langgestreckte, über Hunderte von Kilometern reichende Stauseen entstanden, die im Russischen nicht zu Unrecht als «Meere» bezeichnet werden. Diese künstlichen Eingriffe erleichtern einerseits die Schiffahrt, dienen der Bewässerung der ausgedehnten Halbsteppen und versorgen überdies die wichtigen Industriezentren am Stromufer mit elektrischer Energie.

Bedingt offenbar durch die intensive Nutzung, wird heute schon ein empfindliches Wasserdefizit der Wolga beklagt, das sich durch die steigenden Bewässerungs- und Industriebedürfnise in Zukunft weiter verschärfen wird. Verknüpft mit dem ungenügenden Zufluss der Wolga scheint auch der permanente Rückgang des Wasserstandes im Kaspischen Meer, der die sowjetischen Umweltspezialisten ernsthaft beunruhigt. Zur Lösung dieser Probleme werden gigantische Projekte gewälzt. Die zentrale Idee besteht darin, einen Teil der riesigen Wassermassen der sibirischen und karelischen Flüsse, die sich heute noch weitgehend ungenutzt in die Nordmeere ergiessen, nach Süden in die Wolga und die Trockengebiete Zentralasiens umzuleiten. Obwohl diese Pläne seit Jahren in der Sowjetpresse diskutiert werden und zahlreiche Institute mit entsprechenden Studien beschäftigt sind, ist ein definitiver Entscheid über die Verwirklichung noch nicht gefallen. Neben kostenmässigen Bedenken sind verschiedentlich auch prononcierte umweltschützerische Einwände gegen derart umwälzende Natureingriffe vorgebracht worden.

Wiege Lenins

Seit der Mitte des 16. Jahrhunderts, als Iwan der Schreckliche im Zuge der kräftigen Expansion des jungen Moskowiterreiches endgültig die Stadt Kasan, das Zentrum der Goldenen Horde, eroberte und später bis hinunter nach Astrachan vorstiess, ist die Wolga fast durchgehend unter russischer Herrschaft verblieben. Manche entscheidenden Wendungen in der bewegten Geschichte Russlands haben sich in diesem weiten Stromland abgespielt, und viele berühmte Namen sind aus der schweiss- und blutgetränkten Erde zwischen Don und Wolga hervorgewachsen. Seiner politischen Wirkung nach der grösste Sohn der Wolga ist zweifellos Wladimir Iljitsch Uljanow, genannt Lenin, der Gründer und Nationalheilige des Sowjetreiches. Lenin hat seine ganze Jugendzeit an der Wolga zugebracht. Eigentlich, schreibt sein Biograph Louis Fischer, hätte es nähergelegen, wenn er sich den Namen «Wolgin» zugelegt hätte. Aber diese Bezeichnung war bereits von Plechanow, dem Vater des russischen Sozialismus, belegt. Der Ursprung von Lenins Revolutionärsnamen ist nicht eindeutig eruiert; man vermutet, dass er auf die sibirische Lena, Russlands längsten Strom, zurückgeht.

Nach Lenins Tod hat man seine Geburtsstadt Simbirsk in Uljanowsk umgetauft. Uljanowsk, einst ein verschlafenes Provinzstädtchen, ist heute ein grösseres Industriezentrum mit rund vierhunderttausend Einwohnern. Hier werden unter anderem militärische Geländewagen, eine Abart des amerikanischen Jeeps, gebaut. Die durch radikale Eingriffe stark veränderte Innenstadt über dem rechten Steilufer der Wolga ist zu einer weitläufigen Lenin-Kultstätte hergerichtet worden. Ueber dem altrussischen Bürgerhaus, in dem Wladimir Iljitsch am 22. April 1870 das Licht der Welt erblickte, hat man auf mächtigen Säulen einen gewaltigen Museumstempel hochgezogen — ein augenfälliger Beweis dafür, dass Geschmack und Monumentalität oft wenig miteinander zu tun haben.

Dichtere Atmosphäre empfängt den Besucher in dem recht behäbigen zweistöckigen Holzhaus an der Leninstrasse, das Vater Uljanow — er bemühte sich erfolgreich um den Ausbau des Schulwesens im Simbirsker Bezirk und wurde dafür vom Zarenregime mit dem hohen Titel eines «wirklichen Staatsrates» belohnt — 1878 erworben hatte und in dem seine Familie während neun Jahren wohnte. Durch die minuziös rekonstruierte Behausung werden auf Filzpantoffeln und unter weihevollen Erläuterungen täglich endlose Ströme von sowjetischen Schülern und Touristengruppen geschleust. Wolodja (Kosename für Wladimir), das dritte von sechs Uljanow-Kindern, war 16 Jahre alt, als der Vater starb. Ein Jahr darauf wurde sein ältester Bruder Sascha in Petersburg hingerichtet. Sein Plan, zusammen mit anderen Verschwörern Zar Alexander III. mit einer Bombe in die Luft zu sprengen, war entdeckt worden. Die Mutter, Maria Alexandrowna, eine geborene Blank, die von ihrer Mutter deutsches Blut in den Adern hatte und eine starke Persönlichkeit gewesen sein muss, begleitete den erst Fünfundzwanzigjährigen zum Galgen und sprach ihm Mut zu. Ihre Bitte, den Zaren um Gnade anzuflehen, hatte der stolze Sohn abgelehnt. Saschas jüngerer Bruder ging umsichtiger ans Werk. Er hielt nichts von

Pioniere auf Ehrenwache für die Gefallenen des Zweiten Weltkrieges.

anarchistischen Bombenaktionen. Genau dreissig Jahre nach der Hinrichtung seines Bruders hat Lenin die Macht in Russland erobert.

Unsterbliche «Oblomowerei»

An der gleichen Strasse, in der die Uljanow-Familie bis zu ihrem Wegzug nach Kasan lebte, ist übrigens ein anderer grosser Sohn Simbirsks geboren: Iwan Gontscharow, der in seinem berühmten Roman «Oblomow» einen Menschentypus und eine Welt geschildert hat, die genau das Gegenteil darstellen von dem, was Lenin verkörperte, aber deswegen nicht weniger charakteristisch sind für einen tief eingefleischten Grundzug russischer Wirklichkeit. Der Ausdruck «Oblomowerei» ist zum Synonym geworden für träges, apathisches Verhalten, für schläfrige Provinzzustände und friedliches Verdämmern in resignierten Betrachtungen über die eigene Tatenlosigkeit. «Jeder einzelne von uns hat etwas von Oblomow an sich», schrieb im 19. Jahrhundert ein bekannter russischer Kritiker. Lenin hat Gontscharows Roman oft zitiert. Er war entschlossen, der «Oblomowerei» den Garaus zu machen. Vieles hat sich seither tatsächlich verändert, und sowohl Lenin als auch Gontscharow würden im heutigen Uljanowsk mit seinen protzenden Betonpalästen das einstige Simbirsk mit seinen damals 30 000 Seelen kaum wiedererkennen. Aber dass die «Oblomowerei» in diesem weiten Land endgültig ausgehaucht hätte, wird man nach vielseitigen Erfahrungen im bürokratisch-offiziellen und im privaten Bereich nicht behaupten können.

Lenin war aber durchaus nicht der einzige Revolutionär, der die Geschichte von Simbirsk mitgeprägt hat. Bereits im 17. Jahrhundert war die Stadt Schauplatz erbitterter Kämpfe gegen die Bauern- und Kosakenhaufen des wilden Revoluzzers «Stenka» (Stepan) Rasin, der vom Don her die Wolga hinauf mordend und plündernd gegen die Feudalherren zu Felde zog. Nach eindrucksvollen Anfangserfolgen bot ihm der Zar straflose Versöhnung an, doch Stenka Rasin, der zuerst Miene gemacht hatte, auf den Schlichtungshandel einzugehen, liess den Ueberbringer des Begnadigungsschreibens kurzerhand im Don ertränken. Darauf eroberte er weite Teile des Wolgabeckens. 1670 stand er mit 200 Schiffen und einem grossen Reiterheer vor Simbirsk. Trotz mehrmaligem blutigem Anrennen gelang es dem verwegenen Bauernführer indessen nicht, in die starke Kreml-Festung (die heute verschwunden ist) einzudringen. Ein Jahr später wurde Stenka Rasin von zaristischen Truppen gefangengenommen und in Moskau gevierteilt. Auf beiden Seiten kam es während des wilden Aufruhrs zu entsetzlichen Grausamkeiten, denen Zehntausende von Menschen zum Opfer fielen.

Frühe Rebellen

Rund hundert Jahre später entfachte ein anderer Kosake, Jemeljan Pugatschow, in dem von russischen Bauern, Tataren, Baschkiren, Kalmücken und Mordwinen besiedelten Gebiet zwischen Wolga und Ural einen nicht weniger blutigen Aufstand gegen die Zentralgewalt Katharinas II. Pugatschow behauptete, der von Katharina entthronte Zar Peter III. zu sein. Erst als die Herrscherin ihre besten Heerführer, darunter General Suworow, einsetzte, gelang es, die aufrüherischen Horden zu zerschlagen. Der bärtige Pugatschow wurde in Simbirsk gefangengenommen und im Keller eines Hauses, an dessen Stelle heute das Uljanowsker Schauspielhaus steht, in Ketten geschmiedet. Von da aus schleppte man den falschen Zaren im Käfig durchs Land, um ihn schliesslich in Moskau zu enthaupten. Lenin soll in seiner Jugend im Keller des heutigen Schauspielhauses nach einem geheimen Gang geforscht haben, durch den Pugatschows Anhänger ihren Anführer angeblich zu befreien versuchten.

Eine noch gewichtigere Rolle als Simbirsk-Uljanowsk hat die weiter südlich an der Wolga gelegene Stadt Zarizyn, das heutige Wolgograd, gespielt. Gleich zweimal in den letzten sechzig Jahren ist dieser Ort Schauplatz militärischer Entscheidungen gewesen, deren machtpolitische Wirkungen weit über die russischen Grenzen hinausreichten. Während des Bürgerkrieges versuchten die weissen Truppen an dieser engsten Stelle zwischen Don und Wolga einen Durchbruch gegen die bolschewistischen Stellungen zu erzielen, um so ihre im Süden unter General Denikin operierenden Armeen mit den von Sibirien und dem Ural vordringenden unter Admiral Koltschak zu einer einheitlichen Front zu vereinigen. Stalin wurde von Moskau an die Südfront abkommandiert, um als politischer Kommissar zusammen mit Oberbefehlshaber Woroschilow die Verteidigung dieses wichtigen Abschnittes zu organisieren. Zarizyn konnte gehalten werden. Stalin tat sich an der Südfront durch skrupellose Härte und Eigenmächtigkeit hervor, die teilweise auch Lenins Missfallen erregte. Vor allem auf Betreiben seines Rivalen Trotzki wurde er vorzeitig wieder von seinem Posten abberufen. Nichtsdestoweniger schrieb sich Stalin den gewichtigen Sieg bei Zarizyn später auf sein persönliches Konto: ein Jahr nach Lenins Tod wurde die Stadt in Stalingrad umgetauft.

Stalingrad

Dieser Name ist zum Stichwort für eine der grössten Schlachten der Geschichte geworden. 22 Jahre nach seiner ersten militärischen Mission an der Wolga errang Stalin als Oberkommandierender der Roten Armee einen gewaltigen Triumph über die deutschen Invasoren; Stalingrad bedeutete für das Hitler-Regime den Anfang vom Ende seines Eroberungsfeldzuges im Osten. Mitte September 1942 war die deutsche Sechste Armee in einer weit vorgezogenen Aktion bis in die Stadt vorgedrungen. Indessen gelang es ihr nie, das Wolgaufer vollständig in die Hand zu bekommen. Die Verteidiger unter Marschall Tschuikow kämpften verbissen um jedes Haus. Im November gingen die Sowjets zum Gegenangriff über. Die nur dünnen Verbindungslinien der Deutschen zur Hauptfront wurden durchstossen und Stalingrad in wenigen Tagen eingekesselt. Nach dem ursprünglichen sowjetischen Plan hätten auch die in den Kaukasus vorgeprellten deutschen Armeen abgeschnitten werden sollen, doch konnten sich diese noch rechtzeitig zurückziehen. Hitler lehnte jeden Gedanken eines rechtzeitigen Rückzuges aus Stalingrad ab. Ein deutscher Entlastungsvorstoss von Westen her scheiterte. Ohne Nachschub war im tiefen Winter die Lage der Eingeschlossenen — rund 300 000 Mann — hoffnungslos; sie starben zu Zehntausenden. Ende Januar unterschrieb Feldmarschall Paulus die Kapitulation. Nach deutschen Quellen traten rund 200 000, nach sowjetischen Angaben etwa 100 000 ausgehungerte oder verwundete Soldaten den Weg in die Gefangenschaft an. Nur wenige tausend von ihnen sind nach dem Krieg zurückgekehrt.

Die fast vollständig in Schutt und Trümmern liegende Stadt ist nach dem Krieg zu einem gewichtigen Industrie- und Regionalzentrum aufgebaut worden. Sie verläuft heute als schmales Band auf einer Länge von 70 Kilometern dem rechten Wolgaufer entlang. Die erhöhte Uferpromenade ist zu einer grosszügigen Gartenallee umgestaltet worden, von der man einen weiten Rundblick auf den hier über einen Kilometer breiten Strom geniesst. Eine Million Menschen, doppelt so viele wie vor dem Krieg, leben heute im ehemaligen Stalingrad, das 1962, als Chruschtschew die Stalin-Leiche aus dem Lenin-Mausoleum entfernen liess, den Namen Wolgograd erhielt. Nach der Auflösung der Stalinschen Zwangsarbeiterslager an der unteren Wolga sollen sich hier zahlreiche ehemalige Gulag-Gefangene angesiedelt haben.

Fast alle touristischen Sehenswürdigkeiten dieser bei aller Bewunderung für das riesige Aufbauwerk in ihrer schnurgeraden Schachbrettstruktur doch etwas einförmigen Stadt sind mit dem Krieg verbunden. Die höchste Erhebung, der während der 200tägigen Schlacht pausenlos umkämpfte Mamajew-Hügel, ist zu einer Heldengedenkstätte von selbst für sowjetische Verhältnisse gigantischen Ausmassen ausgebaut worden. Oben auf der Kuppe ragt ein 50 Meter hohes Monument in den Himmel. Mit hoch erhobenem Schwert, einen Schrei auf den Lippen, stürmt «Rodina Mat» (Mutter Heimat) vorwärts in die Schlacht, der träge dahinfliessenden Wolga entgegen.

Versunkene Kosakenwelt am «stillen Don»

Auf dem kopfsteingepflasterten Kathedralenplatz von Nowotscherkask, der ehemaligen Hauptstadt der Donkosaken, steht das eherne Standbild Jermaks. Auf der ausgestreckten rechten Hand liegt eine königliche Krone. Sie symbolisiert das reiche Sibirien, zu dessen Eroberung für Russland der legendäre Kosakenführer einen nicht geringen Beitrag geleistet hat.

Eroberer Sibiriens

Genau genommen kämpfte Jermak in Sibirien allerdings nicht in zaristischen Diensten, sondern im Auftrag der mächtigen Grosskaufmannsfamilie Stroganov, der Iwan der Schreckliche Ende des 16. Jahrhunderts eine Sonderkonzession zur Kolonialisierung und wirtschaftlichen Erschliessung der Gebiete jenseits der Wolga und des Urals erteilte. Zum Schutze ihrer Unternehmungen unterhielten die Stroganovs eine kleine Privatarmee. Jermak, ein verwegener Bauernführer, der allen Grund hatte, sich wegen zahlreicher Raubüberfälle am Don und an der Wolga nach Osten zu verziehen, liess sich von den Stroganovs anheuern und bekam den Auftrag, die widerspenstigen sibirischen Stämme aufs Haupt zu schlagen. Da diese über keine Feuerwaffen verfügten, konnte er trotz geringer Truppenstärke — es waren nur einige hundert Mann, mehrheitlich Donkosaken — bedeutende Erfolge erzielen. Er drang bis zum Irtysch vor und besetzte nach verlustreichen Gefechten mit zahlenmässig überlegenen Nomadenhorden Sibir, die Hauptstadt des Tatarenkhans Kutschum. Zar Iwan war hocherfreut über die territoriale Expansion seiner Untertanen und liess Jermak und seinen Kosaken bezüglich ihrer früheren Sünden Pardon erteilen. Die Legende will wissen, dass die kostbare Rüstung, die der Moskowiter Herrscher dem kühnen Eroberer schenkte, diesem zum Verhängnis wurde. Jermak ertrank, als er bei einem nächtlichen Tatarenüberfall gefährlich verwundet den Irtysch zu durchschwimmen versuchte: die schwere Rüstung des Zaren soll ihn unerbittlich in die Tiefe gezogen haben. Aber Jermaks Geist lebte weiter. Bereits um die Mitte des 17. Jahrhunderts stiessen einzelne Kosakenabteilungen über Tausende von Kilometern bis zur Pazifikküste vor.

Das Jermak-Denkmal stand freilich beim Sowjetregime nicht immer hoch in Ehren. Als die bolschewistischen Truppen während des Bürgerkrieges zum erstenmal in Nowotscherkask — heute ein grösserer Industrieort, rund vierzig Kilometer nördlich von Rostow am Don — einmarschierten, liessen sie den eisernen Kosaken schleunigst entfernen. Die Roten waren auf die kosakischen Mythen, die sich mit den kollektivistischen und zentralistischen Ideen des Kommunismus kaum vereinbaren liessen, schlecht zu sprechen. Die Hauptkirche von Nowotscherkask wurde damals von den bolschewistischen Reitern in einen Pferdestall umfunktioniert, was die konservativen Kosaken des gegnerischen Lagers nicht weniger ergrimmt haben dürfte als der Sockelsturz ihres legendären Ahnherrn.

Inzwischen sind die Wunden, die der blutige Bürgerkrieg ins einstige Kosakenland am «stillen Don» geschlagen hat, wohl weitgehend vernarbt. Der Eroberer Sibiriens ist wieder auf seinen Standplatz zurückgekehrt, und in der ausladenden Zwiebelturmkathedrale, die wenige Schritte davon entfernt in den Himmel ragt, können erneut orthodoxe Messen zelebriert werden. Auf den Stufen vor dem Eingang des Gotteshauses drängt sich eine Gruppe farbiger Gestalten: Gebeugte Mütterchen in weissen oder schwarzen Kopftüchern und hochgestiefelte Graubärte mit zerfurchten Gesichtern bitten die fremden Besucher murmelnd um ein gütiges Almosen. Der Intourist-Begleiterin ist die Szene offenbar peinlich, schnell drängt sie ins Innere. Hier empfängt uns schwerer Weihrauchgeruch, Kerzenschein flackert im Halbdunkel, und hinter der Ikonenwand im Vordergrund ertönt sakraler Wechselgesang. Die mächtige Kirche ist nur spärlich gefüllt, das Hauptkontingent stellen alte Weiblein, bei den übrigen Besuchern scheint es sich vornehmlich um touristische Neugierige zu handeln. Dennoch weht da um diesen Platz der Hauch einer versunkenen Zeit, und einen Augenblick lang meint man noch das Hufgeklapper von Kosakenpferden zu vernehmen, das einst auf dem abgewetzten Kopfsteinpflaster vor der Kathedrale widerhallt haben muss.

«Freie Krieger»

Von der Geschichte des berühmten Reiter- und Kriegervolkes am Don erzählt das Kosakenmuseum von Nowotscherkask, das einzige seiner Art in der Sowjetunion. Das Wort Kosak ist tatarischen Ursprungs und heisst soviel wie «freier Krieger». Es war die Bezeichnung für jene verwegenen Scharen, die sich nach dem Zerfall der Mongolenherrschaft im Süden des Moskowiterreiches herumtrieben und in den Steppengegenden am Don, am Dnjepr und am Ural lose Gemeinschaften bildeten. Sie lebten vor allem von der Jagd und von Raubüberfällen, vor denen sie weder türkische noch russische Siedlungen und Kaufleute verschonten. Mit der Zeit verstärkte sich unter den Kosaken das russische Element, da immer mehr leibeigene Bauern vor dem harten Druck der Staatsgewalt und der Willkür der Feudalherren nach Süden entflohen, um in der freien Steppe ihr Heil zu suchen. Ihre Angelegenheiten regelten die Kosakengemeinschaften in jährlichen offenen Versammlungen, «Kreis» genannt, an denen jeder männliche Erwachsene teilnehmen konnte. Der «Kreis» entschied über Krieg und Frieden, Jagdrechte und Beuteverteilung. Die Versammlung wählte einen Anführer, den «Ataman», der für die praktische Durchführung der Beschlüsse verantwortlich war und bei Kriegszügen das Kommando übernahm. Mit der allmählichen Etablierung des Kosakentums entstanden namentlich am Don und am Dnjepr befestigte Siedlungen, deren Bewohner sich auch mit Ackerbau und Handwerk befassten.

Obwohl der Zarenmacht die ungebärdigen Reiterhorden einerseits ein Dorn im Auge waren, schätzte man sie anderseits als schützende Vorhut gegen die gefährlichen Türken und Krimtataren. Gegen handfeste Bezahlung nahm Moskau die Kosaken deswegen gern in seine Söldnerdienste. Trotz vielerlei Spannungen mit der Zentralgewalt wuchsen sie ab dem 17. und 18. Jahrhundert allmählich ins russische Staatswesen hinein. Der Zar gewährte ihnen zwar Sonderrechte, schränkte aber ihre Unabhängigkeit mehr und mehr ein. Als Gegenleistung für einzelne Privilegien musste jeder Kosak zwanzig Jahre Militärdienst in der kaiserlichen Armee leisten. Gleichzeitig mit der langsamen Unterwerfung vollzog sich ein geistiger Anpassungsprozess: die alteingesessenen, inzwischen wohlhabend gewordenen Kosaken fühlten sich als staatstragende Kriegerkaste und blickten mit Verachtung auf die armen Bauern und die landlosen Neueinwanderer aus dem Norden. Nachdem ihre Vorväter einst vor der autokratischen Zentralgewalt geflohen waren oder sich gegen sie verteidigt hatten, waren sie nun die ersten, die ihre Pferde sattelten, wenn der Ruf erscholl: «Zu den Waffen für Zar und Vaterland.» Manchen Aufruhr konnte die Krone mit Hilfe ihrer bewährten Kosakentruppen niederschlagen.

Im Sturm der Revolution

Der Ausbruch der Februar- und Oktoberrevolution sowie der anschliessende Bürgerkrieg brachten tiefe Zerrissenheit unter die Donkosaken. Die ältere Generation hielt vorwiegend der Monarchie die Treue, viele kämpften für die Geburt eines unabhängigen Kosakenstaates, während andere, vor allem aus den ärmeren Schichten, für die Parolen der Bolschewiki zu Feld zogen. Scholochows zwar umstrittener, aber nichtsdestoweniger lesenswerter Roman «Der stille Don» entwirft vom turbulenten, auf allen Seiten mit grausamer Härte geführten Kampf jener Jahre ein bewegendes und facettenreiches Monumentaltableau. Zehntausende von Kosaken, die im Bürgerkrieg auf die falsche Karte gesetzt hatten oder sich mit dessen Ergebnissen nicht abfinden mochten, flüchteten — ein Säckchen mit Heimaterde um den Hals — in die Türkei, von wo sie das Schicksal in alle Winde verstreute.

Das unerbittliche Kollektivierungsprogramm Stalins — der Diktator hatte sich grossmütig zum «Ehrenkosaken» ernennen lassen — löste Ende der zwanziger Jahre am Don und in der Ukraine neue blutige Aufstände aus. Später, als äussere Kriegsgefahr im Anzug war, erinnerte man sich in Moskau wieder der suspendierten kosakischen Traditionen; es wurden, wie unter den Zaren, neue kosakische Kavallerieeinheiten gebildet, die wieder die überlieferten Uniformen trugen und gegen die gepanzerten deutschen Invasoren tollkühne, aber aussichtslose Attacken ritten. Die Hitler-Armeen rückten bis zum Don vor, in ihren Reihen gab es auch kosakische Emigranteneinheiten, die anfänglich in verschiedenen Dörfern als Befreier begrüsst wurden. Eine Zeitlang residierte im Atamanpalast von Nowotscherkask ein Kosak von deutschen Gnaden namens Sergej Pawlow. Nach dem Rückzug versuchten die Nazikollaborateure in Oberitalien ihren alten Traum eines Kosakenstaates zu verwirklichen. Sie wurden nach Kriegsende, ähnlich wie Hunderttausende von russischen Ueberläufern oder Kriegsgefangenen, von den Briten an Stalin ausgeliefert.

Legende geworden

Heute lebt das Kosakentum nur noch als Legende und in den Liedern der berühmten Emigranten- oder Sowjetchöre, die auf ihren Gastspielen rund um die Welt eine romantisch verbrämte Vergangenheit besingen. Die Zeit hat diese Welt längst überholt. Das ursprüngliche Kosakentum ging schon vor Jahrhunderten unter, als die wilden Steppenreiter ihre Unabhängigkeit verloren und sich in den Moskowiterstaat integrierten. Die Revolution zerschlug sie als militärische Kaste, und die industrielle Entwicklung der letzten Jahrzehnte hat die noch übriggebliebenen Relikte kosakischer Lebensweise vollends ausgelöscht. Bei Rostow am Don, dort, wo einst die Kosaken ihre Pferde züchteten, rollen

Ein seltenes Denkmal des Konstruktivismus: Das Maxim Gorki-Theater in Rostow am Don hat die Form eines Traktors.

jetzt jährlich Zehntausende von Traktoren und mächtigen Erntemaschinen vom Band. Und in Nowotscherkask erinnert ausser dem Jermak-Denkmal, dem Ortsmuseum und einem einsamen Triumphbogen, den einst vom Krieg aus Europa heimkehrende zaristische Kosaken mitten im freien Feld errichtet hatten, wenig mehr an die legendären Reiter- und Bauerngemeinschaften. Anfang der sechziger Jahre, noch unter Chruschtschew, hat die ehemalige Kosakenhauptstadt indessen in einem andern Zusammenhang von sich reden gemacht. Wegen Versorgungsknappheit und gleichzeitiger Erhöhung der Arbeitsnormen kam es in Nowotscherkask zu einem Arbeiteraufruhr, der den Machthabern gefährlich genug war, um Truppen und Panzer gegen die empörte Menge einzusetzen. Nach verschiedenen Berichten — Solschenizyn hat darüber im «Gulag» geschrieben — ist dabei viel Blut geflossen, und es soll zahlreiche Tote gegeben haben.

Schmalen Gebüschsäumen entlang, hinter denen sich weite Wiesen und Ackerfelder ausdehnen, fahren wir zurück nach Rostow, dem Zentrum der unteren Don-Region, knapp 50 Kilometer vor der Strommündung ins Asowsche Meer. Auf der Friedrich Engels-Strasse, der Hauptverkehrsader der Stadt, deren Einwohnerzahl sich der Millionengrenze nähert, herrscht geschäftiges Treiben, das einen deutlichen Einschlag südlicher Lebensart verrät. Manche dunklen Gesichter lassen auf kaukasische oder vielleicht sogar türkische Erbeinflüsse schliessen. An offenen Verkaufsständen werden auf dem breiten Gehsteig von Einzelhändlern warmes Gebäck, rares Gemüse und allerhand Souvenirkleinkram feilgeboten. Ein junger Mann mit modischer Lederjacke und elegantem Aktenköfferchen spricht uns in gewandtem Englisch an: ob wir etwas zu verkaufen hätten, zum Beispiel Kleider, er sei Abnehmer für jedwelche ausländischen Dinge. Oder vielleicht Devisenumtausch, «very good exchange rate»! Wir lehnen dankend ab, möchten aber den jungen Geschäftemacher gerne zu einer Tasse Kaffee einladen. Dafür hat er nun wiederum kein Interesse. «Sorry, I have to do business», sagt er entschuldigend und entschwindet eiligen Schrittes in der Menge. Der Umstand, dass in Rostow — wie in andern Sowjetstädten — unter den Jugendlichen ungefähr jeder dritte in begehrten ausländischen «Dschinsi» herumläuft, lässt erahnen, dass der wendige Self-made-Unternehmer in einer solide florierenden Branche engagiert ist.

Industriestadt Rostow

Für eine sowjetische Industriemetropole hat Rostow ein recht attraktives und vielfältiges Gesicht. Da gibt es im Zentrum noch die formenreichen, jugendstilartigen Häuserfassaden aus der Jahrhundertwende, umstellt von den kahlen Betonpalästen der jüngeren Sowjetarchitektur. Ueppige Grünflächen und schattige Parkalleen sorgen aber zwischen den Steinschluchten für angenehme Auflockerung. Von der erhöhten Uferpromenade über dem Don gleitet der Blick vom Kranengewirr des Flusshafens — der via Wolga-Don- und Moskwa-Wolga-Kanal direkt von der Hauptstadt her erreicht werden kann — hinüber zum flachen Sandstrand des linken Ufers. Am oberen Ende der Friedrich Engels-Strasse setzt das Gorki-Theater einen originellen architektonischen Kontrapunkt. Das in den dreissiger Jahren erbaute und nach der Zerstörung im Zweiten Weltkrieg wieder hergestellte Riesengebäude hat die Form eines stilisierten Traktors, des sowjetischen Symbols für Fortschrittlichkeit und Industrialisierung. Dass Traktor und klassische Kultur sich nicht auszuschliessen brauchen, zeigt der Anschlag am Theatereingang: es wird Goethes «Faust», erster und zweiter Teil, gespielt.

Nur einige Dutzend Schritte davon entfernt, gegen das Don-Ufer zu, scheint die Zeit noch vor der Revolution stillgestanden zu sein. Enge verwinkelte Kopfsteingässchen, die in nackte, vom Regen aufgeweichte Erdwege übergehen, führen zum Fluss hinunter. Am Abhang kleben windschiefe Holzhüttchen. Vor einem lottrigen Zaun haben ein paar strickende Grossmütter die Stühle zum abendlichen Nachbarinnenklatsch zusammengerückt. Beim Vorbeigehen blickt man in wäscheverhangene, schmuddlig-pittoreske Innenhöfe. Zwischen Regentonnen übt sich eine Bubenschar im Büchsenfussball, und am Wegrand schnüffelt ein streunender Hund in allerlei Abfällen herum. Silbrig glänzt am Fusse des Wiesenabhanges der Don in der Abendsonne. Sie beleuchtet eine dörflich-verträumte Idylle, die man so unmittelbar hinter den modernen Betonfassaden der Don-Metropole kaum vermutet hätte.

«Kamas» – ein Gigant wächst aus der Tatarensteppe

«Das grösste Lastwagenwerk der Welt»

Am langen Konferenztisch im Büro des Vizedirektors wird Tee serviert. Ein Sekretär aus dem Vorzimmer öffnet behutsam die Tür und bittet den Chef mit diskreter Stimme um eine offenbar dringliche Anweisung. Ohne seinen Vortrag zu unterbrechen, gibt ihm unser Gastgeber, ein Russe von massiger Gestalt, durch einen scharfen Blick zu verstehen, dass er jetzt nicht gestört werden will. Der Sekretär nickt bekümmert und verzieht sich lautlos. Der Vizedirektor zeigt mit der Hand auf den riesigen Plan, der die eine Längsseite seines Büros bedeckt. Einen derartigen Brocken, sagt er, würden sich nicht einmal die Amerikaner auf die Schultern laden. Das hätten ihm anlässlich einer Besichtigungsreise sowohl Henry Ford als auch Präsident Carters heutiger Schatzsekretär Blumenthal bestätigt.

Stadt aus dem Nichts

Unser Gastgeber ist Vizedirektor des sowjetischen «Kamas»-Unternehmens, das im Endausbau zur grössten Lastwagenfabrik der Welt werden soll. Seine Zuständigkeit: die Abteilung für Wohnungsbau und kommunale Versorgung. Der selbstbewusste Funktionär hat einigen Grund, seinen Bericht intensiv mit Superlativen anzureichern. Denn hier an der Kama, einem Nebenfluss der Wolga, 900 Kilometer östlich von Moskau, wird mitten in der tatarischen Steppe nicht nur ein gewaltiger Industriekomplex, sondern gleichzeitig auch eine moderne Massensiedlung aus dem Boden gestampft. 1969 zählte das alte Tatarendorf Nabereschnyje Tschelny am Kama-Ufer, durch das einst der wilde Kosakenrevoluzzer Jemeljan Pugatschow gezogen war, erst 30 000 Seelen. Heute leben hier bereits 300 000 Menschen; bis zur Jahrtausendwende, meint unser Gastgeber, rechne man sogar mit einer Million Einwohnern. Tatsächlich wachsen die riesigen Einheitswohnblöcke aus vorfabrizierten Elementen wie Pilze nach einem lauen Sommerregen aus der rotbraunen Erde. Schön ist es nicht, dieses scheinbar wirr wuchernde Dickicht von kahlen Betonklötzen. Aber für Aesthetik hat man in Nabereschnyje Tschelny vorläufig keine Zeit, dafür soll später gesorgt werden. In ein paar Jahren, sagt der Vizedirektor, werde hier zwischen den Neubauten überall grüner Rasen spriessen, entlang einzelner Strassenzüge hat man auch bereits junge Birken gepflanzt, und im Zentrum soll eine grosszügige Springbrunnenanlage entstehen.

Vorerst aber geht es darum, den nach Nabereschnyje Tschelny herbeiströmenden Arbeitskräften ein Dach über dem Kopf zu verschaffen. Noch gibt es bei weitem nicht für jede Familie ein eigenes Logis; wer in den Genuss dieses Privilegs kommen will, muss vorläufig jahrelang auf einer Warteliste ausharren. Nichtverheiratete – und das ist wohl der grösste Teil der vorwiegend jugendlichen Bevölkerung — leben, nach Männlein und Weiblein getrennt, in sogenannten Wohnheimen, wo sich mindestens drei Partner in eine Einzimmerwohnung teilen. Es sei schon noch Verschiedenes nicht im Lot, räumt der Vizedrektor ein, aber das sei wohl verständlich in einer Stadt, die in wenigen Jahren praktisch aus dem Nichts entstehe. Es fehle zum Beispiel noch an genügend Kindergärten, an Freizeiteinrichtungen, auch mit der Lebensmittelversorgung sei es nicht zum besten bestellt. Nicht wenige der im Lastwagenwerk dringend benötigten Arbeitskräfte wandern deswegen nach kurzer Zeit wieder ab. Neben der Kompensation dieser Verluste müssen in diesem Jahr zusätzliche 8000 «Kamas»-Arbeiter angeworben werden. Zu Stalins Zeiten pflegte man solche Probleme mit Hilfe nackter Befehle zu lösen. Jetzt ist das komplizierter geworden: Auch eine sowjetische Werkleitung muss einigermassen akzeptable Lebensbedingungen anbieten, um genügend Arbeitskräfte rekrutieren zu können. Man sei sich hier, sagt der Vizedirektor von «Kamas», dieses Zusammenhangs durchaus bewusst.

Sowjetische Planung — westliche Technik

Anders als bei der in den sechziger Jahren entstandenen Personenwagenfabrik in Togliatti an der Wolga, die der Fiat-Konzern exklusiv in eigener Regie geliefert und aufgebaut hat, liegt die Gesamtleitung des «Kamas»-(Kama Awto Sawod-)Projektes in sowjetischen Händen. Ursprüngliche Pläne, den amerikanischen Autogiganten Ford als Generalunternehmer zu engagieren, hatten sich zerschlagen. Dennoch ist auch in «Kamas» westliches Know-how und westliche Technologie intensiv mit dabei. Der Sowjetstaat hat da tief in die Devisentasche gegriffen. Nach Aussagen eines örtlichen Ingenieurs sind rund 80 Prozent aller Maschinen- und Fliessbandeinrichtungen im Ausland eingekauft worden. Renault beispielsweise baut das Motorenwerk, westdeutsche Firmen lieferten die Schmiedeanlagen, beim Gang durch die riesigen Werkhallen stösst man weiter auf zahlreiche amerikanische, italienische, schwedische, österreichische und japanische Markenschilder. Denn im «Kamas»-Komplex werden nicht nur Lastwagen zusammengebaut, sondern mit Ausnahme des Gummi- und Elektrozubehörs sämtliche Einzelteile direkt am Ort produziert.

150 000 dreiachsige Lastwagen sollen bei voller Produktion jährlich vom Band rollen und 250 000 Dieselmotoren ausgestossen werden. Wann dieses Ziel erreicht sein wird, weiss vorläufig offenbar niemand genau vorauszusagen. Man hinkt beträchtlich hinter den allzu optimistischen ursprünglichen Plänen nach: die ersten Laster waren erst 1976, zwei Jahre nach der gesetzten Frist, fertig. In diesem Jahr (1978) sollen 41 000 «Kamas»-Frontlenker auf die Strasse kommen. Das lange Hauptmontageband, wo die Einzelteile zum Endprodukt zusammengefügt werden, läuft noch im Schneckentempo und muss, weil irgendwo etwas nicht klappt, häufig für längere Zeit ganz angehalten werden. Die fast ausnahmslos jungen Arbeiter, darunter sehr viele Mädchen, benutzen solche Unterbrüche zu willkommenen Rauch- oder Lesepausen. Zwischen einigen Kisten hat sich eine Gruppe zum Kartenspiel eingerichtet, unweit davon beugen sich zwei Gestalten über eine Schachpartie. Wenn einmal, wie das Projektziel verheisst, alle 90 Sekunden ein fertiger Dreiachser vom Band rollen wird, dürfte für solche Gemütlichkeiten nicht mehr viel übrigbleiben. Aber bis «Kamas» auf vollen Touren läuft, wird man aller Wahrscheinlichkeit nach bereits tief in die achtziger Jahre vorgerückt sein.

Elektronisch gesteuerte Grossproduktionsanlage im «Kamas»-Werk.

Privilegierte «Fremdarbeiter»

In einem Büro des Schmiedewerkes, hoch über einem dröhnenden Gewirr von Maschinen- und Fliessbandanlagen, kommen wir mit einem österreichischen Ingenieur ins Gespräch, der hier seit zwei Jahren für eine deutsche Firma einen bestimmten Produktionskomplex aufbaut. Er bestätigt, dass hier tatsächlich die modernste auf dem Weltmarkt verfügbare Technologie eingesetzt wird. Seiner Meinung nach ist hier der Automatisationsgrad weiter fortgeschritten als selbst in modernen westlichen Automobilwerken. Das sei vor allem deshalb möglich, weil «Kamas» nur wenige Standardserien produziere, während in europäischen oder amerikanischen Fabriken das Typenangebot unter dem Druck des Marktwettbewerbes laufend modifiziert und diversifiziert werde. Gemessen am gewaltigen Massstab und der Kompliziertheit dieses Riesenprojektes, meint der österreichische Fachmann, klappe es mit der Koordination recht zufriedenstellend. Das durchschnittliche professionelle Niveau und Verantwortungsbewusstsein seiner sowjetischen Mitarbeiter sei wesentlich höher als beispielsweise in Persien, wo unser Gesprächspartner vor einigen Jahren eine ähnliche Mission ausführte. Im Vergleich allerdings zur Arbeitseffizienz im deutschen Heimatwerk gehe es hier denn doch um manche Grade weniger energisch zu, wegen gewisser Schlampereien müsse man sich gelegentlich schon an den Kopf greifen.

Der Ingenieur lebt mit seiner Frau im Ausländerhaus von Nabereschnyje Tschelny. Obschon sie da in Sachen Verpflegung und Unterkunft ausserordentlich privilegiert sind, machen ihnen die — vor allem sprachlich bedingte — Isolierung und das dürftige Freizeitangebot ziemlich zu schaffen. Es ist vor allem der lukrative Verdienst, der offenbar zum Ausharren motiviert. Einmal pro Woche schicken übrigens Kollegen aus Deutschland eine Videokassette mit aktuellen heimatlichen Fernsehprogrammen.

Fast alle andern ausländischen Spezialisten — es waren eine Zeitlang über 1200, heute sind es nur noch rund 200 — beschreiten zur Lösung ihrer Freizeitprobleme in der tatarischen Steppe andere Pfade: sie liieren sich mit einheimischen Mädchen, unter denen sich die Devisenbesitzer aus dem Westen exklusiver Popularität erfreuen. Manche abenteuerlustige Frauen, so sagte uns ein örtlicher Kenner, kommen sogar eigens wegen der Aussicht auf eine derartige Verbindung nach Nabereschnyje Tschelny angereist. Nicht selten sind daraus formelle Ehebündnisse geworden, und eine Reihe von «Kamas»-Mädchen leben heute als Ingenieursgattinnen irgendwo in Amerika oder in Westeuropa. Schwierige Szenen sollen sich gelegentlich dann abspielen, wenn der umworbene Spezialist bereits verheiratet ist und die liebende Gattin für einige Tage in die «Kamas»-Stadt auf Besuch kommt. Hie und da sind auch schon einheimische Arbeiter mit ihren ausländischen Kollegen ziemlich heftig aneinandergeraten, und zwar vor allem im Zusammenhang mit strittigen Problemen weiblicher Gunsterteilung.

Mangelhafte Versorgung

Mit Wolodja, einem alten Moskauer Bekannten, der seit einigen Monaten im «Kamas»-Werk als Französisch-Uebersetzer arbeitet, bummeln wir durchs Zentrum der neuen Grosssiedlung von Nabereschnyje Tschelny. Zwischen den kahlen Häuserzügen sind die Wege erst teilweise asphaltiert. Wenn es regne, verwandle sich hier alles in zähen erdigen Morast, dann könne man nur noch

Ein «Kamas»-Lastwagen frisch ab Fliessband.

in Gummistiefeln durch die Stadt gehen, erläutert unser Begleiter. Das Angebot in den überdimensionierten Läden ist nicht überwältigend, eine schmale Auswahl von Fischkonserven füllt hauptsächlich die langen Gestelle, frisches Gemüse oder Fleisch ist selten zu sehen. Weitherum schimpfe man über mangelhaften Kartoffelnachschub. Im Kleidergeschäft trifft man dagegen auf ein überraschend vielseitiges und attraktives Sortiment. Vor dem nächsten Eingang herrscht ein fürchterliches Gedränge: eine Wodka- und Bierladung ist angekommen. Die Konsumenten — ausschliesslich Männer — reissen der überforderten Verkäuferin die Flaschen buchstäblich aus den Händen. Manche fuchteln mit Zehnrubelscheinen vor ihrer Nase herum — ein unmissverständliches Zeichen, dass man bei bevorzugter Bedienung zu einem grosszügigen Aufpreis bereit wäre. Bis vor einem Jahr, erklärt Wolodja, habe hier die Obrigkeit jeglichen Alkoholverkauf strikte untersagt. Dadurch sei indessen das Wasser nur auf die Mühlen geschäftstüchtiger Schwarzmarktspekulanten geleitet worden. Diese hätten zwar heute eine etwas dünnere Konjunktur, brauchten sich aber angesichts des beschränkten Angebots in den staatlichen Läden über mangelnde Nachfrage nicht zu beklagen.

Besuch eines Kindergartens, diesmal in offizieller Begleitung. Nachdem der Kommunaldirektor von «gewissen Problemen» auf diesem Sektor gesprochen hatte, erwarten wir bescheidene Verhältnisse. Der Kindergarten, den man uns vorführt, erweist sich indessen als eine äusserst grosszügige und gepflegte Einrichtung. Es gibt da sogar ein geheiztes Indoor-Bassin und eine Art Wintergarten, zwischen denen sich Hasen, Schildkröten, Eichhörnchen und alle Arten von Vögeln tummeln. Kinder von einem bis sieben Jahren werden hier von sechs Uhr morgens bis sechs Uhr abends betreut. Wie in allen sowjetischen Erziehungsinstitutionen legt man grossen Wert auf peinliche Ordnung und Disziplin. Wie wir das Spielzimmer der Vier- bis Fünfjährigen betreten, sitzen die Kleinen mucksmäuschenstill im Kreis auf ihren Stühlchen und artikulieren dann auf ein Zeichen der Leiterin artig im Chor: «Strast-wujtje!» (Guten Tag). Im ganzen, erklärt die Chefin, gebe es in der Stadt inzwischen zwölf derartige Kindergärten sowie 28 weitere mit bescheidenerem Komfort. Nach wie vor müsse aber viel getan werden, bis alle arbeitstätigen Mütter ihre Kleinkinder in staatliche Horte abgeben könnten.

Pionierstolz

Am Abend lädt uns Wolodja zusammen mit einigen seiner Freunde auf ein Glas Wodka in sein Logis ein. Er haust zusammen mit sechs Kollegen in einer Zweizimmerwohnung. Unter den Gästen sind drei junge Verkäuferinnen, die bereits seit fünf Jahren in der «Kamas»-Stadt arbeiten, Veteraninnen sozusagen. Als sie hier ankamen, war die Siedlung kaum mehr als eine riesige Baugrube. Heute seien die Zustände doch schon wesentlich zivilisierter geworden. Die drei Freundinnen bedienen jetzt — offenbar eine Auszeichnung für langjährige Diensttreue — im Devisenladen für Ausländer, wo allerhand rare Dinge wie Exportspirituosen und westliche Zigaretten feilgeboten werden. Eines der Mädchen, eine Ukrainerin, feiert demnächst Hochzeit mit einem einheimischen Tatarenjüngling. Ob sie schon eine Wohnung hätten, fragt jemand. Man stehe auf der Warteliste, lautet die etwas verlegene Antwort. Wolodjas spitze Kommentare scheinen seinem Zimmerpartner, einem jungen Techniker aus Togliatti, nicht zu gefallen. Es sei billig, entgegnet er engagiert, die derzeitigen Schwierigkeiten des «Kamas»-Unternehmens zu kritisieren. Man müsse das eben langfristig sehen und zum Beispiel mit dem Aufbau der Autofabrik von Togliatti vergleichen. Da habe in den ersten Jahren auch vieles nicht geklappt, inzwischen sei dort alles ins rechte Geleise gekommen, und die Produktion laufe auf Hochtouren. Die meisten unserer jungen Gastgeber stimmen dieser optimistischen Argumentation zu, in der ein Hauch von Pionierstolz und patriotischem Pathos mitschwingt. Nicht zuletzt mag dabei wohl auch die stille Befürchtung hineinspielen, die Fortschritte der Sowjetwirtschaft könnten von uns Ausländern unterschätzt werden.

Dazu besteht indessen kein Anlass. Zwar ist der wirtschaftliche Sinn des gigantischen «Kamas»-Unternehmens unter Experten nicht unbestritten. Einige vertreten die Ansicht, ein derart kurzfristig aus dem Boden gestampfter Komplex verursache viel zu teure Reibungsverluste, mit einem dezentralisierten, auf organisches Wachstum angelegten Produktionskonzept könne man für weniger Geld bessere Resultate erzielen. Dennoch wird das «Kamas»-Unternehmen in absehbarer Zeit jährlich seine 150 000 Lastwagen ausspucken und damit im Endeffekt einen gewichtigen Beitrag zur Lösung dringlicher Transportprobleme in der sowjetischen Industrie und Landwirtschaft leisten. «Kamas» ist aber gleichzeitig auch ein prominentes Beispiel für das vom Breschnew-Regime mit der Entspannungsidee verknüpfte Konzept, die wirtschaftliche Entwicklung des Landes punktuell durch kostspielige Technologieeinkäufe beschleunigt voranzutreiben. Die Frage, ob das Projekt auch ohne die intensive Zusammenarbeit mit westlichen Firmen verwirklicht werden könnte, wird von den hiesigen Experten heftig bejaht. Schliesslich existiere in der Sowjetunion schon seit Jahrzehnten eine eigene Autoindustrie, wird argumentiert. Es sei einzig der Zeitfaktor, der dazu veranlasse, ausländisches Knowhow einzusetzen, denn damit liessen sich eben gewisse Wirtschaftsziele schneller verwirklichen. Das ist zweifellos richtig. Immerhin bleibt noch die kaum zuverlässig zu beantwortende Frage, ob es sich die heutige Kreml-Führung politisch ohne weiteres leisten könnte, auf importierte Beschleunigungshilfe zu verzichten und damit mit ihren ambitiösen Entwicklungsplänen noch weiter in Verzug zu geraten.

Streifzug durch die «Sowjetriviera»

Namen mit Hintergrund: Sotschi, Suchumi, Jalta

Obschon der sowjetische Normalbürger von Auslandreisen nur träumen kann, braucht er auf touristische Freuden nicht zu verzichten. Die kontinentale Weitläufigkeit und die geographische Vielfalt seiner Heimat bieten ihm manche jener exotischen Entdeckermöglichkeiten, denen territoral weniger verschwenderisch bedachte Völker heutzutage mit Vorliebe ausserhalb der eigenen Landesgrenzen nachspüren. Wen es nach Abenteuer und asketischen Entdeckungsfahrten drängt, findet in der endlosen Taiga Sibiriens oder in den unberührten Weiten des russischen Nordens ein von den Spuren des modernen Massentourismus noch völlig verschontes Experimentierfeld. Für kulturelle Bildungsinteressen und den Kontakt mit fremden Völkerschaften wiederum empfiehlt sich eine Reise nach den märchenhaften Tempelstätten in Zentralasien. Westlich geprägte Vergangenheit und europäischer Lebensstil dagegen eröffnen sich dem sowjetischen Feriengast an den Gestaden der Ostsee in den baltischen Republiken, während für Alpinisten und Liebhaber frischer Höhenluft in der kaukasischen Gebirgswelt ein weites Refugium bereitsteht.

Sowjetisches Rimini

Wie alle von langen Wintern geplagten Nationen aber lockt es die Russen in der Ferienzeit in erster Linie nach dem warmen Süden, nach Sonne, Meer und Strand und Palmenexotik. Für solche Ansprüche ist die Schwarzmeerküste da, die man gelegentlich als «sowjetische Riviera» bezeichnet — zu Recht, wie sich bei der Ankunft in Sotschi, dem grössten touristischen Zentrum am Ostufer des Schwarzen Meeres, zeigt. Die Fahrt vom Flughafen zum Hotel führt durch kurvenreiches, steiles Küstengelände, das mit seiner üppig grünen subtropischen Vegetation vertraute MIttelmeerassoziationen wachruft. Gemessen am Besucherumsatz, ist Sotschi gewissermassen das sowjetische Rimini. Die langgestreckte Ferienstadt besteht aus einer Unzahl von riesigen Hotelkästen, zwischen denen sich grosszügige und bemerkenswert sorgfältig gepflegte Parkanlagen über dem Küstenhang ausbreiten. Der Strand selber besteht aus grobem Rundgeröll. Wohl wegen dieses ziemlich «stossenden» Umstandes sind direkt über dem Wasser grosse Pfahlbauterrassen errichtet worden, auf denen sich die Gäste — getrennt übrigens meist nach Männlein und Weiblein — bequemer zum Sonnenbad ausbreiten können.

Im Gegensatz zu andern bekannten Ferienorten am Schwarzen Meer hat Sotschi keine mondäne «zaristische» Vergangenheit, sondern ist eine rein sowjetische Schöpfung. Die Mehrheit der mächtigen Logierpaläste sind denn auch keine Hotels im üblichen Sinn, es sind vielmehr den Gewerkschaften oder Betriebsorganisationen gehörende Kurstätten und Pensionate. Manche Häuser verfügen über eigene Kliniken, einige auch über geheizte Schwimmbäder.

Sowohl Kuraufenthalter als auch gewöhnliche Feriengäste können hier nur via Gewerkschafts- oder Betriebsbehörde unterkommen. Die Preise sind für westliche Vorstellungen bescheiden, für den sowjetischen Durchschnittsverdiener (150 Rubel monatlich) tragbar. Ein Dreiwochenarrangement in einem gewerkschaftlichen Erholungsheim ist inklusive Mahlzeiten schon für sechzig Rubel möglich. Hinzu kommen die Reisekosten (per Zug aus Moskau und zurück: 50 Rubel) sowie private Extras. Ein drei- bis vierwöchiger Kuraufenthalt in einem Sanatorium kostet mindestens 120 Rubel, die obere Grenze bewegt sich um 200 Rubel. In manchen Fällen (aber nicht mehrheitlich) übernimmt die Gewerkschaft zwei Drittel dieser Aufenthaltskosten. Sowohl in den Sanatorien als auch in den gewöhnlichen Erholungsheimen fällt es namentlich in der Hauptsaison aber sehr schwer, einen Platz zu bekommen. Die Häuser sind überfüllt, obwohl Mehrbettzimmer die Regel bilden und — wegen der bürokratischen Kompliziertheiten — «Familienferien» in den Erholungsheimen kaum je in Frage kommen.

Die Mehrheit jener Millionen, die in der Hochsaison Leib an Leib gepresst die Schwarzmeerstrände bevölkern, sind freilich keine gewerkschaftlich betreuten Sozialtouristen, sondern sogenannte «Wilde», die auf eigene Faust im Süden ihr Ferienheil suchen. Sie logieren im Zelt oder bei privaten Bettvermietern. Die kommunale touristische Infrastruktur wird bei diesem Ansturm allerdings hoffnungslos überfordert. In der Hochsaison sei es für einen «Wilden» praktisch aussichtslos, je einen Platz in einem der wenigen öffentlichen Restaurants zu ergattern, versichert ein erfahrener Sotschi-Kenner in Moskau, der, wie so manche lokalen Geschäftemacher, die sich aus dieser Masseninvasion ergebenden privaten Marktchancen tüchtig zu nutzen weiss: im vergangenen Sommer hatte er als selbständiger Strandphotograph in drei Monaten die phantastische Summe von viertausend Rubeln zusammenverdient, womit er und seine Familie bis zum nächsten Jahr praktisch ausgesorgt hatten.

Per «Elektritschka», wie die Russen ihre Lokalzüge nennen, reisen wir der östlichen Schwarzmeerküste entlang nach dem südlichen Suchumi weiter. Diese einfachen Bummelzüge sind äusserst billig, die rund 130 Kilometer lange Fahrt kostet nur einen Rubel und 65 Kopeken, dafür scheint man es aber mit der Pünktlichkeit ziemlich large zu nehmen: statt der angekündigten drei dauert die an jeder Ecke unterbrochene Reise über vier Stunden. Einmal steigt eine alte blinde Frau mit einem dickbauchigen Rucksack in den Zug. Dem Rucksack entnimmt sie mit geübten Tastgriffen eine mächtige Handorgel, klemmt sich zwischen diese und das Kinn eine Blechbüchse und schlurft zu wehmütigen Klängen durch die Waggons. Fast jeder Fahrgast lässt ein paar Kopeken in die Blechbüchse fallen. Viele Reisende verkürzen sich die Zeit mit ausgedehnten Essgelagen. Unsere Nachbarn entkorken dazu sowjetisches Pepsi-Cola, das seit einiger Zeit bei Noworossisk in amerikanischer Lizenz hergestellt wird. Offenbar erfreuen sich die Ferienregionen einer Vorzugsbelieferung, denn in Moskau ist das populäre Getränk kaum im Handel.

Abchasisches Aufbegehren

Suchumi gehört bereits nicht mehr zur russischen Föderation. Es ist die Hauptstadt der kleinen Autonomen Sowjetrepublik Abchasien und als solche administrativer Bestandteil des georgischen Staatswesens. Die stolzen Abchasier und die nicht minder selbstbewussten Georgier sind trotz ihrer geographischen Nachbarschaft ethnisch und sprachlich verschiedene Völkerschaften, und ihr gegenseitiges Verhältnis lässt sich bis auf den heutigen Tag schwerlich als brüderliches Einvernehmen charakterisieren. Ende der sechziger Jahre kam es wegen dieser lokalkaukasischen Animositäten sogar zu einer kleinen Palastrevolution. Abchasische Notabeln versammelten sich im Opernhaus zu Suchumi und forderten in einem feierlichen Schreiben an Parteichef Breschnew die Trennung ihres Landes von der georgischen Sowjetrepublik. Statt dessen wollten sie sich der russischen Föderation anschliessen. Der Zwischenfall konnte damals nach intensivem Zureden der aus Tiflis eiligst herbeigeeilten Spitzenfunktionäre einigermassen gütlich beigelegt werden, ohne dass freilich die nonkonformen Wünsche der Abchasier erfüllt worden wären. (Aehnliche Widerstandsregungen haben sich unlängst wiederholt.)

Die Abchasier betrachten sich als Nachfahren des mythischen Reiches von Kolchis, des Ziels der griechischen Argonauten und Heimat der feurigen Medea. Tatsache ist, dass hier vor 2500 Jahren die ersten griechischen Händler und Kolonisten auftauchten. Rund fünfhundert Jahre lang stand das sonnige Küstenland unter hellenischem Kultureinfluss. Nach römischen, byzantinischen und arabischen Zwischenspielen wurde Abchasien zu einem genuesischen Protektorat, ehe im 15. Jahrhundert die Türken ins Land eindrangen. Die teilweise christianisierte Bevölkerung wurde mit dem Schwert zum Islam «bekehrt» und ein grosser Teil davon als Sklaven verschleppt. Zu Beginn des 19. Jahrhunderts fiel die kaukasische Schwarzmeerküste an das Zarenreich. Dennoch wurde Abchasien im Zusammenhang mit den türkisch-russischen Kriegen noch mehrmals von schweren Verwüstungen heimgesucht. 1877/78 organisierten die Türken die letzte grosse Massendeportation. Eine Emigration anderer Art setzte während der blutigen Bürgerkriegswirren und nach dem endgültigen Sieg der Sowjetmacht im Kaukasus ein. Der Dezimierung der Einheimischen stand eine rege Einwanderung von Russen, Ukrainern, Bulgaren, Balten, Georgiern und anderen Völkerschaften aus dem russischen Grossreich gegenüber. Heute sind die Abchasier in ihrer «Republik» (Gesamtbevölkerung rund eine halbe Million) nur noch eine bedeutende Minderheit. Die ebenfalls recht zahlreiche griechische Volksgruppe ist 1949 zusammen mit den Meschen (islamische Georgier) auf Befehl Stalins nach Kasachstan verschickt worden.

Im Gegensatz zum etwas gesichtslosen Massenferienort Sotschi herrscht in Suchumi eine ungleich prägnantere Lokalatmosphäre. In den kleinen schmuddligen Bars halten über winzigen türkischen Kaffeetässchen einheimische Männerrunden von früh bis spät ihr Lokalpalaver ab. Die zwischen sattgrünen Hügelzügen und einer weitgeschwungenen Meeresbucht eingebettete Stadt — sie liegt auf der gleichen Höhe wie Nizza — wirkt, durchaus im positiven Sinne, ein wenig provinziell verträumt. Von der von Palmen beschatteten Strandpromenade öffnet sich ein herrliches Panorama auf die bis viertausend Meter hohen Schneegipfel des Kaukasus. Im Hafen ist ein riesiges weisses Schiff, die «Pobeda» (Sieg), eingelaufen. Diese Ankunft scheint nicht von ungefähr; denn es ist der neunte Mai, der Tag des Sieges über Hitler-Deutschland, der im Sowjetreich immer noch mit grossem Pomp gefeiert wird. Auf dem breiten Boulevard beim Quai versammeln sich die Einheimischen zum offiziellen Festzug. Voran eine fröhlich schmetternde Blechmusik, dann die Reihen der «Oktoberkinder» in ihren weissen Blusen und roten Halstüchern. Es folgen Soldaten und Matrosenabteilungen, anfänglich in zackigem Stechschritt, auf den freilich niemand besonderen Wert zu legen scheint, denn bald einmal wird daraus ein bequemer Ziviltrott. Den Hauptharst des im Ver-

Пролетарии всех стран, соединяйтесь!

Всесоюзная Коммунистическая Партия (больш.).

ПРАВДА

Орган Центрального Комитета и МК ВКП(б).

№ 111 (9882) | Четверг, 10 мая 1945 г. | ЦЕНА 20 КОП.

Вчера наш великий народ, народ-победитель праздновал день полного торжества своего правого дела.

Да здравствует великий организатор и вдохновитель исторической победы советского народа над германским империализмом—наш любимый вождь и учитель товарищ Сталин!

И. В. Сталин.

Премьер-министр Великобритании У. Черчилль.

Президент США Г. Трумэн.

Обращение тов. И. В. Сталина к народу

Товарищи! Соотечественники и соотечественницы!

Наступил великий день победы над Германией. Фашистская Германия, поставленная на колени Красной Армией и войсками наших союзников, признала себя побежденной и об'явила безоговорочную капитуляцию.

7 мая был подписан в городе Реймсе предварительный протокол капитуляции. 8 мая представители немецкого главнокомандования в присутствии представителей Верховного Командования союзных войск и Верховного Главнокомандования советских войск подписали в Берлине окончательный акт капитуляции, исполнение которого началось с 24 часов 8 мая.

Зная волчью повадку немецких заправил, считающих договора и соглашения пустой бумажкой, мы не имеем основания верить им на слово. Однако сегодня с утра немецкие войска во исполнение акта капитуляции стали в массовом порядке складывать оружие и сдаваться в плен нашим войскам. Это уже не пустая бумажка. Это— действительная капитуляция вооруженных сил Германии. Правда, одна группа немецких войск в районе Чехословакии все еще уклоняется от капитуляции. Но я надеюсь, что Красной Армии удастся привести ее в чувство.

Теперь мы можем с полным основанием заявить, что наступил исторический день окончательного разгрома Германии, день великой победы нашего народа над германским империализмом.

Великие жертвы, принесенные нами во имя свободы и независимости нашей Родины, неисчислимые лишения и страдания, пережитые нашим народом в ходе войны, напряженный труд в тылу и на фронте, отданный на алтарь отечества, — не прошли даром и увенчались полной победой над врагом. Вековая борьба славянских народов за свое существование и свою независимость окончилась победой над немецкими захватчиками и немецкой тиранией.

Отныне над Европой будет развеваться великое знамя свободы народов и мира между народами.

Три года назад Гитлер всенародно заявил, что в его задачи входит расчленение Советского Союза и отрыв от него Кавказа, Украины, Белоруссии, Прибалтики и других областей. Он прямо заявил: «Мы уничтожим Россию, чтобы она больше никогда не смогла подняться». Это было три года назад. Но сумасбродным идеям Гитлера не суждено было сбыться, — ход войны развеял их в прах. На деле получилось нечто прямо противоположное тому, о чем бредили гитлеровцы. Германия разбита наголову. Германские войска капитулируют. Советский Союз торжествует победу, хотя он и не собирается ни расчленять, ни уничтожать Германию.

Товарищи! Великая Отечественная война завершилась нашей полной победой. Период войны в Европе кончился. Начался период мирного развития.

С победой вас, мои дорогие соотечественники и соотечественницы!

СЛАВА НАШЕЙ ГЕРОИЧЕСКОЙ КРАСНОЙ АРМИИ, ОТСТОЯВШЕЙ НЕЗАВИСИМОСТЬ НАШЕЙ РОДИНЫ И ЗАВОЕВАВШЕЙ ПОБЕДУ НАД ВРАГОМ!

СЛАВА НАШЕМУ ВЕЛИКОМУ НАРОДУ, НАРОДУ-ПОБЕДИТЕЛЮ!

ВЕЧНАЯ СЛАВА ГЕРОЯМ, ПАВШИМ В БОЯХ С ВРАГОМ И ОТДАВШИМ СВОЮ ЖИЗНЬ ЗА СВОБОДУ И СЧАСТЬЕ НАШЕГО НАРОДА!

И. В. Сталин, Ф. Д. Рузвельт и У. Черчилль в дни Тегеранской конференции.

Die «Prawda» vom 10. Mai 1945. Meldung vom siegreichen Ende des Zweiten Weltkrieges. Rechts oben die Bilder der alliierten Führer Churchill und Truman.

gleich zu den Moskauer Präzisionsdefilees auffallend ungezwungenen Zuges stellen die Kriegsveteranen.

Wer einen Orden oder sonst irgendeine offizielle Auszeichnung sein eigen nennt, hat sie sich heute stolz an die Brust gehängt. In allen Farben blitzen die phantasiereichen Ordensschnüre auf den Uniformen oder Sonntagsanzügen der ergrauten Helden, und wenn ein besonders intensiv dekorierter Grossvater vorbeimarschiert, klingelt es vernehmlich vom Aneinanderschlagen der dichtgedrängten Medaillen. Am Schluss des Zuges tragen Schüler ein rotes Transparent mit der Aufschrift: «Nichts ist vergessen, niemand ist vergessen!»

Hauch von Ancien régime

Das nächste Ziel unserer «Riviera»-Reise ist die Krim an der Nordküste des Schwarzen Meeres. Knapp hundert Minuten dauert der Flug von Suchumi nach Simferopol, der Hauptstadt der Halbinsel, die nach der gewaltsamen Austreibung der Krimtataren (wegen angeblicher «Kollektivkollaboration» mit deutschen Invasoren) 1954 der ukrainischen Sowjetrepublik angegliedert wurde. In zweistündiger Autofahrt quer durch das Krimgebirge erreichen wir den malerischen Küstensaum von Jalta. Jalta ist vielleicht der mondänste Ferienort an der sowjetischen Schwarzmeerküste. Die fürstliche, in wundervollen Parkanlagen versteckten Villabauten vermitteln einen leisen Hauch aus jener Zeit, als Jalta noch ein zaristischer Nobelkurort war. Der lungenkranke Tschechow hat hier die letzten fünf Jahre seinen Lebens verbracht. In seiner «Weissen Datscha» am Stadtrand — heute ein Museum — schrieb er unter anderem die Erzählung «Die Dame mit dem Hündchen» und vor allem seine berühmten Theaterstücke «Die drei Schwestern» und «Der Kirschgarten». Viele grosse Namen des russischen Kulturlebens der Jahrhundertwende weilten auf dem Tschechowschen Anwesen zu Gast: Maxim Gorki, Bunin, Kuprin, die Regisseure Stanislawski und Meyerhold, der Komponist Rachmaninow.

Jalta-Reminiszenzen

Weltberühmt aber wurde Jalta durch die Gipfelkonferenz der alliierten «Big Three» Stalin, Roosevelt und Churchill im Jahre 1945. Genau genommen fand das denkwürdige Treffen zwar nicht in Jalta selber, sondern im drei Kilometer entfernten Dörfchen Liwadija statt. Hier befindet sich die ehemalige Sommerresidenz der Zaren, ein langgestreckter klassizistischer Palast aus weissem Marmor, von dem man über einen steilen Waldpark hinab einen herrlichen Rundblick über die Schwarzmeerküste geniesst. Die Konferenz, die vom 4. bis zum 11. Februar dauerte, wurde auf Drängen Stalins hieher einberufen. Der sowjetische Generalissimus hatte alle Alternativvorschläge der Westmächte abgelehnt. Aus Malta herkommend, landeten in der Nacht auf den 3. Februar insgesamt 25 Flugzeuge mit der amerikanischen und der britischen Delegation an Bord auf dem Krimflughafen. Ein ununterbrochenes Spalier von salutierenden Rotarmisten säumte die über hundert Kilometer lange Strasse nach Liwadija. Ein Jahr zuvor erst waren die Deutschen von der Krim vertrieben worden. Der von ihnen völlig ausgeräumte und zum Teil beschädigte Palast musste in aller Eile für die Konferenz hergerichtet werden. In langen Eisenbahnzügen wurden aus der Hauptstadt Lebensmittel, Bettwäsche und andere Einrichtungen herbeigeschafft. Für die Bedienung stand das komplette Personal zweier Moskauer Grosshotels zur Verfügung.

Jalta, die «sowjetische Riviera».

Die Plenarsitzungen fanden im ehemaligen Ballsaal der Zarenresidenz statt. Der grosse ovale Konferenztisch steht noch heute dort. Auf einem monumentalen Gemälde, das die Konferenzszene festhält, erkennt man, hinter Stalin stehend, deutlich die jugendliche Gestalt des heutigen Aussenministers Gromyko. Unmittelbar anschliessend an den Plenarsaal besichtigt man die Dreizimmersuite, die Präsident Roosevelt mit seinem Hauptberater Hopkins bewohnte. Churchill und Stalin residierten in anderen Gebäuden. Unsere Führerin entwirft ein recht positives Bild von den Konferenzergebnissen. Es sei, sagt sie, damals eindrücklich bewiesen worden, dass auch Staaten mit unterschiedlicher Gesellschaftsordnung konstruktiv zusammenarbeiten könnten. Leider seien die Westmächte später von diesem Pfad abgewichen. Sie hätten versucht, eine «Politik der Stärke» zu betreiben, und damit den Kalten Krieg provoziert.

Im Westen verbindet man mit der Jalta-Konferenz eher ungute Gefühle. Den Briten, mehr noch den Amerikanern ist später vorgeworfen worden, sie hätten bei den Verhandlungen über die Nachkriegsordnung gegenüber dem schlauen Stalin nicht die nötige Festigkeit an den Tag gelegt. Roosevelts Gesundheit war bereits schwer angeschlagen, er starb zwei Monate nach dem Krim-Treffen. Sein Berater Averell Harriman, damals US-Botschafter in Moskau, meint aber in seinen Erinnerungen, er glaube nicht, dass Roosevelt in besserer gesundheitlicher Verfassung mehr hätte erreichen können. Ein anderer Augenzeuge, Charles F. Bohlen, schreibt, dass es Churchill immerhin gelungen sei, Stalin dazu zu überreden, auch den Franzosen eine Besetzungszone in Deutschland einzuräumen. Roosevelt wiederum habe den Sowjets — gegen konkrete territoriale Versprechungen — die Zusicherung abringen können, sich nach dem Sieg über Deutschland auch am Krieg gegen Japan zu beteiligen — ein Schritt, der sich später nach den amerikanischen Atombombenabwürfen allerdings als weitgehend überflüssig erwies.

Sibirien – Land der unbegrenzten Möglichkeiten?

Schwer zugängliche Schatzkammer

Eine sowjetische Radiojournalistin aus Moskau, die mit ihrem Tonbandgerät nach aktuellem Reportagematerial fahndete und der wir am Baikal-See begegneten, bemerkte einmal im Laufe des Gesprächs, in Sibirien sei offensichtlich der Gigantismus ausgebrochen. Sie sagte es mit einer Mischung von stolzem Optimismus und – in dieser Gegend eine eher seltene Regung – skeptischer Ironie, was ja auch durchaus der wertungsmässigen Ambivalenz entsprach, die in diesem Ismus mitschwingt. Das Wort steht für vieles, was die sibirische Realität ausmacht, im positiven wie im problematischen Sinne.

Gigantisch sind in erster Linie die Dimensionen dieser nordasiatischen Landmasse zu nennen. 7000 Kilometer beträgt ihre westöstliche Ausdehnung vom Ural bis zur Beringstrasse, 3500 Kilometer sind es vom Nordpolarmeer bis hinunter nach Kasachstan und an die chinesische Grenze. Mit einer Fläche von 10,5 Millionen Quadratkilometern ist Sibirien grösser als Europa oder die USA, 250mal hätte die Schweiz darin Platz. Dieser kontinentale Koloss gilt zudem als eine der gigantischsten natürlichen Schatzkammern der Welt. Unter der sibirischen Erde ruhen Milliarden von Tonnen Mineralöl und noch bedeutendere Erdgasvorkommen; dazu kommen unabsehbare Vorräte an Braun- und Steinkohle, ergiebige Reserven an Kupfer, Blei, Zink, Uran, Eisenerz, Diamanten, Gold sowie anderen hochwertigen Mineralien und Metallen. In der sibirischen Taiga steht die Hälfte des Weltvorrats an Nadelhölzern. Ebenso bergen die gewaltigen sibirischen Flüsse Wasserkräfte für Milliarden von Kilowatt elektrischer Energie. Genaue Zahlen oder Vergleiche über den Umfang dieser Naturschätze, die erst partiell angezapft worden sind, lassen sich kaum eruieren. Erstens werden von verschiedenen Seiten unterschiedliche Angaben genannt, und zweitens sind die Nachforschungen in den sibirischen Weiten noch keineswegs abgeschlossen. Immerhin scheint man sich heute darüber einig, dass die Sowjetunion hinter dem Ural über ein Rohstoffpotential verfügt, dem in quantitativer Hinsicht kaum ein anderes Land Aehnliches entgegenzusetzen vermag.

Rhetorischer Gigantismus

Dieses vielversprechende Licht wird im Sowjetreich keineswegs unter den Scheffel gestellt. Der rhetorische Gigantismus feiert Triumphe. Ob man in Moskau einschlägige Berichte liest oder sich im vierzehn Flugstunden entfernten Jakutsk den begeisterten Vortrag des örtlichen Planungsfunktionärs anhört – immer wird dabei der Eindruck vermittelt, dass zwischen dem Ural und der Beringstrasse schlechterdings das Heil der Menschheit liegen müsse. Wer eine

Russischer Arbeiter.

Informationsreise nach Sibirien unternimmt, vermag von diesem Zukunftsland allerdings kaum mehr als partielle Eindrücke einzufangen, die sich später am Schreibtisch höchstens zu einer ersten Vorstellung über die dahinter stehende Gesamtrealität verdichten lassen. Diese begrenzte Einblickmöglichkeit liegt einerseits an den ungeheuren Dimensionen des Gegenstandes der Untersuchung. Aber selbst wer in begrenzter Zeit ein Optimum an Eindrücken und Informationen sammeln will, muss sich mit den von der sowjetischen Bewilligungspraxis gesetzten Limitierungen abfinden. Als Einzelreisender hat man sich, betreut von den offiziellen lokalen Führern, im wesentlichen an die relativ wenigen allgemein zugänglichen Reiserouten und renommierten Besichtigungsobjekte wie das gewaltige Elektrizitätswerk in Bratsk, das historische Irkutsk oder das sibirische Forschungszentrum bei Nowosibirsk zu halten. Erwähnt sei immerhin, dass die lokalen Betreuer durchaus nicht nur blosse Gängelbandfunktion ausüben, sondern an Ort und Stelle oft mit bewundernswertem Einsatz daran gehen, den Informationswünschen ihrer Schützlinge gerecht zu werden. Mit etwas Glück können so gelegentlich Dinge zustande kommen, die im offiziellen Besuchsprogramm eigentlich nicht vorgesehen sind.

Was man in Sibirien zu sehen bekommt, bestätigt in mancher Hinsicht das monumentale Freskobild, das mit diesem fernen Land assoziiert wird. Erlebnisse wie die stundenlangen Flüge über die dunkelgrüne Taiga, eine Bootsfahrt auf dem mächtigen Lenastrom oder der Anblick des strahlend reinen, kaum von menschlicher Zivilisation berührten Baikalsees lassen den sibirischen Gigantismuskult immerhin einigermassen verständlich erscheinen. Nicht weniger eindringlich wird man sich dabei freilich auch des Umstandes bewusst, dass diese überwältigende Natur der Nutzung ihres Reichtums ebenso gigantische Probleme entgegenstellt.

Extremes Klima als Entwicklungshindernis

Zu diesen Problemen gehört einmal das berühmt-berüchtigte sibirische Klima. Sibirien liegt ungefähr auf den gleichen Breitengraden wie das nördliche Kanada und Alaska, doch treten hier wegen der Geschlossenheit der eurasischen Landmasse die kontinentalen Klimafaktoren, vor allem die extremen Temperaturschwankungen, bestimmender in den Vordergrund. Die Sommer sind kurz — sie dauern selbst in den südlichen Regionen nicht länger als drei Monate — und sehr heiss. Ausserhalb der Städte machen Milliardenheere von Stechmücken das Arbeiten zur Qual. Im Winter gehören östlich des Jenissei Temperaturwerte von minus 30 Grad zur Tagesordnung. Die Rekorde reichen im östlichen Jakutien bis zu minus 60 Grad. Der grösste Teil Sibiriens gehört zur Permafrostzone: der Boden bleibt konstant gefroren, nur im Sommer tauen die obersten Schichten auf und verwandeln sich in zähe Moraste, in denen Bauten und Lastautos zu versinken drohen.

Die Transportfrage bildet einen zweiten primären Problemkomplex, mit dem sibirische Entwicklungsstrategen zu kämpfen haben. Zwar gibt es heute ein verhältnismässig dichtes Flugnetz, doch können damit weder die schweren Baumaterialien noch die sibirischen Bodenschätze über die enormen Distanzen gebracht werden. Hauptverkehrsader bleibt die Transsibirische Eisenbahn, die aber lediglich den Südrand des Riesenterritoriums erschliesst; ausserdem ist die Linie erheblich überlastet. Seit 1974 wird nun mit Volldampf ein bereits zur Zarenzeit und später von Stalin erträumtes Projekt vorangetrieben, das nicht

Auf der Grossbaustelle BAM (Baikal-Amur-Magistrale) in Sibirien.

nur den östlichen Teil der «Transsibirischen» entlasten, sondern gleichzeitig bisher noch kaum zugängliche Räume zwischen Lena und Pazifik öffnen soll: die weiter ins Landesinnere verschobene Parallelstrecke BAM, die 3200 Kilometer lange Baikal-Amur-Magistrale. Dieses zweifellos immense Projekt, mit dessen Fertigstellung man in den achtziger Jahren rechnet, wird heute unter mächtigem Trommelwirbel als «Bauwerk des Jahrhunderts» propagiert. Trotzdem werden auch mit der Inbetriebnahme der BAM Sibiriens Transportprobleme noch keineswegs gelöst sein. Allein schon ein kurzer Blick auf die Karte zeigt, dass es in den mittleren und nördlichen Abschnitten der Region nach wie vor an leistungsfähigen Bodenverbindungen mangeln wird. Die grossen Ströme wie der Ob, der Jenissei und die Lena bieten da keinen befriedigenden Ausweg, weil sie erstens quer zur westöstlichen Verkehrsrichtung fliessen und zweitens während langer Zeit im Jahr vereist bleiben.

Akutes Arbeitskräfteproblem

Das dritte Kardinalproblem wird durch die beiden bereits erwähnten bedingt: Wegen der ungünstigen klimatischen Bedingungen und wegen seiner erst partiellen Erschliessung ist Sibirien noch ein äusserst dünn besiedeltes Gebiet. Nur ein Zehntel der 250 Millionen Sowjetbürger lebt auf diesem Territorium, das beinahe die Hälfte der Landesfläche ausmacht. In bestimmten Gegenden entfällt statistisch nur ein Einwohner auf 50 Quadratkilometer. Zur Realisierung der ehrgeizigen Entwicklungspläne aber braucht es Arbeitskräfte, und daran herrscht in Sibirien ein empfindlicher Mangel.

In den zaristischen Zeiten oder während der Stalin-Aera — als die Entwicklung Sibiriens allerdings bei weitem noch nicht den jetzigen prominenten Platz auf der nationalen Prioritätenliste einnahm — wurde das sibirische Arbeitskräfteproblem hauptsächlich durch Gewalt und Willkür gelöst. Bei der Lektüre sowjetischer Sibirienberichte oder beim Besuch lokaler Museen wird meist sehr nachdrücklich auf die Grausamkeit des zaristischen Verbannungssystems hingewiesen, dem Hunderttausende von Leibeigenen und echten oder angeblichen Regimegegnern zum Opfer gefallen sind. Kein Wort indessen von den in ihren Ausmassen beispiellosen Deportationspraktiken der Stalin-Despotie. In der offiziellen Sowjetunion bleibt der Archipel Gulag tabu. Auf die einmal gestellte Frage, wo es heute in Sibirien noch Straflager gebe — dass die Einrichtung keineswegs gänzlich abgeschafft wurde, ist bekannt —, erwiderte der angesprochene lokale Begleiter kurz, er wisse darüber nichts zu sagen, was wahrscheinlich auch der Wahrheit entsprach.

Fest steht aber, dass man mindestens seit den fünfziger Jahren die sibirische Arbeitskräftelücke nicht mehr mit Zwangsmethoden zu überbrücken sucht. Die freiwillige Einwanderung wird intensiv gefördert. Manchen jungen Sowjetbürger mag dabei pure Abenteuerlust nach dem verheissungsvollen «Wilden Osten» ziehen, den einen oder andern vielleicht auch echte Begeisterung für die Sache des «sozialistischen Aufbaus». Allzu intensiv indessen scheint solche Spontaneität nicht verbreitet zu sein, sonst hätte man kaum das System der «materiellen Anreize» geschaffen, das heute zweifelsohne die stärkste Triebkraft zur Förderung der Einwanderung nach Sibirien bildet. Wer in der Taiga oder Tundra arbeitet, verdient wesentlich mehr als in den gemässigten Gegenden des Sowjetreiches. Im neu entstandenen Industriezentrum Bratsk beispielsweise beträgt die «Sibirienprämie» 40 Prozent auf den Grundlohn; dazu kommen während der ersten fünf Jahre jährlich weitere zehn Prozent. Die Zulagen variieren je nach den örtlichen Lebensbedingungen. Lastwagenfahrer im hohen Norden sollen es in Einzelfällen bis auf tausend Rubel monatlich bringen — ein Arzt in Moskau muss sich dagegen mit 127 Rubel begnügen. Weitere Vergünstigungen betreffen verlängerte Ferien, vorzeitige Pensionierung sowie jedes dritte Jahr eine Gratisfahrkarte an irgendeinen beliebigen Ort in der UdSSR.

Kein Massenzug in den «wilden Osten»

Trotz diesen massiven Anreizen kann aber bis anhin von einem Zuwanderungsboom in Sibirien nicht die Rede sein. Im Gegenteil, ein einheimischer Kenner der Materie gesteht vertraulich, dass in den letzten zehn Jahren rund eine Million mehr Menschen aus Sibirien abgewandert als neue hinzugezogen sind. Wenn die Bevölkerung absolut trotzdem zunimmt, so einzig wegen der Geburtenüberschüsse. Den Grund für diese unbefriedigende Situation sieht unser Gewährsmann in den ausserordentlich harten Lebensbedingungen, deren Schwierigkeiten für sehr viele Neuankömmlinge durch die Lohnvergünstigungen (die überdies zum nicht geringen Teil von höheren Ernährungs- und Bekleidungskosten absorbiert werden) nicht aufgewogen werden. Um stabilere Zuwanderungsraten zu erreichen, müsste man weit gezielter als bisher für bessere Wohn- und Versorgungsverhältnisse in den sibirischen Siedlungen, die in der Tat selten einen einladenden Eindruck machen, sorgen.

Ebenso, meint der gleiche Gesprächspartner weiter, stelle sich heute dringlich das Problem einer Umstellung der bisherigen extensiven Produktionsmethoden auf rationellere, hochtechnisierte Prozesse, die nicht nur wesentlich zur Dämpfung des Arbeitskräftemangels beitragen könnten, sondern auch eine raschere Erschliessung der sibirischen Schatzkammer ermöglichen würden.

Solche Ueberlegungen erklären auch das sowjetische Interesse an grossangelegten technischen und finanziellen Kooperationsbeteiligungen in Sibirien. Entsprechende Verhandlungen, insbesondere mit amerikanischen und japanischen Konsortien, sind bis jetzt indessen nur äusserst zähflüssig vorangekommen. Die vom amerikanischen Kongress verfügte Sperre für staatliche Kredite zur Förderung von sowjetischer Fossilenergie bedeutete einen harten Rückschlag. Die Japaner haben zwar einzelne Zusammenarbeitsverträge unterzeichnet, doch ist das ursprünglich erwaretete finanzielle und technische Grossengagement bisher auch von dieser — nüchtern kalkulierenden — Seite ausgeblieben.

Stalin und die Georgier

Lokale Verklärung im Schatten einer unbewältigten Vergangenheit

Von der georgischen Metropole Tbilisi (Tiflis) sind es etwa achtzig Kilometer bis zum in westlicher Richtung gelegenen Städtchen Gori. Unser Intourist-Chauffeur, ein dunkelhaariger, aufgeweckter Bursche mit dem unverkennbaren mediterranen Einschlag der Georgier, nimmt sich Zeit für die Fahrt. Gemächlich lässt er den Wagen entlang der munter dahinfliessenden Kura durch die zauberhafte, in spätherbstliche Morgensonne getauchte Landschaft rollen, die hinter dem Talkessel von Tbilisi in sanft geschwungene Hügelzüge übergeht. Eine Zeitlang fahren wir auf der berühmten georgischen Heerstrasse, die bereits im Altertum die kaukasischen Bergreiche mit Byzanz und Persien verband. Der Fahrer — er spricht wie alle Georgier fliessend Russisch — weiss seine geographischen Erläuterungen leutselig mit allerlei denkwürdigen Episoden aus der langen und mythenträchtigen Geschichte seines Volkes auszuschmücken. Der Schalthebel seines Wagens ist am Kopf von einer durchsichtigen Glaskugel gekrönt, unter der man ein kitschfarbenes Porträt erkennt. Ob das ein Stalin-Souvenir sei, frage ich den Chauffeur ziemlich überflüssig. Er nickt, sagt aber nur kurz: «Natürlich.»

Geburtshaus unterm Marmortempel

Obwohl Gori schon in der Antike eine Rolle spielte — die Römer sollen unter Pompejus die wuchtige Bergfestung, von der noch immer eindurcksvolle Ueberreste zeugen, vergeblich belagert haben —, verdankt heute die Provinzstadt ihre touristische Attraktion vornehmlich einem Umstand der jüngsten Vergangenheit. Gori ist der Geburtsort von Joseph Wissarionowitsch Dschugaschwili, berühmt und berüchtigt geworden unter seinem Revolutionärsnamen Stalin (Mann aus Stahl). Auf dem grossen Hauptplatz, direkt gegenüber dem Sitz des lokalen Parteikomitees, steht auf steinernem Sockel sein rund zehn Meter hohes Standbild, wohl das letzte derartige Denkmal in der Sowjetunion, das die formelle Entglorifizierung des erstorbenen Tyrannen überdauert hat. Nicht weit davon entfernt erstreckt sich eine sauber gepflegte Parkallee, die vor einem tempelartigen Bauwerk pseudoklassischen Stils endet. Die marmornen Säulen umschliessen eine niedrige, unscheinbare Holzhütte: Stalins Geburtshaus. In dieser armseligen Behausung hat am 21. Dezember 1879 der spätere Herrscher über das Sowjetreich als viertes Kind (die drei ersten waren alle kurz nach der Geburt gestorben) des Schusters Wissarion Dschugaschwili und seiner Frau Jekaterina das Licht der Welt erblickt. Die Hütte besteht nur aus zwei winzigen Kammern, in der einen steht ein grosser Kranz aus Plasticblumen, den — wie auf der roten Schleife zu lesen ist — sowjetische Kriegsveteranen gestiftet haben.

Hinter dem Säulenbau mit dem Geburtshaus erhebt sich das eigentliche Stalin-Museum, ein hohes, turmbewehrtes Schloss wie aus einem orientalischen Märchen. Weil es Montag ist, sind seine Türen geschlossen, doch lässt sich der Wächter nach längerem Zureden seitens unseres Chauffeurs später doch noch zur Oeffnung bewegen. Eine breite Marmortreppe führt in die Ausstellungsräume im ersten Stockwerk. Vom Wendeabsatz der Treppe blickt streng eine weisse, lebensgrosse Stalin-Figur in die Eingangshalle herab. Zu seinen Füssen wiederum Blumen, diesmal frische. Darüber auf rotem Grund der grosslettrige Spruch: «Was mich betrifft, so bin ich nur der Schüler Lenins, und mein Ziel ist nur, immer der Schüler Lenins zu bleiben.»

Verklärte Erinnerungen

Dieser sich so bescheiden gebende Schüler Lenins muss in seiner Jugend ein recht schwärmerischer Geist gewesen sein, was aus seinen Versen hervorgeht, deren Originale uns die Museumsdirektorin in den Ausstellungsvitrinen zeigt. Eines dieser Gedichte — in georgischer Sprache — trägt den Titel «An den Mond», gezeichnet mit Stalins Jugendnamen «Soso». Des weiteren sind zu sehen: Stalins Schulzeugnisse — er besuchte fünf Jahre lang die griechisch-orthodoxe Schule in Gori und später das Priesterseminar in Tiflis —, Photos und Erinnerungsgegenstände aus dem bewegten Berufsrevolutionärsleben, die erste «Prawda»-Nummer, die Stalin 1912 in Petersburg herausgab; Briefe und Bilder seiner beiden Söhne, von denen der eine in deutscher Gefangenschaft ums Leben kam. Die Briefe des Diktators an seine später nach den USA ausgewanderte Tochter Swetlana sind dagegen aus den Vitrinen entfernt worden. Mit besonderem Nachdruck verweist die Direktorin auf einen Stalin-Aufruf wider den Personenkult, womit sie unmissverständlich zum Ausdruck bringen will, dass ihr Landsmann persönlich nie vom rechten Weg abgewichen sei. Im letzten Saal sind die Geschenke ausländischer Bruderparteien an das Museum aufgereiht. Besonders auffallend und bedeutungsträchtig: ein riesiges Seidenporträt des schnauzbärtigen Generalissimus, Huldgabe der chinesischen KP. Das 1956 — im Jahr des 20. Parteikongresses — errichtete Museum war 1964 geschlossen worden, zwei Jahre später öffneten sich seine Tore erneut den Touristenströmen.

Draussen im Freien blinzelt unser Intourist-Fahrer angelegentlich in den glänzenden Sonnenhimmel. Obwohl er schon viele Male hier gewesen sei, müsse er im Museum doch immer wieder mit den Tränen kämpfen, gesteht er treuherzig. Bei Stalins Tod sei er ein zwölfjähriger Junge gewesen, und er erinnere sich noch lebhaft, wie damals jedermann einen Trauerflor getragen habe. Auf eine nähere Diskussion über die Rolle Stalins und dessen Platz in der heute gültigen Sowjetgeschichte will er aber offenbar nicht eingehen. Dagegen ist er mit keinem Mittel davon abzubringen, unser Mittagessen, das wir zusammen im nahegelegenen Hotel einnehmen, aus seiner Brieftasche zu bestreiten.

Lenins Tadel

Ist die sentimentale Stalin-Verehrung dieses Mannes typisch für Georgien? Manche Beobachtungen während eines kurzen Aufenthaltes deuten darauf hin. Fest steht, dass der Kult um den 1953 verstorbenen Usurpator in seiner engeren Heimat in bestimmten Formen sichtbar weiterschwelt. In Tbilisi ist sein Konterfei selbst in öffentlichen Gebäuden zu sehen. Den Touristen werden in den

Souvenirläden neben den üblichen Lenin-Abzeichen auch Stalin-Helgen (der Generalissimus als biederer Pfeifenraucher) feilgeboten. Offenbar sind das Zeichen eines gewissen Lokalpatriotismus. Der zeitliche Abstand zu den Jahren der Stalin-Herrschaft scheint im Bewusstsein seiner Landsleute irrationale Verklärungsvorgänge begünstigt zu haben. Denn auf Grund der geschichtlichen Ereignisse hätten die Georgier wenig Anlass, sein Andenken in Ehren zu halten. Im Gegenteil, die kaukasische Republik hat seine skrupellosen Methoden und seinen extrem ausgeprägten russischen Grossmachtchauvinismus früher als alle anderen Völker des Sowjetreiches zu spüren bekommen.

Als Kommissar für Nationalitätenfragen in der ersten Sowjetregierung reiste Stalin 1921 — es war die Zeit des Bürgerkrieges — persönlich nach Tiflis, um, wie er dort erklärte, «die nationalistischen Ueberreste mit glühendem Eisen auszubrennen». Zusammen mit seinem Landsmann Ordschonikidse und dem gefürchteten Geheimpolizeichef Dserschinski leitete er eine umfassende Säuberung ein, der abgesehen von den Menschewiki-Anhängern auch zahlreiche lokale Bolschewisten, die nach vermehrter Autonomie von Moskau strebten und kurz zuvor mit Hilfe der Roten Armee an die Macht gekommen waren, zum Opfer fielen.

Stalins Vorgehen in seiner Heimat muss selbst für Bürgerkriegsverhältnisse schockierend gewesen sein, jedenfalls sah sich der sonst in Sachen Gewaltanwendung nicht zimperliche Lenin auf Grund eines von ihm angeforderten Spezialberichtes veranlasst, seinen bisherigen Schützling ausdrücklich zu kritisieren. Lenin notierte zu den Ereignissen in Georgien: «Ich denke, dass die Hastigkeit und administrative Impulsivität Stalins dort eine fatale Rolle spielten ... Ebenso fürchte ich, dass Dserschinski — ein gebürtiger Pole — sich durch russischen Despotismus ausgezeichnet hat (es ist bekannt, dass russifizierte Ausländer sich in der Demonstration russischer Eigenschaften stets zu überbieten trachten) ... Wir müssen feststellen, dass Stalin und Dschersinki politisch verantwortlich sind für diese nationalistische grossrussische Kampagne» (in Georgien). Wenige Tage später änderte der bereits schwerkranke Lenin, offenbar vor allem unter dem Einfluss der Ereignisse in Georgien, sein politisches Testament, indem er rundheraus vorschlug. Stalin von seinem Posten als Generalsekretär der Partei zu entfernen. Hätte sich Lenins Gesundheitszustand nicht rapid verschlechtert und hätte ihn nicht bald darauf der Tod ereilt, so wäre Stalins Aufstieg zur absoluten Macht vielleicht tatsächlich an der georgischen Frage gescheitert.

Lokalpatriotismus

Diese historischen Fakten sind heute in der Sowjetunion kein Staatsgeheimnis mehr, wenn sie auch nicht intensiv verbreitet und schon gar nicht öffentlich diskutiert werden. Gerade diese Sachlage wirft ein illustratives Licht auf das ambivalente Verhältnis der heutigen Sowjetführung zu Stalin und zum Stalinismus. Seit den Enthüllungen Chruschtschews auf dem 20. Parteitag bleibt der Diktator aus Georgien zwar formell verurteilt, eine offene und tiefgreifende Auseinandersetzung mit der Zeit des «Personenkults» (dies die offiziell übliche Bezeichnung für die Stalin-Aera) findet aber nicht statt. Die Ende der fünfziger Jahre unternommenen schüchternen Ansätze sind praktisch wieder eingefroren worden. Im Vergleich zu den meisten Revolutionsführern, die Stalin der Reihe nach kaltblütig beseitigt hat — Trotzki, Bucharin, Kamenjew, Sinowjew, Tomski usw. —, geniesst der ehemalige Alleinherrscher in der sowjetischen

Taxifahrer in Zentralasien. Auf der Windschutzscheibe klebt ein Stalin-Helgen.

Das Stalin-Museum in Gori. Davor, tempelartig überdacht, Stalins Geburtshäuschen.

Geschichtsschreibung sogar ein gewisses Mass an Respektabilität, jedenfalls darf sein Name ungeschoren gelegentlich auch positiv erwähnt werden. Anders als die prominenten Opfer seiner Säuberungen ist Stalin heute höchstens eine halbe «Unperson». Eine echte Bewältigung dieses dunklen Kapitels steht der Sowjetgesellschaft zweifellos noch bevor. Von der gegenwärtigen Führungsgeneration, die schliesslich während der Stalin-Herrschaft gross geworden ist und von deren Geist entscheidende Prägungen mitbekommen hat, dürfte diese Aufgabe kaum mehr angepackt werden.

Kein Wunder, dass in dieser unbereinigten Atmosphäre die Stalin-Verehrung in Georgien stille Blüten treiben darf. Allerdings war dem nicht immer so. In Tbilisi versichert ein einheimischer Intellektueller, der Diktator habe hier zu seinen Lebzeiten wenig Popularität genossen. Die Georgier hätten ihre Sympathien für ihren berühmten Landsmann eigentlich erst entdeckt, nachdem er in Moskau vom Sockel gestürzt wurde. Vor allem unter den einfachen Leuten sei sein Bildnis heute eine Art Katalysator für unterschwellige lokalchauvinistische Regungen, so paradox das angesichts von Stalins extrem russophiler Haltung auch erscheinen mag. Indessen warnte unser Gesprächspartner davor, den georgischen Nationalismus zu überschätzen und gar als Kern ernsthafter separatistischer Tendenzen zu interpretieren. Seit mindestens drei Jahrhunderten ist Georgien eng mit Russland verbunden, das dem kleinen kaukasischen Reich — in dem schon im vierten Jahrhundert das Christentum zur Staatsreligion erklärt worden war — wirksame Hilfe gegen türkische und persische Eroberer gewährte. Der letzte georgische König besiegelte 1801 durch Vertrag den formellen Anschluss ans Zarenreich. Dass die lebensfreudigen, zu ausgeprägtem Individualismus neigenden Georgier an einer verstärkten Autonomie gegenüber der Moskauer Zentrale interessiert wären, daran ist nicht zu zweifeln. Anderseits scheinen aber die historischen, kulturellen und sprachlichen Bindungen zur russischen Macht — von den politischen Gegebenheiten einmal abgesehen — derart solide geknüpft, dass es sich die zuständigen Stellen durchaus leisten können, die patriotisch motivierte Stalin-Verklärung der Georgier wohlwollend gewähren zu lassen.

Eigenwilliges Sowjetarmenien

Beim Bummel durch Eriwan scheinen die beiden im Goldlicht der Abendsonne leuchtenden Gipfel des Ararat zum Greifen nah. Majestätisch beherrscht der von ewigem Schnee bedeckte Doppelkegel die Hochebene, die sich von der armenischen Hauptstadt nach Süden hin erstreckt. Auch im armenischen Republikwappen hat der eindrucksvolle Berg — überstrahlt vom fünfzackigen Sowjetstern — als zentrales Motiv Eingang gefunden. Sogar der Eriwaner Fussballklub (er brachte es vor zwei Jahren — 1973 — zum sowjetischen Landesmeister) ist auf den Ararat getauft. Was den Japanern ihr Fudschijama, das bedeutet den Armeniern offenbar der Ararat. Er ist ein nationales Symbol. Nur: der Ararat gehört geographisch schon lange nicht mehr zu Armenien. Die beiden malerischen Gipfel (5156 und 3925 Meter hoch) stehen fünf Kilometer jenseits der heutigen Republikgrenze auf türkischem Territorium. Die Situation gemahnt unweigerlich an das tragische Schicksal des armenischen Volkes, von dem ein grosser Teil in alle Welt zerstreut lebt und dessen historische Heimat heute türkischer, persischer und sowjetischer Staatssouveränität einverleibt ist.

Die Armenier zählen zu den ältesten Kulturvölkern des kleinasiatischen Raumes. Der Sage nach war der Stammvater der Nation ein Nachfahre Noahs, dessen Arche ja auf dem Ararat aufgelaufen sein soll. Dieser Noah-Spross namens Haik gab dem von ihm beherrschten Hochland die Bezeichnung «Hajastan», die die Armenier noch heute für ihre Heimat gebrauchen. Das Bergland an der europäisch-asiatischen Grenze ist im Laufe der Jahrtausende von unzähligen Invasionen heimgesucht worden. Einer der ersten Eroberer war der Perserkönig Darius; zweihundert Jahre später geriet das Ararat-Reich durch die Feldzüge Alexanders des Grossen in den hellenischen Kulturbereich. Im ersten Jahrhundert unserer Zeitrechnung erlebte Armenien als unabhängiges Land eine kurze Blüte, in der sich seine Grenzen weit nach Osten bis zum Euphrat hinunter ausdehnten. Armenien war das erste Land der Welt, das bereits im Jahre 301 unter König Tiridates III. das Christentum zur Staatsreligion erklärte. Gegen Ende des vierten Jahrhunderts entstand das armenische Alphabet — ein bedeutender Träger der nationalen Kultur, der bis auf den heutigen Tag lebendig geblieben ist.

Türkische Massaker

Im 7. Jahrhundert fallen die Araber ins armenische Hochland ein. Es folgt um die erste Jahrtausendwende eine neue glänzende Periode des nationalen Aufschwunges, die zuerst durch mongolische, dann durch persische und türkische Unterdrückung abgelöst wird. Im 18. Jahrhundert beginnt sich Russland aktiv in die transkaukasische Politik einzuschalten. Persien und die Türkei verlieren die armenischen Ostprovinzen definitiv an den Zarenthron, der den einheimischen Christen einen gewissen Schutz vor den religiösen Gleichschaltungs- oder Vernichtungsgelüsten der muselmanischen Nachbarreiche sichert. Die von den Westmächten und Russland angefachten Hoffnungen der Westarmenier auf Unabhängigkeit vom Türkenjoch endeten 1894 bis 1896 in einem ersten furchtbaren Massaker, das die Truppen des Sultans unter der nationalen Minderheit anrichteten. Aber es sollte noch entsetzlicher kommen: 1915 gaben die Jungtürken in Istanbul zwecks «Endlösung» des unbequemen Problems das Signal zur systematischen Vernichtung der Armenier in Anatolien. In einem offiziellen Dekret hiess es: «Das Recht der Armenier, auf türkischem Territorium zu leben und zu arbeiten, ist abgeschafft.» Anderthalb Millionen Menschen wurden in diesem ersten Genozid dieses Jahrhunderts abgeschlachtet oder starben während der Deportation. Hunderttausende von Armeniern flohen ins Ausland, viele über die Grenze nach der russischen Ostprovinz. Heute leben gegen vier Millionen Armenier in der UdSSR, davon zweieinhalb Millionen in der armenischen Sowjetrepublik, dem kleinsten Gliedstaat der Union. Hinzu kommen rund zwei Millionen über den ganzen Erdball zerstreute Angehörige dieses schwergeprüften Volkes.

Entgegen ihrem Ruf als superschlaue Geschäftemacher von orientalischer Beredsamkeit machen die Leute in Armenien im Vergleich zu den extravertierten Georgiern einen eher zurückhaltenden und bescheidenen Eindruck. Man glaubt in diesem Menschenschlag den prägenden Einfluss der kargen Natur zu erkennen. Sowjetarmenien ist, was die natürlichen Schätze betrifft, nicht übermässig mit Reichtum gesegnet. Nur rund die Hälfte seiner Gesamtfläche (knapp 30 000 Quadratkilometer) kann angebaut werden, der Rest ist trockenes Felsland. Dank einer intensiven Nutzung der Wasserreserven (Hauptquelle: der hochgelegene Sewan-See) ist in den letzten Jahrzehnten die Landwirtschaft recht erfolgreich entwickelt worden. Armenien exportiert vor allem Wein, Gemüse und Obst in die übrigen Sowjetrepubliken.

Starke nationale Identität

In der auffallend sauberen Hauptstadt Eriwan (900 000 Einwohner) überwiegt der nüchterne sozialistische Zweckbaustil. Von orientalisch-mediterranen Einflüssen ist im Stadtbild wenig zu sehen. Nur am Rande entdeckt man gelegentlich kleine Siedlungen von improvisierten Blech- oder Holzhütten, zwischen denen Wäsche im Winde flattert. Armeleutequartiere? Unsere Führerin, eine dunkle Armenierin mit pechschwarzem Haar und grossen, etwas melancholischen Augen, meint, man habe diese armseligen Behausungen lediglich als Zeugnis früherer, heute glücklicherweise überwundener Verhältnisse stehen lassen. Wie dem auch sei, die Hütten werden jedenfalls — die Wäsche zeigt es — immer noch bewohnt.

Im ganzen aber macht hier fast alles einen gepflegten und soliden Eindruck. Die Leute auf der Strasse scheinen sogar um eine Spur eleganter oder modischer gekleidet als etwa in Moskau, obschon das Angebot im grossen Warenhaus am Eriwaner Leninplatz sich durchaus nicht vom grauen sowjetischen Durchschnitt unterscheidet. Nichtoffizielle Beschaffungswege (lies Schwarzmarkt) spielen offenbar auch hier eine gewichtige Funktion zur Deckung von Konsumwünschen. Allerdings ist die professionelle Betätigung in diesem Bereich mit beträchtlichen Risiken verbunden: Der Direktor einer armenischen Bekleidungsfabrik, die ihre Qualitätsware an private Käufer absetzte und die staatlichen Läden mit dem Ausschuss belieferte, wurde unlängst vor einem armenischen Gericht zum Tode verurteilt. Zwei seiner Brüder erhielten hohe Gefängnisstrafen, und der armenische Minister für Industrie und sein Stellvertreter mussten schwere Verweise einstecken.

Unter den fünfzehn Unionsrepubliken des Sowjetreiches ist Armenien wahrscheinlich diejenige mit der geschlossensten und lebendigsten nationalen Identität. Fast neunzig Prozent der Republikeinwohner sind armenischer Herkunft, der Anteil der Russen macht hier lediglich drei Prozent aus. In völligem Gegensatz zum benachbarten Georgien schätzt man, dass nur rund ein Viertel der Bevölkerung Sowjetarmeniens fliessend Russisch spricht. Im sprachlich-kulturellen Bereich scheint hier also die Russifizierung auf etliche Widerstände zu stossen. Zweifellos bedeuten die intensiven Kontakte der Einheimischen mit den armenischen Kolonien im Ausland eine — gegenseitige — Stärkung des nationalen Bewusstseins. Seit dem Zweiten Weltkrieg sind gegen 250 000 ehemalige armenische Flüchtlinge — vor allem aus dem Mittleren Osten — in die kleine Republik eingewandert. Noch immer stossen jährlich einige tausend Neuankömmlinge hinzu. Ausserdem strömen ständig zahlreiche Auslandsarmenier als Touristen in ihre nationale Heimat. Die einheimischen Verwandten und Bekannten werden auf diese Weise oft mit allerlei Dingen versorgt, die sich im Sozialismus kaum auftreiben lassen.

Kirche als Bindeglied

Das wohl gewichtigste Bindeglied aller Armenier und zugleich das geistige Strahlungszentrum der nationalen Kultur ist die armenische Kirche, die unter den christlichen Bekenntnissen ein eigenständiges Dasein führt. Ihr Oberhaupt, der Katholikos, wird — ähnlich wie der römische Papst — von den armenischen Geistlichen aus aller Welt gewählt. Der gegenwärtige Patriarch, der 130. bereits in einer ehrwürdigen Reihe, heisst Vasgen I. und regiert seit 1956. Er residiert in der berühmten Klosterstadt Edschmiadsin, fünfzehn Kilometer ausserhalb Eriwans. Dieser nationale Wallfahrtsort mit der fast 1700 Jahre alten Hauptkathedrale befindet sich seit 1945 wieder in kirchlicher Verwaltung, als es dem geschmeidigen Klerus nach einer Periode schwerster Repression gelungen war, der Kirche ein — wenn auch offenbar nicht völlig reibungsfreies — Existenzrecht zu sichern. Heute werden in Armenien wieder in über fünfzig Kirchen regelmässig Gottesdienste abgehalten — vor der Revolution sollen allerdings um die tausend Gotteshäuser in Betrieb gewesen sein. Rund die Hälfte aller Armenier soll zumindest kirchlich getauft sein — ein weit höherer Prozentsatz als anderswo in der Sowjetunion.

Nationalistische Träume

Obschon die Armenier im Sowjetsystem fraglos besser und sicherer leben als unter der Türkenherrschaft, scheint unter ihnen der Traum von der Wiedergeburt eines unabhängigen nationalen Staates nicht völlig erloschen. Immer wieder dringen aus Armenien Berichte über das Wiederaufleben nationalistischer Strömungen durch. Der im vergangenen Jahr neu an die Macht gekommene Erste Sekretär der armenischen KP, Karen Demirtschian, warnte kurz nach seinem Amtsantritt in einer strengen Rede nicht nur vor den allgemeinen Einflüssen bürgerlicher Lebensmoral, sondern ausdrücklich auch vor den Gefahren «nationaler Engstirnigkeit, nationaler Exklusivität und Prahlerei». Zur gleichen Zeit hörte man von antisowjetischen Flugblättern in Eriwan und von

Geheimprozessen gegen Anhänger einer illegalen Partei mit separatistischen Zielsetzungen. In diesem Zusammenhang sind 1974 mindestens fünfzehn Personen vor Gericht gestellt und bis zu zehn Jahren Gefängnis oder sibirischer Verbannung verurteilt worden. Wieweit solche militanten nationalistischen Regungen in der breiten Volksmasse Verständnis oder gar Rückhalt finden, lässt sich für Aussenstehende natürlich nicht beurteilen. Unter den jetzigen Machtverhältnissen wird man aber der Idee von der Renaissance eines autonomen Ararat-Reiches, für die die Armenier in der Vergangenheit mehr als einmal blutig gebüsst haben, kaum reale Chancen einräumen können.

Von Timur bis zur Sowjetmacht

Gegenwart und Vergangenheit in Zentralasien

Unter den vielen legendenumwobenen Herrschern, die im Laufe einer langen und bewegten Geschichte aus den Steppen Zentralasiens hervorgegangen sind, gehört Timur (oder Tamerlan) der Grosse zweifellos zu den herausragendsten Gestalten. Christopher Marlowe, der Zeitgenosse Shakespeares, hat ihn in seinem «Tamburlaine the Great» den Europäern als ruchlosen, blutigen Usurpator geschildert. Tatsächlich scheint er auf seinen ausgedehnten Feldzügen, auf denen er um 1400 bis tief nach dem Orient und Indien, im Westen bis nach der Türkei und in die Weiten Russlands vorstiess, an Wildheit und grausamer Zerstörung selbst seinen berühmt-berüchtigten Vorgänger Dschingis-Khan übertroffen zu haben. Aber Timur und seine Nachfolger, die Timuriden, haben zumindest in ihrer Hauptstadt Samarkand gleichzeitig die wohl eindrucksvollsten Denkmäler Zentralasiens geschaffen.

Wunder von Samarkand

Stauenend steht man vor dem mächtigen Gur-Emir-Mausoleum, dessen gerippte, mit türkisblauen und goldenen Mosaikplättchen bedeckte Kuppel wie ein Traumbild aus Tausendundeiner Nacht in der Abendsonne leuchtet. Timur hatte das monumentale Bauwerk zu Ehren seines Enkels, der als sein Nachfolger bestimmt war, errichten lassen. Der Enkel starb indessen früh und wurde noch vor seinem Grossvater im Mausoleum beigesetzt. Im prachtvollen, in allen Farben glitzernden Innern, das sorgfältig renoviert wurde, sind die Gräber der Timuriden zu sehen. Auf der einen Marmorplatte sind in arabischer Schrift der Stammbaum Timurs sowie sein Todesdatum eingraviert. Unser Führer erzählt, dass die Gräber am 18. Juni 1941 von einer wissenschaftlichen Kommission geöffnet worden seien. Bei der Untersuchung der Skelette zeigte sich, dass Timur seinen legendären Beinamen «der Eiserne Lahme» zu Recht getragen hatte: ein Bein war tatsächlich kürzer als das andere. Die mohammedanischen Gläubigen, so berichtet der Führer weiter, sollen sich gegen die Oeffnung der Grabstätte gesträubt haben, denn laut der Sage würde in diesem Fall der Geist des grausamen Eroberers wieder über die Welt herrschen. Drei Tage später, am 21. Juni 1941, fiel Hitler über das Sowjetreich her ...

Saga Turkestans

Turkestan, das Kernland des Timburidenreiches, war nie ein geographisch genau abgegrenzter Begriff. Grosso modo bezeichnet man damit den weiten, vornehmlich steppen- oder wüstenartigen Raum östlich des Kaspischen Meeres bis zur chinesischen Grenze. Wie der Name andeutet, ist die Gegend hauptsächlich von Turkvölkern besiedelt. Die ursprünglichen Bewohner Turkestans waren allerdings mit den Persern verwandt, die lange Zeit die Oasensiedlungen zwischen den beiden Hauptflüssen Amudarja (dem antiken Oxus) und Syrdarja (Jaxartes) dominierten. Zwischenhinein zog Alexander der Grosse auf seinem Feldzug nach Indien durch das Wüstenland. Im 7. Jahrhundert nach Christus drangen für kurze Zeit die Chinesen in Turkestan ein, doch wurden sie bald durch arabische Eroberer abgelöst. Bis auf den heutigen Tag ist Zentralasien nördlich der chinesischen Grenze entscheidend vom Einfluss der arabisch-persischen Islamkultur geprägt. Dies vor allem deshalb, weil die turksprachigen Nomadenvölker, die ab dem 10. Jahrhundert von Osten her das Durchgangsland an der Strasse von China und Indien nach der Wolga und Europa in ihren Besitz brachten, sich rasch an den mohammedanischen Glauben assimilierten. Das gleiche gilt für die mongolischen Eroberer, die im 13. Jahrhundert unter Dschingis-Khan und dessen Nachfolgern über Zentralasien hinaus bis tief nach Russland und China vordrangen. Da die mongolischen Feldherren ihre Heere weitgehend aus turkestanischen Nomadenreitern rekrutierten, verwischten sich die Grenzen zwischen den beiden ethnisch ohnehin verwandten Sippen zusehends. Trotz vielfältigsten lokalen Differenzierungen hat sich in Zentralasien sprachlich das türkische und kulturell das islamische Element am stärksten durchgesetzt. Nur das kleine Volk der Tadschiken bewahrte über die Jahrhunderte hinweg seinen persischen Dialekt.

Nach den Timuriden stieg der Stern der usbekischen Schaibaniden-Dynastie über Turkestan auf. Muhammad Schaibani, der Stammvater dieser Herrscherfamilie, eroberte um 1500 Buchara, Samarkand, Taschkent und das fruchtbare Ferganatal am Fusse des Pamirgebirges. Mit der gleichzeitigen Entdeckung des Seeweges von Europa nach Indien durch die Portugiesen schwand indessen die Bedeutung der alten zentralasiatischen Karawanenstrassen. Macht und Reichtum der turkmongolischen Herrscherdynastien, die die Region zeitweise einem einheitlichen Willen unterworfen hatten, zerbröckelten. Turkestan löste sich in zahlreiche sich gegenseitig befehdende Nomadenstämme und Stadtkhanate auf. Eine lange Periode der geographischen und kulturellen Isolation setzte ein. Die einst pulsierenden Handels- und Geisteszentren wie Samarkand und Buchara verdämmerten für die übrige Welt zu fernen Legenden. Als die Russen im 19. Jahrhundert in Zentralasien auftauchten, galten die dortigen Feudalreiche in jeder Beziehung als die rückständigsten im ganzen islamischen Bereich.

Erdbebenfolgen in Buchara

Bei der Ankunft in Buchara fragen wir den Taxichauffeur nach den Auswirkungen des Erdbebens, das am 17. Mai 1976 weite Teile von Sowjet-Mittelasien heimgesucht hat. Der Mann, der wie fast alle Usbeken ein schwarz-weiss besticktes Käppi, die Tjubeteika, trägt und fliessend Russisch spricht, erzählt bereitwillig, wie ihn die Erschütterung, die rund eine Minute lang dauerte, frühmorgens aus dem Schlaf gerissen habe. Aber Allah, zu dem er regelmässig bete, habe die Stadt vor grösserem Unglück verschont, vielleicht deshalb, meint er, weil es hier so viele ernsthafte Gläubige gebe. In der Tat sind in Buchara ebenso wie in Chiwa, Taschkent oder Samarkand von dem Erdbeben, das die sowjetischen Zeitungen als sehr stark bezeichnet haben, kaum irgendwelche direkten Schäden zu sehen. Die Zerstörungen scheinen hauptsächlich auf das rund 100 Kilometer entfernte Erdgaszentrum Gasli konzentriert. In dieser

Im Wartesaal eines Flughafens in Zentralasien.

Baumwollernte in Usbekistan.

Wüstenstadt sind nach amtlichen Meldungen über zehntausend Menschen obdachlos geworden. Sechs Menschen sollen dort bei dem Beben ums Leben gekommen sein. Im Stadtzentrum von Buchara zeigt man uns einen grösseren Reliefbrocken, der durch die Erschütterung vom 17. Mai von der obersten Zinne des 47 Meter hohen Kalian-Minaretts herunterstürzte. In die daneben stehende Medresse, die einzig noch im Betrieb stehende Koranschule in der Sowjetunion, lässt man uns nicht hinein, weil — wie wir später erfahren — eine Wand des Innenhofes zusammengebrochen ist. Offenbar sind die Folgen des jüngsten Bebens auch in Buchara doch ernster, als man das bei einem bloss touristischen Augenschein vermutet. Wie die sowjetische Gewerkschaftszeitung «Trud» berichtete, sollen demnächst weite Teile der Altstadt abgerissen werden, um neuen solideren Wohnhäusern Platz zu machen. Diese Massnahme sei notwendig, weil nach Ansicht der Fachleute die bestehenden Lehmbehausungen weiteren Erschütterungen nicht mehr standhalten würden.

Usbeken unter sich

Man kann nur hoffen, dass durch dieses Vorhaben das bisherige Bild des historischen Zentrums von Buchara nicht einschneidend verändert wird. Buchara mag mit seinen islamischen Baudenkmälern nicht ganz die atemraubende Pracht und grandiose Monumentalität erreichen wie die alte Rivalin Samarkand, doch fügen sich hier in der Innenstadt Vergangenheit und Gegenwart zu einem derart lebendigen und geschlossenen Ganzen zusammen, wie man es anderswo in Sowjet-Zentralasien nirgends mehr zu sehen bekommt. In den engen winkligen Gässchen, zwischen niedrigen Häuschen, reichverzierten Moscheen und hohen Minaretten herrscht ein Treiben von echt orientalischer Buntheit. Auf dem Basarplatz bieten feilschende Bäuerinnen frisches Obst und Gemüse an, das auf dem Moskauer Kolchosmarkt ein Mehrfaches kosten würde. Ehrwürdige Händler mit langen Bärten und weissen Turbanen breiten auf dem abgewetzten Kopfsteinpflaster kürbisförmige Schnupftabakdosen, Lederriemen und farbenprächtige Stoffe aus. Lastesel und Scharen von dunkelhäutigen, fast durchwegs kahlgeschorenen Buben drängen sich durch die geschäftige Menge. Bei Sonnenuntergang, nachdem sich die stechende Hitze gelegt hat, tritt im weiten Innenhof der Kalian-Moschee eine Seiltänzertruppe auf. Von der breiten Rundkuppel herab, die sich im Hintergrund über dem Platz erhebt, hört man in den Pausen das Klappern einer Storchenfamilie, die sich dort oben ihr Nest gebaut hat. Die Einheimischen sind hier ganz unter sich: es wird nur Usbekisch gesprochen. Ein jugendlicher Zuschauer will, jetzt auf Russisch umstellend, für hundert Rubel unbedingt meine «Dschinsi» — ein im ganzen Sowjetreich ebenso defizitäres wie begehrtes Kleidungsstück — abkaufen. Wie er vernimmt, dass wir aus der Schweiz sind, möchte er auch noch eine Uhr haben. Es will ihm offenbar nicht recht in den Kopf gehen, weshalb wir trotz seinem hohen Angebot kein Interesse an dem Geschäft zeigen.

Ungemütliches Taschkent

Taschkent die Hauptstadt der Usbekischen Sozialistischen Sowjetrepublik, ist mit seinen rund eineinhalb Millionen Einwohnern zwar wirtschaftlich und administrativ das bei weitem wichtigste Zentrum Turkestans, doch fehlt ihm heute fast vollständig jene historische Tiefe und intime Kompaktheit, die in

Buchara, Samarkand, Kokand und Chiwa zumindest in den alten Quartieren erhalten geblieben ist. Die unter der Zarenherrschaft bestehende deutliche Trennung Taschkents in eine koloniale Gartenstadt für die russischen Beamten und Militärs und eine orientalisch verwinkelte Eingeborenensiedlung wurde nach der Revolution durch gezielte bauliche Eingriffe aufgehoben. Bis auf einen schmalen Rest um den Basar herum sind die ehemaligen Behausungen der Muslime mit ihren Lauben und Innenhöfen fast vollständig modern-einförmigen Wohnblöcken gewichen.

Durch eine schwere Erdbebenkatastrophe sind vor genau zehn Jahren weite Teile Taschkents völlig zerstört worden. In der Folge rief die Regierung in Moskau zu einer grossangelegten Wiederaufbaukampagne auf, an der sich die übrigen vierzehn Sowjetrepubliken intensiv beteiligten. In verhältnismässig kurzer Zeit entstand im Stadtkern ein neues, gigantisches Verwaltungszentrum. Entlang schnurgerader Alleen stampfte man aus Fertigelementen ausgedehnte Wohnsiedlungen hervor. Das Aufbauwerk beeindruckt zumindest in seinen quantitativen Ausmassen. Freilich ist die Stadt damit nicht gemütlicher geworden. Dem monumentalen Baustil des neuen Taschkent fehlt jeglicher Charme, die riesigen Betonkolosse scheinen in ihrer kalten Nüchternheit und ermüdenden Weitläufigkeit kaum für Menschenmass gemacht.

Russische Kolonisierung

Auf der Suche nach stabileren Grenzen gegen China, Persien und Afghanistan war um die Mitte des 19. Jahrhunderts das zaristische Russland in Turkestan eingedrungen. Den Petersburger Herrschern ging es darum, ihr nach der Annexion Kasachstans und Siberiens gewaltig erweitertes Reich nach Süden hin abzurunden. Wegen der inneren Schwäche der turkestanischen Völker und dank ihrer überlegenen Bewaffnung hatten die zaristischen Truppen verhältnismässig leichtes Spiel. 1865 besetzten sie Taschkent, das zum Sitz des Generalgouvernements Turkestan wurde. Wenig später fiel Samarkand und darauf Kokand im Ferganatal. Die Khanate von Buchara und Chiwa degenerierten zu russischen Vasallenstaaten. In offiziellen zaristischen Kreisen scheint man die Unterwerfung Turkestans unter anderem als eine Art späte Vergeltung über die mehr als zweihundertjährige turkmongolische Herrschaft in Russland interpretiert zu haben. In einem in Petersburg erschienen Handbuch hiess es beispielsweise im Zusammenhang mit dem Fall Samarkands im Jahre 1868: «Samarkand, die Hauptstadt Timurs, der so grausam gegen Russland war, ist gefallen. Fast fünfhundert Jahre nach Timurs gefährlichem Angriff gegen Russland haben unsere Truppen die Stadt, in der sein Grab liegt, erobert.» In den Jahren nach der Conquista strömten Hunderttausende von russischen Siedlern in Turkestan ein. Die breite Masse der rückständigen, an feudale Verhältnisse gewöhnten Einheimischen reagierte auf die fremden Oberherren grösstenteils mit schicksalsergebener Resignation. Immerhin brach 1916, am Vorabend der Revolution im europäischen Teil Russlands, eine ernsthafte nationalistische Revolte aus, die sich vor allem gegen die willkürliche Usurpation von Land- und Wasserrechten durch die Ansiedler aus dem Westen richtete. Das zaristische Regime kolonialisierte im übrigen seine turkestanischen Besitzungen nach klassischem Muster: Es konzentrierte sich vor allem auf eine rasche Entwicklung der wirtschaftlich lukrativen Baumwollproduktion, griff aber verhältnismässig wenig in die archaischen sozialen Strukturen und Gebräuche der Einheimischen ein.

Die bürgerliche Februarrevolution und namentlich der bolschwistische Oktoberumsturz in Russland schienen die unter der schmalen mohammedanischen Intelligenz Mittelasiens wach werdenden Vorstellungen von einem autonomen oder pantürkischen Nationalstaat Turkestan zu begünstigen. Die dramatischen Veränderungen, die die revolutionäre Entwicklung im Westen auch in dieser Region hervorrief, nahmen indessen einen anderen Verlauf und führten schliesslich trotz einheimischen Widerständen zur Aufteilung Turkestans in die heutigen Sowjetrepubliken Usbekistan, Turkmenien, Tadschikistan und Kirgisien.

Solide Verankerung von Moskaus Autorität

Abends im Restaurant des Hotels Intourist in Fergana, adrette Metropole des fruchtbaren Fergana-Beckens und Schnittpunkt der drei zentralasiatischen Sowjetrepubliken Usbekistan, Turkmenien und Tadschikistan. Ein Dreimannorchester sorgt für flotte Stimmung unter den Gästen, die man wohl mehrheitlich der lokalen Prominenz zuzurechnen hat. An den meisten Tischen sitzen einheimische Usbeken — unfehlbar erkennbar an ihrer bestickten Kopfbedekkung — mit Leuten zusammen, deren Gesichter und Hautfarbe europäischrussische Abstammung verraten. Eben nimmt an unserem Nebentisch ein massiger russischer Offizier Platz; auf dem olivgrünen Uniformhemd prangen mehrere Orden. In seiner Begleitung befinden sich zwei ältere usbekische Zivilisten. Aus ihren ungeschickt-unsicheren Bewegungen zu schliessen, scheinen die drei Herren dem Wodka bereits etwas über den Durst zugesprochen zu haben. Ihre in russischer Sprache geführte Unterhaltung gleitet allmählich in kicherndes Lallen ab, und bald legt der Uniformierte schnarchend sein schweres Haupt auf die Tischplatte. Der eine seiner Zechkumpane greift nach der heruntergefallenen Offiziersmütze und vertauscht sie grinsend mit seinem schwarz-weissen Usbekenkäppi.

Solche Szenen, die auf ein friedliches Einvernehmen zwischen dem einheimischen Volk und den ethnisch so verschiedenen Einwanderern aus dem russischen Westen schliessen lassen, kann man bei einem Besuch in Sowjetzentralasien recht häufig beobachten. Von klassischen kolonialen Trennwänden, einem auf Anhieb spürbaren sozialen Unterschied zwischen lokalen Untertanen und fremdrassigen Oberherren ist bei einem touristischen Augenschein kaum etwas zu sehen. Der usbekische Taxifahrer, der uns von Fergana nach dem benachbarten Kokand bringt, spricht ebenso selbstverständlich Russisch, wie sein russischer Kollege sich tags darauf bei einem Ausflug ins Pamirgebirge in der örtlichen Teestube mit den Einheimischen auf Usbekisch unterhält. Dieser zweite Fall scheint zwar eher eine Ausnahme zu bilden, dennoch überwiegt der Eindruck, dass in Zentralasien die von den Russen etablierte Sowjetordnung auf sehr solidem und breitem Fundament ruht, in das sich die einheimischen Turkvölker bei allem äusserlichen Festhalten an orientalisch-muslimischen Traditionen inzwischen weitgehend integriert haben.

Keine freie Selbstbestimmung

Dieser letzte Satz würde von einem sowjetoffiziellen Zensor freilich nicht akzeptiert. Nach Moskauer Lesart waren es nämlich nicht die Russen, sondern in erster Linie die «turkestanischen Werktätigen», die nach der bolschewistischen Revolution auch in Mittelasien der Sowjetmacht heroisch kämpfend zum

Durchbruch verhalfen. Dank diesem spontanen Engagement, so liest man's in der offiziellen Broschüre, entstand darauf der «souveräne Staat der Usbekischen Sozialistischen Sowjetrepublik», der sich zusammen mit den übrigen vierzehn Unionsrepubliken «freiwillig» zur UdSSR vereinte.

Die historischen Fakten zeigen indessen ein anderes Bild. Schon vom bürgerlichen Februarumsturz in Russland hatten sich die Führer der vom Zarismus unterjochten zentralasiatischen Völker eine Verwirklichung ihres nationalen Selbstbestimmungsrechts versprochen. Dieser Anspruch wurde von der Kerenski-Regierung ebenso hintertrieben wie später von der Sowjetmacht. Unmittelbar nach dem Beginn der revolutionären Wirren im Westen arteten die akuten Gegensätze zwischen den einheimischen Mohammedanern und den aus Russland eingewanderten Siedlern zu bewaffneten Zusammenstössen aus. Die politischen Umgestaltungen wurden ausschliesslich von der lokalen russischen Bevölkerung kontrolliert, und es zeigte sich, dass es ihren Vertretern in erster Linie darum ging, die russische Dominanz in den bisherigen zaristischen Kolonialterritorien auch für die Zukunft zu sichern. Der regionale Sowjetkongress, der im November 1917 in Taschkent zusammentrat, um die bolschewistische Herrschaft in Turkestan auszurufen, fand ohne einheimische Repräsentanten statt. Eine spezielle Resolution schloss alle Muslime von Regierungsposten ausdrücklich aus. Die enttäuschten, in sich allerdings stark zerstrittenen einheimischen Nationalisten gründeten darauf in Kokand eine Gegenregierung, die kurze Zeit später von der Roten Armee blutig zerschlagen wurde. Aehnliche Vorgänge spielten sich auch in Buchara und Chiwa ab. Mehr Mühe hatten die russischen Truppen mit der Unschädlichmachung der konservativ-anarchistischen Guerillabewegung der Basmachi, an deren Spitze für kurze Zeit der ehemalige türkische Kriegsminister Enver Pascha stand.

Gnadenlose Säuberung

Erst zu Beginn der zwanziger Jahre konnte Moskau die Macht in Zentralasien unter direkte Kontrolle nehmen, nachdem diese sich anfänglich in den Händen engstirniger Lokalcliquen befunden hatte, die allzu skrupellos allein die Interessen der russischen Siedler vertraten. Die Zentralregierung versuchte mit gezielten Reformmassnahmen, die Sympathien der zum Teil passiven, zum Teil offen feindlich gesinnten muslimischen Massen zu gewinnen. Aber auch die Moskauer Bolschewiken liessen keine Zweifel darüber offen, dass sie trotz dem von ihnen feierlich deklarierten Selbstbestimmungsrecht für die nichtrussischen Untertanenvölker nationalistisch-autonome Bestrebungen in Zentralasien nicht duldeten. Schrittweise und ohne Rücksicht auf die Einheimischen, die man nie nach ihrem Willen befragte, wurde die durch eine gemeinsame Vergangenheit und enge sprachliche Verwandtschaft verbundene Region in die Sowjetrepubliken Usbekistan, Tadschikistan, Kirgisien und Turkmenien zerstückelt. Die lokale Führungselite, deren fortschrittlich gesinnte Elemente sozialistische Ideen durchaus befürworteten, hatte dagegen den Wunsch nach einem grossturkestanischen, mit Russland nur lose verknüpften Föderativstaat erhoben.

Stalins Säuberungsterror fegte in den zwanziger und dreissiger Jahren auch in Zentralasien praktisch die gesamte nationale Intelligenz von der Bühne. Die massenhafte Ausrottung scheint den — sich namentlich an der brutalen Kollektivierung der Landwirtschaft entzündeten — Widerstand der Einheimischen gegen die absolute Gleichschaltungspolitik Moskaus endgültig gebrochen zu haben. 1924 wurde die bisherige arabische Schrift, die die turkestanischen Völker mit den übrigen islamischen Nationen verband, durch das lateinische Alphabet ersetzt. Diese Massnahmen, die zuvor schon Kemal Atatürk in der Türkei vollzogen hatte, war nicht von langer Dauer. Im Zuge einer intensiven Förderung des Russischen als Amtssprache und Lingua franca für das gesamte Sowjetreich schaltete man einige Jahre später die turkestanischen Sprachen auf das kyrillische Alphabet um. Bei diesem Schritt dürfte auf russischer Seite eine gewisse Furcht vor pantürkischen Ideen mit im Spiele gewesen sein.

Imposantes Entwicklungswerk

Bei aller Fragwürdigkeit der Methoden verdienen die Leistungen des sowjetischen Entwicklungswerks in Mittelasien gebührenden Respekt. Die bis zur Ankunft der Russen im 19. Jahrhundert völlig rückständige und isolierte Region hat in den letzten Jahrzehnten einen gewaltigen Sprung in die technisch-zivilisatorische Neuzeit getan. Die intensiv entwickelte usbekische Baumwollproduktion ist heute der wohl erfolgreichste Zweig der ansonsten mit permanenten Schwierigkeiten kämpfenden Sowjetlandwirtschaft. Die noch unter dem Zarenregime zu über 95 Prozent analphabetische Bevölkerung hat dank einem umfassenden Schulsystem einen soliden Bildungsstand erreicht. In den zentralasiatischen Sowjetrepubliken dürfte der durchschnittliche Lebensstandard um einiges höher liegen als in den islamischen Nachbarländern. In den gepflegten Städten stösst man nirgends auf Massenelend. Die während der islamischen Feudalherrschaft zu rechtlosem Sklavendasein verurteilten einheimischen Frauen scheinen heute intensiv ins moderne Berufsleben integriert. (Im sozial-familiären Bereich hält sich das traditionelle orientalische Verhältnis zwischen Mann und Frau aber offenbar noch immer recht hartnäckig.)

Massive russische Einwanderung

Ebenso eindeutig wie der wirtschaftlich-materielle Fortschritt ist im ehemaligen Turkestan freilich auch die politisch-kulturelle Vorherrschaft der russischen Zentralmacht. Die entscheidenden Träger waren und sind wohl auch noch heute die seit der zaristischen Eroberung ständig zuströmenden Einwanderer aus dem Westen. Ohne die rund zwei Millionen Russen, die zu Beginn der Revolution in Zentralasien ansässig waren, hätte sich der Bolschewismus in dieser Region schwerlich durchsetzen können. Laut der Volkszählung von 1970 hat sich die Zahl der Russen inzwischen auf 8,5 Millionen vervierfacht, was nur durch die massive Immigration erklärt werden kann, da die einheimische — traditionell kinderreiche — Bevölkerung im gleichen Zeitraum sich lediglich verdoppelte. In Usbekistan beträgt der Anteil der Russen am Total der Einwohner (13 Millionen) 12,5 Prozent, was etwas unter dem Durchschnitt der übrigen zentralasiatischen Sowjetrepubliken liegt. Rund 90 Prozent der Russen leben in den Städten, wo sie teilweise sogar die Mehrheit bilden. Gerade diese Tatsache bestätigt besonders nachhaltig das politisch-kulturelle Gewicht der europäischen Zuwanderer, denn wie überall sind auch in Zentralasien die entscheidenden Verwaltungs-, Kultur- und Bildungszentren in den Städten konzentriert. Russisch ist die Amtssprache, und nur wer sie beherrscht, hat eine Chance, in seiner Berufs- oder Parteikarriere voranzukommen. Der bei der Reise durch usbekische Städte gewonnene Eindruck, dass unter den Einheimischen praktisch jedermann mehr oder weniger mühelos Russisch spricht, wird

Zentralasiatische Baumwollpflückerinnen.

übrigens durch die Statistik widerlegt: Bei der Volkszählung von 1970 gaben erst 14,5 Prozent aller Usbeken ausreichende Russischkenntnisse an. Auf dem Lande müssen demnach die Verhältnisse wesentlich anders gelagert sein als in den urbanen Ballungszentren, wo das einheimische und das russische Element sich im Einheitsrahmen des Sowjetsystems zu einer im grossen ganzen offenbar recht gut funktionierenden Gemeinschaft angenähert haben.

Einstweilen haltbares Imperium

Es fällt schwer, sich über die Situation in Sowjetzentralasien ein gerechtes Gesamturteil zu bilden. Soll man, wie das gelegentlich im Westen getan wird, Turkestan als russischen Kolonialbesitz einstufen? Die traditionelle Bedeutung dieses Begriffs wird den heutigen Verhältnissen kaum befriedigend gerecht. Zutreffend am kolonialen Vergleich sind die historischen Grundzüge des zentralasiatischen Anschlusses an das Sowjetreich. Die zaristischen Eroberer traten offen als Kolonialherren auf, und die sowjetische Zentralmacht hat nach der Revolution kein Mittel gescheut, um das zaristische Erbe unter grossrussisch-kommunistische Vorherrschaft zu bringen. Von einem «freiwilligen» Anschluss an Moskau und von echter «nationaler Souveränität» der verschiedenen Turkvölker im Rahmen der heutigen Sowjetrepubliken, wie das die offizielle Propaganda behauptet, kann keine Rede sein. Entscheidende machtmässige Voraussetzungen für die definitive Einverleibung der zentralasiatischen Steppengebiete waren — im Gegensatz etwa zu den Bedingungen der britischen Kolonisation — die direkte territoriale Verbindung zum russischen Kernland und die starke Präsenz der europäischen Einwanderer. Zudem haben sich die Sowjetbehörden — was wiederum nicht dem gängigen Kolonialmuster entspricht — nach der Erstickung lokaler Widerstände mit Umsicht bemüht, die Einheimischen in ihr in mancher Hinsicht durchaus fortschrittliches Sozialsystem auf breitester Basis zu integrieren und die einst rückständigen Provinzen durch vielfältige Entwicklungsleistungen materiell voranzubringen.

Dank diesen stabilisierenden Fortschritten, gepaart mit dem keine Opposition duldenden straffen Ordnungswillen der Moskauer Zentralmacht, scheint für die einst von den einheimischen Eliten gehegten nationalistischen Autonomiebestrebungen in Turkestan kaum noch eine realistische Grundlage zu existieren. Immerhin, völlig ausgelöscht sind die früher blutig ausgetragenen Gegensätze zwischen Russen und den Nachfahren der alten zentralasiatischen Grossreiche offenbar doch nicht. Ein Moskauer Professor, der längere Zeit an der Taschkenter Universität gelehrt hatte, erzählte uns von gewalttätigen antirussischen Ausschreitungen, die sich dort Ende der sechziger Jahre im Anschluss an ein Fussballspiel zwischen einer usbekischen und einer Moskauer Mannschaft ereigneten. Auch die Tatsache, dass noch heute kaum je ein einheimisches Mädchen einen russischen (oder ukrainischen) Mann heiratet — der umgekehrte Fall ist etwas häufiger —, lässt auf gewisse, wohl mehr religiös als politisch motivierte Widerstände der Muslime gegen die «ungläubigen» Zuwanderer und Machtträger aus dem Westen schliessen. Trotzdem wäre es wohl falsch, in vereinzelte vage Indizien ein akutes nationalistisches Gegenwartsproblem hineininterpretieren zu wollen. Ernsthafte nationale Zündwirkungen in den zentralasiatischen Grenzrepubliken scheinen zurzeit höchstens für den Fall innerer Schwächeerschütterungen im Moskauer Hauptquartier denkbar.

Die Balten — Bauern auf dem Schachbrett der Grossmächte

Beim Gang durch die verwinkelten, kopfsteinbepflasterten Gässchen des mittelalterlichen Festungshügels — des Herzstücks der malerischen Altstadt von Tallinn — stösst man unvermittelt auf ein exotisches Bauwerk, dessen ausladende Monumentalität den engen Platz fast zu erdrücken scheint: die russisch-orthodoxe Kathedrale. Das byzantinische Gotteshaus mit seinen leuchtend grünen Zwiebelkuppeln und den goldenen altrussischen Kreuzen wirkt hier inmitten der spitzgiebeligen, unverkennbar europäisch geprägten estnischen Hauptstadt wie ein Fremdkörper aus einer fernen Welt. Welcher Gegensatz zwischen dem prunkvoll-farbenprächtigen, von schwerem Weihrauchduft verhangenen Innenraum dieser Kirche (in dem eben ein orthodoxer Gottesdienst im Gange ist) und der düster-strengen Atmosphäre im gotischen Dom der Lutheraner, der sich um ein paar Wegbiegungen weiter oben in den Himmel erhebt. Statt mit glänzenden Ikonen sind hier die Wände mit mächtigen geschnitzten Holzwappen deutscher und schwedischer Adelsgeschlechter bedeckt.

Im Schnittpunkt der Interessen

Die deutsche, die skandinavische und die russische Kulturpräsenz in Tallinn (dem früheren Reval) gemahnen an das politische Schicksal der Balten: Eingeklemmt im Schnittfeld russischer und germanischer Machtexpansionen, werden sie seit Jahrhunderten von fremden Herren dominiert. Für wenige Jahre nur war den drei baltischen Ländern Estland, Lettland und Litauen — flächenmässig jeder etwas grösser als die Schweiz, bevölkerungsmässig aber weit dünner besiedelt als unser Land — nationalstaatliche Eigenständigkeit vergönnt. Nach diesem kurzen Zwischenspiel teilen die baltischen Völker heute wieder das Schicksal so mancher Minderheiten, die zwischen die Mühlsteine der Grossmachtinteressen geraten sind.

Die drei kleinen Nationen am Ostufer des «baltischen Meeres», der Ostsee, haben zwar streckenweise eine gemeinsame Geschichte, unterscheiden sich aber sprachlich und kulturell in nicht geringem Masse. Die Letten und Litauer können sich relativ problemlos verständigen; ihre klangvolle Sprache gehört zur indoeuropäischen Familie, in der die baltische Gruppe einen separaten Zweig bildet. Das Idiom der Esten ist dem Finnischen nah verwandt und steht somit ausserhalb des indoeuropäischen Kreises. Anders verhält es sich mit der historisch-kulturellen Zuordnung. Die estnischen und lettischen Stämme wurden im 12. und 13. Jahrhundert von militanten germanischen Kampforden (Schwertbrüder und Deutschritter) unterworfen und gewaltsam christianisiert. Mehrere Jahrhunderte lang regierte die deutsche Oberschicht — Ritterfamilien, Siedler und Kaufleute — das nördliche Baltenland, dem sie insbesondere in den neugegründeten Städten ihren Stempel aufprägte. Nach der Reformation in Deutschland sorgten die fremden Feudalherren auch für die Ausbreitung des lutherischen Glaubens in Estland und Lettland. Riga und Reval (Tallinn) spielten im Rahmen der norddeutschen Hanse eine gewichtige Rolle im Handelsaustausch mit Russland. 1561 fielen Estland und 1629 Lettland an die schwedische Krone, die freilich trotz manchen Reformen und Erleichterungen die etablierte Vorherrschaft der deutschen Adelsgeschlechter über die baltischen Bauern nicht aufhob.

Wesentlich anders verlief die historische Entwicklung im südlichen Litauen. Weder deutsche noch schwedische Eroberer vermochten hier im Mittelalter solide Fuss zu fassen. Während Estland und Lettland bereits von den Deutschrittern unterworfen waren, stieg Litauen unter einheimischer Führung zu einer eigentlichen Grossmacht auf, deren Grenzen im 14. und 15. Jahrhundert von der Ostsee zeitweise bis zum Schwarzen Meer hinunterreichten. Einer seiner Herrscher, Jogaila, wurde 1386 sogar zum König von Polen gekrönt. Dank dieser Vereinigung setzte sich in Litauen der katholische Glaube durch — ein Umstand, der bis auf den heutigen Tag eine nicht geringe kulturelle und politische Rolle spielt. Später gewann indessen der polnische Adel die Oberhand, und Litauen galt nur mehr als polnische Provinz. Mit der Aufteilung Polens im 18. Jahrhundert zwischen Preussen, Oesterreich und Russland wurde Litauen dem Zarenreich einverleibt.

«Fenster zum Westen»

Das gleiche Schicksal war ein halbes Jahrhundert zuvor schon Estland und Lettland zuteil geworden, als Peter der Grosse im nordischen Krieg (1700—1721) den Schweden ihre baltischen Provinzen entriss und damit sein berühmtes «Fenster zum Westen» aufstiess. Auch unter russischer Herrschaft genossen die deutschbaltischen Feudalherren und Kaufleute weiterhin beträchtliche Privilegien, da sich die Moskauer Zaren von der Zusammenarbeit mit diesem wirtschaftlich und kulturell hochentwickelten Stand mannigfaltigen Nutzen versprachen. Die Befreiung der geknechteten Bauern kam im Baltikum immerhin etwas zielstrebiger voran als im schwerfälligen Russland, und bis zum Ende des 19. Jahrhunderts war die feudale Agrarstruktur zwar nicht restlos beseitigt, aber doch zugunsten einer breiteren Trägerschicht von Landbesitzern gelockert. Parallel mit der recht stürmischen industriellen Entwicklung im vorrevolutionären Russland erlebte das Baltikum in jenen Jahren einen raschen wirtschaftlichen Aufstieg. Eisenbahnen verbanden die baltischen Handelszentren mit dem russischen Hinterland. Die Bevölkerung der bedeutenden Hafenstadt Riga verdoppelte sich zwischen 1900 und 1914 auf über eine halbe Million Einwohner.

Der Erste Weltkrieg und die Oktoberrevolution in Russland lösten im Baltikum turbulente politische Umwälzungen aus. Nach einem kurzen kommunistischen Zwischenspiel riefen die bürgerlich-nationalistischen Kräfte in Estland, Lettland und Litauen während der revolutionären Wirren in Russland die Unabhängigkeit aus. Dieser Schritt wurde zum Teil durch den Vormarsch deutscher Truppen begünstigt, deren Ziel freilich nicht die Selbständigkeit der Balten, sondern die Errichtung einer neuen Hegemonie in dieser Region war. Nach dem Ende des Ersten Weltkriegs versuchte die Rote Armee das verlorene Territorium wieder zurückzuerobern, was ihr vorübergehend auch gelang. Mit Unterstützung der Westmächte gelang es den nach Unabhängigkeit strebenden einheimischen Kräften schliesslich, sowohl die bolschewistischen als auch die deutschen Armeen aus ihrer Heimat zu vertreiben. In den Friedensverträgen von 1920 anerkannte die Sowjetunion «ohne Vorbehalte» die Unabhängigkeit der drei baltischen Staaten und verzichtete «für alle Zeiten» auf irgendwelche Souveränitätsansprüche.

In allen drei Ländern wurde die parlamentarische Demokratie eingeführt. Insbesondere in Estland und Lettland kam es zu tiefgreifenden Umgestaltungen der Agrarstruktur: Die halbfeudalen Grossgrundgüter wurden aufgelöst und das Land an die bisher besitzlosen Bauern verteilt. Mühe hatten die drei jungen Demokratien jedoch mit der innenpolitischen Stabilisierung. Als Reaktion auf die durch exzessiven Parlamentarismus bedingten zahlreichen Regierungswechsel setzten sich zuerst in Litauen (1926), dann in Estland (1934) und zuletzt in Lettland (1939) autoritär-nationalistische Regime durch, die weitgehend ohne Parlament regierten und sich vor allem auf die starke Bauernschicht und die Armee stützten. In Estland und Lettland bemühte sich die neue autokratische Führung gleichzeitig erfolgreich um die Eindämmung der nach deutschem Vorbild entstandenen rechtsextremen Gruppierungen. Im katholischen Litauen dagegen, das mit Polen (welches die litauische «Hauptstadt» Wilna besetzt hielt) verfeindet war, lehnte sich das nationalistische Einparteienregime deutlich an die politischen Muster der Mussolini-Diktatur in Italien an.

Verraten und verkauft

Mit dem Wiedererstarken Deutschlands und Russlands intensivierte sich der äussere Druck auf die baltischen Kleinstaaten. Zum entscheidenden Verhängnis wurde für sie der Hitler-Stalin-Pakt vom 23. August 1939, mit dem niemand gerechnet hatte und der in der ganzen Welt wie eine Bombe einschlug. In den berüchtigten Geheimprotokollen zu diesem Vertrag wurde nicht nur die willkürliche Aufteilung Polens zwischen den beiden totalitären Partnern besiegelt, sondern auch das Baltikum der «sowjetischen Interessensphäre» zugeschlagen. (Nach der gemeinsamen Eroberung Polens überliess Hitler im zusätzlichen «Freundschafts- und Grenzvertrag» Ende September auch Litauen, das ursprünglich Deutschland hätte zufallen sollen, dem Stalinschen Machtanspruch.)

Nach dieser Rückendeckung verlangte Moskau von den drei baltischen Staaten die Unterzeichnung eines sogenannten «gegenseitigen Beistandspaktes», der den Sowjets die Errichtung militärischer Garnisonen auf dem Territorium seiner Nachbarn zugestand. Völlig isoliert, blieb den drei Regierungen kein anderer Ausweg, als zu unterschreiben. Im Juni 1940 — die Weltöffentlichkeit blickte nach Frankreich, das unter dem deutschen Angriff zusammenbrach — forderte Moskau in einem auf acht Stunden befristeten Ultimatum wegen angeblicher Provokationen gegen russische Soldaten den Einmarsch weiterer Armee-Einheiten in Litauen, die Bildung einer neuen Regierung sowie die Auslieferung des Innenministers, um ihn vor ein sowjetisches Gericht zu stellen. Kurz darauf marschierte die Rote Armee über die litauische Grenze. Nach ähnlichem Muster vollzog sich die Annexion Lettlands und Estlands. In allen drei Ländern wurden prosowjetische Regierungen gebildet, die unmittelbar darauf Neuwahlen ausriefen, bei denen lediglich eine Einheitsliste von Kandidaten zugelassen war. Nach bewährtem Rezept stimmten laut offiziellem Wahlergebnis zwischen 92 und 99 Prozent der baltischen Bevölkerung für die neuen Volksvertreter, die unverzüglich um die Eingliederung ihrer Länder ins Sowjetreich ersuchten, was der Oberste Sowjet zu Moskau im August 1940 denn auch feierlich gewährte. Im Laufe dieses angeblich vor den Balten begeistert begrüssten Anschlussprozesses wurden in Massendeportationen Zehntausende von Einheimischen nach Osten verschleppt. (Auf Grund des Hitler-Stalin-Paktes waren zuvor schon über 80 000 Deutschbalten nach Polen und Ostpreussen umgesiedelt worden.)

Beim nationalsozialistischen Ueberfall auf die Sowjetunion fiel das Baltikum 1941 wieder unter deutsche Kontrolle. Zahlreiche Einheimische begrüssten anfänglich die neuen Herren als «Befreier», was sich angesichts der brutalen Methoden der Okkupanten aber als bittere Illusion erwies. In den Vernichtungslagern der Nazischergen sind im Baltikum um die 250 000 Menschen, davon vier Fünftel Juden, umgekommen. Drei Jahre später wurde das Baltikum durch das Vorrücken der Roten Armee zum drittenmal innerhalb kurzer Zeit «befreit». Ein breiter Strom von Einheimischen floh bei diesem Machtwechsel nach Skandinavien und Deutschland, viele wanderten später nach Uebersee aus. Die Konsolidierung der Sowjetmacht stiess aber auf nicht geringe Schwierigkeiten. Im Untergrund, in den ausgedehnten Sümpfen und Wäldern, leisteten eine Reihe von Partisanenorganisationen den starken sowjetischen Sicherheitskräften über Jahre hinweg blutigen Widerstand. Allein in Litauen erschienen bis 1951 zwanzig Résistance-Zeitungen. In allen drei Republiken ordnete die Moskauer Zentralmacht nach 1944 neue Massendeportationen an. (Man schätzt die Zahl der Zwangsverschickten im Baltikum unter dem Sowjetregime auf eine halbe Million Menschen.) Erst nach Stalins Tod begann sich die Situation einigermassen zu stabilisieren.

Das Gedächtnisloch

An die tragische Geschichte der baltischen Völker und insbesondere deren letzte grausame Akte zu erinnern ist schon deshalb notwendig, weil einerseits die Geschehnisse auf diesem «Nebenschauplatz» auch im Bewusstsein der westlichen Oeffentlichkeit weitgehend verblasst zu sein scheinen und weil anderseits die sowjetischen Darstellungen dieses Kapitel systematisch verfälschen. Das infame Unrecht, das Hitler und Stalin in den imperialistischen Geheimprotokollen ihres Paktes den drei unabhängigen baltischen Republiken angetan haben, wird in sämtlichen offiziellen Versionen bis auf den heutigen Tag mit keiner Silbe auch nur angedeutet. In einem von historischen Klitterungen strotzenden Buch über Estland gibt der Erste Sekretär der lokalen KP, Käbin, dem Abschnitt über die Jahre der baltischen Selbständigkeit den zynischen Titel: «Unter dem Joch der Unabhängigkeit». Diese Periode wird heute offiziell als ein einziges Inferno für das «werktätige Volk», das von der «herrschenden Bourgeoisie» angeblich bis aufs Blut ausgesaugt wurde, geschildert. Die inszenierte Wahlfarce mit der fast hundertprozentigen Zustimmung für die prokommunistischen Einheitslisten nach dem Einmarsch der Sowjetarmeen nennt der Moskauer Statthalter dagegen einen «wundervollen Erdrutsch». Zu Recht weisen die regimetreuen Geschichtsschreiber auf den brutalen Terror, die schweren Menschen- und Materialverluste während der Naziokkupation hin, übergehen aber stillschweigend die kaum geringeren Gewalt- und Schrekkenstaten, die sich im Baltikum bei der Restauration der Sowjetmacht nach dem deutschen Rückzug abspielten. Laut den Touristenbroschüren leben die baltischen Völker seither im Rahmen des Sowjetsystems ausnahmslos zufrieden, prosperierend und frei von Unterdrückung wie nie zuvor in ihrer Geschichte.

Wer heute mit offenen Augen durchs Baltikum reist, wird dieses lichte Propagandabild kaum zum Nennwert nehmen. Richtig ist: In Estland, Lettland und Litauen lebt man materiell im Durchschnitt offensichtlich besser als in den übrigen Sowjetrepubliken. Die gemütlichen Cafés und Weinkeller in Tallinn oder Riga haben in diesem riesigen Land Exklusivwert. Nirgendwo sonst in der UdSSR trifft man auf derart gepflegte, von solider Tradition und einem wissen Wohlstand zeugende Bürgerhäuser (die freilich zahlenmässig von den normierten Fertigwohnblöcken in den ölfleckartig wachsenden Aussenbezirken der Städte längst übertroffen werden). Unter Russen, die das Baltikum als Reise- und Ferienziel hoch einschätzen, gelten die drei Randrepubliken mit ihrem unverkennbaren europäischen Gepräge als «unser Westen».

Industrialisierung und Russifizierung

Seit dem Zweiten Weltkrieg haben aber im Baltikum umwälzende soziale und demographische Veränderungen stattgefunden. Lebten Ende der dreissiger Jahre noch zwei Drittel der Bevölkerung auf dem Lande, so sind heute die baltischen Staaten überwiegend zu städtischen Gesellschaften geworden. Entscheidender Faktor war die vom Sowjetregime energisch vorangetriebene Industrialisierung dieser Region. Damit verbunden wiederum ist ein seit Jahren anhaltender massiver Einwandererstrom aus den übrigen Teilen der UdSSR. Insbesondere in Estland und Lettland hat sich der einst zwischen 75 und 90 Prozent betragende Anteil der Balten am Total der Bevölkerung auf eine nur noch knappe Mehrheit reduziert. In Städten wie Tallinn und Riga dürften Esten und Letten gegenüber den zugezogenen Russen, Ukrainern oder Weissrussen bereits in der Minderheit sein. Im industriell weniger stürmisch entwickelten und katholisch geprägten Litauen dagegen bleibt das solide numerische Uebergewicht (über 80 Prozent) bis heute ungefährdet.

Trotz mancherlei offiziellen Konzessionen an die baltische Sprach- und Kulturpflege ist an der drückenden Dominanz des Russischen nicht zu zweifeln. Entgegen den beredten Versicherungen des Regimes geben Einheimische im Gespräch unmissverständlich zu verstehen, dass sie sich mit dieser Entwicklung — dem Verlust an nationaler Autonomie, der Bedrohung ihrer ethnischen Identität und dem lastenden politischen Konformitätsdruck — nur schwer abfinden können. Sporadisch hört man denn auch aus dem Baltikum von verzweifelten Protest- und Widerstandsaktionen. Aufsehen erregt hat unter anderem ein 1971 publizierter Brief von 17 lettischen Kommunisten an die «Bruderparteien im Westen». Die 17 erklären sich als überzeugte Anhänger des marxistischen Ideengutes, für das sie Jahrzehnte gekämpft hätten. Gerade deshalb, heisst es in dem Brief, seien sie über die kolonisatorischen Methoden der Sowjetmacht in ihrer Heimat zutiefst enttäuscht. Die westeuropäischen Kommunisten werden aufgefordert, bei der KPdSU auf eine Aenderung dieser unmarxistischen Praktiken hinzuwirken. 1972 unterschrieben 17 000 Litauer eine Petition an die Vereinigten Nationen, in der gegen die Repression der nationalen Kultur und der katholischen Bewegung in Litauen aufmerksam gemacht wird.

Resignation

Dem mächtigen Sowjetapparat scheint es aber gelungen, nicht zuletzt vielleicht dank den beachtlichen wirtschaftlichen Fortschritten, die Widerstände unter den Balten gegen das Einheitsregime einigermassen unter Kontrolle zu halten. Unter den Letten, meint ein Einheimischer in Riga im Laufe eines langen Gesprächs, sei heute die politische Resignation weit stärker als der Wille zur Auflehnung. Man passe sich eben an die bestehenden Verhältnisse an, halte seine Gefühle im Zaum und flüchte in die Privatsphäre oder konzentriere seine Anstrengungen auf das Erreichen materieller Bequemlichkeiten. Wer wollte solche Tendenzen nicht verstehen! Auch wenn der demonstrative lokale Stolz der Balten auf ihre nationalen Kulturen und ihre europäische Traditionsverbundenheit sichtbar lebendig geblieben ist, dürfte sich die Mehrheit der Esten, Letten und Litauer wenig Illusionen über die Möglichkeiten einer Veränderung ihres nationalen Schicksals machen. Die Tatsache, dass eine Reihe westlicher Regierungen — darunter die USA — die Eingliederung der drei Republiken ins Sowjetreich bis heute diplomatisch nicht anerkannt haben, ist höchstens noch ein formalistischer Schnörkel, nachdem in den KSZE-Papieren von Helsinki der territoriale Status quo in Europa feierlich ratifiziert wurde.

Zwar kann man sich fragen, ob eine Rückkehr zur kleinstaatlichen Aufsplitterung der zwanziger und dreissiger Jahre — eine Periode, die ja auch nicht ohne gefährliche innere Erschütterungen verlief — überhaupt sinnvoll und realistisch wäre. Freilich ändern solche Ueberlegungen nichts an dem Faktum, dass die einst erkämpfte und existierende Eigenständigkeit der baltischen Völker und ihr Selbstbestimmungsrecht (das man heute allenthalben so grosszügig im Munde führt) von seinen mächtigen Nachbarn abwechselnd mit Füssen getreten worden sind.

Russlands «Westen»

Eindrücke und Begegnungen in Tallinn und Riga

Streng geographisch gesehen kann man zwar Tallinn und Riga, die Hauptstädte Estlands und Lettlands, nicht als die westlichsten Vorposten des Sowjetreiches bezeichnen. Kaliningrad, das frühere Königsberg, beispielsweise liegt da noch ein gutes Stück weiter vorn. Aber die einstige ostpreussische Metropole und ihre Umgebung sind heute für westliche Besucher noch immer Sperrgebiete, was einen Anschauungsvergleich mit den baltischen Städten ausschliesst.

«Kleiner Grenzverkehr» mit Finnland

Die Kapitalen der baltischen Sowjetrepubliken haben sich dagegen in den letzten Jahren zu bedeutenden touristischen Zentren entwickelt. Wie schon zur Zeit von Peter dem Grossen gelten sie als die vorgeschobensten (wenn auch erst einseitig geöffneten) Fenster Russlands zum Westen. Am ausgeprägtesten ist diese west-östliche Verbindungsfunktion in Tallinn entwickelt. Nur rund 80 Kilometer trennen die estnische Hauptstadt von Helsinki auf der Gegenseite des Finnischen Meerbusens. Ständig landen im Hafen von Tallinn Ströme von finnischen Wochenendtouristen, denen die Verständigung mit den sprachlich verwandten Esten keine grosse Mühe bereitet. Mehr noch als nachbarliche und linguistische Bande scheinen freilich alkoholische Genüsse die finnischen Gäste zum kleinen Grenzverkehr zu animieren. Nach den schwankenden Touristengestalten zu urteilen, die man hier abends in den Hotels trifft, wird das vorteilhafte Wodkapreisgefälle zwischen Helsinki und dem sowjetischen Ufer allgemein tüchtig genutzt.

Die sowjetischen Behörden wiederum tun vieles, um die devisenbringenden Besucher mit einem marktgerechten touristischen Angebot zu verwöhnen. Was den Fremdenverkehr betrifft, so ist Tallinn zweifellos die Stadt mit der qualitativ höchstentwickelten Infrastruktur in der Sowjetunion. Abgesehen von den vielfältigen architektonischen Sehenswürdigkeiten in der mittelalterlichen Altstadt, bietet Tallinn mancherlei Vergnügungen, die selbst hochgeschraubte westliche Komfortansprüche nicht enttäuschen. Unweit des historischen Stadtkerns haben finnische Firmen vor einigen Jahren ein supermodernes Tourismuszentrum, das Hotel Viru, aus dem Boden gestampft. Mit der Uebernahme finnischer Design-Kultur scheint man hier im mondänen «Grillroom» gleichzeitig auch die in Sowjetlanden sonst tief eingefleischten epischen Bedienungswartezeiten abgeschafft zu haben — zumindest für ausländische Gäste. Die einheimischen müssen draussen vor der Tür Schlange stehen, bis endlich einer der begehrten Plätze frei wird. Eine noch gestrengere Klassenselektion herrscht im nachtklubartigen «Varieté» des Viru-Hotels: zu der für sowjetische Verhältnisse erstaunlich leichtgeschürzten «floor-show» werden exklusiv Besitzer harter Devisen eingelassen.

Die Esten ihrerseits trösten sich mit finnischer Fernsehkost, die man in Tallinn mühelos empfangen kann. Dank diesem Umstand erfreut sich die Zeitung der finnischen Kommunisten, die in den Hotels neben anderen ausländischen KP-Organen aufliegt, unter den Einheimischen besonderer Beliebtheit. Das Blatt informiert nämlich über die bevorstehenden Fernsehsendungen aus dem Nachbarland. Auch wenn sie praktisch keine Möglichkeit hätten, ins westliche Ausland zu reisen, meint eine lokale Gesprächspartnerin in diesem Zusammenhang, wüssten die Esten dennoch bestens über die Verhältnisse jenseits der Grenze Bescheid.

Dominanz des Russischen

Die Abneigung unter den Einheimischen gegen die russische Sprache scheint heute noch keineswegs völlig überwunden. Selbst die Intourist-Führerin bekennt freimütig, dass in den estnischen Schulen (es gibt daneben auch viele rein russische Klassen) das russische Freifach von manchen Schülern rundheraus ignoriert werde. Ein Beispiel solchen Widerstandes erfahre ich bei einer zufälligen Begegnung mit einem Techniker, der im Hotelzimmer das defekte Telefon instand setzt. Obwohl der junge Mann sich ungleich leichter hätte auf russisch verständigen können, beharrt er eigensinnig darauf, unsere kurze Unterhaltung in höchst holprigem Englisch zu führen. Für die Esten sei die Situation «very very difficult», wiederholt er immer wieder. «Aber ich bin Este und werde Este bleiben», schliesst er mit trotzigem Nachdruck. Sein Russisch, das er so demonstrativ ablehnt, hat er übrigens in der Armee gelernt, die als sprachliches Integrationsinstrument im sowjetischen Vielvölkerstaat eine gewichtige Rolle spielt, da im Militärdienst durchwegs nur die russische Kommandosprache gilt und lokalsprachige Truppeneinheiten überhaupt nicht existieren.

Wer sich heute aus einer nationalistischen Protesthaltung heraus gegen die russische Sprache sträubt, dürfte in der Sowjetunion ohnehin auf verlorenem Posten stehen. Ohne solide Kenntnisse der zentralen Amts- und Bildungssprache bestehen kaum noch höhere berufliche Aufstiegschancen. Aber schon im einfachen Alltagsleben ist gerade im Baltikum die wachsende Dominanz des russischen Elements unübersehbar geworden. Auf der Strasse und in den Geschäften Tallinns wird mindestens so häufig, wenn nicht mehr russisch gesprochen als estnisch — was nur die Tatsache bestätigt, dass die Einheimischen zumindest in ihrer Hauptstadt durch die massive russische Einwanderung seit dem Zweiten Weltkrieg nur noch eine labile Mehrheit ausmachen.

Die rund dreihundert Kilometer lange Autofahrt von Tallinn nach Riga führt, dicht der baltischen Küste entlang, durch eine flache, fruchtbare Agrarlandschaft, unterbrochen von ausgedehnten Laubwäldern in herbstlichen Pastellfarben. Die ab und zu auftauchenden alten Bauernhäuser mit den steilen Ziegeldächern geben der Gegend einen mitteleuropäischen Anstrich und erinnern an die jahrhundertlange deutsche und schwedische Oberherrschaft im Baltikum.

Riga, die Hauptstadt Lettlands, ist mit Tallinn in mancher Beziehung nah verwandt. Auch hier weht zwischen den stattlichen Zunfthäusern und den spitzen Kirchtürmen in der engen Altstadt am rechten Ufer der Düna noch immer ein Hauch europäischen Mittelalters und protestantischer Geistestradi-

Im historischen Zentrum der estischen Hauptstadt Tallin.

tion. Von der historischen Zugehörigkeit zum deutschen Kulturkreis zeugt unter anderem ein Denkmal zu Ehren Johann Gottfried Herders, der in Riga einige Jahre als Lehrer und Prediger wirkte.

Seltsames «Aussenministerium»

Nicht weit daneben stösst man in einem schmalen Gässchen auf ein schmuckes Gebäude, das offenbar erst vor kurzem renoviert worden ist. Auf zwei Metallplatten beim Eingang in russischer und lettischer Sprache die Anschrift: «Aussenministerium der Lettischen Sozialistischen Sowjetrepublik». Da die Türe verschlossen ist und auch hinter den Fenstern keine Bewegung zu erkennen ist, darf man annehmen, dass dieses museumhafte Aussenministerium von der Hektik der grossen Weltpolitik ziemlich verschont bleibt. Die Einrichtung ist vielmehr ein bizarrer Auswuchs der sowjetoffiziellen Fassadenpflege, nach der jede der 15 Teilrepubliken formell das Recht hat, autonome Aussenpolitik zu betreiben. Im Falle der baltischen Republiken, die nach dem Ersten Weltkrieg während zweier Jahrzehnte als souveräne Staaten existierten, mutet das demonstrative Festhalten an dieser hohlen Fiktion eher makaber an. Auf eine diesbezügliche Bemerkung reagieren die beiden jungen einheimischen Begleiter, die aus ihrer kritischen Einstellung zur Sowjetmacht kein Hehl machen, nur mit einem müde-ironischen Lächeln. Wie wir indessen beim grossen Denkmal für die legendären lettischen Schützen vorbeikommen, die an der Seite der Bolschewiken in der russischen Oktoberrevolution eine militärisch nicht unwesentliche Rolle spielten, können sie sich einige sarkastische Bemerkungen über die folgenreichen Taten dieser kämpferischen Vorfahren nicht verkneifen.

Wir fahren hinaus zum Rigaer Friedhof am Rande der Stadt. In der weitläufigen Parkanlage kreuzen sich katholische, orthodoxe, protestantische und jüdische Gräberreihen. Der letztere Sektor wächst heute kaum mehr weiter: die einst bedeutende jüdische Kolonie Rigas ist im Zweiten Weltkrieg fast vollständig dem Hitlerschen Vernichtungswahn zum Opfer gefallen. Einen tiefen Eindruck hinterlässt die während der lettischen Unabhängigkeit entstandene Gedenkstätte zu Ehren der im nationalen Befreiungskampf von 1918—1920 umgekommenen Partisanen. Die lange, sorgfältig gepflegte Allee läuft weit hinten zu einem mächtigen Monument zusammen: Mutter Lettland beugt sich über ihre gefallenen Söhne. Zu ihren Füssen liegen frische Herbstblumen.

Ein Glücksfall

Zum Tee im Kreise einer lettischen Familie wird Balsam — eine Rigaer Spezialität — offeriert. Unsere Gastgeber wohnen im Erdgeschoss eines kleinen Vorortshauses, das einem typischen englischen Cottage gleicht. Sogar ein offener Kamin ist da, in dem ein behagliches Feuerchen knackt. Die freundliche Hausherrin, die als einzige in ihrer Familie recht gut Deutsch spricht, erzählt von ihrem grossen Erlebnis: erst kürzlich war sie für drei Monate in den USA auf Besuch, wo ihre kurz vor dem Krieg emigrierten Geschwister wohnen. Dass die sowjetischen Behörden ihr Visagesuch bewilligt hatten, betrachtet sie als einen kaum mehr für möglich gehaltenen Glücksfall. Die Auslandreiseanträge ihrer bereits erwachsenen Kinder waren dagegen abgelehnt worden. Weshalb? Dafür gebe es, meinen sie, keine logischen Erklärungen. Die Praktiken der Sowjetbürokratie seien heute gegenüber früheren Jahren zwar in mancher Hinsicht elastischer, aber keineswegs durchsichtiger geworden.

Kirche und Sowjetmacht in Litauen

Der Anblick muss jeden mit Kirchgängerschwund kämpfenden Geistlichen neidisch machen: Zur Abendmesse ist die mächtige Peter-und-Paul-Kirche in der litauischen Hauptstadt Wilna gerammelt voll. Bis auf den letzten Platz sind die langen Bankreihen des barocken Gotteshauses besetzt, auch in den Seitengängen stehen oder knien die katholischen Gläubigen. Und dies an einem gewöhnlichen Wochentage bei ungemütlichstem, frostig-nassem Herbstwetter! Der morgendliche Besuch in der Ostrabrama-Kapelle, deren Altar ein reich vergoldetes, als wundertätig geltendes Madonnenporträt birgt, ergibt ein ähnliches Bild. Nur sind es fast ausschliesslich ältere Mütterchen (von denen einige gar auf den Knien die steile Treppe emporgerutscht sind), die sich hier zur inbrünstigen Heiligenverehrung drängen, während man bei der abendlichen Messe auch manches jugendliche Gesicht entdecken konnte.

Umstrittenes Wilna

Anders als die deutsch-protestantisch beeinflussten Schwesterrepubliken Estland und Lettland ist Litauen nachhaltig von der katholischen Kulturtradition geprägt worden. Die geistige Ausstrahlung und gesellschaftliche Wirkung dieses Erbgutes spielt hier — ähnlich wie im benachbarten Polen, mit dem Litauen lange Zeit vereint war — noch in der Gegenwart eine wesentliche Rolle. In der Hauptstadt Wilna werden in zehn der einst über vierzig katholischen Kirchen — die meisten im üppigen Barock des 17. Jahrhunderts — eifrig besuchte Gottesdienste abgehalten.

Aber Wilna ist für litauische Verhältnisse nicht einmal typisch. Obwohl die Stadt seit jeher als historisches und geistiges Zentrum des kleinen Landes gilt, war sie bis vor dem Zweiten Weltkrieg überwiegend von Juden und Polen bewohnt. Die Litauer machten nur einen bescheidenen Anteil von drei bis fünf Prozent am Total der Bevölkerung aus. Um die Stadt, die einst Napoleon bei der Eröffnung seines Russlandfeldzuges als Hauptquartier gedient hatte, entbrannte in den zwanziger und dreissiger Jahren zwischen Polen und Litauen ein erbitterter Streit, der sich zeitweise zu einer internationalen Krise ausweitete, die der Völkerbund vergeblich zu entschärfen versuchte. Kurz nachdem im bisher russischen Wilna 1919 die litauische Unabhängigkeit ausgerufen worden war, besetzten zuerst sowjetische und später polnische Truppen die Kapitale. In den endlosen diplomatischen und militärischen Querelen mit dem Pilsudski-Regime in Warschau gelang es der litauischen Regierung nie, den Souveränitätsanspruch auf «ihre» Hauptstadt durchzusetzen. Erst die Teilung Polens zwischen Hitler und Stalin setzte dem Streit ein Ende: 1939 übergab Moskau die Stadt dem litauischen Staat, dessen Tage freilich selber gezählt waren. Wenige Monate später rückte die Rote Armee ins Land und sorgte dafür, dass die Litauer «einmütig» ihrer Einverleibung ins Sowjetreich zustimmten.

Furchtbare Verluste erlitt Wilna im Zweiten Weltkrieg. Von der grossen jüdischen Gemeinde überlebten nur ganz wenige die systematischen Massaker der nationalsozialistischen Besetzer. Die Bevölkerung sank in den Kriegsjahren von 300 000 auf 100 000 Menschen. Heute zählt Wilna gegen eine halbe Million Einwohner, deren ethnische Struktur indessen ein völlig anderes Bild zeigt als in den dreissiger Jahren. Während damals zu über neunzig Prozent Juden und Polen dominierten, so sind es die nach dem Krieg zugezogenen Litauer und Russen, die den Hauptharst der Bevölkerung bilden. Neben diesen beiden Hauptgruppen rangiert an dritter Stelle die polnische Nationalität (etwa 15 Prozent). Von den wenigen noch verbliebenen jüdischen Einwohnern sind in den letzten Jahren viele nach Israel oder nach den USA ausgewandert.

Geburtenreiches Landvolk

Ein für die baltischen Verhältnisse bemerkenswertes Phänomen ist die Tatsache, dass in der litauischen Hauptstadt der Anteil der einheimischen Nationalität seit dem Ende des Krieges ständig ansteigt. Während in Riga und Tallinn das baltische Element gegenüber den zuströmenden russischen Arbeitskräften an Boden verliert, wächst in Wilna sein einst geringes prozentuales Gewicht und beträgt gegenwärtig um die vierzig Prozent. Das ist einerseits auf die geringere Einwanderung aus den nichtbaltischen Sowjetrepubliken zurückzuführen, anderseits aber auch, wie uns ein Einheimischer erklärte, auf das durch die katholische Tradition beeinflusste ungebrochene Geburtenwachstum unter den Litauern. Ausserhalb der Städte scheinen die Litauer überhaupt fast ganz unter sich zu sein, beläuft sich doch ihr durchschnittlicher Anteil in der ganzen Republik auf über achtzig Prozent, wobei — wiederum im Gegensatz zu den entsprechenden Tendenzen in Lettland und Estland — dieses starke Uebergewicht der Einheimischen sich in den letzten Jahrzehnten als eine solide Konstante erwiesen hat. Laut offizieller Statistik verfügte 1970 erst ein Drittel aller Einwohner mit litauischer Muttersprache über Russischkenntnisse.

Zwischen diesem demographischen Hintergrund und dem starken Zulauf zu den Kirchen besteht ein direkter Zusammenhang. Die enge Verbundenheit mit der katholischen Kirche ist einerseits ein Zeichen für die offensichtlich noch immer vitale Kraft traditioneller Kulturmuster unter der litauischen Bevölkerung, deren Urbanisierung sich bisher wesentlich gemächlicher entwickelt hat als im restlichen Baltikum. Anderseits scheint aber die Kirche eine Art Symbol und Sammlungspunkt nationalistischer Oppositionsströmungen, die in Litauen seit den Jahren des bewaffneten Widerstandes gegen die Sowjetmacht nie ganz versiegt sind, darzustellen. Das Verhältnis zwischen der Kirche und der atheistischen Obrigkeit ist denn auch alles andere als reibungsfrei, was freilich nicht heissen will, dass jeder Gläubige aktiv gegen die bestehenden Verhältnisse engagiert wäre. Nachdem aber vor vier Jahren immerhin über 17 000 Litauer ein Protestschreiben wegen religiöser und kultureller Repression an die Uno-Generalversammlung unterzeichnet haben, darf man annehmen, dass die lokalen Dissidenten weitherum Sympathien geniessen.

Untergrundpresse

Eine aufschlussreiche Informationsquelle über solche interne Vorgänge ist die seit 1972 erscheinende Untergrundpublikation «Chronik der Litauischen Kirche», die die Behörden trotz eifrigen Nachforschungen bisher nicht zum

Schweigen bringen konnten. Die «Chronik», von der bisher über zwanzig Nummern von jeweils mehreren Dutzend Schreibmaschinenseiten in Umlauf gelangten, setzt sich kämpferisch mit den politischen und religiösen Bedingungen in Litauen auseinander und berichtet über zahlreiche Vorfälle, die die offizielle Presse normalerweise zu verschweigen pflegt. So informierte die «Chronik» Nr. 17 ausführlich über den Fall einer jungen Frau, die im Sommer 1975 vom Obersten litauischen Gerichtshof zu drei Jahren Arbeitslager und drei weiteren Jahren Verbannung verurteilt wurde, weil sie Schreibmaschinenkopien der «Chronik» Nr. 11 hergestellt hatte. Ein ständiger Stein des Anstosses zwischen Kirche und Regime scheint weiter die ungelöste Angelegenheit des Wilnaer Bischofs Stepanovičius zu sein. Der Bischof ist vor bereits fünfzehn Jahren in eine Provinzstadt verbannt worden, und die Behörden verdächtigen ihn offenbar der Zusammenarbeit mit der «Chronik». In einem Brief an den litauischen Ministerrat forderten unlängst 66 katholische Priester die Rückkehr des Bischofs nach Wilna. Immer wieder taucht in der «Chronik» der Name des Studenten Romas Kalanta auf, der sich am 14. Mai 1972 in Kaunas selbst verbrannt hatte. Der Versuch der Behörden, ein öffentliches Begräbnis zu verhindern, führte in der zweitgrössten Stadt Litauens zu Demonstrationen und gewalttätigen Ausschreitungen. Einzelne Beiträge der «Chronik» beschäftigen sich auch mit der internationalen Politik. In der Ausgabe Nr. 18 werden die KSZE-Verträge von Helsinki als «Spiele der Mächtigen» kritisiert. «Um des Erdöls, des Weizens, des Geschäftes und der persönlichen Kumpanei willen werden die Leiden der Völker und Nationen ignoriert», heisst es bitter in dem Kommentar. Neben der «Chronik» sind übrigens inzwischen weitere litauische Samisdat-Zeitungen mit offenbar ähnlicher inhaltlicher Richtung aufgetaucht.

Das effektive Gewicht solcher oppositioneller Regungen lässt sich von aussen her nicht beurteilen. Die allgemeinen Erfahrungen mit den Dissidentenbewegungen in der Sowjetunion lassen aber Vorsicht vor einer Ueberschätzung ihrer konkreten Wirkungsmöglichkeiten als ratsam erscheinen. Immerhin bestehen in Litauen, dessen verhältnismässig homogen gebliebene Bevölkerung in der katholischen Kirche über ein lebendiges geistiges Strahlungszentrum verfügt, offenbar breitere Voraussetzungen für das Fortbestehen lokaler nationalistischer Traditionen als in den baltischen Schwesterrepubliken Lettland und Estland. Ein gewisser Einfluss mag dabei auch von den mannigfaltigen und anscheinend recht regen Kontakten der Litauer zu ihren emigrierten Verwandten im Ausland ausgehen. Man schätzt, dass gegen eine Million Litauer ausserhalb der Sowjetunion leben, die meisten in Nordamerika, Australien, oder in Westeuropa. Obschon an der soliden Zementierung der gegenwärtigen politischen Machtverhältnisse nicht zu zweifeln ist, dürfte es dem Sowjetregime auch in Zukunft kaum gelingen, die hartnäckigen Widerstandsgeister in Litauen endgültig zum Verstummen zu bringen.

Nowgorod – restaurierter Schauplatz russischer Geschichte

Nowgorod liegt an der Autostrasse Moskau—Leningrad. Die bequemen Schnellzüge, die die beiden grössten Städte der Sowjetunion verbinden, lassen Nowgorod allerdings links liegen; dorthin führt von Moskau aus nur ein umständlicher Bummelzug. Die lange, fast zwölfstündige Fahrt gibt dafür Gelegenheit, sich in die bedeutende und hochbewegte Vergangenheit Nowgorods einzulesen.

Mittelalterliche Demokratieansätze

Die Stadt am Nordende des Ilmensees galt lange Zeit als das Tor Russlands zum Westen. Im 12. Jahrhundert, als Moskau erst ein kleines Dorf war und ein einheitliches russisches Reich noch nicht existierte, bildete Nowgorod neben Kiew das mächtigste und entwickeltste Zentrum im ostslawischen Siedlungsraum. «Wer kann wider Gott und Nowgorod?» — so lautete die selbstbewusste Devise dieser Stadt, deren Macht und Reichtum in erster Linie auf dem einträglichen Handel beruhten, den ihre initiative Bürgerschaft über den Wolchow-Fluss und die Newa-Mündung nach der Ostsee organisierte. Schwedische Firmen und die deutschen Hansestädte unterhielten hier permanente Handelsniederlassungen. Diesen Geschäftspartnern boten die Nowgoroder Naturprodukte wie Pelze, Wachs, Honig und Fische, die sie aus ihren Kolonien im Norden und Osten Russlands bezogen, und tauschten sie gegen europäische Geräte, Früchte, Wein und Stoffe ein. Da ihre eigenen Territorien nicht sehr fruchtbar waren, deckten sie ihren Getreidebedarf mit Importen aus den südlicheren Landstrichen, wohin sie europäische Waren lieferten. In der Blütezeit Nowgorods, zwischen dem 12. und 14. Jahrhundert, lebten in der Stadt um die 50 000 Seelen — doppelt soviel wie in der Hansestadt Lübeck und mehr als das Zehnfache der damaligen Einwohnerzahl von Zürich.

Berühmt war Nowgorod vor allem durch seine fortschrittliche mittelalterliche Verfassung. Pro forma blieb die Stadt zwar einem Fürstenhaus unterstellt, doch verstand es die unabhängige Bürgerschaft vortrefflich, ihren Selbständigkeitsbereich immer weiter auszubauen. «Die Bürger von Nowgorod», berichtet eine alte Chronik, «herrschten über ihr Land, wie Gott es ihnen verliehen hatte, und den Fürsten hielten sie nach ihrem Willen.» Der nominelle Landesherr diente lediglich als eine Art von Heerführer zur Verteidigung der Handelswege und durfte nicht in der Stadt selber wohnen; seine ihm zustehenden Einnahmen waren vertraglich bis in alle Einzelheiten festgelegt. Ihre Angelegenheiten entschieden die Nowgoroder nach republikanischem Muster in der Volksversammlung, der sogenannten «Wjetsche». In dringenden Fällen konnte jeder Bürger durch Läuten einer grossen Glocke die «Wjetsche» einberufen. Die Bürgerversammlung bestimmte über Krieg und Frieden, wählte den Fürsten und erliess die Gesetze. Abstimmungen wurden nicht durch Stimmenzäh-

Holzkirche bei Nowgorod.

len entschieden, sondern durch die Stärke des zu stimmenden oder ablehnenden Geschreis. «War das Resultat zweifelhaft, so brach nicht selten eine kurze Rauferei aus, und die Partei, die die Oberhand gewann, wurde dann als Sieger anerkannt. Wer sich nicht fügte, wurde in den Wolchow-Fluss geworfen», heisst es in einem Geschichtsbuch. Ganz lupenrein war die Nowgoroder Stadtdemokratie ohnehin nicht. Trotz der verbrieften Gleichheit aller Bürger vor dem Gesetz scheint es zugunsten der reichen Oberschicht, der «Bojaren», mancherlei Durchbrechungen dieses Grundsatzes gegeben zu haben.

Von den Tataren verschont

Anders als Kiew, Moskau und dem überwiegenden Teil des ostslawischen Siedlungsgebiets blieben Nowgorod im 13. Jahrhundert Eroberung und Verwüstung durch die mongolischen Tataren erspart. Um Strafexpeditionen zu entgehen, sah sich die Stadt aber gezwungen, den asiatischen Invasoren beträchtliche Tribute zu zahlen. Nowgorod geriet in eine äusserst schwierige Lage, denn zur gleichen Zeit rückten von Westen her die Schweden und die Ritter des Deutschherrenordens gegen sein Territorium vor. In dieser gefahrvollen Zeit trat in der Stadt ein Mann auf den Plan, der durch seine kühnen Taten und sein politisches Geschick zu einem Mythos der russischen Geschichte werden sollte: Alexander Newski. 1240 erfocht der Nowgoroder Fürst an der Newa einen glänzenden Sieg gegen die Schweden, weshalb er den Beinamen «Newski» erhielt. Da die Schweden päpstliche Unterstützung genossen, empfanden die Russen ihren militärischen Triumph als einen Sieg des orthodoxen über den römischen Glauben, und die russische Kirche hat Alexander Newski später heiliggesprochen. Sein Ruhm vergrösserte sich noch, als es ihm in den folgenden Jahren gelang, auch die Deutschordensritter und ein litauisches Heer entscheidend zu schlagen. Alexander Newski war aber klug genug, einzusehen, dass ein Zweifrontenkampf aussichtslos wäre, und er setzte alles daran, um sich mit der im Rücken herrschenden Tatarenmacht zu arrangieren. Er brachte dem Gross-Khan persönlich seine Huldigung dar und kämpfte beharrlich gegen die Opposition im eigenen Lager, die sich anfänglich weigerte, an die Tataren Tribut zu zahlen.

Iwans des Schrecklichen harte Hand

Moskaus Aufstieg im 15. Jahrhundert zum Sammlungspunkt der «russischen Erde» bedeutete das Ende von Nowgorods politischer Unabhängigkeit. Das bisherige System der Teilfürstentümer musste dem von Moskau angestrebten nationalen Einheitsstaat weichen. Die durch zunehmende Gegensätze zwischen der Geldaristokratie und dem Handwerkerstand bewirkte innere Schwäche der Stadt geschickt ausnützend, unterwarf Iwan der Dritte, der sich bereits «Zar von ganz Russland» nannte, das stolze Handelszentrum schrittweise seinem Willen. Die ehrwürdige «Wjetsche»-Glocke, das Symbol der Nowgoroder Demokratie und Selbstverwaltung, wurde nach Moskau abtransportiert. Die Ausrottung oder Verschleppung der einflussreichen Kaufleute führte zur Lahmlegung der einst blühenden Handelsverbindungen mit dem Westen; während langer Zeit strömten kaum mehr europäische Waren nach Osten, und bis zur grossen Wende unter Peter dem Grossen blieb Russland von der kulturellen und wirtschaftlichen Entwicklung in Europa weitgehend abgeschnitten.

Baudenkmäler aus der vorrevolutionären Zeit.

Auch nach seiner Unterwerfung unter die Zarenherrschaft wurde Nowgorod nicht in Ruhe gelassen. Iwan der Schreckliche, der Enkel des Eroberers von Nowgorod, «bestrafte» 1570 die Stadt mit einem Pogrom, das als unrühmlicher Höhepunkt seiner sadistischen Untaten in die Geschichte eingegangen ist. Auf den blossen Verdacht hin, dass ein Teil seiner Bürger den Anschluss an das polnische Königreich betreibe, liess der Despot seine Folterknechte sich fünf Wochen lang in der Stadt austoben. 60 000 Menschen oder 80 Prozent der Bevölkerung sollen dabei ermordet worden sein. Im Beisein des Zaren und seines Sohnes wurden die unschuldigen Opfer — darunter Frauen und Kinder — auf bestialische Weise gefoltert und dann in den Wolchow geworfen. Ein Nowgoroder Chronist aus jener Zeit schreibt: «Und es dauerte dieses unsagbare Vergiessen christlichen Blutes, unserer Sünden wegen, durch unbändigen Zorn des Zaren verursacht, alle Tage ununterbrochen an, fünf Wochen und länger; und jeden Tag wurden etwa 1000 Menschen jeglichen Alters ins Wasser geworfen und ertränkt, und bisweilen waren es auch 1500, und wenn einmal nur 500 oder 600 Menschen ins Wasser geworfen wurden, so galt der betreffende Tag als ein leichter und des Dankes würdiger Tag. Und nach Beendigung dieses Verfahrens begab sich der rechtgläubige Zar und Grossfürst Iwan Wassiljewitsch, Herrscher über ganz Russland, zu den ehrbaren und grossen Klöstern in der Umgebung von Gross-Nowgorod und befahl, die Kirchen und Klöster und Zellen und Gebäude zu plündern, in den Scheunen und auf den Feldern das Getreide zu verbrennen und das Vieh jeglicher Art, Pferde und Kühe, in Stücke zu hauen.»

Nowgorod hat sich von diesen schweren Schlägen nie mehr ganz erholt. Es blieb eine Provinzstadt mit grosser Vergangenheit. Und doch ist der historische Schauplatz in neuester Zeit noch einmal fast vollständig zerstört worden. Im Sommer 1941 marschierten deutsche Truppen in Nowgorod ein. Nach sowjetischer Darstellung sprengten und verwüsteten die Besetzungseinheiten «wahllos» die berühmten Baudenkmäler und Kunstschätze der Wolchow-Stadt. (Deutsche Berichte bestreiten den Vorwurf willkürlicher Zerstörung historischer Objekte.) Von fast 2500 Häusern sollen nach der Wiedereroberung durch die Rote Armee nur deren vierzig unbeschädigt geblieben sein.

Neue «Neue Stadt»

Wenn Nowgorod Ende des Zweiten Weltkriegs nur noch ein trauriger Trümmerhaufen war, so trägt der Ort heute seinen Namen — «Neue Stadt» — mit um so grösserer Berechtigung. Mit viel Aufwand ist die traditionsreiche Stadt in den letzten Jahrzehnten neu aufgebaut worden. Die mittelalterliche Befestigungsanlage, der Kreml, beherrscht eindrucksvoller denn je die linke Seite des Wolchow-Ufers. Seine mächtigen roten Mauern und Türme — deren Fundamente älter sind als diejenigen des Moskauer Kreml — umschliessen eine Reihe sorgfältig wiederhergestellter Denkmäler, darunter die berühmte Sophienkathedrale aus dem 11. Jahrhundert. Dem gleichnamigen Werk in Kiew nachgebaut, ist sie das zweitälteste Gotteshaus in Russland. Auf ihrem goldenen Kupferkreuz sitzt eine eherne Taube. Nach der Legende bleibt Nowgorod vor Unheil bewahrt, solange sie sich dort oben halten kann; im Zweiten Weltkrieg war sie heruntergeschossen worden. Ebenfalls im Innern des Kreml befindet sich das zaristische Gerichtsgebäude, das heute als Museum dient. Viele kostbare Gemälde und Ikonen aus der hochentwickelten Nowgoroder Malschule sind indessen in die Moskauer Tretiakow-Galerie übergeführt worden. Ein grosser Saal des Kreml-Museums ist den lokalen Ereignissen während des «Grossen Vaterländischen Krieges» gewidmet. An der Eingangstüre steht die in der Sowjetunion vielzitierte Devise zu lesen: «Niemand ist vergessen und nichts ist vergessen.»

Ueber fünfzig Kirchen, Kapellen und Klöster gibt es in und um Nowgorod zu bewundern. Fast alle sind in ihrer altrussischen pittoresken Pracht sorgfältig restauriert worden. Regelmässige Gottesdienste werden freilich nur noch in einer Kirche abgehalten, die übrigen dienen touristisch-musealen Zwecken. In der altehrwürdigen St. Niklaus-Kirche hat man im Vorraum eine verstaubt wirkende atheistische Ausstellung eingerichtet. Ein schmuckes, blendend weiss gestrichenes Kirchlein an der Innenseite der Kreml-Mauer hat sich gar in eine Art Burgrestaurant verwandelt. Bei rustikalem Kerzenschein wird der Tourist dort von Kellnerinnen in mittelalterlicher Tracht mit kulinarischen Köstlichkeiten verwöhnt, die jedem Moskauer Hotel wohl anstehen würden. Nur die gutgemeinten Einlagen der langhaarigen Band sind wie üblich zu laut und stören das Gespräch.

Nowgorod ist keine reine Museumsstadt. Wie ein Vertreter der Stadtverwaltung erklärt, bestand das Ziel des Wiederaufbaus nach dem Krieg darin, neben der historisch-touristischen Bedeutung auch die industrielle Entwicklung dieses regionalen Zentrums zu fördern. Mit der Verwirklichung dieser Pläne ist auch die Bevölkerung Nowgorods schnell gewachsen; die Stadt zählt heute rund 160 000 Einwohner, viermal soviel wie bei Kriegsende.

Kulturszene: Anpassung und Widerstände

Hindernisse für sowjetische Bücherfreunde

Unlängst wusste die Moskauer Nachrichtenagentur Tass unter Berufung auf Unesco-Quellen zu berichten, dass nicht weniger als 75,3 Prozent aller Sowjetbürger «regelmässig Bücher lesen». Damit sei die UdSSR die am intensivsten lesende Nation der Welt. Tass liess es sich nicht nehmen, die wahre Grösse dieses stolzen Rekords mit einem diskreten Hinweis auf die Verhältnisse im kapitalistischen Westen ins rechte Licht zu rücken: dort nämlich, hiess es in der gleichen Meldung, könnten nur drei bis fünf Prozent aller Bürger als «regelmässige Leser» bezeichnet werden. Diese letztere «Information» scheint sich freilich nicht mit autorisierten Unesco-Zahlen belegen zu lassen, denn Tass zitiert dazu lediglich die Aussage einer sowjetischen Soziologin, die sich ihrerseits verschwommen auf einen französischen «Fachmann» beruft.

Spiel mit der Statistik

Nun lässt sich bekanntlich mit Statistik alles beweisen — auch das Gegenteil. Die Behauptung, wonach im Westen nur eine lächerliche Minderheit dem Lesen frönt, braucht nicht näher kommentiert zu werden; sie gehört ins Reich einfältigster Propagandafabrikationen. Schon ernsthafter scheint dagegen der Anspruch auf eine hohe Lesedichte unter den Sowjetbürgern. Wenigstens handelt es sich da um eine These, die weitherum akzeptiert wird, auch wenn sich das in Zahlen keineswegs einwandfrei beweisen lässt. Vergleicht man beispielsweise die Anzahl der jährlich herausgegebenen Buchtitel, so zeigt sich, dass die Produktion der vielsprachigen Sowjetunion ziemlich genau das gleiche Niveau erreicht wie in den — bevölkerungsmässig vergleichbaren — USA (Unesco-Statistik für das Jahr 1972). Indessen bleiben derartige Gegenüberstellungen — auch in bezug auf Auflagehöhen — schon deshalb höchst fragwürdig, weil sie ja keine Auskunft darüber vermitteln, wie viele der produzierten Bücher tatsächlich abgesetzt und gelesen werden. Der hier viel beschworene Mythos vom absolut beispiellosen Bücherkonsum der Sowjetmenschen steht also zumindest auf einigermassen vagem Grund.

Immerhin gibt es Anhaltspunkte, die vermuten lassen, dass die Sowjetbürger vor allem der schöngeistigen Literatur ein überdurchschnittliches Interesse entgegenbringen. Wohl nicht zuletzt wegen der kaum überwältigenden Faszination, die von der offiziell genehmen Gegenwartsliteratur ausgeht, stehen die Klassiker des 19. Jahrhunderts zusammen mit den nur teilweise publizierten Autoren der sowjetischen Frühperiode beim Publikum sehr hoch im Kurs. Persönliche Beobachtungen vermitteln den Eindruck, dass hier in breiten Schichten die einheimischen Klassiker nicht nur vom Hörensagen bekannt sind, sondern auch intensiv gelesen werden.

Oede Bücherläden

Unübersehbar ist ferner der gewaltige Nachfrageüberhang, der in der Sowjetunion in Sachen Belletristik besteht. Die Chance, in einem sowjetischen Buchladen auch nur einen einzigen Band eines wirklich populären Dichters — von Puschkin über Tolstoi und Dostojewski bis zu Scholochow — zu finden, ist gleich Null. Und selbst wenn jemand zehnmal hintereinander in die gleichen Läden ginge, so würde das seine Aussichten auf einen glücklichen Fang nicht wesentlich verbessern. Der gewöhnliche sterbliche Sowjetmensch, der auf die Lektüre interessanter und anspruchsvoller Belletristik nicht verzichten will, muss sich somit anderer Beschaffungswege bedienen.

Der relativ einfachste davon führt über die öffentlichen Bibliotheken, deren Anzahl Tass einmal mit 130 000 und einige Monate später mit 360 000 angab. Wie dem auch sei: weil die Bibliotheken bei Neuausgaben meist vorrangig beliefert werden, lässt sich unschwer ausrechnen, dass selbst bei für westeuropäische Verhältnisse hohen Erscheinungsauflagen von 100 000 bis 200 000 Exemplaren für den Einzelhandel selten mehr etwas übrigbleibt. Die begehrteren Titel sind übrigens auch in den Bibliotheken — insbesondere in der Provinz — durchaus nicht selbstverständlich erhältlich. Den praktisch einzigen legalen Zugang zum Besitz populärer schöngeistiger Literatur bietet das Subskriptionssystem. Ueber die Frage, wann und wo man sich zum Bezug einer bestimmten Neuerscheinung in die einschlägigen Listen einschreiben kann, herrscht allerdings kaum Klarheit. Wer nicht zur Privilegiertenklasse gehört, muss sich da anhand von Gerüchten und zufälligen Informationen zurechtfinden. Ausserdem sind die Subskriptionslisten meist schon in kürzester Frist ausgebucht. Ein Kenner der Materie berichtete, in Leningrad sei die Neuausgabe von Shakespeares Sonetten und Burns' Gedichten — beide in Auflagen von 100 000 Exemplaren — bereits am ersten Tag überzeichnet worden. Um sechs Uhr morgens schon hätten sich vor den Subskriptionsstellen lange Schlangen gebildet.

Blühender Schwarzmarkt

Kein Wunder, dass sich bei dem chronischen Missverhältnis zwischen Angebot und Nachfrage in der Sowjetunion inzwischen ein lukrativer Bücherschwarzmarkt etabliert hat. In Moskau spielt sich dieser Handel bei schönem Wetter fast täglich mitten im Zentrum ab. Um der wachsamen Obrigkeit keine Beweise für das illegale Geschäft zu liefern, ist die Ware freilich nicht präsent. Verkäufer und Interessenten treffen sich auf bestimmten Plätzen zum diskreten Gespräch. Kommt das Geschäft zustande, so werden die Bücher später an unauffälligem Ort übergeben. Im Vergleich zu den verhältnismässig günstigen offiziellen Bücherpreisen (ein gebundenes Buch kostet in der Regel zwischen einem und drei Rubel, neuestens teilweise aber auch schon zehn Rubel) herrschen auf dem Schwarzmarkt geradezu phantastische Usanzen: für gefragtere Werke werden ohne weiteres hundert Rubel bezahlt (der sowjetische Durchschnittslohn liegt bei 140 Rubel monatlich). Angesichts derart verlockender Verdienstmöglichkeiten scheint — wenn man dem in Moskau zirkulierenden Gerücht Glauben schenken darf — sogar ein hoher Beamter der staatlichen Zensurabteilung (Glavlit) schwach geworden zu sein. Der inzwischen verurteilte Mann soll 15 Jahre lang als «antisowjetisch» deklarierte Literatur, die ihm von gestrengen Zollbeamten zwecks Vernichtung übergeben worden war, zur privaten Bereicherung an den Schwarzmarkt weitergeleitet haben.

Eine Hauptursache für das ständige Defizit an populärer Belletristik ist unzweifelhaft bei der sehr willkürlich gelenkten Angebotsstruktur der sowjetischen Bücherproduktion zu suchen. Von den rund 80 000 im Jahre 1973 produzierten Titeln fielen nur acht Prozent für die schöngeistige Literatur (inklusive Kinderbücher) ab. (In der Bundesrepublik waren es rund 20 Prozent.) Immerhin aber macht die Belletristik in der Sowjetunion ungefähr ein Drittel der Jahresgesamtauflage aus. Trotzdem könne, so stand unlängst in der «Literaturnaja Gaseta» zu lesen, die Nachfrage auf diesem Gebiet nur für 25—30 Prozent gedeckt werden. An Politliteratur, deren Anteil am Auflagetotal nur knapp hinter der Belletristik rangiert (den ersten Platz belegen mit 40 Prozent die Lehrbücher), scheint dagegen keinerlei Mangel zu herrschen. Wenn die «Literaturnaja Gaseta» stolz konstatiert, Lenin werde in der Sowjetunion «am meisten gelesen» (Gesamtauflage seiner Werke seit der Revolution: 450 Millionen Exemplare), so dürfte das schwerlich die wahre Marktnachfrage widerspiegeln. Nicht zufällig wohl sprechen sich bei einer Diskussion um das Bücherproblem in der gleichen Zeitung die meisten Einsender dafür aus, sämtliche Ausgaben der nicht schöngeistigen Literatur zu kürzen, um so dem Belletristik-Defizit abzuhelfen. Diese Einsicht scheint sich jetzt in Ansätzen auch bei den zuständigen Behörden durchzusetzen: im Januar erklärte der Erste Stellvertretende Vorsitzende des Staatskomitees für Verlagswesen, für 1976 werde die Produktion aller andern Sparten zugunsten literarischer Bücher um 10 Prozent verringert.

«Parteilichkeit» — Zensur

Das ist gewiss eine erfreuliche Nachricht für den lesehungrigen Sowjetbürger, auch wenn damit seine Beschaffungsprobleme bei weitem noch nicht gelöst sind. Die Massnahme dürfte nämlich kaum den Sinn haben, ihm grundsätzlich den Zugang zu jedem beliebigen Autor der Weltliteratur zu erleichtern. Kraft des staatlichen Büchermonopols (das nur durch den Schwarzmarkt und die Samisdat-Literatur etwas durchlöchert wird) bestimmen die Herrschenden insbesondere auch, welche Art von Literatur im Lande verbreitet werden darf. Hier gelten die ebenso willkürlichen wie in der Praxis undurchsichtigen Kriterien Leninistischer Parteilichkeit. Dass dissidente Autoren wie Solschenizyn, Nekrassow, Sinjawski usw. nicht gedruckt werden, lässt sich zwar mit demokratischen Spielregeln nicht vereinbaren, erscheint aber angesichts des absolutistischen Selbstverständnisses des Sowjetstaates immerhin folgerichtig. Warum aber werden Jack London, Hemingway, Böll und Frisch verlegt, während die Werke von Joyce, Grass und Saul Bellow bisher nicht erscheinen durften? Eine nicht weniger seltsame Politik betreibt das Regime ferner mit den lange verfemten, von Literaturkennern aber hochverehrten Sowjetdichtern Mandelstam, Achmatowa und Bulgakow. Diese werden heute zwar in minimaler Auflage gedruckt, können aber allein in den Ausländerläden gegen harte Devisen erstanden werden. Besser dran sind jene Sowjetautoren, die sich als konforme Mitglieder des regimetreuen Schriftstellerverbandes verdient machen. Ihre Werke werden relativ problemlos veröffentlicht, auch wenn sich das Publikum dafür nicht unbedingt interessiert, was sich in den Buchhandlungen zeigt, wo in den Gestellen massenhaft ungefragte Literatur verstaubt.

Von einer weiteren Absonderlichkeit sowjetischer Verlagspolitik erzählt Solschenizyn in seinem autobiographischen Bericht «Die Eiche und das Kalb». Seine beiden Romane «Der erste Kreis der Hölle» und «Krebsstation» sind in den frühen sechziger Jahren tatsächlich vollständig gedruckt worden, aber nur in wenigen numerierten Bänden, die Chruschtschew im Kreml-Establishment, wo man damals noch nicht genau wusste, wie man sich gegenüber dem unbequemen Schriftsteller verhalten sollte, verteilen liess. Eine ähnliche Spezialedition soll damals auch von André Maurois' Byron-Biographie angefertigt worden sein.

«Freier Verkehr von Kulturgütern»

Von offizieller Seite wird als Entschuldigung für die ungenügende Versorgung auf dem Literatursektor stets mit Nachdruck auf den anscheinend akuten Papiermangel in der Sowjetunion hingewiesen. Der Hinweis mag bis zu einem gewissen Grad berechtigt sein, doch schafft das die Tatsache nicht aus der Welt, dass die sowjetischen Verlage eben in mancher Hinsicht weit an den echten Leseinteressen des breiten Publikums vorbeiproduzieren; für die gesammelten Breschnew-Reden und andere Propagandaerzeugnisse, die am laufenden Band in Riesenauflagen und in Dutzenden von Sprachen herausgegeben werden, scheint jedenfalls der Papiermangel keine Rolle zu spielen.

Zurzeit werden von Moskau aus intensive Propagandaanstrengungen unternommen, um von den willkürlichen Eigenheiten der eigenen Kulturpolitik abzulenken. Seit der Unterzeichnung der Dokumente der Sicherheitskonferenz in Helsinki, wo im «Dritten Korb» bekanntlich den beteiligten Regierungen Massnahmen zur besseren Verbreitung ausländischer Kulturgüter empfohlen werden, wirft die Sowjetpresse dem Westen ständig vor, diese Ziele bewusst zu hintertreiben. Zum Beweis berufen sich die Ankläger auf die absolut gesehen in der Tat recht eindrückliche Zahl ausländischer Autorenübersetzungen, die in der Sowjetunion erscheinen. Im Vergleich dazu, so wird versichert, brächten die westlichen Verlage weit weniger sowjetische Literatur heraus. Statt dessen publiziere man dort «endlos das Geschreibsel antisowjetischer Abtrünniger».

Abgesehen davon, dass die Behauptung über das angebliche westliche Defizit an Uebersetzungen aus der Sowjetunion nirgends zahlenmässig belegt wird, will oder kann man in Moskau offenbar nicht begreifen, dass kapitalistische Verleger ihr Angebot in erster Linie nach der Marktnachfrage zu richten pflegen und dass die Romane eines Pasternak, Solschenizyn, Kornilow oder der Tschukowskaja beim westlichen Publikum vielleicht tatsächlich mehr Interesse finden als die Schöpfungen der im Kreml genehmen sozialistischen Realisten. Damit soll nicht bestritten werden, dass hinsichtlich der Rezeption von sowjetoffizieller Literatur im Westen durchaus Lücken zu füllen wären. Ebenso aber ist festzuhalten, dass im pluralistischen Staat niemandem grundsätzlich der Zugang zu bestimmten Werken der Weltliteratur verwehrt ist. Für das Sowjetregime, das dem eigenen Volk den bedeutendsten Teil seiner Gegenwartsliteratur vorenthält, das keine freie Einfuhr ausländischer Bücher zulässt und nach höchst undemokratischen Kriterien bestimmt, welche fremdsprachigen Autoren in der UdSSR erscheinen dürfen, besteht jedenfalls wenig Anlass, selbstgerecht vom Podest herab den westlichen KSZE-Partnern kulturpolitische Parteilichkeit und mangelnde Reziprozität vorzuwerfen.

Rilke und Marina Zwetajewa

Ein bisher unveröffentlichter Briefwechsel

Rilke und Marina Zwetajewa, zwei der bedeutendsten Dichtergestalten des deutschen und des russischen Sprachbereiches, sind sich nie persönlich begegnet. Trotzdem hat es zwischen den beiden, abgesehen von der Verehrung, die jeder für das Schaffen des andern empfand, für kurze Zeit einen intensiven, ja leidenschaftlichen direkten Kontakt gegeben. In einem Brief an Rilke hat der junge Boris Pasternak (Rilke war ein langjähriger Freund seines Vaters, den er während seines Russlandaufenthaltes kennengelernt hatte) 1926 auf seine gleichaltrige Freundin Marina Zwetajewa, die damals in Frankreich wohnte, aufmerksam gemacht. Der in Muzot lebende, bereits schwer leidende Dichter, den seit langem eine romantisch-schwärmerische Leidenschaft für die russische Welt bewegte, griff die Anregung auf und eröffnete kurz darauf die Korrespondenz mit der Zwetajewa. Diese, in der Emigration zunehmend isoliert und von drückender materieller Not bedrängt, gab sich in ihrer Antwort als glühende Verehrerin des Meisters und einfühlsame Kennerin der deutschen Sprache zu erkennen. In wenigen Monaten tauschten Rilke und Marina Zwetajewa insgesamt siebzehn Briefe aus; dann setzte der Tod Rilkes (Dezember 1926) der Beziehung ein jähes Ende.

Die insgesamt zehn Briefe der Zwetajewa befinden sich im Rilke-Archiv der Schweizerischen Landesbibliothek in Bern, sollten aber nach dem Willen der Verfasserin während fünfzig Jahren unter Verschluss bleiben. Zu Beginn dieses Jahres sind sie nun erstmals geöffnet worden. Unbekannt war dagegen bis vor kurzem das Verbleiben der sieben Rilke-Briefe an die Zwetajewa. Der Leningrader Germanist Konstantin M. Asadowski, der sich seit Jahren mit dem Rilke-Thema beschäftigt, hat jetzt aber nach intensivem Suchen einen glücklichen Fund getan. Im Sommer dieses Jahres (1977) konnte er die verschollen geglaubten Rilke-Briefe in einer Moskauer Privatsammlung ausfindig machen. Die Zwetajewa hatte sie, als sie 1941 (zwei Jahre nach der Rückkehr in die Sowjetunion) ihrem tragischen Leben ein Ende setzte, zusammen mit den Briefen Pasternaks in einem speziellen Umschlag hinterlassen. Die Besitzer erklärten sich bereit, Asadowski die wertvollen Dokumente vorläufig für die wissenschaftliche Auswertung in russischer Sprache zur Verfügung zu stellen. Der junge Forscher hat darauf die gesamte Korrespondenz (von den in Bern befindlichen Originalbriefen der Zwetajewa schickte man ihm Kopien, ein Brief Rilkes bleibt vorläufig weiterhin verschollen) sorgfältig ins Russische übersetzt und dazu gleichzeitig einen gründlichen Kommentar verfasst. Im Rahmen eines literarischen Abends hat Asadowski kürzlich ein breiteres Publikum mit den Ergebnissen seiner Arbeit bekannt gemacht. Der so lange Jahre teils versiegelte, teils unauffindbare Briefwechsel Rilke—Zwetajewa ist damit zum erstenmal in der Oeffentlichkeit präsentiert worden — vorerst allerdings noch nicht im deutschen Originaltext, sondern in russischer Uebersetzung.

Ein Stück Literatur

Auf den Inhalt dieser aussergewöhnlichen Korrespondenz kann hier nicht im Detail eingegangen werden, nur ein paar allgemeinere Bemerkungen seien festgehalten. Die Briefe, das erkennt man auch in der russischen Uebersetzung, sind selbst ein Stück Literatur. Man könnte die Korrespondenz in bezug auf das Verhältnis der beiden Dichter, das darin zum Ausdruck kommt, als einen «Briefroman» bezeichnen. Trotz dem beträchtlichen Altersunterschied (Rilke ist 51, die Zwetajewa 34) geben beide Partner ohne Zögern ihrer tiefen gegenseitigen Zuneigung und intimen inneren Verwandtschaft Ausdruck.

Obschon Rilke die Korrespondenz eingeleitet hat, war die Zwetajewa in der daraus sich spontan entwickelnden Beziehung der aktivere Teil, was schon daraus hervorgeht, dass zehn der insgesamt siebzehn Briefen aus ihrer Hand stammen. Leidenschaftlich wiederholt sie ihren Wunsch nach Ueberwindung des räumlichen und zeitlichen Abstandes, dem ihr Zwiegespräch unterliegt, den Wunsch nach unmittelbarem Zusammensein. Rilke aber, über dem bereits der Schatten des nahen Todes schwebte, scheint gespürt zu haben, dass eine direkte Begegnung diesen zärtlich-intensiven Dichterdialog wohl schwierigsten Belastungen ausgesetzt hätte. Beide Seiten sprechen von ihrer Einsamkeit. Rilke klagt über seine Mühe, die Gedichte seiner Freundin im russischen Original zu lesen. Er schlägt ihr anfänglich vor, in französischer Sprache zu korrespondieren, aber sie insistiert auf dem deutschen Idiom, das sie zwar weniger geläufig beherrscht als das französische, aber dennoch als adäquateres Ausdrucksmittel für ihre Gefühle empfindet. Für jeden Briefpartner bedeutet diese Beziehung nicht zuletzt auch eine innere Berührung mit der Welt, von der sie sich in magischer Zuneigung angezogen fühlen; für Rilke ist die Zwetajewa die Verkörperung seines mystisch-seelenvoll verklärten Russlandbildes, die Zwetajewa wiederum sieht in Rilke den vollendeten Repräsentanten des deutschen Geistes, den sie seit ihren Jugendjahren bewundert. Auch vom eigentlichen Stifter dieses schriftlichen Gesprächs, von Boris Pasternak, ist in den Briefen die Rede. Marina Zwetajewa nennt ihn den grössten zeitgenössischen Dichter Russlands, vermerkt aber gleichzeitig, dass sie nichts mehr von ihm höre, seit die Korrespondenz mit Rilke in Gang gekommen ist.

Erstmalige Präsentation

Die erstmalige Präsentation dieser wertvollen Dokumente stiess in den literarischen Kreisen Leningrads auf starkes Interesse. Der ehrwürdige Vortragssaal des Leningrader Schriftstellerhauses war dem Andrang des Publikums längst nicht gewachsen, es füllten sich auch die angrenzenden Gänge und Nebenzimmer. Drei Stunden lang lauschte die Zuhörerschaft den Ausführungen Asadowskis ununterbrochen mit konzentrierter Aufmerksamkeit. Es war selbst für Russen, bei denen öffentliche Literaturlesungen ohnehin hoch im Kurs stehen, ein aussergewöhnliches Erlebnis. Der Westler wiederum sah bei dieser Gelegenheit wieder einmal die beneidenswerte Popularität bestätigt, die hierzulande insbesondere die lyrische Dichtung geniesst. Namen wie Zwetajewa, Mandelstam, Achmatowa oder Pasternak haben heute in den literarisch interessierten Kreisen der Sowjetunion eine geradezu elektrisierende Wirkung. Das liegt ohne Zweifel am einsamen künstlerischen Rang ihres Schaffens, das sich weit über den flachen Heldenkult des konventionellen «Sozialistischen Realismus» erhebt. Gleichzeitig sind mit diesen Werken aber auch die tragischen Schicksale ihrer Schöpfer verbunden, die man wohl weitherum als paradigmatische Zeichen für den Leidensweg der jüngeren Geschichte in diesem Lande empfindet.

Hinzu kommt ein weiterer Umstand: Dichter von der Art der Zwetajewa waren von der sowjetischen Kulturverwaltung lange Zeit geächtet, man bezichtigte sie der pessimistischen Innerlichkeit und des zersetzenden Subjektivismus. Teilausgaben ihrer Werke werden zwar in den letzten Jahren wieder vermehrt gedruckt, doch entspricht das — oft nur gegen harte Devisen im Ausland abgesetzte — Angebot bei weitem nicht der dringlichen Nachfrage. Auf jeden Fall werden sie vom sowjetoffiziellen Literaturbetrieb noch nicht vorbehaltlos und ihrer Popularität gemäss anerkannt. Aehnliches gilt übrigens auch für das Schaffen Rilkes, das erst in jüngster Zeit eine positivere Würdigung gefunden hat, was sich unter anderem durch das Erscheinen neuer Uebersetzungen manifestierte. Bei aller Fragwürdigkeit hat indessen eine dogmatische kulturelle Lenkungspolitik auch ihre Vorteile: sie schärft und stimuliert zumindest bei unabhängigen Geistern das Interesse gerade an jenen Themen, die die amtlichen Kunstrichter als verboten oder doch halbwegs suspekt abstempeln.

Die in Bern befindlichen Briefe Marina Zwetajewas an Rilke dürften im Westen demnächst publiziert werden. Sofern die sowjetische Urheberrechtsbehörde (VAAP) in das Projekt einwilligt, soll später in Deutschland ein von Asadowski und dem Sohn Pasternaks herausgegebener Band mit Briefen zwischen Rilke, Pasternak und Marina Zwetajewa erscheinen.

Theaterstadt Moskau

Die rund 20 Sprechbühnen, die in der Sowjethauptstadt neben den weltberühmten Oper-, Ballett- und Musikhäusern bestehen und sich zur bessern Unterscheidung mit Nachdruck «dramatische Theater» nennen, bilden eine vielfältige und reiche Theaterlandschaft (mit der schlichten Bezeichnung «Theater» ist hierzulande unmissverständlich nur das Theater gemeint, das Bolschoi-Theater nämlich). Da wie auch in anderen Weltstädten nicht nur künstlerische Leitung und Schauspielertruppe, sondern auch das Repertoire eines solchen dramatischen Theaters über viele Jahre hinweg sozusagen konstant bleiben — etwa ein oder zwei Neuinszenierungen pro Saison dürften die Regel sein —, erwirbt sich jede Bühne einen relativ stabilen Charakter und Ruf. Moskauer wählen sich denn auch für einen Theaterbesuch in erster Linie Haus und Intendanten, erst in zweiter ein bestimmtes Stück, einmal abgesehen natürlich von Theatersensationen, die es hier wie überall gibt. Die Vorstellung von einem Saisonrepertoire stösst hier auf kopfschüttelndes Unverständnis, und das nicht nur, weil eine kurze Spieldauer in einer 8-Millionen-Stadt in jeder Hinsicht unrentabel wäre, sondern vor allem auch weil, wie es heisst, «eine Inszenierung erst auf der Bühne reifen muss» und man sich deshalb ein Stück «nie vor seiner zwanzigsten Aufführung ansehen soll».

Kampf um Karten

Die Moskauer sind leidenschaftliche Theatergänger. Kaum ein Theaterbesuch, ohne dass man schon auf der Strasse im Flüsterton nach zu verkaufenden Karten angegangen würde. Immerhin hat der Normalbürger eine wesentlich bessere Chance, in ein dramatisches Theater zu gelangen als in das von Touristen und offiziellen Gästen überflutete Bolschoi. Wenn aber selbst ausländische Korrespondenten nur mit schriftlichem Gesuch an die Theateradministration, oft nach langem Warten, Gedulden und Vertröstetwerden, in die gewünschte Aufführung gelangen, kann man sich vom Kampf um Karten für gewöhnlich Sterbliche eine vage Vorstellung machen. Und selbst die polizeibewehrten Abschrankungen vor dem Taganka-Theater vor Beginn einer «Meister-und-Margarita»-Aufführung werden verständlich, wenn man erfährt, dass eine Eintrittskarte zum begehrten Bulgakow-Stück zurzeit auf dem schwarzen Markt für 80 Rubel gehandelt wird (was dem Monatslohn einer Krankenschwester entspricht).

Etablierte Bühnen und andere

Die traditionsreichste Bühne Moskaus ist — abgesehen einmal vom schon 1824 gegründeten Malij-Theater mit seinem klassischen Repertoire — immer noch das Moskauer Künstlertheater, auf russisch «Mchat» genannt (Moskowski chudoschestwenni akademitscheski Teatr), in dem zu Anfang des Jahrhunderts die Stücke Tschechows und die psychologische Schauspielkunst Stanislawskis zu Weltruhm gelangten. Heute besitzt das einst revolutionäre «Mchat» das schönste und modernste Theatergebäude der Stadt und gilt als ebenso etabliert wie die Avantgardetheater der goldenen zwanziger Jahre: das Wachtangow-Theater, das Majakowski-(ehemals Revolutionstheater) und die Mossowjet-Bühne (ursprünglich ein nach der Oktoberrevolution gegründetes Gewerkschaftstheater).

Die interessanten Experimente und Vorstösse in theatralisches Neuland finden längst anderswo statt: in den kleinen, ehemaligen Vorstadttheatern nämlich, die, in den sechziger Jahren von einer jüngeren Intendantengeneration zu neuem Leben erweckt, äusserst befruchtend auf das gesamte Moskauer Theaterleben wirkten. An erster Stelle ist hier das neuerdings auch im Ausland berühmt gewordene Taganka-Theater zu nennen, seit 1964 unter der Leitung Juri Ljubimows, dann aber auch das Theater an der Malaja Bronnaja und das in den sechziger Jahren neugegründete Sowrjemmenik-Theater. Neben dem konstant qualitätsvollen Satiren-Theater sind weiter noch diejenigen Bühnen zu nennen, die in lockerem Rahmen einer Institution zugehören, wie das Theater der Roten Armee, das Lenin-Komsomol-Theater und die Bühnen der Schauspielschulen. Zu einer vollständigen Liste gehörten auch noch einige qualitativ minderwertige Etablissements, während Zigeuner-, Mimik- oder Puppentheater schon nicht mehr zu den dramatischen Theatern gezählt werden.

Seit der Sensation von «Meister und Margarita» — die Premiere liegt nun über ein Jahr zurück — ist es stiller geworden ums Taganka-Theater. Die Aufführung wird, obwohl seinerzeit in der «Prawda» recht heftig attackiert, ein oder zweimal im Monat gegeben. Momentan ist für einmal nicht eine Inszenierung, sondern Juri Ljubimow persönlich ins Kreuzfeuer der Politik geraten: Der künstlerisch unorthodoxe Regisseur wurde von nationalchauvinistischen Kräften scharf angegriffen wegen seiner für die Pariser Oper geplanten Modernisierung von Tschaikowskys «Pique Dame». Der Streit endete vorläufig mit einem Ausreiseverbot für Ljubimow und der Absetzung des ganzen Unternehmens von Pariser Seite her.

«Die Rückkoppelung» — gewagteste Premiere der Saison

Was die Moskauer die «gewagteste Premiere der Saison» (1978) nannten, fand dagegen für einmal im «Mchat» statt: Ein Stück mit dem sachlich-technischen Titel «Obratnaja Swjas», zu deutsch «Die Rückkoppelung». Als Oleg Jefremow, hochgeschätzter Gründer und Leiter des Sowrjemmenik-Theaters, 1970 unerwartet die Leitung des Künstlertheaters übernahm, machte er sich nicht nur an eine Verjüngung der überalterten Truppe, sondern vor allem auch an eine Aktualisierung des reichlich verstaubten Repertoires. Tatsächlich fand eine Art künstlerische Auferstehung des schon totgesagten «Mchat» statt. Zeitgenössische Theaterstücke um Probleme, die den sowjetischen Zuschauer hier und jetzt angehen, unsentimental und aussagekräftig inszeniert, sind heute zu einer Art Spezialität gerade des Künstlertheaters geworden. Eine derartige, enorm populäre Aufführung war schon «Valentin und Valentina» (von Bühnenautor M. Roschin), ein ungewöhnlich offenes Stück um Jugendsexualität und Generationenkonflikt. Nun dürfte auch die vieldiskutierte «Rückkoppelung», aus dem sowjetspezifischen Genre der Produktionsstücke, wieder langanhaltende Attraktion garantieren.

Wenn in einer «Mchat»-Inszenierung wie den vielgelobten «Stahlarbeitern» noch ein feuerspeiender, naturalistisch dampfender Stahlofen die angegangene Produktionsproblematik in den Hintergrund drängte, so verzichtet der Dramatiker A. Gelman in «Obratnaja Swjas» geradezu spartanisch auf derartige theatralische Effekte. Diesem Autor geht es um ein wahrhaft realistisches und kritisches Bild der sozialistischen Arbeitswelt. Schon «Premia» («Die Prämie»), das erste Stück Gelmans, hatte vor rund zwei Jahren auf Bühne und Leinwand grösste Resonanz gefunden. Am Muster einer Baustelle kamen darin die allbekannten Uebel sowjetischer Produktionsweise in kaum je dagewesenem Ausmass zur Sprache. Mit «Rückkoppelung» dringt der Autor noch tiefer vor, sozusagen an die Wurzeln der misslichen Zustände: hier geht es um die Planung mit all ihren Tücken und, mehr noch, um die Absurdität einer falsch verstandenen Rekordideologie des sogenannten «sozialistischen Wettbewerbes».

Der neuangekommene Parteifunktionär Sakulin entdeckt einen sehr seltsamen Sachverhalt: Beim Bau eines grossen Produktionskomplexes arbeitet zwar die gesamte Belegschaft verbissen auf eine «vorfristige» Planerfüllung hin, die verfrühte Fertigstellung der speziellen Anlagen würde aber, aus komplizierten technischen Gründen, den Bau des restlichen Kombinates nicht nur behindern, sondern geradezu verunmöglichen. Auf seiner obstinaten Suche nach dem Urheber solch unsinniger Planung stösst Sakulin nicht nur auf eine weitgehende Komplizenschaft selbst höchster Partei- und Verwaltungsfunktionäre, sondern auch auf die widersinnig und grotesk anmutenden Zwänge der staatlichen Wirtschaftsmaschinerie, deren Auswüchse in der Sowjetunion freilich jedem Kinde geläufig sind.

Dieser komplexe Inhalt ist zudem durchsetzt mit unzähligen komisch-vertrauten Besonderheiten der sowjetischen Arbeitswelt: da ist etwa die telefonische Gerüchteküche der Sekretärinnen, die unantastbare Funktionärshierarchie mit den stereotypen Verhaltensregeln nach unten und nach oben, da ist die ewig teekochende Mutterfigur jedes Büros, und da ist vor allem die echt sowjetische Spezies der «Tolkatsche» — berufsmässige Anschaffer, ohne deren Schliche und Schwarzmarktkenntnisse kaum ein Betrieb je zu seinen Materialien käme. Den Höhepunkt erreicht die Spannung mit der Ankunft einer Kommission aus Moskau, die schliesslich nach langen Berechnungen trotz Millionenverlust die Weiterführung des unsinnigen Projektes anordnet, weil eine Aenderung des Planes zu diesem späten Zeitpunkt den Staat noch teurer zu stehen käme. Allerdings: Orden und Prämien werden gestrichen, die feierliche Einweihung abgesagt, der Laienchor hat umsonst geprobt...

Eine ausserordentlich flüssige Inszenierung Jefremows verleiht der schwierigen Materie Transparenz und Spannung. Im Schachbrett angeordnete Schreibtische steigen leicht nach hinten an, und mit der Verlagerung des Schauplatzes nach oben oder nach unten wird jeweils die Hierarchie der handelnden Personen verdeutlicht. Hoch über dem Bühnengeschehen entlarven die optimistischen Slogans einer elektronischen Leuchtschrift die Hohlheit ideologischer Phrasen angesichts der tristen Wirklichkeit.

So exotisch dem westlichen Zuschauer die zur Schau gestellte Problematik erscheinen mag — dem sowjetischen Publikum ist sie nur allzu vertraut. Jede Anspielung, jede der unzähligen Abkürzungen, der ganze sozialistische Sprachcode wird mühelos verstanden und mit grösster Spannung verfolgt. Ob die

Szenen aus einem Moskauer Theater.

«Lektion für die Zukunft», wie eine hiesige Tageszeitung die Aufführung nannte, auch im Sowjetalltag zur Anwendung kommt oder ob es sich einmal mehr um sogenanntes «Zuckerbrot für Intellektuelle» handelt, bleibt allerdings fraglich. Ein gewaltiges Echo in der Presse und die ungewöhnlich schnell erfolgte Verfilmung beweisen zumindest obrigkeitliches Interesse.

Anatoli Efros' Inszenierungen

Gänzlich anderes Theater wird auf einer Bühne gespielt, die momentan in Moskau als der Geheimtip schlechthin gilt: Die Bühne an der Malaja Bronnaja (so benannt nach der Gasse neben den Patriarchenteichen, in der sich das Theater befindet). Das Theater an der Malaja Bronnaja war ein völlig unbekanntes und unbedeutendes Kleintheater, bis vor einigen Jahren der begabte Regisseur Anatoli Efros hier seinen Einzug hielt. Auch heute sind es nur seine Inszenierungen — Efros ist nicht Intendant des Theaters —, die von sich reden machen, und es sind allesamt Inszenierungen klassischer Stücke: die «Hochzeit» von Gogol, Shakespeares «Otello» und vor allem ein relativ unbekanntes Stück Turgenjews, «Ein Monat auf dem Lande». Aeusserlich scheint dieses Werk nicht viel mehr als ein Melodrama des 19. Jahrhunderts zu bieten: Eine alternde Gutsherrin verliebt sich in den jungen Hauslehrer, der seinerseits wiederum die Tochter der Gutsherrin liebt und schliesslich den hoffnungslosen Gefühlsverwirrungen mit seiner überstürzten Abreise ein Ende macht. Das bis ins kleinste Detail ausgefeilte Spiel der Malaja-Bronnaja-Darsteller — keine Geste bleibt da dem Zufall überlassen — und die antinaturalistisch wirkenden, sparsamen Mittel (eine stilisierte Gartenlaube dreht sich zu immer gleichen banal-heroischen Mozartklängen) erhellen eine Doppelbödigkeit, wie man sie kaum für möglich gehalten hätte: Hinter dem Kitsch leuchtet Tiefsinn, hinter der tränenreichen Sentimentalität echte Tragik, Leid und Resignation.

Der «Monat auf dem Lande» bringt vor allem zwei Dinge zum Ausdruck: einmal die Faszination, die Lebensstil, Aesthetik und Literatur der vorrevolutionären oberen Gesellschaftsschicht gerade in diesem Lande immer noch ausüben. Nirgends sind ja etwa auch Verfilmungen der Literatur des 19. Jahrhunderts so häufig und vor allem so ungemein populär wie im Lande der Sowjets. Zum anderen jene Mischung von Gefühlsseligkeit und Tiefsinn, von banaler Sentimentalität und echter Menschlichkeit, die dem russischen Menschen, um nicht zu sagen der vielzitierten «russischen Seele», eigen ist und die Efros mit ironischer Distanz auf der Bühne geradezu meisterhaft porträtiert.

Musical um Till Eulenspiegel

Immer wieder machen in Moskau Theateraufführungen von sich reden, die als kolossal modern und avantgardistisch gepriesen werden. So erfreut sich etwa das Spektaktel «Til», vom jungen Regisseur Mark Sacharow im Lenin-Komsomol-Theater inszeniert, schon seit drei Jahren grössten Zustromes und ungebrochener Begeisterung. «Til» ist ein fast vierstündiges, musicalartiges Werk um Geburt, Leben und Tod des Till Eulenspiegel, mit deutlich sozialkritischem Unterton. Das Genre des Musicals ist in der Sowjetunion noch immer umstritten und gilt, mit einem gewissen Recht, als importiert. Um so grösser ist die davon ausgehende Faszination, und niemand aus dem auffallend jungen Publikum des Komsomol-Theaters scheint sich daran zu stossen, dass die Sing- und Tanzszenen in «Til» manchmal etwas allzusehr in lärmiges Spektakel ausarten, dass die wahrhaft dynamischen Sprünge des jungen, schweissüberströmten Till-Darstellers mehr Kraft als Kunst demonstrieren und dass die eindeutig überforderten Lautsprecher die Musik nur noch gebrochen von sich geben.

«Versia» — Hommage an Alexander Blok

Ein ebenso «avantgardistischer» Ruf ging auch der Premiere von «Versia» («Die Version») im Mossowjet-Theater voraus, einer «Phantasie zum Thema Alexander Blok», wie der etwas unverständliche Titel im Programmheft erläutert wird. Der renommierte Dramatiker Alexander Schtein hat aus lyrischen Texten Bloks, aus Selbstzeugnissen und Lebensdaten eine Art Collage gezimmert, wie man sie in Moskau schon vom Taganka-Theater her kennt (über Majakowski etwa) und die unbesehen als ausgesprochen originell und fortschrittlich eingestuft werden.

Neben dem grössten symbolistischen Dichter des sogenannten «silbernen Zeitalters» — damit sind die literarisch äusserst fruchtbaren zwei Dezennien vor der Oktoberrevolution gemeint — treten in «Versia» die wichtigsten Gestalten aus Bloks persönlichem Leben auf, seine Mutter und seine Frau Ljubow, dann aber auch seine Zeitgenossen Andrei Belyi, Wladimir Majakowski und Wsewolod Meyerhold. Das eigentliche Thema des Stückes ist aber Bloks wachsendes Engagement für die bolschewistische Revolution, das seinen dichterischen Höhepunkt im Poem «Die Zwölf» fand. Auf der Bühne treten denn auch «Die Zwölf» in Gestalt von zwölf rotgekleideten jungen Leuten, Gewehr bei Schulter, leitmotivisch durch Bloks ganzes Leben hindurch immer wieder auf, so wie überhaupt die ganze Aufführung vom Pathos eines — im konkreten wie im übertragenen Sinne — rotglühenden Hintergrundes etwas allzusehr übergossen ist.

Dass Alexander Blok (1880—1921) sein dichterisches Werk schon vollendet hatte, als 1918 «Die Zwölf» entstanden, dass er von da an bis zu seinem frühen Tode nichts mehr schrieb, dass ihn neben seiner Krankheit vor allem auch die Enttäuschung über den Lauf der Revolution verstummen liess — von alledem erfährt man in «Versia» wenig. Trotz solchen zensurbedingten Mängeln vermittelt die Aufführung einen bleibenden Eindruck von der hochsensiblen Persönlichkeit Alexander Bloks, der, im Westen wenig bekannt, bis heute in Russland zu den verehrtesten Dichtern dieses Jahrhunderts gehört.

Theatersensation in Moskau

Bulgakows Roman «Meister und Margarita» auf der Taganka-Bühne

Moskaus bisher nicht besonders aufregende Theatersaison ist nun doch noch durch eine echte Sensation bereichert worden: die Premiere von Michail Bulgakows «Meister und Margarita» im Taganka-Theater (1977).

Das Taganka-Theater — Moskaus Avantgardebühne

Das Komödientheater am Tagankaplatz, wie es mit vollem Namen heisst, gilt, seit 1964 Juri Ljubimow dessen Leitung übernommen hat, als das eigentliche Avantgardetheater Moskaus. Mit einer Truppe aus ehemaligen Schülern begann Ljubimow einen Theaterstil zu entwickeln, der in Moskau einzigartig dasteht. Das kleine, bewusst werkstattähnlich ausgestattete Theater hebt sich schon rein äusserlich prägnant vom konventionellen Bühnenrealismus ab, der in der Theaterwelt der Hauptstadt vorherrscht. Ljubimow arbeitet bei seinen experimentierfreudigen Inszenierungen konsequent mit kargen, aber verblüffend beweglichen und vielfältig verwendbaren Requisiten. Gleichzeitig ergänzt und verdichtet er dieses «offene» Bühnensystem durch den gezielten Einsatz musikalischer, tänzerischer oder mimischer Elemente. Charakteristisch für diesen expressiven Regiestil ist ausserdem die Verwendung virtuoser Ton- und Lichteffekte.

Manche seiner Inszenierungen gerieten so zu wahren choreographischen Feuerwerken, etwa seine Dramatisierung von John Reeds Revolutionsreport «Zehn Tage, die die Welt erschütterten» oder das Stück «Majakowski», ein szenisches Potpourri aus den Versen des grossen Dichters der bolschewistischen Avantgarde. Nicht zu Unrecht hat die Kritik gegenüber solchen «Ljubimow-Shows» den Vorwurf erhoben, sie glitten allzusehr in einen manierierten Formalismus ab, der sowohl den ideellen Gehalt als auch die schauspielerische Einzelleistung zu erdrücken drohe.

Noch grösseres Aufsehen als solche formale Experimente erregten aber die mitunter gewagten Vorstösse der Tanganka-Bühne in geistig-politische Tabubereiche. Eine brisante Leistung war in dieser Hinsicht die «Hamlet»-Inszenierung, in der es Ljubimow verstand, diesem klassischen Stück auf subtilste Art und Weise zu einer derartigen Aktualität zu verhelfen, dass Andrang und Begeisterung des Publikums noch nach Jahren anhalten. Auch «Der Tausch», eine dramatisierte Novelle Juri Trifonows, verblüffte und faszinierte die Mokauer durch die ungewohnt offene Darstellung des brennenden Problems der Wohnungsnot und -spekulation.

Bulgakows Roman

Die Inszenierung von «Meister und Margarita» stellt den bisherigen Höhepunkt dieser Entwicklung dar. Der Roman «Der Meister und Margarita» ist das Hauptwerk des 1940 verkannt und verfemt gestorbenen Schriftstellers Michail Bulgakow. Schon in den dreissiger Jahren entstanden, wurde das Werk, nach einer halbherzigen Rehabilitation Bulgakows zur Zeit des Tauwetters, 1965 erstmals in einer Literaturzeitschrift veröffentlicht. Trotz der nun in Ost und West einsetzenden Anerkennung Bulgakows als einer der genialsten russischen Schriftsteller des 20. Jahrhunderts ist in der Sowjetunion eine Ausgabe des satirischen Meisterwerkes bis heute ein Schwarzmarktartikel ersten Ranges geblieben. (Die 1975 erschienene Buchausgabe ist nur gegen Devisen erhältlich.)

Bulgakows Roman ist ein äusserst vielschichtiges Werk, in dem sein Autor mit schöpferischer Phantasie beissende Kritik an den stalinistischen Verhältnissen mit ergreifender Darstellung menschlichen Leidens verflochten hat. Zwei Handlungsebenen sind ineinander verschlungen: Es ist die Geschichte vom Teufel, der mit seinem Gefolge das atheistische Moskau der dreissiger Jahre besucht und dabei auf den Meister trifft, einen Dichter, der aus Verzweiflung über den Misserfolg seines Romanes ins Irrenhaus flüchtet. Diese Handlung wiederum ist durchsetzt mit Szenen aus dem Roman des Meisters über Pontius Pilatus und die Verurteilung und Hinrichtung Jesu. Die Satire trifft stalinistische Praktiken ebenso unerbittlich wie atheistisch-«wissenschafliche» Ueberheblichkeit. Mit ätzendem Spott geisselt Bulgakow die Zustände in den literarischen Kreisen Moskaus, den Dünkel, die Vergnügungssucht und die Feigheit der Literaturpäpste und ihres ganzen Gefolges. Dieser korrupten Realität steht einerseits der schöpferische Mensch in Gestalt des Meisters und anderseits die Jesusgestalt der Parallelgeschichte gegenüber. Geistig jeder weltlichen Macht überlegen und sie schliesslich auch überdauernd, sind gerade diese Figuren die Opfer ihrer trivialen Zeit.

Ljubimows Inszenierung

Juri Ljubimow ist es nun gelungen, seine eigene dramatisierte Version des Romanes über alle Hürden der sowjetischen Zensur zu bringen. In einem Interview erklärte der Regisseur, er habe die Aufführung schon vor drei Jahren geplant. Wie und warum das Stück nach so langer Verzögerung gerade jetzt freigegeben wurde, darüber geistern die lebhaftesten Gerüchte durch die Moskauer Theaterwelt.

Solche Spekulationen geben für die Flüsterpropaganda über das politisch brisante Werk reichlich Nahrung ab. Theaterkarten sind in Moskau eine Rarität, und immer drängen sich Menschen um Theatereingänge, in der meist vergeblichen Hoffnung, doch noch ein Billett zu ergattern. Bei «Meister und Margarita» ist der Ansturm aber nun so kolossal, dass Parteihelfer und Abschrankungen eingesetzt werden müssen, um die glücklichen Eintrittskartenbesitzer unbehelligt durch die Menschenmenge in das kleine Taganka-Theater zu schleusen.

Ljubimows Inszenierung erfüllt die durch solcherlei inoffizielle Propagandamechanismen hochgeschraubten Erwartungen weitgehend. Trotz einigen Straffungen und Vereinfachungen vermag er die Vielfältigkeit der Vorlage kühn und mit wirkungsvollen Akzentuierungen auf die Bühne zu bringen. Seine virtuose

Regiekunst kann sich an diesem komplexen Stoff voll entfalten, wobei der geistige Gehalt des Romans dafür sorgt, dass die Waage zwischen Form und Inhalt stets im Gleichgewicht bleibt. Die sprunghaften Wechsel des Romans von grellstem Komödiantentum der Satansszenen zu abgründiger Stille und Tragik in den Gesprächen zwischen Jesus und Pilatus erweisen sich als äusserst bühnenwirksam. Geradezu genial ist der echt Ljubimowsche Einfall, anstelle eines Theatervorhanges an der Bühnenrampe ein riesiges Pendel schwingen zu lassen. In Ruheposition dient das Pendel als Tisch, Thron, Guckfenster, schwingend wird es zum fahrenden Zug, zur Teufelsschaukel oder zum Hexenbesen — ganz abgesehen von den mannigfaltigen Assoziationen, die ein schwingendes Pendel vermittelt. Während die Leistung und die Disziplin der Truppe als eines Ganzen einmal mehr überzeugen, müssen die schauspielerischen Einzeldarstellungen unterschiedlich bewertet und manchmal als eigentliche Fehlbesetzungen eingeschätzt werden.

Satans Hohngelächter über den Atheismus der sowjetischen Kleinbürger, Macht und Ohnmacht des zerlumpten Jesus vor dem goldumrahmten, von Migräne zerquälten Prokurator des römischen Imperiums, die bewegende Kreuzigung auf Golgatha — das sind Szenen, die in Moskau erstaunen und tief beeindrucken. Die politisch-zeitkritische und die religiös-philosophische Dimension des Werkes wirkt auf das sowjetische Publikum ebenso elektrisierend wie die Auseinandersetzung um die Unfreiheit des schöpferischen Menschen im Zensurstaat. Die Ovation am Ende der vierstündigen Aufführung gilt denn auch nicht in erster Linie den Schauspielern oder der Regie, sondern dem grossen Schriftsteller Michail Bulgakow. In einer bewegenden Geste tritt das Ensemble beim Schlussapplaus demonstrativ hinter überlebensgrossen Photoporträts des so lange Zeit totgeschwiegenen Dichters zurück.

Jiddisch auf sowjetischen Bühnen

Neue Lebenszeichen jüdischer Kultur

Jiddisch auf einer Moskauer Bühne — das Gastspiel eines bisher kaum bekannten «Jüdischen Dramatischen Ensembles» ist nun das aktuellste der in den vergangenen Wochen (1978) vieldiskutierten Lebenszeichen jüdischer Kultur in der Sowjetunion. Schon die Anfang November verbreitete Nachricht von der Premiere eines neugegründeten Jüdischen Musiktheaters hatte in Theaterkreisen einiges Aufsehen erregt — obwohl diese Premiere rund 8000 Kilometer östlich von Moskau, in Birobidschan, der Hauptstadt des jenseits des Amurs gelegenen «jüdischen autonomen Gebietes», stattfand und bisher weder Moskauer noch Ausländer die Aufführung mit eigenen Augen gesehen haben. Eröffnet worden war das «jüdische Thema» aber zunächst in der Literatur mit dem in diesem Herbst erschienenen Roman «Schwerer Sand» von Anatoli Ribakow, der in bisher nie dagewesener Weise die Geschichte einer jüdischen Familie von der Revolution bis zu Hitlers Invasion schildert.

Gebrochenes Verhältnis

Das Aufsehen, das diese Ereignisse in Moskau erregen, ist bezeichnend für das gebrochene Verhältnis der Sowjetunion zum jüdischen Teil ihrer Bevölkerung. Für die jüdische Sprache und Kultur gilt, wie auch für die anderen 130 Nationalitäten der Sowjetunion, nach wie vor die Leninsche Forderung «National in der Form, sowjetisch im Inhalt», was zwar nicht gerade einer Förderung echter Eigenständigkeit gleichkommt, aber auch nicht reine Unterdrückung bedeutet. Doch die systematische Ausrottung der Juden unter der deutschen Besetzung, jahrzehntelange offene und mehr noch verdeckte Religionsunterdrückung, fortschreitende Assimilation und vor allem auch die seit den frühen siebziger Jahren anhaltende, massive Auswanderung der sowjetischen Juden nach Israel haben eine eigenständige jüdische Kultur in der Sowjetunion heute beinahe ausgetrocknet. Von Tausenden von Synagogen existieren noch knapp vierzig: weder Hebräisch noch Jiddisch wird an sowjetischen Schulen gelehrt. Auch das 1934 von Stalin gegründete «jüdische autonome Gebiet» erfüllt seine Alibifunktion mehr schlecht als recht: trotz jiddisch angeschriebenen Strassennamen und einer jiddischen Tageszeitung («Der Birobidschaner Schtern», Auflage 10 000) sind auch dort nur noch 8 Prozent der Bevölkerung Juden (sie machen damit 0,5 Prozent der rund zwei Millionen Sowjetjuden aus).

Von einer offenen Diskriminierung der Juden zu reden wäre aber stark übertrieben, um so mehr als der jüdische Anteil an der akademischen Elite des Landes aussergewöhnlich hoch ist. Aus dem Kulturleben, gerade auch aus dem sowjetischen Theater, sind unzählige Schauspieler, Regisseure, Schriftsteller und Künstler jüdischer Abstammung nicht wegzudenken. Gerade diese jüdische Uebervertretung ist es, die einem latenten Antisemitismus Vorschub leistet, einer Erscheinung, die hier wie in vielen anderen Ländern existiert und eine lange Tradition hat. In dieser Hinsicht nun hat sich in den letzten Jahren offenbar eine zumindest punktuelle Zuspitzung der Diskriminierung abgezeichnet: gewisse Eliteberufe und -ausbildungsstätten sollen heute für Juden immer schwerer zugänglich sein. Dies hat wohl weniger mit der militanten Anti-Israel-Politik der Regierung zu tun als mit dem neuerlichen Aufkommen einer chauvinistisch-russophilen Strömung und ihrer, oft antisemitisch eingestellten, Repräsentanten. Vor diesem aktuellen Hintergrund wird das lebhafte Interesse an den überraschenden Aeusserungen jüdischer Kultur erst verständlich.

Tradition jüdischen Theaters

Jüdisches Theater hat in Russland eine besondere Tradition und Geschichte. Trotz zaristischen Verboten und Schikanen rühmte es sich bedeutender Schauspielkunst und nicht zuletzt auch des jiddischen Klassikers aus der Ukraine: Scholem Aleichem. Die vielfältige, aber sehr wechselnde Theaterlandschaft von Odessa, Wilnius, Petersburg und Moskau wurde von der Oktoberrevolution in alle Winde zerstreut, bis in den theaterbesessenen zwanziger Jahren in Moskau gleich zwei renommierte jüdische Bühnen entstanden: Die «Habima», eine hebräisch spielende Truppe, die nach grossen Erfolgen in Europa nach Israel abwanderte, und das Staatliche Moskauer Jüdische Theater, «GOSET» genannt, auf dessen Bühne jiddisch gesprochen wurde. Lange Jahre wurde im «GOSET» Theater von höchster Qualität geboten — das Repertoire umfasste keineswegs nur jiddische Stücke —, und noch heute erinnern sich ältere Moskauer mit Wehmut seines grossen Hauptdarstellers und Direktors Salomon Michoels. Als Michoels 1948 einem nie geklärten Mord zum Opfer fiel, erwies sich dieses Verbrechen im nachhinein als eigentlicher Auftakt zu Stalins paranoid-antisemitischer Kampagne gegen die sogenannten «Kosmopoliten»: Das Jüdische Theater wurde im gleichen Jahr geschlossen, seine Mitglieder zusammen mit der geistigen Elite des Judentums in sibirische Lager verschickt, jüdische Buchverlage und Zeitungen verschwanden über Nacht.

Seither ist es in der Sowjetunion still geworden um jüdische Theaterkunst. Während in Warschau und Bukarest gerade in den Nachkriegsjahren die hochstehenden professionellen jüdischen Staatstheater gegründet wurden, die auch oft im Westen gastierten, gibt es in der Sowjetunion mit einer zahlenmässig weitaus grösseren jiddischsprechenden Bevölkerung (bei der Volkszählung von 1969 gaben rund eine Million sowjetischer Juden an, jiddisch zu sprechen) bis heute nur kleine provinzielle Liebhabertruppen. Solche folkloristische Laienensembles, aus Wilnius oder Birobidschan etwa, werden zwar von offizieller Seite als Beweis für die Existenz jüdischer Kultur viel zitiert, man hat sie aber ausserhalb der Grenzen der Sowjetunion wohlweislich nie zu sehen bekommen. Mit der grossen Tradition des «GOSET» haben sie nichts mehr gemein.

Jüdisches Dramatisches Ensemble

Um eine solche halbprofessionelle Truppe handelt es sich auch bei dem momentan gastierenden «Jüdischen Dramatischen Ensemble». Diese Theatergruppe ist zwar in Moskau seit einigen Jahren nicht mehr aufgetreten — und hat deshalb auch einen entsprechenden Zulauf —, existiert aber schon seit

Zeremonie in der Moskauer Synagoge.

15 Jahren (ehemals unter der Leitung des kürzlich verstorbenen Wenjamin Schwarzer). Interessanter als die gutgemeinte, mit bescheidenen Mitteln Fröhlichkeit verbreitende Darbietung des «Behexten Schneiders» von Scholem Aleichem ist das Publikum: im Gegensatz zur üblichen Moskauer Theater-Schickeria ist hier ein sonntäglich gekleidetes Bürgertum mit unübersehbar jüdischem Einschlag versammelt. Und obwohl man in der Pause nur russisch sprechen hört, wird jede jiddische Pointe auf der Bühne mit dankbarem Gelächter beantwortet, und mit häufigem Klatschen, Bis-Rufen und Mitsingen gibt man seiner Begeisterung Ausdruck. Wenn auch das grosse jüdische Theater der Vergangenheit angehört — sein Publikum lebt.

Jüdisches Kammermusik-Theater

Erstaunlicher als dieses Gastspiel war die Nachricht von der staatlich geförderten Neugründung eines professionellen «Jüdischen Kammer-Musik-Theaters» (KEMT) mit Sitz in Birobidschan. Noch 1972 hatte Kulturministerin Furzewa befunden, in der Sowjetunion bestünde kein Bedarf für ein jüdisches Staatstheater — die überraschende Gründung eines solchen wurde denn auch allerseits mit gebührender Skepsis aufgenommen. Als dann in diesem Sommer noch bekannt wurde, dass ausgerechnet Ilja Glasunow, hochoffizieller Starkünstler und Nationalchauvinist mit erklärt antisemitischen Ansichten, dem Jüdischen Theater die Bühnendekoration lieferte, schienen die missgünstigen Gerüchte vollends bestätigt: Hier wurde ein Aushängeschild für den Westen fabriziert, eine gut inszenierte Show sollte aller Welt beweisen, wie gut es in der Sowjetunion um jüdisches Kulturgut bestellt sei. Im Lande selber, meinten solche Skeptiker, würde man dieses «Beriozka-Theater» — so benannt nach den Valuta-Spezialläden für westliche Touristen — kaum zu sehen bekommen.

Die Premiere ausgerechnet in dem für Ausländer gesperrten Birobidschan hat vorläufig solche Spekulationen nicht bestätigt. Auch Juri Scherling, 34jähriger Initiant und Leiter des etwa 50 Schauspieler umfassenden Ensembles, wehrt sich gegen derartige Unterstellungen. Mit grösster Mühe hat das Unternehmen für den Fernen Osten einigermassen qualifizierte Kräfte gefunden — nicht alle sind Juden — und ein Jahr lang mit Geldnot und administrativen Hindernissen gekämpft. Geprobt wurde in einem alten Klubgebäude am Stadtrand von Moskau. Regisseur und Schauspieler mussten Jiddisch erst lernen, das bezeichnenderweise kaum jemand aus der Truppe sprach. Nun kündet das Programmheft — einige Exemplare haben immerhin den Weg nach Moskau gefunden — in Russisch und Jiddisch (das hiezulande mit hebräischen Buchstaben geschrieben wird) eine «Mysterien-Oper» an: «Ein schwarzes Zaumzeug für eine weisse Stute», komponiert und inszeniert von Juri Scherling. Eine Tournee durch die Sowjetunion und ein Gastspiel in Moskau seien von höherer Stelle zumindest versprochen, heisst es.

Weder das reine Propagandatheater noch die von Scherling angekündigte «Renaissance der jüdischen Kultur» hat also bis jetzt stattgefunden. Dass sich eine Wiederbelebung jüdischen Theaters auf Initiative der Partei und der lokalen Organisationen des «jüdischen autonomen Gebietes» — so die Agentur Tass — auch im fernen Birobidschan nur innerhalb des gewohnten ideologischen Rahmens abspielen kann, dürfte allerdings zum vorneherein klar sein.

Roman einer jüdischen Familie

Verglichen mit solch kurzlebigen Theaterneuheiten, wird das Erscheinen des Romans «Schwerer Sand» («Tischolij Pisok») in breiten Kreisen als echter Durchbruch gewertet, als ein erstes Stück Wahrheit über die von vielen offiziellen Tabus beherrschte Geschichte der Juden in der Sowjetunion. Ausgerechnet die konservative Literaturzeitschrift «Oktjabr» brachte, offensichtlich zur Verbesserung von Image und Absatz, den Roman in drei Fortsetzungen heraus. Die Nummern werden momentan auf dem Schwarzmarkt gehandelt, und in den Bibliotheken trägt man sich für sie in lange Wartelisten ein. Anatoli Ribakow, vor allem als Jugendbuchautor sehr bekannt, ist selbst jüdischer Herkunft, bezeichnet sich aber als völlig russifiziert. Sein Roman beruht auf Erlebnissen seiner Verwandten in der Ukraine.

«Schwerer Sand» erzählt die Geschichte einer jüdischen Grossfamilie von Schuhmachern und ehrbaren Handwerkern in einer ukrainischen Kleinstadt. Zeitspanne 1910 bis 1942. Die zentralen Gestalten — die kraftvolle Schönheit Rachil und ihr in Basel aufgewachsener gutherziger Ehemann Jakob — durchleben mit ihren unzähligen Kindern und Verwandten Revolution, NEP, Hungerjahre und Stalin-Prozesse, bis sie die deutsche Invasion ereilt. Im gleichen humorvoll-warmen Jargon wie bisher erzählt der Sohn Boris als Ich-Erzähler von den unvorstellbaren Schrecken, die den Juden in den Nazi-Ghettos widerfuhren (da wird etwa der achtjährige Enkel Rachils von SS-Schergen öffentlich mit der Axt gespalten). In letzter Minute vor der «Endlösung» (hier Massenerschiessung) wagt das Ghetto den unter Lebensgefahr vorbereiteten, heroischen und natürlich völlig aussichtslosen Aufstand. Von den 8000 Juden des Ghettos überleben schliesslich eine Handvoll, die Familie Rachils ist sozusagen ausgerottet.

Die dem westlichen Leser nicht ohne weiteres verständliche Sensation der dramatischen Erzählung besteht darin, dass Opfer und Helden Juden sind. Nach offizieller sowjetischer Geschichtsschreibung sind nämlich vor allem Russen die Leidtragenden des «Vaterländischen Krieges». Selbst die Nennung einer so geläufigen Zahl wie die der sechs Millionen jüdischer Opfer des Zweiten Weltkrieges gilt als unerhört, weil sie bisher kaum je erwähnt wurde. Doch nicht nur als todesverachtende Helden werden hier die Juden gezeigt, sondern vor allem auch als rechtschaffene, fleissige, von allen geachtete Sowjetbürger. Mit diesem menschlich-heroischen Judenbild widerlegt «Schwerer Sand» das verbreitete antisemitische Vorurteil von den Juden als Lumpenproletariat, die sich an der Verteidigung des Vaterlandes kaum beteiligten, vielmehr sich widerstandslos in die Massengräber stossen liessen. Und wenn der überlebende Sohn die Stelle der Vernichtung von Tausenden von Menschen in seiner Heimatstadt nur mit Mühe wiederfindet, wird damit deutlich auf eine sowjetoffizielle «Gedächtnislücke» hingewiesen: Tatsächlich hat die Sowjetunion die Orte jüdischen Leidens und jüdischer Vernichtung keineswegs zu Mahnmalen des Zweiten Weltkrieges erhoben (die es ja ansonsten in diesem Lande buchstäblich in jedem Dorf gibt), sondern, wenn überhaupt, nur sehr bescheiden und erst auf vielerlei Druck hin gekennzeichnet.

Dass der spannende Roman auch einiges verschweigt — vor allem verschweigt er jeglichen Antisemitismus von sowjetischer Seite — und dass er bei der Schilderung der Nazi-Schergen total ins gängige Sowjetklischee vom bestialischen Deutschen verfällt, sei als Schwäche des Werkes immerhin noch angemerkt.

Neue jüdische Kulturpräsenz

Natürlich zirkulieren bereits viele Interpretationen für die plötzlich so gehäuft aufgetauchten, offensichtlich von oben genehmigten Zeichen jüdischer Kulturpräsenz. Die Deutungen reichen von der reinen Propagandaaktion an die Adresse des Westens bis zum Ablenkungsmanöver von verstärkt antisemitischen Massnahmen. Ein Alibicharakter haftet den zensursprengenden Ereignissen auf alle Fälle an, und an eine echte Rehabilitation und Renaissance des Judentums glaubt kaum jemand, am allerwenigsten die Juden selber. Zu viele Vorurteile sind zu lange von Tabus und Informationsmangel genährt worden. Die Ereignisse — sogar vor einem jüdischen Kochbuch wird neuestens noch gemunkelt — beweisen einmal mehr die ungeheure Sensibilität, die auf allen Seiten in der offiziell nie berührten «jüdischen Frage» herrscht.

Literarische Nostalgiewelle in den Moskauer Kinos

Auffallend häufig prangten während der letzten Monate (1978) die Namen russischer Klassiker auf Moskauer Kinoplakaten: Gogol, Tolstoi, Turgenjew und vor allem immer wieder Anton Tschechow. Literaturverfilmungen bilden den grossen Hauptharst unter den sowjetischen Kinoneuheiten dieses Herbstes — ganz offensichtlich ist dieses Genre zurzeit wieder einmal en vogue.

Verfilmungen von klassischer Literatur nahmen im sowjetischen Filmschaffen von allem Anfang an einen wichtigen Platz ein: Der erste allgemein als «sowjetisch» bezeichnete Stummfilm, 1917 entstanden, war eine Adaption von Leo Tolstois «Vater Sergius». Seither gibt es wohl von Puschkin bis Scholochow wenige — russische oder sowjetische — Klassiker, deren Werke nicht verfilmt worden wären, oft in mehreren Versionen. Mehrteilige Verfilmungen russischer Literatur-Epen, etwa des «Leidenweges» von Alexei Tolstoi oder der autobiographischen Trilogie von Maxim Gorki, ganz abgesehen natürlich von den auch im Westen bekannten monumentalen Tolstoi-Filmen («Krieg und Frieden», «Anna Karenina») gehören hier ebenso zum gängigen Repertoire jedes Kinogängers, Mittelschülers und Fernsehkonsumenten wie etwa auch die Filmminiatur der Tschechowschen «Dame mit dem Hündchen». Die intensive Literaturverbundenheit der Russen einerseits — die dem Literaturfilm bis heute ein stabiles Publikum von vornherein garantiert — und die relative Unabhängigkeit klassischer Stoffe von politisch-ideologischem Zensurdruck anderseits sind die naheliegenden Erklärungen für die Konstanz dieser spezifisch sowjetischen Kinovorliebe.

Mit dem «Adelsnest» nach Turgenjew (1969), einem der ersten Filme des damals als Erneuerer gefeierten Andron Michalkow-Kontschalowski, heute eine etablierte sowjetische Filmgrösse, begann sich eine neue Tendenz in diesem Genre abzuzeichnen: Die visuelle Opulenz, das kinematographische Schwelgen in der Aesthetik der Vergangenheit, drängte sich in den Vordergrund. Und auch in den neuesten, geniesserisch-prunkvoll ausgestatteten Breitleinwand-Streifen gilt die Liebe offensichtlich nicht so sehr den inneren Aussagen eines ehrwürdigen Dichters als den schönen Aeusserlichkeiten, den Kostümen, Dekors und Details einer versunkenen Gesellschaft, meist vor dem ebenso schwelgerisch verklärten Hintergrund einer unverdorbenen Natur. Was dem Westen die goldenen zwanziger Jahre, der dräuende Vorkriegsfaschismus oder neuerdings die rockbesessenen «Fifties», ist der Sowjetunion immer die gleiche, längst vergangene Epoche des zaristischen 19. Jahrhunderts geworden: eine Zeit nämlich, der sich Nostalgiegefühle, gepaart mit Gegenwartsüberdruss, zuwenden, die — im Kino zumindest — zum Tummelplatz für die Lust am Schönen und für ästhetische Kameraexperimente wird. Wo jede filmische Darstellung der neueren Geschichte und Gegenwart noch immer vom Optimismus- und Heldengebot des sozialistischen Realismus beherrscht wird, muss die Vorliebe für das individualistische 19. Jahrhundert ja geradezu provoziert werden. Denn nur in der düsteren vorrevolutionären Vergangenheit dürfen Dekadenz und Untergangsstimmung, die Darstellung von Sinnlosigkeit, Müssiggang und Laster, Zweifel und Verzweiflung, und was der «negativen» Elemente mehr sind, ohne die übliche moralische Verbrämung als zentrale Thematik eines Œuvre bestehen.

Aus dieser Situation heraus wird die geradezu magnetische Anziehungskraft der russischen Klassiker auf sowjetische Filmschaffende verständlich. Als besondere Ironie dieser sowjetischen Spielart der Nostalgiewelle muss dabei erscheinen, dass ausgerechnet im Lande der siegreichen proletarischen Revolution jene «gute alte Zeit» mit Zar, Kirche und dekadentem Adel noch immer eine Faszination ausübt wie kaum anderswo.

Allerdings ist die Qualität der «Literatur auf der Leinwand», zumindest was das momentane Angebot betrifft, sehr unterschiedlich. So scheint etwa bei den Neuverfilmungen von Gogols Meisterkomödien «Die Hochzeit» und «Der Revisor» der klassische Text einzig noch als billiges und risikofreies, Erfolg garantierendes Drehbuch gewählt worden zu sein. Dass sich Gogol auf der Leinwand mehr Kostüm- und Kulissenklamauk gefallen lassen muss als auf jeder Bühne, kann man zur Not noch einer gewissen Visualisierungsfreude anlasten. Doch auch die sowjetische Kritik erboste die Metamorphose, die die beiden Komödien dabei durchmachen mussten: Während nämlich die humoristische «Hochzeit» um jede Lustigkeit gebracht wird, verliert sich der — immerhin auch sozialkritische — «Revisor» nur noch in oberflächlicher Situationskomik, die sich zudem ziemlich zähflüssig von Gag zu Gag schleppt.

Ebenso muss man den neuen Tolstoi-Film «Vater Sergius», zum diesjährigen 150. Geburtstag des Dichters vom berühmten Regisseur Igor Talankin mit viel Pomp herausgebracht, zu den filmischen Katastrophen zählen. Die Erzählung vom zaristischen Offizier, der, aus einer Liebesenttäuschung zum Mönch geworden, selbst als wundertätiger Einsiedler keinen Frieden vor der fleischlichen Versuchung findet, gleitet schon bei Tolstoi stellenweise ins platte Moralisieren ab. Die Filmfassung zerdehnt sie vollends zum unerträglichen Melodrama, in dem sich die russisch-weite Landschaft und das zerquälte Mönchsgesicht in Grossaufnahme gegenseitig den Tiefsinn streitig machen.

Im monumentalsten unter den neuen Literaturfilmen, «Die Steppe» nach Anton Tschechow, führt Altmeister Sergei Bondartschuk Regie — und wird von der Sowjetkritik mit Dauerlorbeeren bedacht. Wie zu erwarten war, bietet «Die Steppe» keinerlei Originalität — inhaltlich folgt sie der Tschechowschen Novelle getreu bis ins Detail, formal der konventionellen Cinerama-Kunst —, doch sie bietet viel solide Schönheit. In grossartigen, behäbig-langsamen Bildern wird die Geschichte des Knaben Jegor erzählt, der, zum «Lernen» bestimmt, in der Obhut seines Onkels und eines alten Popen durch die südrussische Steppe reist. Schnitter in wogenden Kornfeldern, träge Flüsse und Kirchengeläute, Gruselgeschichten am Lagerfeuer der zerlumpten Wagentreiber und, nicht zuletzt, knietiefer Morast um windschiefe Katen — die Nostalgie gilt hier dem ewigen «Mütterchen Russland». Immerhin gelingt dem Film, was auch Tschechows spannungsarmer Erzählung eigen ist: den Zuschauer derart in den Bann des zeitlosen Geschehens zu schlagen, dass er, sozusagen auf dem Karren mitholpernd, nach einer Handlung zu fragen vergisst.

Auch der Film «Ein Jagdunfall» des moldauischen Regisseurs Emil Lotianu — diesjähriger sowjetischer Beitrag in Cannes — basiert auf einer Erzählung von Tschechow. Einmal mehr gibt das Milieu des müssigen Landadels der Jahrhundertwende den dekorativen Hintergrund für eine verworrene Liebesgeschichte, die nach vielen Verwicklungen mit einem Eifersuchtsmord endet, dem ominösen Jagdunfall. Wichtiger als alle komplexen Geschehnisse ist aber die Manier, in der sie erzählt wird: gesucht schöne Aufnahmen, Zeitlupeneffekte, künstliche Nebelschwaden und Zigeunerchöre in den düsteren Hallen des gräflichen Märchenschlosses beschwören Untergangstimmung, die zwar — wenn etwa graue Schwäne über grau bemoste Teiche gleiten — von Ferne an Viscontis Aesthetik der Dekadenz erinnert, letztlich aber immer im kunstgewerblichen Zuckerguss steckenbleibt.

Filme wie den «Jagdunfall» gibt es noch viele in dieser Zeit der Literaturnostalgie im Kino; die neuen Turgenjew-Adaptionen «Rudin» und «Assja» seien in diesem Zusammenhang zumindest noch erwähnt. Wenn die opulenten Werke für westliche Augen oft zu langatmig, zu sentimental und zu gewolltbedeutungsschwer wirken, so darf man dabei die russische Vorliebe für epische Ausmasse und für handfeste Gefühle nicht ganz ausser acht lassen. Der eigentliche Mangel liegt eher darin, dass hier die schönen Aeusserlichkeiten der literarischen Vorlage zum alleinigen Gehalt erhoben werden — dafür allerdings reicht weder Originalität noch Perfektion dieser Kinokunst aus. Resultat ist das «Mütterchen Russland» aus dem Bilderbuch, eine Augenweide aus gewaltiger Natur, pompösen Kirchenzeremonien und exquisit gekleideten kapriziösen Adeligen, die doch steril wirkt — nicht zuletzt, weil sie ohne jede relevante Aussage für die Gegenwart bleibt. Hinter dem literarischen Anspruch mit intellektueller Verbrämung findet sich letztlich das gut sowjetische, eindimensionale Unterhaltungskino wieder.

Die sowjetischen Verwandten der Mickey Mouse

Die Figurenwelt sowjetischer Trickfilme für Kinder

Ein kleines braunes Pelztier mit dem klingenden Namen «Tscheburaschka» ist in der Sowjetunion jedem Kind ein Begriff. Während Riesenohren und Kulleraugen «Tscheburaschka» äusserlich irgendwo zwischen einem Teddybären und einer Feldmaus ansiedeln, gehören seine Seele und sein Piepsstimmchen eher einem fünfjährigen Kind. Durch die Anzeige «Junges Krokodil sucht Freunde» hat das von Natur aus schüchterne Tierchen einen unzertrennlichen Freund gefunden, das handharmonikaspielende Krokodil «Genna» nämlich, und zusammen gehören die beiden Freunde seitdem zu den populärsten Gestalten des sowjetischen Trickfilms.

Keine Vermarktung der Popularität

Seit vor rund zehn Jahren der erste «Tscheburaschka»-Film herauskam, hat das Fabeltierchen einen wahren Siegeszug angetreten: In Plüsch und Plastic sitzt es in den Spielwarenläden, blickt von Schokoladeeinwickelpapier, Bonbonschachteln und aus Bilderbüchern, prangt auf Kindercrèmetuben, Anstecknadeln und Kopftüchern. Selbst im Zirkus tritt «Tscheburaschka» auf, und Fan-Clubs schossen wie Pilze aus dem Boden. Eine sozialistische Mickey Mouse also?

So sehr sich der Vergleich auf den ersten Blick aufdrängt, sowenig lässt er sich halten. Denn es hat bis heute nur drei «Tscheburaschka»-Filme gegeben, jeder etwa 20 Minuten lang. Der wesentliche Unterschied zur westlichen kommerziellen Trickfilmproduktion liegt damit bereits auf der Hand: Keine noch so grosse potentielle Nachfrage von seiten des Publikums, und damit auch kein grosser finanzieller Gewinn, kann die an staatliche Filmstudios gebundenen Künstler animieren oder zwingen, ihre einmal erschaffenen Figuren in endlosen Serien fortzusetzen und kommerziell bis zum letzten auszuschlachten. Da natürlich auch kein Lizenzwesen zur Weiterbenutzung und -vermarktung einmaliger Schöpfungen existiert, ist eine in sich geschlossene und sich ständig perpetuierende Trickfilmwelt von den Aussmassen etwa eines Disney-Imperiums schon von den äusserlichen Voraussetzungen her ausgeschlossen. Zudem fehlt in der Sowjetunion die ergänzende Industrie der Comic-Hefte völlig. In Kinderzeitschriften mögen zwar einzelne Trickfilmhelden gelegentlich in Erscheinung treten, doch Sprechblasen-Fortsetzungsgeschichten sind hierzulande absolut unbekannt.

Bunte Welt der Helden

Um so beliebter sind bei den sowjetischen Kindern die «Multfilme», wie die Trickfilme auf russisch heissen (von «multiplikazionnie filmi»), und die bunte

Sowjetische Trickfilmfiguren:
«Das Igelchen im Nebel», «Tscheburaschka», Krokodil «Gena»
(von links nach rechts)

und heterogene Welt ihrer Helden ist ihnen in allen Einzelheiten vertraut. Einmal abgesehen von der auf der Hand liegenden Rentabilität, ist es der ungeheuren Popularität einzelner Helden zuzuschreiben, dass in den letzten Jahren zum erstenmal Filme in Serien produziert werden. So kann man nun etwa das «Kätzchen Wau» (Katjonok po imeni gaf) auf immer neuen Entdekkungsreisen sehen — mit seinem blossen Namen bringt es begreiflicherweise jeden Hund zur Verzweiflung. Auch die Urwaldtiere Aeffchen, Schlange, Papagei und Elefäntchen mit ihren bohrenden Analysen tiefsinniger Lebensfragen kennt jedes Kind; erschienen sind bisher drei Filme, geplant sind sechs.

Doch die unbestritten beliebteste Serie ist zurzeit «Warte nur» (Nu pagadi), von der bereits zwölf Folgen erschienen sind. In den «Warte nur»-Episoden versucht ein grosser Wolf in immer neuen Anläufen und immer vergeblich ein unschuldiges Häschen zu erwischen. Die Jagd spielt sich dabei an ständig neuen Schauplätzen ab, unter der Erde, in der Luft, auf einem Schiff usw. Was Thematik, Zeichen- und Animationsstil anbetrifft, sind Wolf und Hase eine offensichtliche Kopie von Disneys grossem bösem Wolf; die Serie stellt in dieser Hinsicht eine Ausnahme unter den sowjetischen Multfilmen dar.

Breite Nachfrage

Multfilme werden vor allem in eigenen kleinen Kinosälen gezeigt, in Moskau gibt es deren etwa zehn. Die Vorführungen beginnen schon um 10 Uhr vormittags, und im Verlaufe eines Tages werden verschiedene Programme gezeigt. Jede Woche wechselt das Gesamtprogramm des Kinos. Die Vorführungen sind immer gut besucht, und neben dem typischen Grossvater mit Enkelkind, der sozusagen das Stammpublikum der Multfilme ausmacht, trifft man in den engen Stuhlreihen dieser Kinos jede Altersgruppe an. Wenn man sich noch die unzähligen Vorführungen von Multfilmen in den Jugendklubs und auf Kinderveranstaltungen, in Schulen und Lagern vor Augen hält, kann man sich einen Begriff machen von der breiten Nachfrage, die im Riesenreich Sowjetunion nach dieser Art von Unterhaltung besteht. Allein in den Moskauer Kinoverleih kommen monatlich rund hundert neue Trickfilme.

Dieser Nachfrage vermögen die staatlichen Trickfilmstudios der Sowjetunion allein nicht nachzukommen; der grösste Teil des Bedarfs wird mit Importfilmen aus den Ostblockländern gedeckt. Polen und die Tschechoslowakei mit ihrer traditionsreichen und anspruchsvollen Trickfilmproduktion stehen da an erster Stelle. Westliche Trickfilme werden aus finanziellen Gründen kaum importiert, nur auf Fernsehebene gibt es einige wenige Austauschprogramme. In der Sowjetunion ist der Riese «Sojusmultfilm» zwar nicht der einzige Produzent — in verschiedenen Republiken gibt es nationale Studios —, aber bei weitem der grösste. Mit 500 Beschäftigten kann sich «Sojusmultfilm» zwar rühmen, das grösste Trickfilmstudio Europas zu sein, produziert werden aber, neben einer verschwindenden Anzahl Werbestreifen, nur etwa dreissig kurze Trickfilme im Jahr. Diesem quantitativ geringen Ertrag stehe ein um so höheres künstlerisches Niveau gegenüber, erklärt der Direktor des Riesenunternehmens; für einen Zehnminutenfilm rechne man hier mit mindestens sechs Monaten Produktionszeit, während man im Westen in derselben Zeit zwei oder drei Filme herstelle. Bürokratische Umständlichkeit dürfte aber in dieser Aufwand- und Ertragsrechnung zumindest auch eine Rolle spielen.

Zeigefingermoral

Die ersten Animationsfilme der Sowjetunion waren politische Agitationsfilme der Jahre nach der Oktoberrevolution. Erst verhältnismässig spät, 1927, erschien dann auch ein erster Kindertrickfilm. Im Gegensatz zu den westlichen Ländern erkannte und nutzte man also die grossen propagandistischen Möglichkeiten dieses Genres lange vor seinen Unterhaltungsmöglichkeiten. 1936 wurde im Zuge Stalinscher Kulturvereinheitlichung «Sojusmultfilm» gegründet; seither sind Kinder das erklärte Zielpublikum der sowjetischen Multfilme.

So bunt sich äusserlich die Welt all der vielen Entchen, Hündchen, Schneeflockenkinder, Pioniere, Schulmädchen und Lausbuben präsentiert — der gemeinsame erzieherische Hintergrund wird denn auch sehr bald spürbar. Wenn man — auf inoffiziellen Wegen natürlich — erfährt, wie viele Kontroll- und Zensurstellen sowohl Drehbuch als auch fertiger Multfilm zu passieren haben, kann eine verhaltene Konformität nicht erstaunen. Auffallend ist da etwa die konventionelle, leicht verständliche Darstellungsweise, ein Hang zu Verniedlichung in optischer und inhaltlicher Hinsicht und eine oft hausbakkene Zeigefingermoral und Pfadfinderromantik. Die unfolgsamen Kinder (und Tierkinder), die, bestraft durch unliebsame Folgen ihrer Streiche, zu reuiger Einsicht gelangen, die Pioniere, die mit guten Taten die Welt beglücken, der Polizist als Freund und Helfer sind nur einige von vielen Elementen einer heilen Welt, die für sehr kleine Kinder gerechtfertigt sein mag, für Jugendliche und Erwachsene aber wenig Interessantes zu bieten hat.

Etwa die Hälfte der sowjetischen Multfilme — unter anderen die «Tscheburaschka»-Serie — sind Puppenfilme (im Gegensatz zum gezeichneten Trickfilm). Auch dieser Umstand mag zum kindlich-naiven Gesamteindruck beitragen, da Puppen doch im ganzen naturalistischer und weniger verfremdend wirken als die an keine Gesetze gebundene Zeichnung.

Meisterschaft und Hausbackenes

So positiv sich eine solche Kinderwelt im Gegensatz zur oft aggressiven und konsumorientierten Comic-Industrie des Westens ausnimmt, so läuft sie doch manchmal Gefahr, ins allzu Hausbacken-Triviale abzugleiten. Und ohne nun etwa einen sowjetischen «Spiderman» oder den geldbesessenen Dagobert Duck zu vermissen, möchte man sich manchmal etwas mehr Spannung, Ironie und Doppelsinn in die hiesigen Trickfilme wünschen. Gerade die immense Popularität von Wolf und Hase bei Kindern und Erwachsenen beruht wohl darauf, dass diese Geschichten «nur» auf spannende Unterhaltung angelegt sind, ohne erzieherische Nebentöne.

Anderseits kann das von kommerziellem Druck befreite Schaffen wirkliche künstlerische Spitzenleistungen des Animationsfilms hervorbringen. Auch international bekannt sind etwa die Zeichentrickfilme des Altmeisters Fjodor Chitruk, die sich mit ihrer gesellschaftskritischen Ironie allerdings mehr an Erwachsene wenden («Die Ferien des Löwen», «Die Insel» u. a.). Aber auch im Kindertrickfilm gibt es wahre Perlen, wie etwa der Film «Der Igel im Nebel» (Joschik w tumanje). Mit schlichtesten Mitteln erreicht der junge Regisseur Juri Narschtein eine unvergessliche Poesie in der Geschichte vom Igelchen, das sich auf dem Weg zum Bären im Nebel verirrt. Allerlei Geräusche und Erscheinungen versetzen es in Angst und Faszination zugleich, und auch als es endlich beim Bären geborgen bei Tee und Kuchen sitzt, hängt es noch lange seinen Erlebnissen nach.

«Tscheburaschka» hat da andere Sorgen: Zusammen mit dem Krokodil Genna verbringt es unverdrossen gute Taten, rettet kleine Kinder, baut Spielplätze, zimmert Vogelhäuschen und schleppt endlich so viel Alteisen an, dass der Herzenswunsch der Freunde in Erfüllung geht: sie werden in die Pioniergruppe aufgenommen und dürfen stolz im Gleichschritt mitmarschieren.

Pionier der russischen Revolutionskunst

Tatlin-Ausstellung in Moskau

Im Gegensatz zum Aufsehen, das inoffizielle Kunstévénements in der Sowjetunion zu erregen pflegen, geht in Moskau zurzeit (1975) ein offizielles Ereignis beinahe unbemerkt über die Bühne: eine Ausstellung des Schaffens Wladimir Tatlins (1885—1953), eines der Grossen der russischen Kunstavantgarde zur Zeit der Revolution. Für die Moskauer Kunstfreunde bedeutet die Ausstellung im Schriftstellerhaus allerdings eine seltene Gelegenheit, werden doch die Zeugnisse jener aufregenden Moderne immer noch weitgehend unter Verschluss gehalten und die Namen ihrer Erzeuger so gut wie totgeschwiegen. Fast alle Exponate tragen denn auch die vielsagende Aufschrift: «aus dem Zentralen Staatlichen Archiv für Literatur und Kunst».

Die schlicht-elegant arrangierte Ausstellung vermittelt gerade in ihrer relativen Magerkeit einen treffenden Eindruck von Tatlins vielgestaltigem, aber nicht sehr umfangreichem Lebenswerk: neben einem Dutzend Oelbildern einige Reliefcollagen und eine Handvoll Skizzen aus der vorrevolutionären Zeit (leider keines seiner freischwebenden Eckenreliefs), unzählige Kostüm- und Bühnenbildentwürfe für das spektakuläre Theater der ersten Revolutionsjahre, schliesslich einige Dokumente und Photos, die Tatlins Ideen für die Industrieproduktion bezeugen.

Im Zentrum stehen die beiden grossen Entwürfe, an denen der Künstler Jahre und sogar Jahrzehnte seines Lebens gearbeitet hatte: ein Modell zum «Denkmal der III. Internationale», diesem hochkomplizierten, schiefen «Tatlin-Turm», der, in sich selbst rotierend, doppelt so hoch wie der Eiffelturm geplant war. Und über den Köpfen der Ausstellungsbesucher schwebt das «Letatlin» (von russisch letat = fliegen und Tatlin) gleichsam wie ein elegantes Rieseninsekt mit einem durchsichtigen Körper aus Holzstäben und segeltuchbespannten Flügeln. Das «Letatlin» ist eines jener seit Ikarus' Zeiten immer wieder konstruierten Gebilde, die den menschlichen Traum vom Fliegen verwirklichen sollten — wirklich geflogen ist auch damit nie jemand.

Der Maler Tatlin, der nach jungen Jahren zur See seinen Weg in den Moskauer Künstlerkreis fand und neben Malewitsch, Kandinsky, Rodschenko, Lissitzky — um nur einige wenige zu nennen — zu den Exponenten der abstrakten Kunst gehörte, wurde nach der Revolution zum «Künstler-Ingenieur», wie er sich selbst bezeichnete, zum Erfinder, Designer und Bühnenbildner im Dienste des Kommunismus.

Kunst sollte der Industrie dienen, sollte selbst aktive und nützliche Produktion bedeuten. Als kompromissloser Vertreter seiner Ideen arbeitete Tatlin selbst in einer Fabrik, entwarf daneben Arbeitskleidung, Möbel, Heizmaterial sparende Oefen. Welch grandioser Utopist er trotz allem blieb, beweist sein in jahrelanger Arbeit entworfener «Tatlin-Turm» — ein Luxusprojekt, wie es sich die ruinierte junge Sowjetunion auch auf lange Sicht nicht leisten konnte. Während seine berühmten Zeit- und Kunstgenossen emigrierten, wie etwa Chagall, Kandinsky, Naum Gabo u. a., oder später während der Stalin-Herrschaft gänzlich von der Bildfläche verschwanden, lebte Tatlin bis zu seinem Tode im Jahre 1953 in der Sowjetunion. Nach Jahren des Ruhmes, der Aemter und Lehraufträge hatte er sich in den dreissiger Jahren ganz auf die Arbeit am «Letatlin» zurückgezogen. Seine notorische Menschenscheu soll sich in seinen letzten Lebensjahrzehnten bis zum Verfolgungswahn gesteigert haben. Tatlins Konstruktivismus dagegen, der so entscheidend zum Ruhm der jungen Sowjetunion als künstlerisches Avantgarde-Land beigetragen hatte, fiel dem sozialistischen Realismus Stalins radikal zum Opfer.

Seit Chruschtschews Tauwetter gelangen aber nun die in Kellern verstauten Zeugnisse jener produktiven Revolutionsjahre immerhin in vereinzelten Veranstaltungen an die Oeffentlichkeit. In diesem Zusammenhang ist — wie etwa auch die Chagall-Renaissance der letzten Jahre — diese neueste Tatlin-Ausstellung zu würdigen.

Russophile Trivialkunst

Ausstellung Ilja Glasunow in der Moskauer Manege

In sommerlicher Hitze (1978) steht eine dichte Menschenschlange rund um das grosse klassizistische Gebäude der «Manege» im Zentrum Moskaus. Rund zwei Stunden warten hier die Menschen auf Einlass zur Ausstellung des Malers Ilja Glasunow. Glasunow, erklärter Nationalchauvinist, Breschnew-Porträtist und skandalumwittertes Enfant terrible des sowjetischen Künstlerverbandes, ist in der «Manege» nun vollends zum Starkünstler der Sowjetunion arriviert. Denn die ehemals zaristische Reithalle direkt neben der Kreml-Mauer ist das prestigeträchtigste Ausstellungslokal des Landes; hier wird in gigantischen Sammelausstellungen die jeweils offiziell massgebende Richtung des Sozialistischen Realismus vorgeführt. Wenn es Glasunow nun als einzigem lebendem Künstler gelungen ist, mit einer Ein-Mann-Schau in diese heilige Halle vorzudringen, dann zeugt dies weniger von der Qualität seiner Bilder als von der politischen Gerissenheit dieses Künstlers und vom Einfluss seiner Gesinnungsgenossen in Künstlerverband und Partei.

Die weite Bezeichnung «russisch-national» fasst die verschiedenartigsten und heterogensten Strömungen zusammen, die sich zudem nicht selten erbittert bekämpfen. Orthodoxe Gläubige und Zarentreue, messianische Slawophile und Antiwestler, Antisemiten, orthodoxe Marxisten und stalinistische Falken nennen sich gleichermassen «russophil», und ihre Vertreter sind, je nach der jeweiligen Haltung zum herrschenden Regime, in Lagern und Gefängnissen, im Exil oder aber bis in die höchsten Gremien der Funktionärshierarchie des Sowjetstaates zu finden. Ilja Glasunow ist eine dieser etablierten und zudem als Künstler allseits bekannten Persönlichkeiten des chauvinistischen Zirkels im Apparat. Auslandreisen, luxuriöse Wohnverhältnisse, eine legendäre Ikonensammlung gehören zum selbstverständlichen Lebensstil des Künstlers. Obwohl er sich mit Vorliebe theatralisch religiös gibt, ist Glasunow doch nie in ernsthaften Konflikt mit dem Regime geraten. Vielmehr gelingt es ihm immer wieder, Skandale, Zerwürfnisse mit dem Künstlerverband über «nonkonforme» Bilder und selbst die Pose des verfolgten Dissidenten zu inszenieren und für seine Karriere auszunützen. So klar in seinem Werk xenophobe, antiwestliche und vor allem auch antisemitische Tendenzen zutage treten, der zwielichtige Hofmaler hat es immer meisterlich verstanden, sie durch geschickte Anpassungsmanöver zu überspielen. Ilja Glasunow, knapp 50jährig, ist das Paradebeispiel eines gerissenen Spekulanten, dem jedes Mittel recht ist, um sich im Gespräch zu halten.

Tatsächlich erregte Glasunow schon mit seiner ersten Ausstellung im Jahre 1957 ein geradezu phänomenales Aufsehen. In der eben beginnenden Tauwetterperiode stellten die leicht pessimistischen, oft erotisch oder religiös gefärbten Zeichnungen des jungen Malers eine solche Sensation dar, dass berittene

Künstleratelier in Moskau.

Polizei eingesetzt wurde, um den Menschenmassen beizukommen. Wegen formaler Abweichungen und inhaltlicher Eigenwilligkeit lange nicht in den Künstlerverband aufgenommen, wurde Glasunow zum offiziellen Porträtisten ausländischer Diplomaten und erreichte schliesslich Ruhm und Anerkennung im eigenen Land auf dem Umweg übers kapitalistische Ausland: Auf Einladung porträtierte er Persönlichkeiten wie den König von Schweden und Gina Lollobrigida, Indira Gandhi und Salvador Allende. Glasunows russische Schneelandschaften, seine Mütterchen in Kopftüchern und seine Zwiebelkirchen sind bis heute hochbezahlte Souvenirs in der Moskauer Diplomatenkolonie.

In der «Manege» dokumentieren nun rund 400 Werke Glasunows Schaffen, von den Anfängen jener Pastellzeichnungen der fünfziger Jahre — heute überrascht vor allem ihre Harmlosigkeit — über recht geschmackvolle Dostojewski-Illustrationen bis zu den kitschig-beschönigenden Porträts mit den berühmten, vergrössert und starr wirkenden «Glasunow-Augen». Doch die Hauptattraktion der Ausstellung bilden die grossen Oelgemälde, die der russischen Geschichte, Religion und Landschaft gewidmet sind. Altrussische Recken und Ritter vor brennenden Dörfern, Iwan der Schreckliche mit dem ermordeten Zarewitsch in Gestalt des Jesuskindes, der junge Andrei Rubljow vor dem Sarg seines Vaters, Schlachtengetümmel unter drohenden Wolkenbergen, Mütterchen im Schneesturm, Zwiebeltürme natürlich, Kirchen, Kreuze, Samoware — das sind die einprägsam-banalen Motive dieser Gemälde vom Glanz und Unglück des alten Russland. Die ebenso aufdringliche wie platte Symbolik dieser Bilder wird mit eingelegten Gold- und Perlenornaten, Rahmen aus Birkenstämmen, aufgeklebten Kopftüchern und pathetischer Sinfoniemusik aus Lautsprechern noch unterstrichen.

Am dichtesten drängt sich die Menschenmenge vor dem Riesenbild «Die Heimkehr», 1978 entstanden: Ein junger Mann in Jeans kehrt da den Uebeln der Zivilisation den Rücken, um vor einer Jesusgestalt zu knien, hinter welcher, im Himmel sozusagen, grosse Gestalten der russischen Vergangenheit zu erkennen sind: eine Zarin, Puschkin, Gogol und Dostojewski, Tschaikowsky und Rachmaninow. Hinter sich lässt der Jüngling die Greuel nicht nur der modernen, sondern offensichtlich auch der verkommenen westlichen Welt: In wüstem Durcheinander sind da Hochhäuser zu erkennen, ein Galgen, Stacheldraht, die Fratze eines feisten Zechers und einer nackten Frau, während fette rote Schweine den ohnehin ziemlich klaren Bezug zum verlorenen Sohn der Bibel noch augenfälliger machen.

Dass es sich bei Glasunows Malerei um Trivialkunst in Reinform handelt, wusste man schon immer. Trotzdem erschrecken in der «Manege» das geheimnislose Sendungsbewusstsein, die schwüle Effekthascherei und die süssliche Pseudosymbolik dieser Bilder. Doch die Frage nach der Qualität wird hier von keiner Seite gestellt. Während das Publikum von den ungewohnten, national-religiösen Themen fasziniert ist, begeistert sich die Kritik am schönfärberischen Realismus und an der Allgemeinverständlichkeit dieser Kunst. Die «Prawda» bemängelte einzig die Vernachlässigung der heldenhaften sowjetischen Epoche neben der mittelalterlichen Geschichte und das Fehlen des echten russischen Volkes neben den vielen Zaren- und Bojarengestalten.

Doch weder adäquate Trivialität noch Karrieregelüste dürften dem Maler Ilja Glasunow zu solcher Prominenz verhelfen, lägen nicht seine Nationalstolz und -gefühle anfachenden Bilder im Interesse bestimmter Kräfte in höheren Gremien. Im sorgfältig kontrollierten sowjetischen Kulturbetrieb muss die Ausstellung denn auch als Politikum gewertet werden: als gezielte Präsenzdemonstration nämlich der reaktionären Kräfte innerhalb des Künstlerverbandes und innerhalb der Funktionärs- und Parteihierarchie.

«Nowy Mir» in der Rückschau

Ein Gradmesser sowjetischer Kulturpolitik

Seit in den fünfziger und sechziger Jahren die interessantesten literarischen Neuerscheinungen der Sowjetunion in «Nowy Mir» publiziert wurden, sind die Hefte im unscheinbaren hellblauen Einband über die Landesgrenzen hinaus zur berühmtesten sowjetischen Literaturzeitschrift geworden und zu einer Art Gradmesser für das kulturelle Klima im Sowjetreich. Die Tatsache, dass viele in der damaligen Tauwetterperiode unter Chruschtschew in «Nowy Mir» publizierte Autoren heute zur Elite der russischen Schriftsteller zählen, hat dem Rufe von «Nowy Mir» bis in die jüngste Vergangenheit publizistischen Auftrieb gegeben, zumal sich unter diesen Autoren auch die prominenten «Illegalen» Solschenizyn und Sinjawski finden.

«Nowy Mir» ist aber nur eine der rund 150 literarischen Zeitschriften, die in der Sowjetunion, meist unter dem Patronat des Schriftstellerverbandes und seiner regionalen Abteilungen, erscheinen. Die monatlich herausgegebenen Zeitschriften Moskaus und Leningrads nehmen unter ihnen eine führende Rolle ein («Nowy Mir», «Oktjabr», «Junost», «Snamja», «Moskwa», «Newa», «Swesda» u. a.). Ihre Auflagen sind verhältnismässig hoch («Junost» 2 Millionen, «Nowy Mir» 160 000) und gehen zum grössten Teil an Abonnenten; im freien Verkauf sind sie schwer erhältlich. Da Belletristik im allgemeinen in der Sowjetunion nur dann in Buchform erscheint, wenn eine vorherige Zeitschriftenpublikation keinen Anstoss erregt hat, sind die literarischen Journale für die laufende Literaturproduktion aufschlussreicher und aktueller als die Buchproduktion. Trotz der Ueberwachung durch den Schriftstellerverband und den Zensurapparat haben die Chefredaktoren, innerhalb bestimmter Grenzen natürlich, relativ freie Hand und werden auch für die Publikationen verantwortlich gemacht. Daraus erklären sich die häufige politische Bedingtheit der Redaktionswechsel sowie auch die Tatsache, dass sich seit den fünfziger Jahren literarische Zeitschriften mit deutlich verschiedenen Akzenten entwickeln konnten.

Die Anfänge

Im Januar 1925 erschien das erste Heft der neugegründeten «literaturpolitischen und wissenschaftlichen Zeitschrift Nowy Mir» unter dem einflussreichen Patronat des liberal orientierten Volkskommissars für Erziehung, Lunatscharski. Angesichts der heterogenen literarischen Strömungen in den frühen zwanziger Jahren hatten Mitglieder der «Iswestija»-Redaktion beschlossen, eine literarische Monatsschrift herauszugeben, die sich mässigend und vermittelnd auf die verfeindeten Gruppen und ihre Sprachrohre auswirken sollte. Chefredaktor Polonski gelang es während seiner Amtszeit (1926—32) denn auch, literarisch wertvolle Beiträge aus allen politischen Lagern in «Nowy Mir» zu publizieren und darüber hinaus die eigentliche literarische Elite der damaligen Zeit um seine Redaktion zu sammeln. Nebeneinander erschienen Beiträge von so verschiedenen Schriftstellern wie Isaak Babel und Alexei Tolstoi, von Majakowski und Pasternak, Scholochow und Leonow, um nur einige zu nennen. Die Zeitschrift erlangte ein immenses literarisches Renommee und eine für damalige Begriffe erstaunliche Auflage von 27 000 Exemplaren.

Nach Polonskis Absetzung (wegen «Rechtsabweichung») trieben die Jahre des stalinistischen Terrors und des Krieges den Autorenstamm von «Nowy Mir» in alle Winde, das heisst in die Lager und an die Front. Trotz allen taktischen Wendungen der Redaktion zur Wahrung einer wenigstens beschränkten Unabhängigkeit konnte die totale Gleichschaltung der Zeitschrift nicht verhindert werden; es grassierten offizielle Reuekundgebungen und öffentliche Desavouierungen, verfolgte Schriftsteller wurden von der Redaktion nicht wie in früheren Jahren in Schutz genommen, sondern der Hetze der Parteipresse ausgeliefert.

Zweimal Aera Twardowski

Erst nach Stalins Tod begann unter dem neuen Chefredaktor Alexander Twardowski eine neue Aera. Während die Entstalinisierung Chruschtschews in erster Linie machtpolitischen Ueberlegungen entsprang, wurde sie für Twardowski zur moralischen Aufgabe einer kritischen Auseinandersetzung mit der traumatischen Vergangenheit. In der ersten Phase seines Wirkens, 1953—54, brachte Twardowski in «Nowy Mir» die theoretische Diskussion über die vergewaltigte Sowjetliteratur in Gang. Er forderte die Erforschung dessen, was für das kommende Jahrzehnt zum Hauptthema nonkonformer Literatur werden sollte: der «Wahrheit des Lebens». Seine redaktionellen Entscheide führten aber schon nach kurzer Zeit zu seiner Absetzung. Nach seinem zweiten Amtsantritt als Chefredaktor 1958 — zu einer Zeit, als Chruschtschews Entstalinisierungsprozess wenigstens rhetorisch in vollem Gang war — wurden Twardowski und «Nowy Mir» endgültig zum Sammelpunkt der kritischen literarischen Elite, der «Nonkonformen». Fast jedes literarische Werk von Bedeutung in den sechziger Jahren erschien in «Nowy Mir» in Fortsetzungen, so etwa Beiträge von Semin, Dombrowski, Iskander, Moschaew — um nur einige zu nennen. Den absoluten Höhepunkt aber bildete 1962 das Erscheinen von Solschenizyns Kurzroman «Ein Tag im Leben des Iwan Denissowitsch», dessen Publikation Twardowski Chruschtschew in einem persönlichen Gespräch abgerungen hatte. Das Werk des damals noch völlig unbekannten Solschenizyn war eine Sensation und versetzte den Westen und die Sowjetunion gleichermassen in Aufregung. Die Schleusen für eine echte Auseinandersetzung mit der stalinistischen Vergangenheit schienen geöffnet.

Schon 1958 schritten aber konservative literarische Kreise innerhalb des Schriftstellerverbandes wegen solcher liberaler Tendenzen zur Gründung einer eigenen Organisation, des «Russischen Schriftstellerverbandes» mit dem Organ «Oktjabr». Der sich entspannende Kampf zwischen den «Nonkonformen» — die sich in erster Linie für eine Trennung von Staat und Kunst einsetzten und sich vorerst keineswegs gegen das kommunistische Gedankengut als solches wandten — und den Dogmatikern alter Richtung, die im Suchen nach geschichtlicher Wahrheit eine Gefährdung der sozialistischen Gesellschaftsordnung sahen, wurde von der Partei, auch nach dem Sturze

Chruschtschews, anfänglich wohlwollend geduldet. Die Konservativen gewannen aber in dieser innerparteilichen Auseinandersetzung immer mehr an Boden, was sich vor allem in den berühmt gewordenen Literatenprozessen zeigte (Brodski-Prozess 1964, Sinjawski/Daniel-Prozess 1966). Zum erstenmal seit Stalins Tod ging man wieder mit physischer Gewalt gegen «abweichlerische Ideen» vor. Der vorläufige Sieg der dogmatischen Richtung brachte indessen die nonkonformen Strömungen in der Sowjetunion nicht völlig zum Schweigen; sie haben sich unter dem Druck offizieller Verfolgung einerseits in einem aktiven Untergrund (Samisdat) formiert, anderseits zu einer vielbeachteten politischen Bürgerrechtsbewegung ausgeweitet, der sich über die Literatenkreise hinaus auch Teile der künstlerischen und wissenschaftlich-technischen Intelligenz angeschlossen haben.

Ideologische Verengung

1970 wurde Twardowski zum Rücktritt gezwungen; er starb ein Jahr später. Sein Nachfolger wurde Waleri Kossolapow, seinerseits im Sommer 1974 durch den Lyriker Sergej Narowtschatow ersetzt. Seit Twardowskis Abgang spricht man vom qualitativen Niedergang von «Nowy Mir». Immerhin publizierte aber Kossolapow auch viele qualitativ hochstehende Autoren, wie zum Beispiel Juri Trifonow, Wassili Iskander, Wladimir Schukschin, Dschingis Aichmatow, und auch anspruchsvolle Lyrik von Pasternak bis Marina Zwetajewa. Zudem erschienen in diesen Jahren Auszüge aus Bölls «Gruppenbild mit Dame» und Beiträge von Thornton Wilder und William Faulkner. Offiziell nicht genehme Autoren konnten allerdings weder publiziert noch sonstwie in Schutz genommen werden. Die Ersetzung Kossolapows durch Narowtschatow, Staatspreisträger für Lyrik und Sekretär des Schriftstellerverbandes, deutet bis jetzt eher in Richtung einer ideologischen Verengung. Seit Narowtschatows Amtsantritt bringt «Nowy Mir» in Fortsetzungen Bogomolows Roman «Im August vierundvierzig» (die damit geweckten Assoziationen zu Solschenizyns «August vierzehn» sind unvermeidlich und wohl auch beabsichtigt), eine mehr oder minder diskrete Aufwertung Stalinscher Terrormethoden in Form eines Spionageromans.

Die nun erschienene Januar-Jubiläumsnummer (1975) scheint diese Tendenz zu bestätigen. Rhetorische Gratulation des Schriftstellerverbandes und Vorwort der Redaktion lassen jede Zielsetzung oder Standpunktbeziehung vermissen, streichen dafür um so mehr die Bindung des Organes an die Aufgabe der KPdSU hervor. Der erste Beitrag stammt von Parteihistoriker Georgi Golikow und preist den Leninismus als «unversiegbaren Quell der Inspiration». Im nach Jahren geordneten Verzeichnis der wichtigsten Veröffentlichungen aus der fünfzigjährigen Geschichte von «Nowy Mir» findet man zwar Pasternak, Mandelstam, Sotschenko, Achmatowa, Bunin, Bulgakow und viele andere, zeitweise verfemte Namen. Doch sucht man vergeblich nach Alexander Solschenizyn und Andrei Sinjawski, und auch die ausländischen Mitarbeiter wie Böll, Wilder und Faulkner wurden diskret weggelassen. Im übrigen hat sich die Jubiläumsnummer zum Ziele gesetzt, auf Autoren und Themen der ersten Nummer zurückzugreifen, deren Faksimile-Inhaltsangabe denn auch dem jetzigen Heft vorangestellt wird. Zwei Erzählungen des einzigen noch lebenden Mitarbeiters des ersten Heftes, Wladimir Lidin, eröffnen diese Rückschau. Unveröffentlichte Schriften Waleri Brjussows erinnern an dessen «Jugendliche Gedichte» im ersten Heft, im literaturkritischen Teil geht «Nowy Mir» wieder auf die damals behandelte Autobiographie I. Nekrassows und die ebenfalls in der ersten Nummer aufgeworfene Diskussion um Anatole France ein. Eine Auslese unvergessener, in «Nowy Mir» während des fünfzigjährigen Bestehens publizierter Lyrik bildet den interessantesten und wertvollsten Jubiläumsbeitrag des Heftes.

Zwischen Samisdat und Tamisdat

Nachdem sich die Aufregung um die Affäre «Almanach Metropol» in der Sowjetunion allseits gelegt hat, kann der Stellenwert dieser literarischen Offensive in den grösseren Zusammenhängen etwas klarer eingeschätzt werden. Das Unternehmen «Metropol» steht nämlich weder so einzigartig noch so isoliert da, wie es die plötzliche Publizität im Westen vermuten liesse. Vielmehr gab es schon in der Vergangenheit ähnliche Versuche, und im Samisdat — der schliesslich nichts anderes als eine Gegenreaktion zu bestehenden Zensurverhältnissen darstellt — kam es in den letzten Wochen zu einem Fall, der einige Parallelen zum «Almanach Metropol» aufweist. Die Ereignisse in dieser Zone des unerlaubten oder gerade noch erlaubten Schrifttums der Sowjetunion sollen im folgenden über die vergangenen zwei Jahrzehnte in grossen Zügen umrissen werden.

Gegen die staatliche Zensur

Ende der fünfziger Jahre kam es zu zwei Vorstössen, die Autorengruppen in Eigeninitiative gegen die staatliche Zensur unternahmen. «Literarisches Moskau» (1956) und «Tarussische Seiten» (1961) hiessen die Textsammlungen, die damals zum Druck gelangten, bevor dann die Weiterführung der Experimente jeweils doch verboten wurde. In beiden Fällen war es einer Gruppe von Schriftstellern — darunter berühmte Namen wie Konstantin Paustowski, Wenjamin Kawerin u. a. — gelungen, ohne Auftrag und Bezahlung literarische Texte herauszugeben, die den bis dahin bestehenden Zensurrahmen sprengten. Denselben Versuch wiederholten im Januar dieses Jahres die 24 Autoren des «Almanachs Metropol» — der nun allerdings überhaupt nicht mehr gedruckt werden konnte.

Inhaltlich haben die literarischen Avantgarde-Publikationen von einst und heute nicht mehr viel gemeinsam: Hier spiegelt sich sehr eindrücklich eine grosse Wandlung im literarisch-gesellschaftlichen Bewusstsein der sowjetischen Schriftsteller. «Literarisches Moskau» und «Tarussische Seiten» enthielten aufklärerisch-engagierte, aber formal durchaus sowjetkonforme, realistische Literatur; das Unternehmen zielte damals gegen die politische Zensur, mit der ganzen Hoffnung jener Zeit des «Tauwetters» auf eine Verbesserung der sowjetischen Gesellschaft. Die Literatur des heutigen «Metropol» beweist dagegen die ungeheure, damals unvorstellbare literarische Oeffnung, die inzwischen stattgefunden hat; sie verrät den Einfluss so ziemlich jeder modernen literarischen Strömung des Westens. Zugleich ist das gesellschaftlich-politische Interesse inzwischen weitgehend erloschen, das Experiment «Metropol» richtet sich allein gegen die künstlerische Zensur und die allmächtige Willkür einer Funktionärsbürokratie.

«Almanach Metropol»

Der «Almanach Metropol» ist auf harten Widerstand der staatlichen Literaturverwaltung gestossen, die offenbar einen derartigen Präzedenzfall unter allen Umständen vermeiden wollte. Einzeln und in Gruppen wurden die Autoren vor Parteiausschüsse zitiert, gerügt und de facto mit einem Publikationsverbot belegt: Seit Januar sind Bücher, Lesungen, Stücke und Filme der 24 Almanach-Literaten gestoppt, sämtliche bestehenden Aufträge an sie annulliert worden. Als «Pornographie des Geistes» bezeichnete das Organ des Moskauer Schriftstellerverbandes die Kunst des «Metropol». Die Behauptung wurde mit zahlreichen, in übelster Manier aus dem Zusammenhang gerissenen Zitaten einheimischer Literaturkoryphäen untermauert, denen zu diesem Zwecke Lektüre und Stellungnahme zum «Almanach» zur Pflichtübung gemacht worden war. Doch die schlimmste Drohung, der Ausschluss aus dem Schriftstellerverband, wurde bis heute nicht wahrgemacht; hier haben wohl die Publizität im Westen und nicht zuletzt die Solidarität der Gruppe Almanach ihre Wirkung getan: Der Ausschluss eines Einzelnen hätte erklärtermassen den Austritt aller anderen Teilnehmer nach sich gezogen.

Den ausdrücklich innerhalb der Legalität geplanten Almanach hat das obrigkeitliche Verbot nun sozusagen auf die Schwelle zum Samisdat abgedrängt: ein riesiger Foliant, der schon durch solche Unhandlichkeit den Ruch des Untergrundes weit von sich weist, wird er doch heimlich von Haus zu Haus getragen; zur Publikation nicht zugelassen, wird er doch privat eifrigst gelesen.

«Freies Moskauer Journal»

Auch im eigentlichen Samisdat (wörtlich: Selbstverlag) hat sich die Staatsgewalt inzwischen bemerkbar gemacht mit der Konfiskation des Journals «Poiski». «Poiski», zu deutsch etwa «die Suche», nannte sich «Freies Moskauer Journal» und erschien seit dem vergangenen Sommer. Die fünfte Nummer war in Vorbereitung, als Haussuchungen bei den Herausgebern und Beschlagnahme aller Manuskripte und Archive der Arbeit ein abruptes Ende setzten. Insbesondere wurden auch die Schreibmaschinen konfisziert, ein in der Sowjetunion konstanter Mangelartikel, dessen Wert und politische Bedeutung für den Samisdat der mit Kopiergeräten verwöhnte Westen kaum abzuschätzen vermag.

Die sieben Herausgeber, die ihre Namen entgegen Samisdat-Gepflogenheiten immer offen publizierten, sind in diesen Tagen zu Verhören vorgeladen worden, über deren Ausgang zurzeit völlige Ungewissheit herrscht. Das Redaktionskollegium umfasste Leute verschiedensten Alters und verschiedenster Herkunft. Der jüngeren Generation gehören der Physiker Waleri Abramkin an, der, ebenso wie der Historiker Gleb Pawlowski, zurzeit gezwungenermassen als Hilfsarbeiter arbeitet, sowie die Nationalökonomen Viktor Sokirko und Viktor Sorokin. Bekannter sind die älteren Teilnehmer: der Philosoph und ehemalige Lager- und Irrenhaushäftling Pjotr Egides und die 72jährige Journalistin Raissa Lert, welcher nach über fünfzigjähriger Mitgliedschaft in der KPdSU nun mit Ausschluss aus der Partei gedroht wird.

Im Gegensatz zum Almanach ist «Poiski» in jeder Hinsicht reiner Samisdat: rund 400 engbeschriebene Schreibmaschinenseiten im schwerlesbaren x-ten Durchschlag, in Pappe notdürftig gebunden. Das Journal verstand sich als eine Art liberales Diskussionsforum: Autoren verschiedenster Ueberzeugung äusserten sich hier in zum Teil sehr fundierten und ausführlichen Beiträgen zu Problemen sowjetischer Geschichte und Gegenwart, Oekonomie, Literatur und Politik. Insbesondere waren dabei zwei Problemkreise von grösstem Interesse: eine in «Poiski» geführte breite Sozialismusdiskussion — dazu wurden auch eurokommunistische Autoren wie Santiago Carillo publiziert — und eine im Stil tolerante, aber in der Sache sehr selbstkritische Durchleuchtung der heutigen Dissidentenbewegung der Sowjetunion.

Entwicklung des Samisdat

Die Einzigartigkeit dieses Journals kann nur vor dem Hintergrund der heutigen Samisdat-Landschaft ermessen werden. Samisdat im eigentlichen Sinn des Wortes «Selbstverlag», d. h. als gewollte, systematische Verbreitung von Typoskripten, gibt es seit etwa über 20 Jahren. Die allgemeine idealistische Auflehnung für die Freiheit des Wortes begann nach Stalins Tod in für Russland bezeichnender Weise mit dem Gedicht: Die Gedichte Alexander Twardowskis (die seither auch offiziell publiziert sind) gelten vielen Zeugen heute als der eigentliche Anfang des Samisdat.

Literatur überhaupt und bald auch eine Flut von Memoiren führten zu einer Blütezeit des Samisdat in den sechziger Jahren: Es war die Zeit der Vergangenheitsbewältigung einer Nadeschda Mandelstam, der grossen Romane Solschenizyns, der verbotenen ausländischen Literatur (Kafka, Hemingway, Köstler und Orwell) und der erstmals auftauchenden Gedichte Boris Pasternaks, Anna Achmatowas und vieler anderer. 1964 nimmt mit der Berichterstattung über den Brodski-Prozess auch der Samisdat als politisches Informations- und Kampfmittel seinen Anfang, eine Tradition, die die berühmte «Chronik der laufenden Ereignisse» mit ihren überparteilichen Tatsachenaufzeichnungen ab 1968 bis heute vertritt.

Die frühen siebziger Jahre brachten eine Wende: Auswanderung (gerade auch vieler Samisdat-Aktivisten) und die damit verbundene Möglichkeit der Westveröffentlichung, des sogenannten Tamisdat (wörtlich: Dort-Verlag), dazu eine punktuell verschärfte Repression gegen Dissidenten und Nachlassen der systematischen Störung von ausländischen Radiosendungen erwiesen sich im nachhinein als ungeahnt einschneidend für die Existenz des Samisdat. Vor allem der Tamisdat mit seinem Zugang zu internationalem Ruhm und harter Währung bei relativer Ungeschorenheit zu Hause führte zu einer Verschiebung der Werte. Status- und Prestigedenken und daraus resultierende persönliche, politische und ideologische Differenzen und Querelen zersplitterten mit der ehemals brüderlichen Dissidentenbewegung auch den Samisdat.

An die Stelle grosser Literatur traten Dokumente, Artikel und Pamphlete einzelner oppositioneller Gruppen. Heute gibt es innerhalb des Samisdat liberale, orthodox-religiöse, marxistische, antisemitische und chauvinistische Strömungen, die nicht selten vor allem mit ihren internen Fehden beschäftigt sind. Der idealistische Samisdat der früheren Jahre schien endgültig dem Tod geweiht. Nur sehr vereinzelt gelang noch eine überparteiliche Haltung.

Nicht nur Umfang und Regelmässigkeit des Erscheinens machten «Poiski» in dieser Situation zu einem aufsehenerregenden Novum, sondern vor allem der implizite Aufruf zur Einigung und eine echt demokratische Grundgesinnung der Herausgeber. Hierin liegt auch die Gemeinsamkeit zum inhaltlich ganz andersartigen, rein literarischen «Almanach Metropol»: In beiden Fällen stellt eine heterogene Autorengruppe Toleranz und Solidarität über weltanschauliche Meinungsverschiedenheiten. Beide Experimente sind von der sowjetischen Staatsmacht vorerst einmal unterbunden worden.

Bildnachweis

NZZ-Archiv
Karl-Heinz Jürgens, Köln
Wladimir Sitschow, Moskauer Photograph, seit Ende 1979 emigriert
Erhard Hutter, London